101 Geschäftsvorfälle abgebildet in NAVISION® Financials

Am Borsigturm 52
D-13507 BERLIN
Tel.: +49 (0)30 885985-0
Fax: +49 (0)30 885985-99
E-Mail: info@kindermann-tcv.de
Internet: http://www.kindermann-tcv.de

Herausgeber: Kindermann TCV GmbH
Autor: Kindermann TCV GmbH
Verlag: SPC Lehrbuch Verlag Lutz Hunger GmbH
Titel: Steenbrink Vormgeving
Druck: druckhaus köthen GmbH

ISBN-Nr. 3-931815-69-2
2. Auflage 2001

101 Geschäftsvorfälle abgebildet in

NAVISION® Financials

SPC Lehrbuch Verlag
Lutz Hunger GmbH

Vorwort

Der Erfolg des Einsatzes eines so leistungsfähigen Systems wie NAVISION Financials wird wesentlich über die sichere Beherrschung der Geschäftsabläufe und deren Umsetzung bestimmt.

Zu diesem Zweck haben sich Ablaufschemata bewährt, die ergänzend zu einer fundierten Ausbildung den Anwender Schritt für Schritt sicher an sein Ziel geleiten. So schafft man sich Gewißheit über die Richtigkeit und Vollständigkeit der durchzuführenden Eingaben und der auszuwählenden Parameter. Dabei stellen weniger die stets wiederkehrenden Vorgänge eine Herausforderung dar als vielmehr die selten durchzuführenden Abläufe und Sonderfälle.

Wir sind überzeugt, daß die durch uns begleiteten Projekte deshalb so erfolgreich verlaufen, weil wir es gemeinsam mit unseren Kunden schaffen, die hohe Flexibilität und leichte Erweiterbarkeit der kaufmännischen Datenbankapplikation NAVISION Financials als Chance und gleichzeitig auch als Verantwortung zu sehen. Durch neue Themen wie e-Commerce und Internet-Integration gewinnt dies noch weiter an Bedeutung.

Das vorliegende Buch schafft die Voraussetzung, durch fundierte Kenntnisse der kaufmännischen und warenwirtschaftlichen Abläufe die Qualität und den Erfolg des Einsatzes von NAVISION Financials zu steigern.

Für Systemerweiterungen und eigene Module kann man die hier verfaßten Geschäftsvorfälle als Anregung und Vorlage für eigene Ablaufschemata heranziehen. Wir empfehlen, auf diese Weise nicht nur die häufig vorkommenden sondern gerade die seltenen Vorgänge und Sonderfälle zu beschreiben. Somit entstehen einfache und effektive Hilfsmittel bei der Projekteinführung und der täglichen Arbeit mit NAVISION Financials.

Gerade auch Entscheider, die sich von der Funktionalität und Effizienz der kaufmännischen Datenbankapplikation NAVISION Financials überzeugen wollen, finden dazu im vorliegenden Buch den Nachweis.

An der Entstehung dieses Buches waren maßgeblich folgende Mitarbeiter beteiligt, für deren Engagement wir uns recht herzlich bedanken möchten:

Dr. oec. Andrea Kindermann hat dieses Buch auf Basis Ihrer praktischen Erfahrungen in der Beratung, der Schulung und der Einführungsbegleitung verfaßt. Sie betreut seit mehr als zehn Jahren intensiv Projekte in der Finanzbuchhaltung, im Anlagevermögen, im Lohn und Gehalt sowie aktuell in der EURO-Umstellung. Ihre Fähigkeit, gemeinsam mit Kunden deren Vorgänge zu analysieren und zu strukturieren, finden sich in den vorliegenden Ablaufschemata wieder.

Dipl.-Wirtschaftsinformatikerin (FH) Anke Mohrholz zeichnet verantwortlich für die Aufbereitung der Vorgänge und die unzähligen Tests, die für den hohen Qualitätsanspruch notwendig waren. Die Kapitel Marketing und Administration wurden von ihr verfaßt. Sie schlägt die Brücke zwischen Systemapplikation und Anwendung.

Herbst 2000

Ulf Kindermann
Geschäftsführer

Jörg Bongé
Geschäftsführer

Inhaltsverzeichnis

Zeichen- und Syntax – Erläuterung

BEISPIEL AUS DEM TEXT	ERLÄUTERUNG
„Verantwortlich“ oder „Name“	Bezeichnet das Feld eines Kartenformulars oder die Spalte eines Tabellenformulars.
Reiter Allgemein	Bezeichnet den Kartei-Reiter eines Kartenformulars.
<Immer> oder <Nie>	Bezeichnet die Option eines Optionsfeldes.
Ansicht / Spalte anzeigen...	Bezeichnet einen Menüpunkt / Untermenüpunkt, entweder aus der Menüleiste von NAVISION Financials oder aus dem Hauptmenü.
F3 oder **Alt**+**D**	Bezeichnet eine Taste oder Tastenkombination, die auf der Tastatur gedrückt werden kann, um eine bestimmte Aktion auszuführen.
Abbrechen	Bezeichnet den Button eines Formulars, der betätigt werden soll.
Funktion ▼ / *Debitor erstellen...*	Bezeichnet den Menübutton eines Formulars und das entsprechende Untermenü.

Kapitel 1 - Finanzbuchhaltung

In diesem Kapitel wird das Buchen in Fibu Buch.-Blättern beschrieben. Es werden die Arbeitsschritte zum Erfassen und Buchen der Saldovorträge von Sachkonten, Debitoren und Kreditoren erläutert.

In den Abschnitten zum Zahlungsverkehr werden Zahlungsvorschlagslisten erstellt, die die Grundlage für Scheckzahlungen oder den elektronischen Zahlungsverkehr bilden.

Darüber hinaus wird gezeigt, wie MwSt Abrechnungsschemata einzurichten sind und wie mit ihnen die monatlichen Werte für die Umsatzsteuervoranmeldung erzeugt werden können.

Weiterhin werden Kontenschemata angelegt, mit deren Hilfe individuelle Auswertungen durchgeführt werden können. Es wird dargestellt, wie mit FlowFiltern gearbeitet werden kann.

Außerdem werden in Verbindung mit dem Jahresabschluß die Buchungsperioden abgeschlossen und die GuV Konten auf Null gestellt. Es wird beschrieben, wie Nachbuchungen für ein abgeschlossenes Wirtschaftjahr durchzuführen sind und wie sie im System gekennzeichnet werden.

1.1 Buchen von Saldovorträgen

Saldovorträge in NAVISION Financials sind prinzipiell vor der ersten Buchungsperiode einzubuchen. Beginnt das erste Wirtschaftsjahr am 01.01.2001, so sind die Saldovorträge mit dem Buchungsdatum 31.12.2000 einzugeben.

1.1.1 Saldovortrag von Sachkonten

In den Fibu Buch.-Blättern werden die Saldovorträge von Sachkonten erfaßt und gebucht. Die Buchungen der Forderungs- und Verbindlichkeitskonten sowie der Warenbestandskonten erfolgt nicht direkt auf den einzelnen Sachkonten. Sie werden über die Posten der Debitoren, Kreditoren und Artikel zugeordnet.

Schritt	Aktion	Bemerkung
1	*Finanzbuchhaltung / Kontenplan*	Es ist ein Konto für Saldovorträge von Sachkonten zu errichten.
1-1	Mit **F3** ist ein neuer Datensatz zu erzeugen.	Ein neues Sachkonto wird erstellt. Hierbei ist darauf zu achten, daß das Konto die Einstellung GuV-Konto erhält und direkt bebuchbar ist.
1-2	In die Spalte „Nr." z.B. 10000 eingeben.	
1-3	In der Spalte „Name" ist der Sachkontoname einzugeben, z.B. Saldovortrag Sachkonten	
1-4	Zeile verlassen und **ESC**	

2	*Finanzbuchhaltung / Fibu Buch.-Blätter*	Hier werden die Saldovorträge von Sachkonten erfaßt und gebucht.
2-1	In die Spalte „Buchungsdatum“ ist das Datum der Buchungserfassung einzugeben.	In unserem Beispiel ist es der 31.12.2000, da das aktuelle Wirtschaftsjahr am 01.01.2001 beginnt.
2-2	In der Spalte „Belegart“ mit **F6** die Option <leer> auswählen.	Es soll keine Zahlung, Rechnung, Gutschrift, Zinsrechnung oder Mahnung gebucht werden, deshalb ist hier <leer> auszuwählen.
2-3	In der Spalte „Belegnr.“ diese eingeben, z.B. VORTR-1.	Hier kann die manuelle Belegnummer der Summen- und Saldenliste aus dem beendeten Wirtschafsjahr eingegeben werden.
2-4	In der Spalte „Kontoart“ mit **F6** die Option <Sachkonto> auswählen und mit **Enter** bestätigen.	Es sollen Saldovorträge für Sachkonten, wie z.B. für die Kasse, die Bank, das Kapitalvermögen oder Rückstellungen eingegeben werden.
2-5	In der Spalte „Kontonr.“ mit **F6** die Sachkontenübersicht aufrufen, das entsprechende Sachkonto markieren und mit OK übernehmen.	Wenn die Sachkontonummer bekannt ist, kann auch sofort die Nummer eingegeben werden, ohne in die Sachkontenübersicht zu verzweigen.
2-6	In die Spalten „Buchungsart“, „Geschäftsbuchungsgruppe“, „Produktbuchungsgruppe“, „MwSt Geschäftsbuchungsgruppe“ und „MwSt Produktbuchungsgruppe“ sind **keine** Schlüsselungen einzugeben, die Spalten bleiben <leer>.	Da es sich um die Buchung der Saldovorträge von Sachkonten handelt, werden keine Steuerbuchungen durchgeführt.
2-7	In die Spalte „Betrag“ ist der Wert, der dem Endsaldo zum 31.12.2000 entspricht, einzugeben.	Der Buchungssatz lautet Kasse an Saldovortragskonto, deshalb ist der Wert in der Spalte „Betrag“ mit positivem Vorzeichen einzugeben.
2-8	In der Spalte „Gegenkontoart“ mit **F6** die Option <Sachkonto> auswählen und mit **Enter** bestätigen.	
2-9	In der Spalte „Gegenkontonr.“ mit **F6** in die Sachkontenübersicht verzweigen, das Saldovortragskonto für	Wenn die Sachkontonummer bekannt ist, kann auch sofort die Nummer z.B. 10000 eingegeben werden, ohne in die Sachkontenübersicht zu

	Sachkonten auswählen und mit OK bestätigen.	verzweigen.
2-10	Ist ein Saldovortrag für ein Passiv-Konto einzugeben, lautet der Buchungssatz Saldovortragskonto an Kapitalvermögen. Hier ist in der Spalte „Kontonr." das Sachkonto für den Saldovortrag und in der Spalte „Gegenkontonr." das Sachkonto für Kapitalvermögen auszuwählen. Die weiteren Eingaben erfolgen analog, wie unter Schritt 2 bis 2-9 erläutert.	
3	Buchen ▼ / *Buchen* oder **F11**	Nach Überprüfung der erfaßten Werte kann die Buchung durchgeführt werden.
3-1	Ja	Die Frage: „Wollen Sie die Buch.-Blatt Zeilen buchen?" ist mit Ja zu beantworten.
3-2	OK	Die Meldung: „Die Buch.-Blatt Zeilen sind gebucht worden." ist mit OK zu bestätigen.
3-3	**ESC**	Zurück zum Hauptmenü.
4	*Finanzbuchhaltung / Berichte*	Den Bericht Sachkonto - Summen Saldenliste auswählen
4-1	Drucken	Die eingebuchten Saldenvorträge werden unter der Spalte „Saldovortrag" angezeigt.
4-2	Feld „Datumsfilter"	Hier wird das Geschäftsjahr 01.01.01..31.12.01 eingeben.
4-3	Drucken... oder Seitenansicht	
4-4	2 x **ESC**	Zurück zum Hauptmenü.
5	Die Buchung des Warenbestandes erfolgt über die Einbuchung der Anfangsbestände im Inventurbuchungsblatt (*Lager / Inventur Buch.-Blätter*) und über die Durchführung der Stapelläufe *Lager / Periodische Aktivitäten / Lagerreg. fakt. Einst. Preise...* und *Lager / Periodische Aktivitäten / Lagerreg. buchen...* (Ablaufschemata 4.1.1 und 4.1.2). Der Buchungssatz lautet hierbei: (1) Warenbestandskonto an Lagerkorrekturkonto Aus diesem Grund ist bei der Saldovortragsbuchung das Lagerkorrekturkonto gegen das Saldovortragskonto aufzulösen. Der Buchungssatz lautet: (2) Lagerkorrekturkonto an Saldovortragskonto	

1.1.2 Voraussetzung für Saldovortragsbuchungen von Debitoren und Kreditoren

Bei der Einbuchung der Saldovorträge von Debitoren und Kreditoren muß darauf geachtet werden, daß die Steuer bei Zahlungen mit Skonto im aktuellen Geschäftsjahr entsprechend korrigiert wird.

Aus diesem Grund werden eine neue Produktbuchungsgruppe und eine MwSt Produktbuchungsgruppe mit den entsprechenden Einstellungen angelegt.

Schritt	Aktion	Bemerkung
1	*Finanzbuchhaltung / Kontenplan*	Es ist ein neues Konto für Saldovorträge von Debitoren und Kreditoren zu errichten.
1-1	Mit **F3** ist ein neuer Datensatz zu erzeugen. Dabei wird in die Spalte „Nr.“ z.B. 10010 eingegeben.	Ein neues Sachkonto wird erstellt. Hierbei ist darauf zu achten, daß das Konto die Eigenschaft Bilanz-Konto erhält und direkt zu bebuchen ist.
1-2	In der Spalte „Name“ ist der Sachkontoname einzugeben.	z.B. Saldovortrag Debitoren und Kreditoren.
1-3	Zeile verlassen und **ESC**	

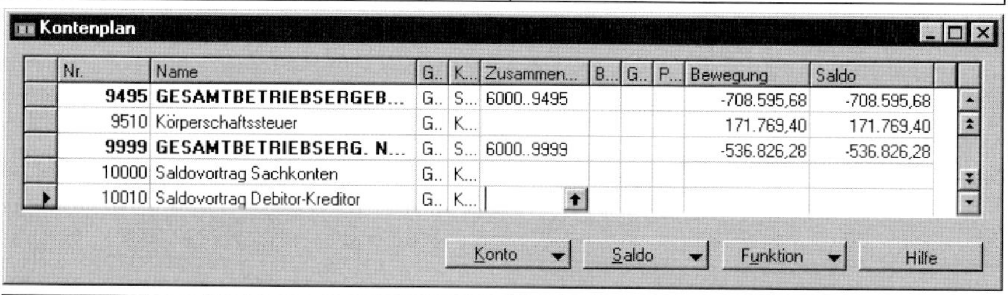

Schritt	Aktion	Bemerkung
2	*Finanzbuchhaltung / Einrichtung / Buchungsmatrixgruppen / Produktbuchungsgruppen*	Es ist eine neue Produktbuchungsgruppe für Saldovortragsbuchungen anzulegen.
2-1	Mit **F3** ist ein neuer Datensatz zu erzeugen.	Hier wird die neue Produktbuchungsgruppe in Verbindung mit der MwSt Produktbuchungsgruppe angelegt.
2-2	In die Spalte „Code“ wird z.B. VORTRAG eingegeben.	
2-3	Den Cursor in der Spalte „Beschreibung“ positionieren und den Beschreibungstext eingeben.	z.B. Saldovortrag Debitor-Kreditor

2-4	Den Cursor in die Spalte „Vorg. MwSt Produktbuchungsgruppe“ positionieren und mit **F6** in die MwSt Produktbuchungsgruppen verzweigen.	Im Beispielmandanten CRONUS AG können vorhandene MwSt Produktbuchungsgruppen zur Abbildung der Saldovorträge nicht genutzt werden. Deshalb ist eine neue MwSt Produktbuchungsgruppe mit **F3** anzulegen.
2-4-1	In die Spalte „Code“ ist der neue Code für die MwSt Produktbuchungsgruppe einzugeben.	Der neue Code für die neue MwSt Produktbuchungsgruppe könnte z.B. VORTRAG heißen.
2-4-2	In die Spalte „Beschreibung“ können Erläuterungen eingegeben werden.	Der Beschreibungstext könnte z.B. lauten: Steuer 16% für Saldovorträge Debitor-Kreditor.
2-4-3	OK	Die neu angelegte MwSt Produktbuchungsgruppe wird der Produktbuchungsgruppe zugeordnet.
2-5	Die Spalte „Autom. Einfügen als Vorgabe“ wird standardmäßig mit ja (✓) belegt.	Das bedeutet, daß bei allen neuen Vorgängen mit der Produktbuchungsgruppe VORTRAG die Vorg. MwSt Produktbuchungsgruppe VORTRAG in das Feld der MwSt Produktbuchungsgruppe kopiert wird.
2-6	Die Mitteilungen: a) „Ändere alle vorkommenden MwSt Produktbuchungsgruppen in Sachkonto in dessen Produktbuchungsgruppe VORTRAG und MwSt Produktbuchungsgruppe ist.“, b) „Ändere alle vorkommenden MwSt Produktbuchungsgruppen in Artikel in dessen Produktbuchungsgruppe VORTRAG und MwSt Produktbuchungsgruppe ist.“, c) „Ändere alle vorkommenden MwSt Produktbuchungsgruppen in Ressource in dessen Produktbuchungsgruppe VORTRAG und MwSt Produktbuchungsgruppe ist.“, sind jeweils mit Ja zu bestätigen.	
2-7	**ESC**	Fenster Produktbuchungsgruppen schließen.
3	*Finanzbuchhaltung / Einrichtung / Buchungsmatrixgruppen / Buchungsmatrix Einrichtung*	Hier sind die Geschäftsbuchungsgruppen mit der neuen Produktbuchungsgruppe VORTRAG in Beziehung zu setzen. Außerdem sind die Verkaufs- und Einkaufs-Skontokonten zu hinterlegen.

	Im Beispielmandanten CRONUS AG lauten die Kombinationen: NATIONAL / VORTRAG IMP/EXP / VORTRAG EU / VORTRAG	
3-1	Den Cursor in der Spalte „Geschäftsbuchungsgruppe" positionieren.	Mit **F3** einen neuen Datensatz erzeugen.
3-2	Spalte „Geschäftsbuchungsgruppe"	Mit **F6** in die Geschäftsbuchungsgruppen verzweigen, die entsprechende Geschäftsbuchungsgruppe auswählen (z.B. NATIONAL) und mit **OK** bestätigen.
3-3	Spalte „Produktbuchungsgruppe"	Hier ist mit **F6** in die Produktbuchungsgruppen zu verzweigen, die Produktbuchungsgruppe (z.B. VORTRAG) auszuwählen und mit **OK** zu bestätigen.
3-4	Spalte „Verk. Skontokonto"	In dieser Spalte ist mit **F6** die Sachkontenübersicht aufzurufen, das Sachkonto für gewährte Skonti auszuwählen (z.B. 9250 im CRONUS - Mandanten) und mit **OK** zu bestätigen.
3-5	Spalte „Eink. Skontokonto"	Hier ist mit **F6** in die Sachkontenübersicht zu verzweigen, das Sachkonto für erhaltene Skonti auszuwählen (z.B. 9130 im CRONUS - Mandanten) und mit **OK** zu bestätigen.
3-6	Die Kombination Geschäftsbuchungsgruppe IMP/EXP und Produktbuchungsgruppe VORTRAG sowie die Kombination Geschäftsbuchungsgruppe EU und Produktbuchungsgruppe VORTRAG sind analog zu erzeugen, ebenso die Zuordnung der Skonti - Konten.	
3-7	**ESC**	

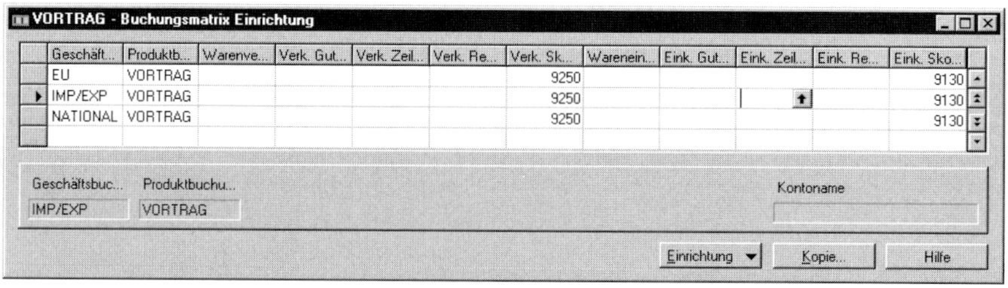

4	*Finanzbuchhaltung / Einrichtung / MwSt Buchungsmatrixgruppen / MwSt Buchungsmatrix Einrichtung*	Hier sind die MwSt Geschäftsbuchungsgruppen mit der neuen MwSt Produktbuchungsgruppe in Beziehung zu setzen. Außerdem sind die Steuerkonten einschließlich der Steuerberechnung zu erfassen.
	Im Beispielmandanten CRONUS AG lauten die Kombinationen: NATIONAL / VORTRAG IMP/EXP / VORTRAG EU / VORTRAG	
4-1	Kombination NATIONAL / VORTRAG	
4-1-1	Den Cursor in der Spalte „MwSt Geschäftsbuchungsgruppe" positionieren.	Mit F3 einen neuen Datensatz erzeugen, mit F6 in die MwSt Geschäftsbuchungsgruppe verzweigen, NATIONAL auswählen und mit OK bestätigen.
4-1-2	Den Cursor in der Spalte „MwSt Produktbuchungsgruppe" positionieren.	Mit F6 in die MwSt Produktbuchungsgruppe verzweigen, VORTRAG auswählen und mit OK bestätigen.
4-1-3	Den Cursor in der Spalte „MwSt %" positionieren und 16 eingeben.	Die Saldovortragsbuchungen werden an Beispielen mit 16% Mehrwert- oder 16% Vorsteuer erläutert. Treten andere Steuersätze auf, sind weitere MwSt Produktbuchungsgruppen zu erzeugen (z.B. VORTRAG 16%, VORTRAG 7%) und die Kombination mit den MwSt Geschäftsbuchungsgruppen entsprechend herzustellen.
4-1-4	In der Spalte „MwSt Berechnungsart" bleibt normale MwSt stehen.	
4-1-5	Den Cursor in der Spalte „Umsatzsteuerkonto" positionieren	Hier ist mit F6 in die Sachkontenübersicht zu verzweigen, das Saldenvortragskonto Debitor-Kreditor auszuwählen und mit OK zu bestätigen.
4-1-6	In die Spalte „Vorsteuerkonto" ist ebenfalls das Saldovortragskonto Debitor-Kreditor einzutragen.	Im Beispielmandanten CRONUS AG ist dieses das Konto 10010 Saldovortrag Debitor-Kreditor.
4-2	Kombination IMP/EXP / VORTRAG	
4-2-1	Ein neuer Datensatz ist mit F3 zu erzeugen.	Die Zuordnung der Kombination von MwSt Geschäftsbuchungsgruppe IMP/EXP und Produktbuchungsgruppe VORTRAG ist analog den Schritte 4-1 ff. vorzunehmen.
4-2-2	Den Cursor in der Spalte „MwSt %" positionieren und eine 0 (Null) eintragen.	

4-2-3	Die „MwSt Berechnungsart“ bleibt auf <Normale MwSt> geschlüsselt.	
4-2-4	Spalten „Umsatzsteuerkonto“ und „Vorsteuerkonto“	Beim „Umsatzsteuerkonto“ und beim „Vorsteuerkonto“ ist die Nummer des Saldovortragskontos für Debitoren und Kreditoren einzutragen.
4-3	Kombination EU / VORTRAG	
4-3-1	Ein neuer Datensatz ist mit **F3** zu erzeugen.	Die Zuordnung der Kombination von MwSt Geschäftsbuchungsgruppe EU und Produktbuchungsgruppe VORTRAG ist analog den Schritten 4-1 ff. vorzunehmen.
4-3-2	Den Cursor in der Spalte „MwSt %“ positionieren und eine 16 eintragen.	
4-3-3	Die „MwSt Berechnungsart“ wird mit **F6** auf <Erwerbsbesteuerung> gesetzt.	Durch diese Einstellung erkennt das System, daß es sich um Warenbewegungen aus der EU handelt.

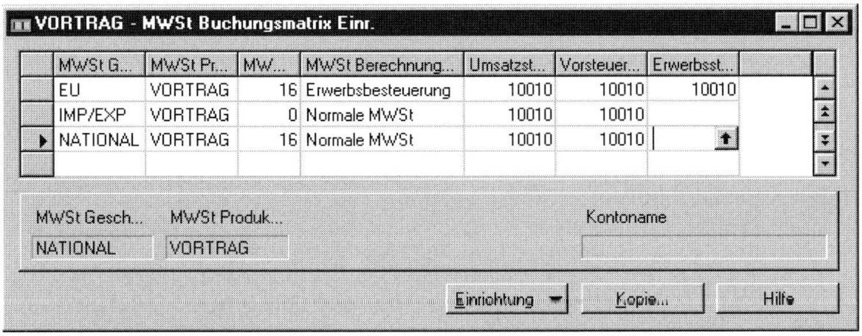

4-3-4	Spalten „Umsatzsteuerkonto“, „Vorsteuerkonto“ und „Erwerbssteuerkonto“	In diese Spalten ist die Nummer des Sachkontos: Saldovorträge Debitoren - Kreditoren einzutragen.
4-4	Zeile verlassen und **ESC**	Zurück zum Hauptmenü.

1.1.3 Buchen der Saldovorträge von Debitoren

Vorträge für Debitoren können auch im Fibu Buch.-Blättern erfaßt werden. Nach der Buchung werden den Debitoren die offenen Posten zugeordnet. Auf den Sachkonten für Forderungen sind die Anfangssummen ersichtlich.

Schritt	Aktion	Bemerkung
1	*Finanzbuchhaltung / Fibu Buch.-Blätter*	
1-1	In der Spalte „Buchungsdatum" ist das Datum der Buchungserfassung einzugeben.	Bei Saldovortragsbuchungen ist ein Datum vor dem aktuellen Geschäftsjahr zu wählen, z.B. 31.12.00.
1-2	Spalte „Belegdatum"	In diese Spalte ist das Datum des Rechnungsausgangsbeleges einzugeben.
1-3	Den Cursor in der Spalte „Belegart" positionieren.	Mit **F6** ist hier <Rechnung> auszuwählen und mit **Enter** zu bestätigen.
1-4	In der Spalte „Belegnr." ist eine Buchungsnummer einzugeben, z.B. Vortrag-D1.	Die Nummer der Ausgangsrechnung kann beispielsweise mit im Beschreibungstext erfaßt werden.
1-5	Den Cursor in der Spalte „Kontoart" positionieren, mit **F6** <Debitor> auswählen und mit **Enter** bestätigen.	Es handelt sich hier um Buchungen des Saldovortrages von Debitoren. Der Buchungssatz lautet: Debitor an Saldovortragskonto
1-6	In der Spalte „Kontonr." ist mit F6 in die Debitorenübersicht zu verzweigen, der entsprechende Debitor auszuwählen und mit **OK** zu bestätigen.	In die Spalten • „Buchungsart", • „Geschäftsbuchungsgruppe", • „Produktbuchungsgruppe", • „MwSt Geschäftsbuchungsgruppe" und • „MwSt Produktbuchungsgruppe" wird nichts eingegeben. Die Spalten bleiben leer.
1-7	In die Spalte „Betrag" ist der offene Posten, d.h. der Bruttowert einzugeben.	
1-8	Den Cursor in der Spalte „Gegenkontoart" positionieren, mit **F6** in die Sachkontenübersicht verzweigen, das Saldovortragskonto auswählen und mit **OK** bestätigen.	Ist die Nummer des Sachkontos bekannt, kann in die Spalte „Gegenkontonr." gleich die entsprechende Sachkontonr. eingetragen werden, ohne in die Sachkontenübersicht zu verzweigen.

1-9	In der Spalte „Gegenkonto Buchungsart“ ist mit **F6** <Verkauf> auszuwählen und mit **Enter** zu bestätigen.	Das Ausfüllen der Spalten „Gegenkonto Buchungsart“, „Gegenkonto Geschäftsbuchungsgruppe“ und „Gegenkonto Produktbuchungsgruppe“ ist unbedingt erforderlich, da hierdurch die Schlüsselung der Sach- und Mehrwertsteuerposten vorgenommen wird. Im Beispielmandanten CRONUS AG sind folgende Kombinationen bei der Einbuchung der Saldovorträge von Debitoren möglich:
1-10	In der Spalte „Gegenkonto Geschäftsbuchungsgruppe“ ist die Geschäftsbuchungsgruppe des Debitors einzutragen. Hier ist mit **F6** die entsprechende Geschäftsbuchungsgruppe auszuwählen und mit OK zu bestätigen.	
1-11	In die Spalte „Gegenkonto Produktbuchungsgruppe“ ist mit **F6** in die Produktbuchungsgruppen zu verzweigen, die Produktbuchungsgruppe VORTRAG auszuwählen und mit OK zu bestätigen.	

Gegenkonto-buchungsart	Verkauf	Verkauf	Verkauf
Gegenkonto-geschäfts-buchungs-gruppe	NATIO-NAL	IMP/EXP	EU
Gegenkonto-produkt-buchungs-gruppe	VOR-TRAG	VOR-TRAG	VOR-TRAG

1-12	Spalte „Zlg. Bedingungscode“	In dieser Spalte ist mit **F6** in die Zahlungsbedingungen zu verzweigen, die entsprechende Zahlungsbedingung auszuwählen und mit **OK** zu bestätigen.

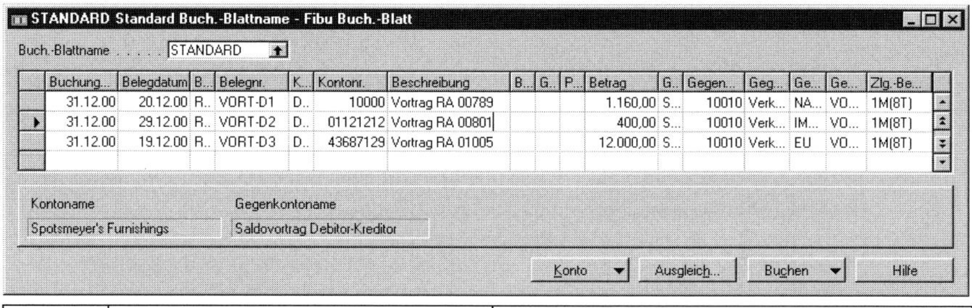

2	**Buchen ▼** / *Buchen* oder **F11**	Nach Überprüfung der erfaßten Werte kann die Buchung durchgeführt werden.
2-1	Ja	Die Frage: „Wollen Sie die Buch.-Blattzeilen buchen?“ ist mit Ja zu beantworten.

2-2	**OK**	Die Meldung: „Die Buch.-Blattzeilen sind gebucht worden.“ ist mit OK zu bestätigen.
BUCHUNGSERGEBNIS:		
3	*Finanzbuchhaltung / Journale*	Durch die Suchfunktion bzw. Filterfunktion ist das entsprechende Journal auszuwählen.
3-1	**Strg** + **Ende**	Wenn kein anderer User im System gebucht hat, ist das erstellte Journal das letzte Journal in der Fibujournalübersicht.
4	Journal ▼ / *Sachposten*	
4-1	„Geschäftsbuchungsgruppe“ NATIONAL „Produktbuchungsgruppe“ VORTRAG	
	Für jeden nationalen Debitor sind drei Sachposten entstanden. Auf dem Saldovortragskonto wurden der Nettowert und der Steuerwert einzeln gebucht, so daß auf dem Saldovortragskonto zwei Posten entstanden sind. Auf dem Forderungskonto wurde die Forderung in einem Betrag gebucht.	
4-2	„Geschäftsbuchungsgruppe“ IMP/EXP „Produktbuchungsgruppe“ VORTRAG	
	Für jeden ausländischen Debitor sind zwei Sachposten entstanden. Auf dem Saldovortragskonto steht der Bruttobetrag als ein Wert und auf dem Forderungskonto ist die Forderung ebenfalls in einem Betrag abgebildet.	
4-3	„Geschäftsbuchungsgruppe“ EU „Produktbuchungsgruppe“ VORTRAG	
	Für jeden Debitor aus der EU sind zwei Sachposten entstanden. Der Bruttobetrag steht auf dem Saldovortragskonto und auf dem Forderungskonto.	

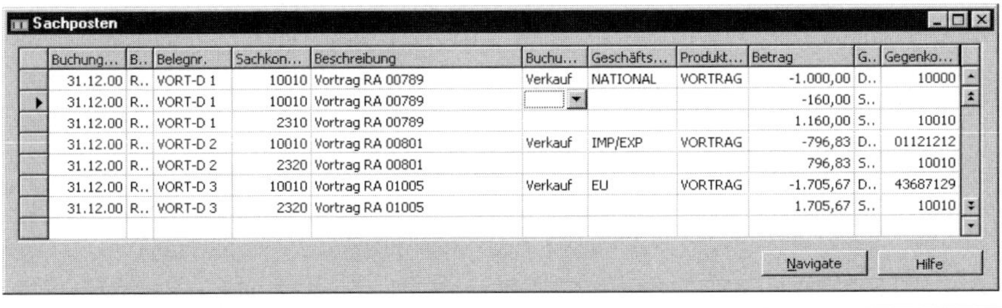

Buchung...	B..	Belegnr.	Sachkon...	Beschreibung	Buchu...	Geschäfts...	Produkt...	Betrag	G..	Gegenko...
31.12.00	R..	VORT-D 1	10010	Vortrag RA 00789	Verkauf	NATIONAL	VORTRAG	-1.000,00	D..	10000
31.12.00	R..	VORT-D 1	10010	Vortrag RA 00789				-160,00	S..	
31.12.00	R..	VORT-D 1	2310	Vortrag RA 00789				1.160,00	S..	10010
31.12.00	R..	VORT-D 2	10010	Vortrag RA 00801	Verkauf	IMP/EXP	VORTRAG	-796,83	D..	01121212
31.12.00	R..	VORT-D 2	2320	Vortrag RA 00801				796,83	S..	10010
31.12.00	R..	VORT-D 3	10010	Vortrag RA 01005	Verkauf	EU	VORTRAG	-1.705,67	D..	43687129
31.12.00	R..	VORT-D 3	2320	Vortrag RA 01005				1.705,67	S..	10010

4-4	**ESC**	Zurück zum Journal.

5	Journal ▼ / *MwSt Posten*	
5-1	„Geschäftsbuchungsgruppe" „Produktbuchungsgruppe"	NATIONAL VORTRAG
	Für nationale Debitoren sind MwSt Posten entstanden, die als Bemessungsgrundlage den Nettowert enthalten und als Betrag den Steuerwert ausweisen.	
5-2	„Geschäftsbuchungsgruppe" „Produktbuchungsgruppe"	IMP/EXP bzw. EU VORTRAG
	Für ausländische Debitoren und Debitoren aus der EU sind MwSt Posten entstanden, die als Bemessungsgrundlage den Bruttowert enthalten. Die Spalte „Betrag" ist mit 0 (Null) belegt, da keine Steuer anfällt.	

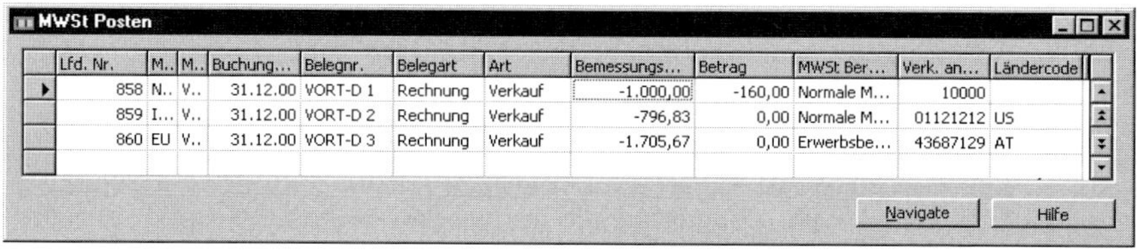
MWSt Posten

Lfd. Nr.	M..	M..	Buchung...	Belegnr.	Belegart	Art	Bemessungs...	Betrag	MWSt Ber...	Verk. an...	Ländercode
858	N..	V..	31.12.00	VORT-D 1	Rechnung	Verkauf	-1.000,00	-160,00	Normale M...	10000	
859	I...	V..	31.12.00	VORT-D 2	Rechnung	Verkauf	-796,83	0,00	Normale M...	01121212	US
860	EU	V..	31.12.00	VORT-D 3	Rechnung	Verkauf	-1.705,67	0,00	Erwerbsbe...	43687129	AT

5-3	**ESC**	Zurück zum Journal.
6	Journal ▼ / *Debitorenposten*	Die Debitoren haben die offenen Posten erhalten mit den entsprechenden Zahlungsbedingungen und Währungscodes.

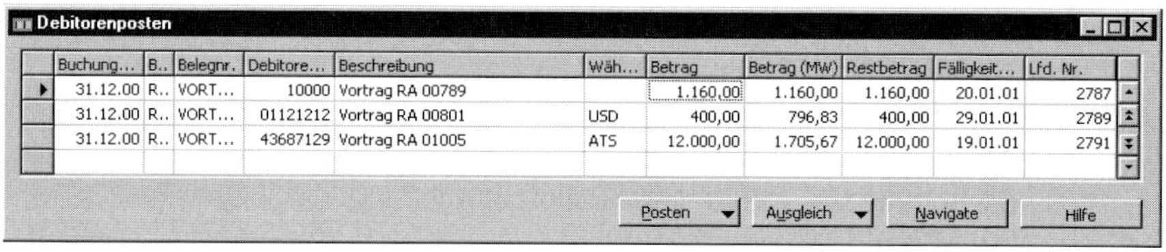
Debitorenposten

Buchung...	B..	Belegnr.	Debitore...	Beschreibung	Wäh...	Betrag	Betrag (MW)	Restbetrag	Fälligkeit...	Lfd. Nr.
31.12.00	R..	VORT...	10000	Vortrag RA 00789		1.160,00	1.160,00	1.160,00	20.01.01	2787
31.12.00	R..	VORT...	01121212	Vortrag RA 00801	USD	400,00	796,83	400,00	29.01.01	2789
31.12.00	R..	VORT...	43687129	Vortrag RA 01005	ATS	12.000,00	1.705,67	12.000,00	19.01.01	2791

7	2 x **ESC**	Zurück zum Hauptmenü.

1.1.4 Buchung der Saldenvorträge von Kreditoren

Mit Buchung der Saldenvorträge werden den Kreditoren die offenen Posten zugeordnet. Im Kontenplan erhalten die Verbindlichkeitskonten für Warenlieferungen und Leistungen ihre Anfangswerte.

Schritt	Aktion	Bemerkung
1	*Finanzbuchhaltung / Fibu* *Buch.-Blätter*	
1-1	In der Spalte „Buchungsdatum“ ist das Datum der Buchungserfassung einzugeben.	Bei Saldovortragsbuchungen ist ein Datum vor dem aktuellen Geschäftsjahr zu wählen, z.B. 31.12.2000.
1-2	Spalte „Belegdatum“	Hier ist das Datum der Eingangsrechnung einzugeben.
1-3	Den Cursor in der Spalte „Belegart“ positionieren.	Mit **F6** ist <Rechnung> auszuwählen und mit **Enter** zu bestätigen.
1-4	In der Spalte „Belegnr.“ ist eine Buchungsnummer einzugeben.	z.B. VORTRAG-K1
1-5	Den Cursor in der Spalte „Kontoart“ positionieren, mit **F6** <Sachkonto> auswählen und mit **Enter** bestätigen.	Es handelt sich hier um Buchungen des Saldovortrages von Kreditoren. Der Buchungssatz lautet: Saldovortragskonto an Kreditor
1-6	In der Spalte „Kontonr.“ ist mit **F6** in die Sachkontoübersicht zu verzweigen, das Sachkonto auszuwählen und mit **OK** zu bestätigen.	Ist die Nummer des Sachkontos bekannt, kann gleich die Sachkontonummer eingetragen werden, ohne in die Sachkontenübersicht zu verzweigen.
1-7	In der Spalte „Buchungsart“ ist mit **F6** <Einkauf> auszuwählen und mit **Enter** zu bestätigen.	Das Ausfüllen der Spalten • „Buchungsart“, • „Geschäftsbuchungsgruppe“, • „Produktbuchungsgruppe“, • „MwSt Geschäftsbuchungsgruppe“ und • „MwSt Produktbuchungsgruppe“ ist unbedingt erforderlich, da hierdurch die Schlüsselung der entsprechenden Sach- und MwSt Posten vorgenommen wird.

<table>
<tr><td>1-8</td><td>In der Spalte „Geschäftsbuchungsgruppe“ ist die Geschäftsbuchungsgruppe des Kreditors einzugeben.</td><td>Hierzu ist mit F6 die entsprechende Geschäftsbuchungsgruppe auszuwählen und mit OK zu bestätigen.</td></tr>
<tr><td></td><td colspan="2">Im Beispielmandanten CRONUS AG sind folgende Kombinationen bei der Einbuchung der Saldovorträge von Kreditoren möglich:
<table>
<tr><td>Buchungsart</td><td>Einkauf</td><td>Einkauf</td><td>Einkauf</td></tr>
<tr><td>Geschäftsbuchungsgruppe</td><td>NATIONAL</td><td>IMP/ EXP</td><td>EU</td></tr>
<tr><td>Produktbuchungsgruppe</td><td>VORTRAG</td><td>VORTRAG</td><td>VORTRAG</td></tr>
</table></td></tr>
<tr><td>1-9</td><td>Spalte „Produktbuchungsgruppe“</td><td>Hier ist mit F6 in die Produktbuchungsgruppen zu verzweigen, die Produktbuchungsgruppe VORTRAG auszuwählen und mit OK zu bestätigen.</td></tr>
<tr><td>1-10</td><td>In die Spalte „Betrag“ ist der entsprechende Bruttowert einzutragen.</td><td></td></tr>
<tr><td>1-11</td><td>Spalte „Gegenkontoart“</td><td>In dieser Spalte ist mit F6 <Kreditor> auszuwählen und mit Enter zu bestätigen.</td></tr>
<tr><td>1-12</td><td>Spalte „Gegenkontonr.“</td><td>Mit F6 die Kreditorenübersicht anzeigen, den Kreditor auswählen und mit OK übernehmen.</td></tr>
<tr><td>1-13</td><td colspan="2">Die Spalten „Gegenkonto Buchungsart“, „Gegenkonto Geschäftsbuchungsgruppe“ und „Gegenkonto Produktbuchungsgruppe“ werden nicht ausgefüllt, sie bleiben leer.</td></tr>
<tr><td>1-14</td><td>Spalte „Zlg. Bedingungscode“</td><td>Hier ist mit F6 in die Zahlungsbedingungen zu verzweigen, die entsprechende Zahlungsbedingung auszuwählen und mit OK zu bestätigen.</td></tr>
<tr><td>1-15</td><td>Die Spalte „Externe Belegnr.“ über Ansicht / Spalte anzeigen... anzeigen (vor dem Namen ein Haken setzen und mit OK bestätigen).</td><td>In diese Spalte ist die Kreditorenrechnungsnummer einzugeben.</td></tr>
</table>

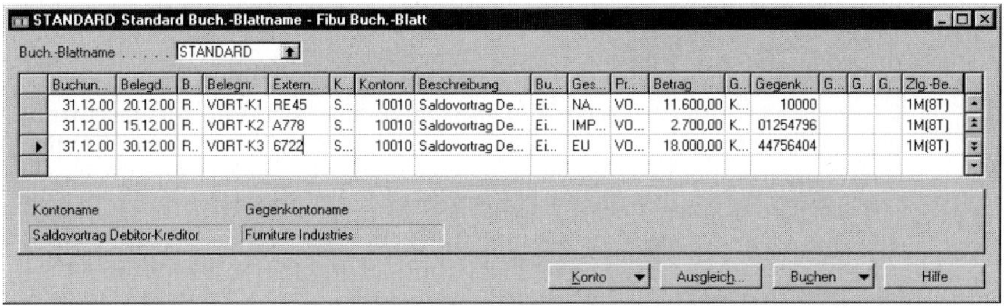

2	Buchen ▼ / *Buchen* oder **F11**	Nach Überprüfung der erfaßten Werte kann die Buchung durchgeführt werden.
2-1	Ja	Die Frage: „Wollen Sie die Buch.-Blattzeilen buchen?" ist mit Ja zu beantworten.
2-2	OK	Die Meldung: „Die Buch.-Blattzeilen sind gebucht worden." ist mit OK zu bestätigen.
BUCHUNGSERGEBNIS:		
3	*Finanzbuchhaltung / Journale*	Durch die Suchfunktion bzw. Filterfunktion ist das entsprechende Journal auszuwählen.
3-1	**Strg** + **Ende**	Wenn kein anderer User im System gebucht hat, ist das erstellte Journal das letzte Journal in der Fibujournal-übersicht.
3-2	Journal ▼ / *Sachposten*	
3-3a	„Geschäftsbuchungsgruppe" NATIONAL „Produktbuchungsgruppe" VORTRAG	
	Für jeden nationalen Kreditor sind drei Sachposten entstanden. Auf dem Saldovortragskonto wurden der Nettowert und der Steuerwert einzeln erfaßt. Auf das Verbindlichkeitskonto wurde die Verbindlichkeit in einem Betrag gebucht.	
3-3b	„Geschäftsbuchungsgruppe" IMP/EXP „Produktbuchungsgruppe" VORTRAG	
	Für jeden ausländischen Kreditor sind zwei Sachposten entstanden: Auf dem Saldovortragskonto wurde der offene Posten als ein Wert gebucht und auf dem Verbindlichkeitskonto ist die Verbindlichkeit ebenfalls in einer Summe abgebildet.	

3-3c	„Geschäftsbuchungsgruppe" EU „Produktbuchungsgruppe" VORTRAG	
	Für jeden Kreditor aus der EU sind vier Sachposten entstanden. Auf dem Saldovortragskonto steht in einem Betrag der Bruttowert. Weitere Posten auf dem Saldovortragskonto sind die Erwerbsvorsteuer und die Erwerbssteuer mit negativem Vorzeichen, so daß sich Erwerbsvorsteuer und Erwerbssteuer wieder aufheben. Auf dem Verbindlichkeitskonto ist die Verbindlichkeit in einer Summe gebucht worden.	
3-4	ESC	Zurück zur Journalübersicht.
3-5	Journale ▼ / *MwSt Posten*	
3-5a	„Geschäftsbuchungsgruppe" NATIONAL „Produktbuchungsgruppe" VORTRAG	
	Für nationale Kreditoren sind MwSt Posten entstanden, die als Bemessungsgrundlage den Nettowert enthalten und als Betrag den Steuerwert ausweisen.	
3-5b	„Geschäftsbuchungsgruppe" IMP/EXP „Produktbuchungsgruppe" VORTRAG	
	Für ausländische Kreditoren sind MwSt Posten entstanden, die als Bemessungsgrundlage den Bruttowert enthalten. Die Spalte „Betrag" ist mit 0 (Null) belegt, da kein Steuerwert auftritt.	
3-5c	„Geschäftsbuchungsgruppe" EU „Produktbuchungsgruppe" VORTRAG	
	Für Kreditoren der EU sind MwSt Posten entstanden, die als Bemessungsgrundlage den Bruttowert enthalten und in der Spalte „Betrag" die Erwerbssteuer ausweisen. Die Spalte „MwSt Berechnungsart" gibt an, daß es sich hierbei um eine Erwerbssteuer handelt.	
3-6	ESC	Zurück zur Journalübersicht.
3-7	Journale ▼ / *Kreditorenposten*	Die Lieferanten (Kreditoren) haben die offenen Posten mit den entsprechenden Zahlungsbedingungen und Währungscodes erhalten.
3-8	2 x ESC	Zurück zum Hauptmenü.

1.1.5 Abschlußeinrichtung der Saldovorträge von Debitoren und Kreditoren

Nachdem alle offenen Posten der Debitoren und Kreditoren erfaßt und gebucht wurden, muß die Zuordnung der Konten für Umsatzsteuer, Vorsteuer und Erwerbssteuer in der MwSt Buchungsmatrix Einrichtung geändert werden. Erst danach wird bei Skontozahlungen die Steuer auf den einzelnen Steuerkonten richtig abgebildet und bei der monatlichen Umsatzsteuermeldung berücksichtigt.

Schritt	Aktion	Bemerkung
1	*Finanzbuchhaltung / Einrichtung / MwSt Buchungsmatrixgruppen / Produktbuchungsgruppen*	Hier ist die Produktbuchungsgruppe VORTRAG auszuwählen und [Einrichtung] anzuklicken.
2	„MwSt Geschäftsbuchungsgruppe“ EU „MwSt Produktbuchungsgruppe“ VORTRAG	
2-1	In der Spalte „Umsatzsteuerkonto“ mit **F6** das Umsatzsteuerkonto auswählen und mit [OK] bestätigen.	Im Beispielmandanten CRONUS AG ist dies das Konto 5510 Umsatzsteuer 16%.
2-2	In der Spalte „Vorsteuerkonto“ mit **F6** das Erwerbsvorsteuerkonto auswählen und mit [OK] bestätigen.	Im Beispielmandanten CRONUS AG ist dies das Konto 5525 Erwerbsvorsteuer 16%.
2-3	In der Spalte „Erwerbssteuerkonto“ mit **F6** das Erwerbssteuerkonto auswählen und mit [OK] bestätigen.	Im Beispielmandanten CRONUS AG ist dies das Konto 5520 Erwerbssteuer 16%.
3	„MwSt Geschäftsbuchungsgruppe“ IMP/EXP bzw. NATIONAL „MwSt Produktbuchungsgruppe“ VORTRAG	
3-1	In der Spalte „Umsatzsteuerkonto“ mit **F6** das Umsatzsteuerkonto auswählen und mit [OK] bestätigen.	Im Beispielmandanten CRONUS AG ist dies das Konto 5510 Umsatzsteuer 16%.
3-2	In der Spalte „Vorsteuerkonto“ mit **F6** das Vorsteuerkonto auswählen und mit [OK] bestätigen.	Im Beispielmandanten CRONUS AG ist dies das Konto 5530 Vorsteuer 16%.
3-3	2 x **ESC**	Zurück zum Hauptmenü.

1.2 Buchungen in Fibu Buch.-Blättern

In diesem Abschnitt wird das einzeilige und mehrzeilige Buchen beschrieben. Es werden die Arbeitsschritte für Zahlungsein- und -ausgänge erläutert. Darüber hinaus wird gezeigt, wie Buchungen storniert werden können und wie Skontozahlungen einzubuchen sind.

1.2.1 Einzeiliges Buchen von Kostenrechnungen

Für unterschiedliche Geschäftsvorfälle können verschiedene Buch.-Blattnamen eingerichtet werden. Es besteht auch die Möglichkeit, jedem Benutzer einen eigenen Buch.-Blattnamen zuzuordnen. Dadurch können mehrere Benutzer gleichzeitig in Fibu Buch.-Blättern arbeiten.

Schritt	Aktion	Bemerkung
1	*Finanzbuchhaltung / Fibu Buch.-Blätter*	
1-1	Feld „Fibu Buch.-Blattname“	Mit **F6** ist ein Fibu Buch.-Blattname auszuwählen und mit OK zu bestätigen.
1-1-1	Spalte „Name“	Soll ein neuer Buch.-Blattname angelegt werden, so ist mit **F3** ein weiterer Datensatz zu erzeugen, z.B. NEU.
1-1-2	Spalte „Beschreibung“	Erläuterungen zum Buch.-Blattnamen werden in diese Spalte eingetragen.
1-1-3	Spalte „Gegenkontoart“	Soll bei der Buchungserfassung immer automatisch das gleiche Gegenkonto mit angezeigt werden, ist hier eine der Optionen auszuwählen und mit **Enter** zu bestätigen.
1-1-4	Spalte „Gegenkontonr.“	Abhängig von der Wahl der Gegenkontoart gelangt man mit **F6** in die jeweilige Übersicht. Hier ist die entsprechende Auswahl zu treffen und mit OK zu bestätigen. Wird das Gegenkonto bei jeder Buchung einzeln erfaßt, bleibt diese Spalte leer.
1-1-5	Spalte „Nummernserie“	Soll bei der Buchungserfassung, die Belegnr. automatisch vergeben werden, ist für das Buch.-Blatt in dieser Spalte eine Nummernserie zu hinterlegen. (Mit **F6** in die Nummernserien verzweigen, eine auswählen

		und mit OK bestätigen.) Wird die Belegnr. manuell eingegeben, bleibt die Spalte leer.
1-1-6	Spalte „Buchungsnr. Serie“	Wenn es sich um wiederkehrende Buchungsblätter handelt, kann in dieser Spalte die Nummernserie hinterlegt werden.
	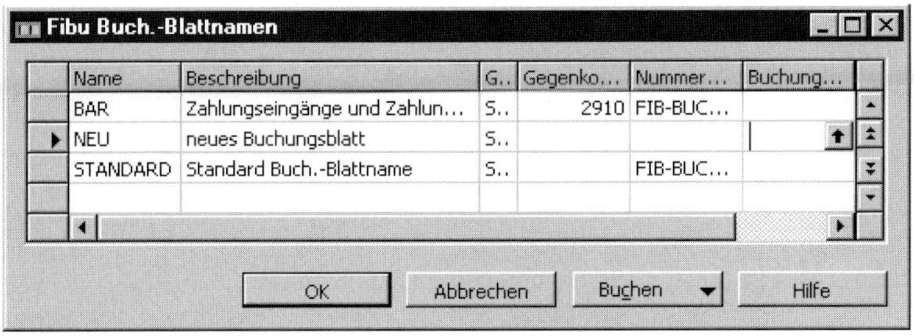	
1-1-7	Den neu angelegten Buch.-Blattnamen markieren und mit OK bestätigen.	Zurück zum Fibu Buch.-Blatt.
1-2	Spalte „Buchungsdatum“	Hier ist das Datum einzugeben, unter dem die Vorgänge in der Finanzbuchhaltung abgebildet werden sollen. Es ist mit dem Arbeitsdatum vorbelegt.
1-3	Spalte „Belegdatum“ Diese Spalte ist über *Ansicht / Spalte anzeigen...* zu holen (Vor Belegdatum einen Haken setzen und OK).	Dieses Datum wird automatisch mit dem Buchungsdatum gefüllt. Es kann geändert werden.
1-4	Spalte „Buchungsart“	Hier ist mit **F6** und **Enter** die entsprechende Option auszuwählen. Bei Kassenbuchungen bleibt das Feld <leer>.
1-5	Spalte „Belegnr.“	Wurde für den Buch.-Blattnamen eine Nummernserie hinterlegt, erscheint eine Belegnr. automatisch. Ansonsten muß eine Nummer eingetragen werden. Unter dieser wird die Buchung in der Finanzbuchhaltung erfaßt.
1-6	Spalte „Kontoart“	Mit **F6** ist hier <Sachkonto> auszuwählen und mit **Enter** zu bestätigen.

1-7	Spalte „Kontonr.“	Hier ist mit **F6** in die Sachkontenübersicht zu verzweigen, das Sachkonto auszuwählen und mit **OK** zu übernehmen. Ist die Sachkontonr. bekannt, kann sie sofort eingegeben werden.
1-8	Spalte „Beschreibung“	In diese Spalte wird automatisch der Name des Sachkontos geschrieben. Der Inhalt kann verändert werden.
1-9	Spalte „Buchungsart“	Hier wird unterschieden, ob es sich um einen <Einkauf>, d.h. Vorsteuer, um einen <Verkauf>, d.h. Mehrwertsteuer oder um keine Steuerbuchung, <leer>, handelt. Es ist die entsprechende Option mit **F6** auszuwählen und mit **Enter** zu übernehmen.
H	**HINWEIS:** Es wird davon ausgegangen, daß zwischen Geschäfts- und MwSt Geschäftsbuchungsgruppe und zwischen Produkt- und MwSt Produktbuchungsgruppe eine automatische Verknüpfung besteht. Wurden im Kontenplan in diesen Spalten des Sachkontos Einstellungen vorgenommen, erscheinen diese automatisch beim Aufruf des Sachkontos. Sie können jedoch geändert werden. Über die Geschäftsbuchungsgruppe wird eingestellt, wo die zu buchende Kostenart aufgetreten ist bzw. mit welcher Region eine Geschäftsbeziehung eingegangen wurde. In Verbindung mit der Produktbuchungsgruppe wird die Grundlage für die MwSt-Buchung gelegt.	
1-10	Spalte „Geschäftsbuchungsgruppe“	Hier ist mit **F6** in die Geschäftsbuchungsgruppen zu verzweigen, die entsprechende Buchungsgruppe auszuwählen und mit **OK** zu bestätigen.
1-11	Spalte „Produktbuchungsgruppe“	Mit **F6** und **OK** ist eine Produktbuchungsgruppe auszuwählen.
1-12	Spalte „Betrag“	In diese Spalte wird der Bruttowert eingegeben.
H	**HINWEIS:** Die Wahl des Vorzeichens in der Spalte „Betrag“ beeinflußt die Buchung des ausgewählten Kontos unter den Spalten „Kontoart“ und „Kontonr.“. Ist der Wert positiv, wird das Konto im Soll bebucht. Wird der Wert mit negativem Vorzeichen eingegeben, erfolgt die Buchung im Haben.	
1-13	Spalte „Gegenkontoart“	Mit **F6** ist die entsprechende Option auszuwählen und mit **Enter** zu

		bestätigen. Soll das Gegenkonto die Kasse sein, ist hier <Sachkonto> einzustellen.
1-14	Spalte „Gegenkontonr."	Entsprechend der Wahl in „Gegenkontoart" kann mit **F6** in die dazugehörende Übersicht verzweigt werden. Dort ist das entsprechende Konto auszuwählen und mit **OK** zu bestätigen.
1-15	Beim Verlassen der Buchungszeile wird in der Spalte „Belegnr." die Nummer um 1 erhöht.	Jetzt können analog zu den Schritten 1 bis 1-15 die weiteren Kassenbuchungen erfaßt werden.

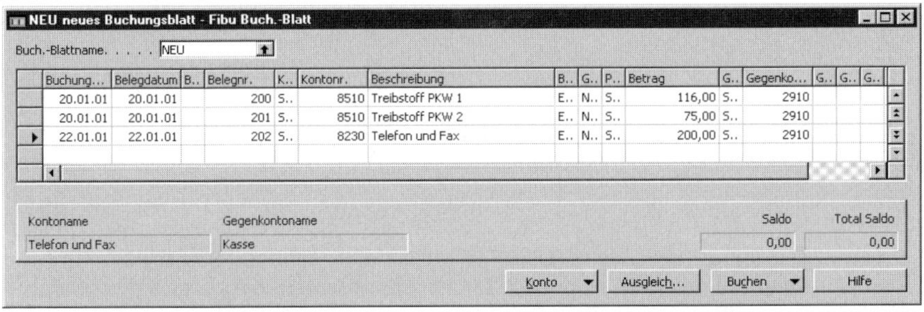

<table>
<tr><td>2</td><td>Extras / Zoom oder Strg + F8</td><td>Hier werden alle Spalten der aktuellen Buchungszeile im Zoom angezeigt.</td></tr>
<tr><td>2-1</td><td>In dieser Ansicht kann der Steuerbetrag überprüft werden.

Als „MwSt Betrag (MW)". wird der Steuerbetrag ausgegeben. In der „MwSt Bemessungsgrundlage (MW)" ist der Nettowert eingetragen.

Beide Spalten können mit der Design-Funktion im Buch.-Blatt zur Ansicht gebracht werden. (Extras / Designer)</td><td>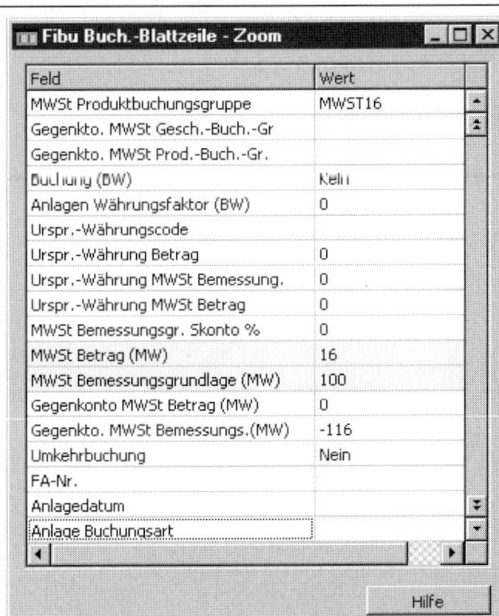
</td></tr>
</table>

2-2	**ESC**	
3	Buchen▼ / *Abstimmen*	Vor der Buchung kann geprüft werden, wie hoch der Saldo des Kassenkontos nach den erfaßten Buchungen sein wird. In dieser Übersicht werden alle Sachkonten aufgelistet, die in der Sachkontokarte im Feld „Abstimmbar" auf ja gesetzt wurden.
	ESC	
4	Buchen▼ / *Testbericht*	Vor der Buchung sollte der Testbericht angesehen werden.
4-1	Drucken... oder Seitenansicht	Sind die Eingaben unvollständig, werden Warnungen ausgegeben, die beseitigt werden müssen.
4-2	**ESC**	
5	Buchen▼ / *Buchen* oder **F11**	
5-1	Die Frage: „Wollen Sie die Buch.-Blattzeilen buchen?" ist mit Ja zu beantworten.	Die Buch.-Blattzeilen werden automatisch aus dem Buchungsblatt entfernt.
5-2	Die Information: „Die Buch.-Blattzeilen sind gebucht worden." ist mit OK zu quittieren.	
5-3	**ESC**	Zurück zum Hauptmenü.

1.2.2 Mehrzeiliges Buchen von Kostenrechnungen

In NAVISION Financials sind Buchungen nicht unbedingt in einer Buchungszeile zu erfassen. Es können zunächst eine oder mehrere Zeilen für die Sollkonten und danach eine oder mehrere Zeilen für die Habenkonten erstellt werden.

Schritt	Aktion	Bemerkung
1	*Finanzbuchhaltung / Fibu Buch.-Blätter*	Öffnen der Fibu Buchungsblätter.
1-1	Hier sind die Arbeitsschritte analog zu denen im Ablaufschemata 1.2.1 bis zum Schritt 1-12 durchzuführen.	
1-2	*Ansicht / Spalte anzeigen...*	Vor Kostenstellencode einen Haken setzen und mit OK die Spalte anzeigen.
1-3	Spalte „Kostenstelle“	Sollen Buchungen für einzelne Kostenstellen erfaßt werden, ist in dieser Spalte mit **F6** eine Kostenstelle auszuwählen und mit OK zu bestätigen.
1-4	Spalte „Gegenkontonr.“	Ein Gegenkonto bzw. eine Gegenkontonr. wird nicht eingegeben.
H	**HINWEIS:** Beim Verlassen der Buchungszeile bleibt die Belegnr. gleich, d.h. die Buchung ist noch nicht abgeschlossen. In den nächsten Buchungszeilen wird die Erfassung für weitere Kostenstellen so lange wiederholt, bis die Aufteilung abgeschlossen ist.	
2	Eingabe der Gegenbuchung	Die Gegenbuchung wird in der nächsten Buchungszeile eingegeben.
2-1	Spalten „Buchungsdatum“, „Belegdatum“, „Buchungsart“ und „Belegnr.“	Die Eintragungen in diesen Spalten bleiben gleich. (Wie bei den vorherigen Zeilen.)
2-2	Spalte „Kontoart“	Hier ist mit **F6** und **Enter** <Sachkonto> auszuwählen.
2-3	Spalte „Kontonr.“	Hier ist mit **F6** und OK aus der Sachkontenübersicht das Kassenkonto (hier 2910) auszuwählen.
2-4	Spalte „Beschreibung“	In dieser Spalte wird vom System der Name des Sachkontos vorgegeben.
2-5	Spalten „Kostenstellencode“, „Buchungsart“, „Geschäftsbuchungsgruppe“ und „Produktbuchungsgruppe“	In diese Spalten erfolgen keine Eingaben, sie bleiben leer.

2-6	Spalte „Betrag“	Hier wird die Summe der Aufteilungsbuchungen (vorhergehende Zeilen) mit negativem Vorzeichen eingegeben. Das Kassenkonto wird im Haben bebucht.
H	**HINWEIS:** Nach dieser Eingabe ist die Buchung abgeschlossen. Wird die Buchungszeile verlassen, so wird die Belegnr. automatisch um eins erhöht.	

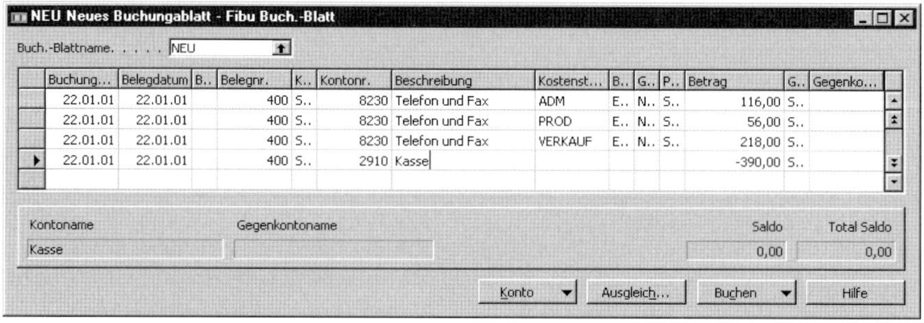

3	*Extras / Zoom* oder **Strg** + **F8**	Hier kann pro erfaßter Buchungszeile der Steuerbetrag überprüft werden. (Spalten „MwSt Betrag (MW)“ und „MwSt Bemessungsgrundlage (MW)“). Siehe dazu Ablaufschemata 1.2.1 Schritt 2-1.
	ESC	
4	Buchen ▼ / *Abstimmen*	Es kann vor der Buchung geprüft werden, wie hoch der Saldo des Kassenkontos nach der erfolgten Buchung sein wird.
	ESC	
5	Buchen ▼ / *Testbericht*	Vor der Buchung sollte der Testbericht angesehen werden, um Eingabefehler ggf. korrigieren zu können.
5-1	Drucken... oder Seitenansicht	
5-2	**ESC**	
6	Buchen ▼ / *Buchen* oder **F11**	
6-1	Die Frage: „Wollen Sie die Buch.-Blattzeilen buchen?“ ist mit Ja zu beantworten.	Die Information: „Die Buch.-Blattzeilen sind gebucht worden.“ ist mit OK zu bestätigen.
6-2	Die Buch.-Blattzeilen werden aus dem Buchungsblatt automatisch entfernt.	
6-3	**ESC**	Zurück zum Hauptmenü.

1.2.3 Stornobuchung von Kostenbuchungen

Wie in jeder Finanzbuchhaltung müssen auch in NAVISION Financials Buchungen storniert werden können. Damit die Jahreszahlen richtig aufsummiert werden, wird für solche Buchungen die Stornofunktion genutzt.

Schritt	Aktion	Bemerkung
1	*Finanzbuchhaltung / Fibu Buch.-Blätter*	Öffnen der Fibu Buchungsblätter
1-1	Hier sind die Arbeitsschritte analog zu denen im Ablaufschemata 1.2.1 bis zum Schritt 1-14 durchzuführen. Abweichungen davon in den einzelnen Spalten werden nachfolgend beschrieben.	
H	**HINWEIS:** Die Einstellungen **müssen** identisch mit denen aus der Buchung sein, die storniert werden soll, d.h. gleiche Kostenstelle, gleiche Buchungsart, … .	
1-2	Spalte „Belegnr."	Hier ist die Belegnummer für die Stornobuchung zu erfassen.
1-3	Spalte „Beschreibung"	Mit der Beschreibung, die hier eingetragen wird, kann ein zusätzlicher Hinweis auf eine Stornobuchung gegeben werden.
1-4	Spalte „Betrag"	Vor den Bruttowert ist ein negatives Vorzeichen zu setzen.
1-5	Spalte „Storno"	Diese Spalte ist mit einem Haken zu versehen. Er bewirkt, daß das gewählte Sachkonto in der Spalte „Kontonr." mit einem negativem Betrag auf der Sollseite bebucht wird und das gewählte Gegenkonto den negativen Wert als Zugang im Haben hat.
	„Betrag" = negativer Wert ohne Stornohaken S Kontonummer H: Haben: BETRAG S Gegenkontonummer H: Soll: BETRAG Wird kein Stornohaken gesetzt, werden die Jahresverkehrszahlen verfälscht.	
	„Betrag" = negativer Wert mit Stornohaken S Kontonummer H: Soll: - BETRAG S Gegenkontonummer H: Haben: - BETRAG	

	Der Storno von einzeiligen Kassenbuchungen wird wie in der folgenden Darstellung gehandhabt:

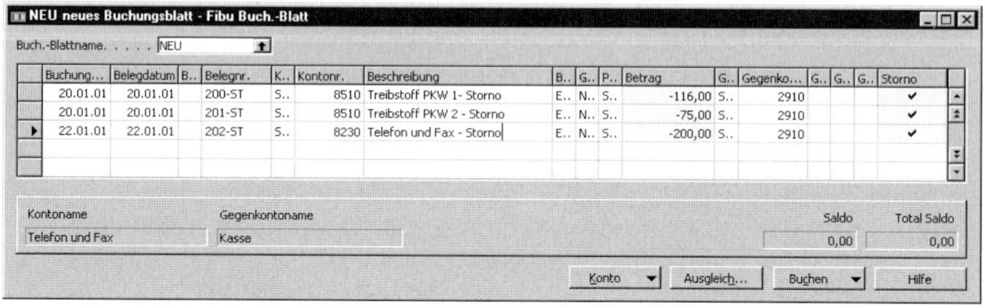

	Der Storno von mehrzeiligen Kassenbuchungen wird wie folgt im Fibu Buch.-Blatt eingebucht:

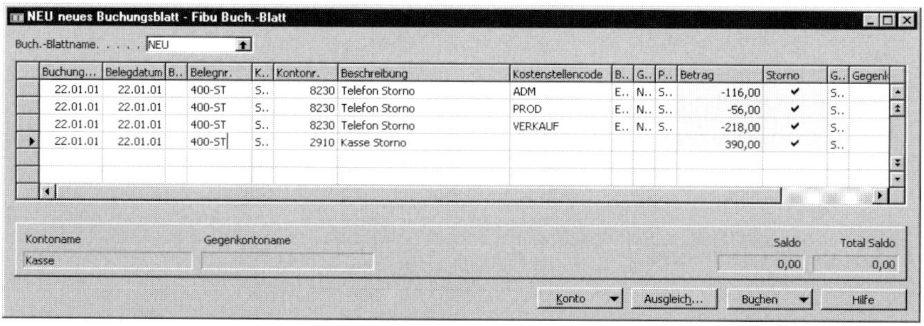

2	Buchen▼ / *Buchen* oder **F11**	
2-1	Die Frage: „Wollen Sie die Buch.-Blattzeilen buchen?“ ist mit Ja zu beantworten.	Die Buch.-Blattzeilen werden aus dem Buchungsblatt automatisch entfernt.
2-2	Die Information: „Die Buch.-Blattzeilen sind gebucht worden.“ ist mit OK zu bestätigen.	
2-3	**ESC**	Zurück zum Hauptmenü.

1.2.4 Buchen von Zahlungseingängen

Zahlungseingänge werden in Zlg.-Eing. Buch.-Blättern erfaßt. Hier werden die einzelnen Arbeitsschritte beschrieben, die notwendig sind, um mit Zahlungen offene Debitorenposten auszugleichen.

Schritt	Aktion	Bemerkung
1	*Debitoren & Verkauf / Zlg.-Eing. Buch.-Blätter*	
1-1	Spalte „Buchungsdatum“	Hier ist das Datum einzugeben, unter welchem die Buchungen in der Finanzbuchhaltung gebucht werden sollen.
1-2	Über *Ansicht / Spalte anzeigen...* ist die Spalte „Belegdatum“ anzuzeigen. (Vor der Spalte einen Haken setzen und mit OK bestätigen.)	Das hier vorgeschlagene Datum entspricht dem Buchungsdatum. Es kann geändert werden, z.B. in das Belegdatum des Bankkontoauszuges.
1-3	Spalte „Belegart“	In dieser Spalte ist <Zahlung> mit **F6** und **Enter** auszuwählen.
1-4	Spalte „Belegnr.“	Wurde eine Nummernserie hinterlegt, wird automatisch eine Nummer aus dieser vorgeschlagen. Ansonsten muß die Belegnr. manuell eingegeben werden (z.B. die Nummer des Kontoauszugs).
1-5	Spalte „Kontoart“	Hier ist mit **F6** und **Enter** <Debitor> auszuwählen.
1-6	Spalte „Kontonr.“	Die Debitorenübersicht ist mit **F6** aufzurufen, der entsprechende Debitor auszuwählen und mit OK zu übernehmen.
1-7	Spalte „Beschreibung“	In diese Spalte wird nach Verlassen der Spalte „Kontonr.“ der Name des ausgewählten Debitors angezeigt.
2	Ausgleich...	In diesem Formular werden alle offenen Debitorenposten angezeigt.
2-1	Ausgleich ▼ / *Ausgleichs ID setzen* oder **F9**	Der Cursor muß dafür in der Zeile des Postens stehen, mit dem die Zahlung ausgeglichen werden soll.

2-2	Spalte „Ausgleichs ID“	Wurde die Ausgleichs ID gesetzt, erscheint hier die Belegnummer aus dem Zlg.-Eing. Buch.-Blatt.
	Sollen mehrere Posten ausgeglichen werden, ist die Ausgleichs ID mehrfach zu setzen.	
2-3	Feld „Ausgleichsbetrag“	In diesem Feld steht der entsprechende Zahlbetrag für den oder die ausgewählten offenen Posten.
2-4	OK	Zurück zum Zlg.-Eing. Buch.-Blatt.
3	Spalte „Betrag“	In diese Spalte wird der Wert aus dem Feld „Ausgleichsbetrag“ übernommen. Vor den Betrag wird ein negatives Vorzeichen geschrieben, da es sich um Zahlungseingangsbuchungen handelt und das Debitorenkonto im Haben bebucht werden muß.
4	Spalte „Gegenkontoart“	Wenn die Zahlung direkt auf ein Sachkonto gebucht werden soll, so ist mit **F6** und **Enter** <Sachkonto> auszuwählen. Wird der Zahlungseingang über Bankkonten gebucht, ist <Bankkonto> auszuwählen.
5	Spalte „Gegenkontonr.“	Hier ist mit **F6** in die jeweilige Übersicht zu verzweigen, das entsprechende Konto auszuwählen und mit OK zu bestätigen.
6	Buchen▼ / *Abstimmen*	In diesem Formular werden die aktuellen Bewegungen und der Saldo nach der Buchung angezeigt.
	ESC	Zurück zum Zlg.-Eing. Buch.-Blatt.
7	Buchen▼ / *Buchen* oder **F11**	
7-1	Ja	„Wollen Sie die Buch.-Blattzeilen buchen?“ ist mit Ja zu beantworten.
7-2	OK	„Die Buch.-Blattzeilen sind gebucht worden.“ ist mit OK zu quittieren.
8	**ESC**	Zurück zum Hauptmenü.

1.2.5 Buchung von Zahlungsausgängen

Die Eingabe von Zahlungsausgängen erfolgt über den Menüpunkt *Kreditoren & Einkauf / Zlg.-Ausg. Buch.-Blätter.* Dabei werden die offenen Kreditorenposten ausgeglichen.

Schritt	Aktion	Bemerkung
1	*Kreditoren & Einkauf / Zlg.-Ausg. Buch.-Blätter*	
1-1	In der Spalte „Buchungsdatum" ist das Datum der Buchungserfassung einzugeben.	Die Spalte „Buchungsdatum" ist automatisch mit dem Arbeitsdatum gefüllt, kann jedoch geändert werden.
1-2	Über *Ansicht / Spalte anzeigen...* ist die Spalte „Belegdatum" anzuzeigen. Die Spalte mit einem Haken versehen und mit OK bestätigen.	In dieser Spalte ist das Belegdatum zu erfassen, z.B. das Datum des Bankkontoauszuges.
1-3	Spalte „Belegart"	Es soll ein Zahlungsausgang erfaßt werden, deshalb ist hier mit **F6** und **Enter** die Belegart <Zahlung> anzugeben.
1-4	Spalte „Belegnr."	Wurde eine Nummernserie hinterlegt, ist die Nummer zu bestätigen. Sonst ist hier eine Nummer einzutragen.
1-5	Spalte „Kontoart"	Mit **F6** <Kreditor> auswählen und mit **Enter** bestätigen.
1-6	Spalte „Kontonr."	Mit **F6** in die Kreditorenübersicht verzweigen, den entsprechenden Kreditor markieren und mit OK einfügen.
2	Ausgleich...	Das Formular Kreditorenpostenausgleich wird geöffnet. Der Cursor ist auf den Posten, mit dem die Zahlung ausgeglichen werden soll, zu setzen.
2-1	Ausgleich ▼ / *Ausgleichs ID setzen* oder **F9**	In der Spalte „Ausgleichs ID" erscheint automatisch die Belegnummer der Fibu Buch.-Blattzeile. Gleichzeitig wird im unteren Teil des Formulars im Feld „Ausgleichsbetrag" der ausgewählte und auszugleichende Betrag zur Ansicht gebracht.

2-2	Sollen mehrere Posten ausgeglichen werden, ist die Ausgleichs ID mehrfach zu setzen.	
2-3	OK	Zurück zum Zlg.-Ausg. Buch.-Blatt.

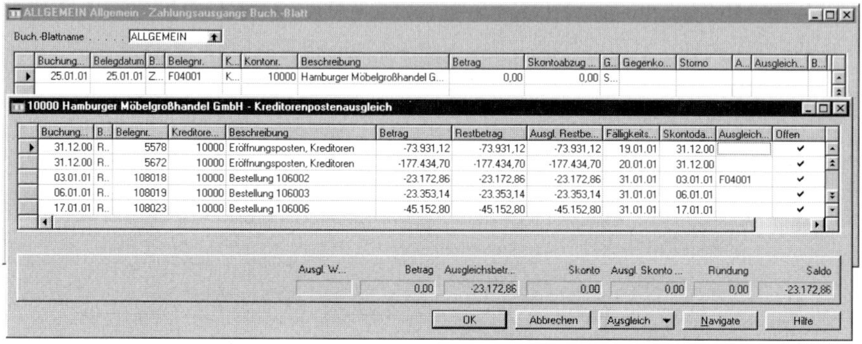

3	Spalte „Betrag“	In die Fibu Buch.-Blattzeile wird automatisch der Wert des Feldes „Ausgleichsbetrag“ übernommen.
4	Spalte „Gegenkontoart“	Soll die Zahlung direkt auf ein Bankkonto gebucht werden, so ist mit **F6** und **Enter** <Bankkonto> auszuwählen. Wird der Zahlungseingang über Sachkonto gebucht, ist <Sachkonto> auszuwählen.
5	Spalte „Gegenkontonr.“	Entsprechend der „Gegenkontoart“ ist mit F6 in die Übersicht zu verzweigen, ein Konto auszuwählen und dieses mit OK zu übernehmen.
6	Buchen ▼ / *Abstimmen*	Im Fenster ALLGEMEIN – Abstimmen wird die aktuelle Bewegung und der „Saldo nach der Buchung“ angezeigt.
7	Buchen ▼ / *Buchen* oder **F11**	
7-1	Ja	Die Frage: „Wollen Sie die Buch.-Blattzeilen buchen?“ ist mit Ja zu beantworten.
7-2	OK	Die Meldung: „Die Buch.-Blattzeilen sind gebucht worden.“ ist mit dem OK Button zu bestätigen.
8	**ESC**	Zurück zum Hauptmenü.

1.2.6 Buchung von Zahlungseingängen bei Wechselkursänderungen

In NAVISION Financials kann mit mehreren Währungen gearbeitet werden. Bei Ländern, die nicht zur Europäischen Währungsunion gehören, gibt es Wechselkursänderungen, die bei Buchungen mit abgebildet werden müssen.

Schritt	Aktion	Bemerkung
1	*Debitoren & Verkauf / Debitoren*	Einen Debitor mit Währungscode USD (z.B. Debitornr. 01445544) auswählen.
1-1	Debitor▼ / *Posten*	
1-2	Der Wert in der Spalte Betrag wird in USD ausgewiesen.	Um den Betrag in Mandantenwährung anzuzeigen, ist über *Ansicht / Spalte anzeigen...* vor das Feld „Betrag in (MW)" ein Haken zu setzen und mit OK zu bestätigen.

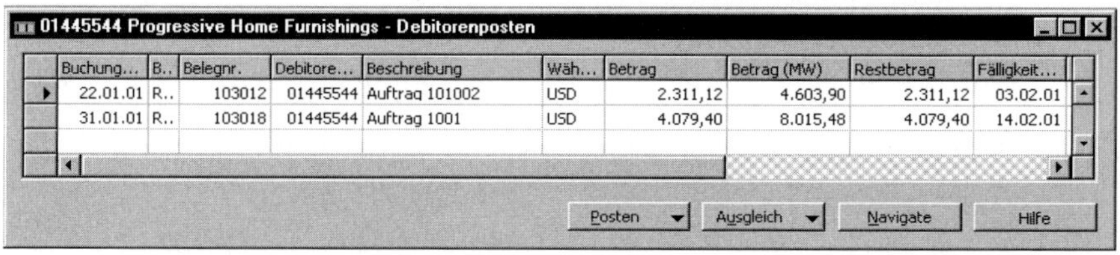
01445544 Progressive Home Furnishings - Debitorenposten

Buchung...	B..	Belegnr.	Debitore...	Beschreibung	Wäh...	Betrag	Betrag (MW)	Restbetrag	Fälligkeit...
22.01.01	R..	103012	01445544	Auftrag 101002	USD	2.311,12	4.603,90	2.311,12	03.02.01
31.01.01	R..	103018	01445544	Auftrag 1001	USD	4.079,40	8.015,48	4.079,40	14.02.01

Schritt	Aktion	Bemerkung
1-3	2 x **ESC**	
2	*Debitoren & Verkauf / Zlg.-Eing. Buch.-Blätter*	
2-1	Spalte „Buchungsdatum"	Hier ist das Datum einzugeben, unter dem die Buchungen in der Finanzbuchhaltung abgebildet werden sollen.
2-2	Über *Ansicht / Spalte anzeigen...* ist vor das Feld „Belegdatum" ein Haken zu setzen und mit OK zu bestätigen.	In die Spalte „Belegdatum" kann das Datum des Bankkontoauszuges eingegeben werden.
2-3	Spalte „Belegart"	Mit **F6** ist <Zahlung> auszuwählen und mit **Enter** zu bestätigen.
2-4	Spalte „Belegnr."	Hier kann die Belegnr. des Kontoauszuges eingegeben werden.
2-5	Spalte „Kontoart"	Mit **F6** ist hier <Debitor> auszuwählen und mit **Enter** zu bestätigen.

2-6	Spalte „Kontonr.“	Hier ist mit **F6** der Debitor auszuwählen, für den der Zahlungsausgang erfaßt werden soll. Die Auswahl ist mit OK zu bestätigen.
2-7	Spalte „Beschreibung“	Nach Verlassen der Spalte „Kontonr.“ wird hier automatisch der Name des Debitoren geschrieben.
2-8	Über *Ansicht / Spalte anzeigen...* ist das Feld „Währungscode“ anzuzeigen (vor dem Feld ein Haken setzen und mit OK bestätigen).	In dieser Spalte wird der Währungscode des Debitoren angezeigt.
2-8-1	Soll der Wechselkurs der Zahlung geändert werden, ist der Assist-Button (...) anzuklicken. Im Feld „Wechselkursbetrag“ ist der aktuelle Wechselkurs einzugeben (z.B. 0,9001) und mit OK zu bestätigen.	

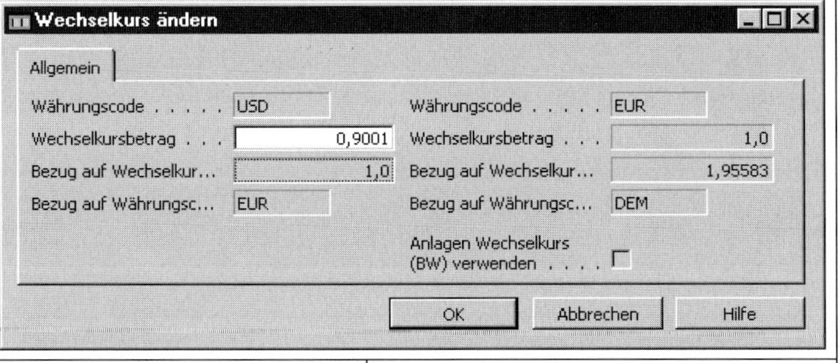

3	Ausgleich...	Im Debitorenpostenausgleich ist der Cursor auf den offenen Posten zu positionieren, der mit der Zahlung ausgeglichen werden soll.
3-1	Ausgleich▼ / *Ausgleichs ID setzen* oder **F9**	Anschließend ist die Ausgleichs ID zu setzen. Sind mehrere Posten auszugleichen, ist dieser Vorgang zu wiederholen.

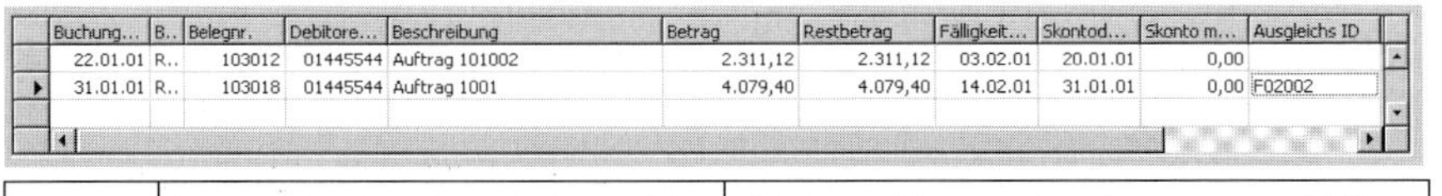

Buchung...	B..	Belegnr.	Debitore...	Beschreibung	Betrag	Restbetrag	Fälligkeit...	Skontod...	Skonto m...	Ausgleichs ID
22.01.01	R..	103012	01445544	Auftrag 101002	2.311,12	2.311,12	03.02.01	20.01.01	0,00	
31.01.01	R..	103018	01445544	Auftrag 1001	4.079,40	4.079,40	14.02.01	31.01.01	0,00	F02002

3-2	In der Spalte „Ausgleichs ID“ wird die Belegnr. gesetzt.	Gleichzeitig werden im unteren Teil des Formulars die „Ausgl. Währung“ und der „Ausgleichsbetrag“ zur Ansicht gebracht.

4	OK	Zurück zum Zlg.-Eing. Buch.-Blatt.
4-1	Spalte „Betrag“	In diese Spalte wird automatisch der Ausgleichsbetrag eingetragen. Der Betrag erhält ein negatives Vorzeichen, da es sich bei Zahlungseingangsbuchungen eines Debitors um Habenbuchungen handelt.
4-2	Spalte „Gegenkontoart“	Wird mit Bankkonten gearbeitet, ist hier mit **F6** <Bankkonto> auszuwählen und mit **Enter** zu bestätigen. Sonst ist hier <Sachkonto> zu wählen.
4-3	Spalte „Gegenkontonr.“	Es ist mit **F6** in die Bankkontenübersicht zu verzweigen, das Bankkonto auszuwählen und mit OK zu bestätigen. Bei Sachkonten ist aus der Sachkontenübersicht das entsprechende Konto auszuwählen.
5	Buchen▼ / *Buchen* oder **F11**	
5-1	Die Frage: „Wollen Sie die Buch.-Blattzeilen buchen?“ ist mit Ja zu beantworten.	Die Information: „Die Buch.-Blattzeilen sind gebucht worden.“ ist mit OK zu bestätigen.
5-2	**ESC**	Zurück zum Hauptmenü.
AUSWIRKUNGEN		
6	*Debitoren & Verkauf / Journale*	Hier ist das entsprechende Journal zu suchen. Der Herkunftscode ist: ZLGEINBUBL
6-1	Journal▼ / *Sachposten*	Aufgrund des Zahlungseingangs wurde ein Kursgewinn erreicht. Der Buchungssatz lautet: Sachkonto Bank an Forderungen und realisierte Kursgewinne.

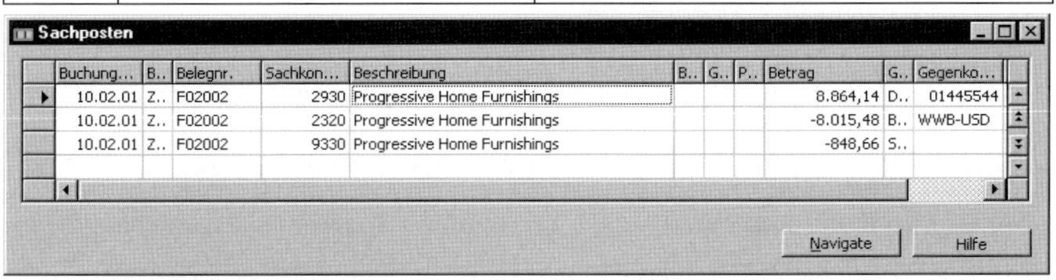

Sachposten

Buchung...	B..	Belegnr.	Sachkon...	Beschreibung	B..	G..	P..	Betrag	G..	Gegenko...
10.02.01	Z..	F02002	2930	Progressive Home Furnishings				8.864,14	D..	01445544
10.02.01	Z..	F02002	2320	Progressive Home Furnishings				-8.015,48	B..	WWB-USD
10.02.01	Z..	F02002	9330	Progressive Home Furnishings				-848,66	S..	

Navigate Hilfe

6-2	2 x **ESC**	Zurück zum Hauptmenü.

1.2.7 Skontobuchung bei Zahlungsausgängen

Oftmals werden Rechnungen innerhalb der Skontofrist beglichen. Damit solche Zahlungsvorgänge richtig erfaßt werden, bietet NAVISION Financials die Möglichkeit der Skontobuchung. Im folgenden Ablaufschema wird diese Vorgehensweise beschrieben.

Schritt	Aktion	Bemerkung
1	*Finanzbuchhaltung / Einrichtung / Finanzbuchhaltung Einrichtung*	
2	Reiter Allgemein	
2-1	Feld „Skontotoleranz" Mit dem eingegebenen Prozentsatz wird festgelegt, ab welchem Betrag einer Zahlungen die Abfrage: „Wie soll mit dem Restbetrag verfahren werden?" geöffnet wird.	Beispiel: Als Skontotoleranz wird 2 eingestellt. Es ist eine Rechnung von 1.000,00 zu begleichen. Werden zwischen 980,01 und 999,99 bezahlt, wird die Abfragemaske: „Wie soll mit dem Restbetrag verfahren werden?" geöffnet. Ist der Zahlbetrag kleiner als 980,01 (außerhalb der 2%), wird die Differenz zum Rechnungsbetrag als offener Posten behandelt, d.h., der Debitoren- bzw. Kreditorenposten wird nicht ausgeglichen. In der Spalte „Restbetrag" steht dann die Differenz.
2-2	Feld „Verteilungsart Rest-OP"	Soll ein Skontobetrag grundsätzlich nur auf offene Posten mit einer Skonto-Zahlungsbedingung verteilt werden, ist hier <Nur skontofähige Posten> auszuwählen. Soll ein Skonto auch auf Posten möglich sein, die eine andere Zahlungsbedingung haben, ist <Alle gewählten Posten> zu wählen.
2-3	Feld verlassen und **ESC**	Zurück zum Hauptmenü.
3	*Kreditoren & Einkauf / Zlg.-Ausg. Buch.-Blätter*	
3-1	Spalte „Buchungsdatum"	Unter dem hier eingetragenen Datum werden die Buchungen in der Finanzbuchhaltung erfaßt.
3-2	Spalte „Belegdatum"	In diese Spalte wird automatisch das Buchungsdatum gesetzt. Es kann z.B. mit dem Datum des Bankkontoauszuges überschrieben werden.

3-3	Spalte „Belegart“	Mit **F6** ist hier <Zahlung> auszuwählen und mit **Enter** zu bestätigen.
3-4	Spalte „Belegnr.“	Wurde eine Nummernserie hinterlegt, erscheint hier automatisch die nächst folgende Nummer. Sonst ist sie manuell einzugeben. Unter der Belegnr. wird die Buchung in der Finanzbuchhaltung erfaßt und gebucht.
3-5	Spalte „Kontoart“	Hier ist mit **F6** <Kreditor> auszuwählen und mit **Enter** zu bestätigen.
3-6	Spalte „Kontonr.“	Mit **F6** ist in die Kreditorenübersicht zu verzweigen, der entsprechende Kreditor auszuwählen und mit OK zu übernehmen.
3-7	Spalte „Beschreibung“	Hier wird nach dem Verlassen der Spalte „Kontonr.“ der Name des Kreditoren eingetragen.
3-8	Ausgleich...	In dem Formular werden alle Kreditorenposten angezeigt, die noch nicht ausgeglichen wurden.
3-8-1	In der Spalte „Skontodatum“ wird das Datum angezeigt, bis zu dem Skontozahlungen möglich sind.	Ist das Skontodatum überschritten, und es soll trotzdem mit Skonto gezahlt werden, dann ist der entsprechende offene Posten auszuwählen und in der Spalte „Skontodatum“ mit **F2** das Datum zu verändern. Dafür kann z.B. das aktuelle Datum eingetragen werden.
3-8-2	Spalte „Skonto möglich“	Soll der Skontobetrag geändert werden, kann hier ebenfalls mit **F2** der neue bzw. veränderte Wert eingetragen werden.
H	**HINWEIS:** Der Skontobetrag muß das gleiche Vorzeichen haben wie der Wert in der Spalte „Betrag“. Sonst erfolgt eine Fehlermeldung. 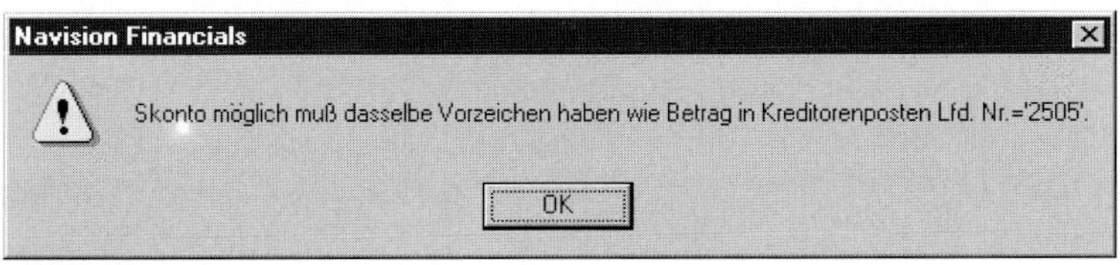	

3-8-3	**Ausgleich ▼** / *Ausgleichs ID setzen* oder **F9**	Der Cursor steht in der Zeile des Postens, mit dem die Zahlung ausgeglichen werden soll.
3-8-4	Spalte „Ausgleichs ID“	Wurde die Ausgleichs ID gesetzt, erscheint hier die Belegnr. aus dem Zlg.-Ausg. Buch.-Blatt.
	Sollen mehrere Posten ausgeglichen werden, ist die Ausgleichs ID mehrfach zu setzen.	
3-8-5	Feld „Ausgl. Skonto möglich“	Im unteren Teil des Kreditorenpostenausgleichs wird in diesem Feld der entsprechende Skontobetrag angezeigt.
3-8-6	Feld „Ausgleichsbetrag“	In diesem Feld steht der entsprechende Zahlbetrag für den oder die ausgewählten offenen Posten.

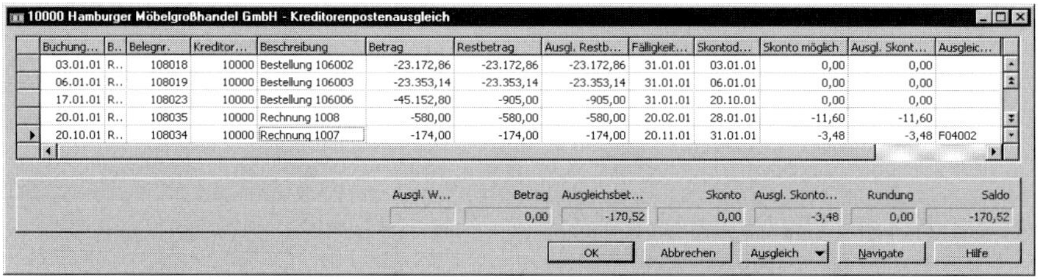

3-8-7	**OK**	Zurück zum Zlg.-Ausg. Buch.-Blatt.
3-9	Spalte „Betrag“	Der Ausgleichsbetrag wird automatisch in diese Spalte übertragen.
3-9-1	Wurden im Kreditorenpostenausgleich in den Spalten „Skontodatum“ und „Skonto möglich“ keine Veränderungen vorgenommen, und es soll dennoch mit Skonto gezahlt werden, dann kann der Wert in der Spalte „Betrag“ überschrieben werden. Beim Verlassen der Spalte erscheint die nebenstehende Frage. Der Prozentsatz ergibt sich aus den Einstellungen, die unter Schritt 2-1 durchgeführt wurden.	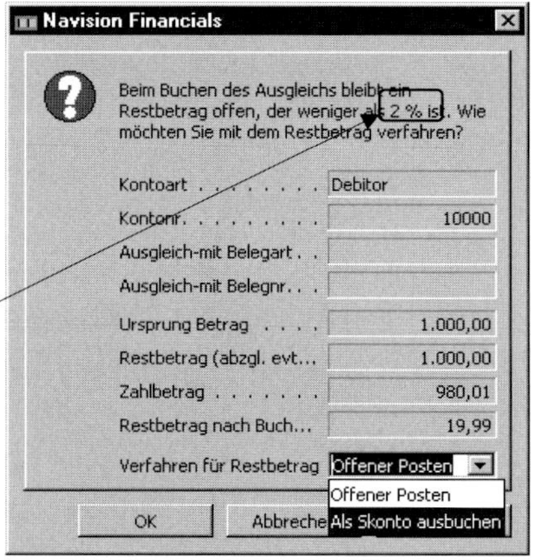

3-9-2	Feld „Verfahren für Restbetrag“	Hier ist mit F6 <Als Skonto buchen> auszuwählen und mit Enter zu bestätigen.
3-9-3	OK	Das Anforderungsformular ist mit OK zu schließen.
3-10	Spalte „Gegenkontoart“	Hier ist mit F6 <Bankkonto> oder <Sachkonto> auszuwählen und mit Enter zu bestätigen.
3-11	Spalte „Gegenkontonr.“	In dieser Spalte ist mit F6 in die Bank- oder Sachkontenübersicht zu verzweigen, das entsprechende Bank- oder Sachkonto auszuwählen und mit OK zu bestätigen.
4	Buchen▼ / *Buchen* oder F11	
4-1	Die Frage: „Wollen Sie die Buch.-Blattzeilen buchen?“ ist mit Ja zu beantworten.	
4-2	Die Information: „Die Buch.-Blattzeilen sind gebucht worden.“ ist mit OK zu quittieren.	
5	ESC	Zurück zum Hauptmenü.

1.3 Wiederkehrende Buchungen

In diesen Abschnitten wird gezeigt, wie mit wiederkehrenden Buchungsblättern gearbeitet werden kann und wie dort Umbuchungen vorgenommen werden können.

1.3.1 Arbeit mit wiederkehrenden Buchungsblättern

Es ist sinnvoll, für jede Art von Wiederholungsbuchungen einen eigenen Buch.-Blattnamen zu vergeben, wie z.B. MIETE, ABSCHREIBUNG, GEHALT, ...

Schritt	Aktion	Bemerkung
1	*Finanzbuchhaltung / Periodische Aktivitäten / Wiederk. Buch.-Blätter*	Es sind die wiederkehrenden Buchungsblätter aufzurufen.
2	Feld „Buch.-Blattname“	Um ein neues Buch.-Blatt anzulegen bzw. ein anders Buch.-Blatt zu verwenden, ist mit **F6** in die Buch.-Blattnamen zu verzweigen.
2-1	Spalte „Name“	Mit **F3** ist ein neuer Datensatz zu erzeugen und der Name des neuen Buch.-Blatt einzugeben, z.B. ABSCHREIBUNG.
2-2	Spalte „Beschreibung“	Hier kann eine Erläuterung eingetragen werden. (z.B. Abschreibungs Buch.-Blatt)
2-3	Spalte „Gegenkontoart“ und „Gegenkontonr.“	Die Eintragungen (<Sachkonto> und leer) werden nicht verändert.
2-4	Spalte „Nummernserie“	Für dieses Beispiel erfolgt keine Eintragung. Soll eine automatische Nummernserie hinterlegt werden, erfolgt dies in der Spalte „Buchungsnr. Serie“.
2-5	Spalte „Buchungsnr. Serie“	Mit **F6** ist in die Nummernserien zu verzweigen, die erforderliche Serie auszuwählen und mit **OK** zu bestätigen. Soll keine Belegnr. vorgeschlagen werden, bleibt diese Spalte leer.
2-6	Das erforderliche Buch.-Blatt ist auszuwählen und mit **OK** zu übernehmen.	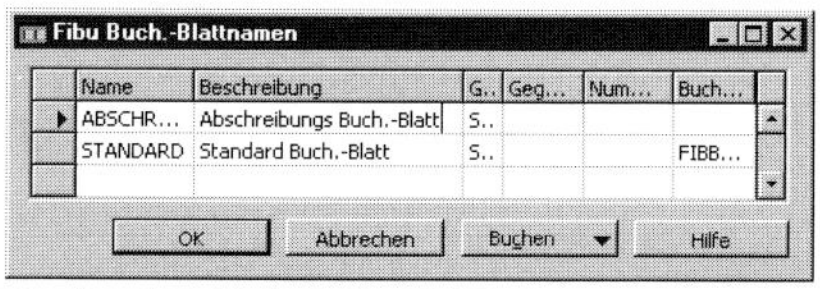

3	In der Spalte „Wiederholungsart“ ist mit **F6** und **Enter** eine der nachfolgenden Optionen auszuwählen.	Die Einstellung in dieser Spalte bestimmt, was mit dem Wert in der Spalte „Betrag“ nach der Buchung geschehen soll.
	<F Fix> - Bleibt der Wert immer gleich, ist diese Option zu wählen. <V Variabel> - Ändert sich der Wert nach jeder Buchung, wird variabel eingestellt. <A Ausgleich> - Sollen Buchungen auf andere Kosten verteilt werden, kommt diese Option zum Einsatz. <U… Umgekehrt …> Bei diesen Optionen wird zu jedem Posten ein Gegenposten mit dem darauffolgenden Tagesdatum als Buchungsdatum erzeugt.	
4	Spalte „Wiederholungsrate“	Hier wird eine Datumsformel eingegeben, die den Abstand zwischen zwei Wiederholungen beschreibt. (z.B. 1T = 1Tag, 1M = 1Monat)
5	Spalte „Buchungsdatum“	Als Buchungsdatum ist das erste Datum einzutragen, an dem die Buchungen in der Finanzbuchhaltung gebucht werden sollen.
6	Spalte „Belegart“	In dieser Spalte ist mit **F6** die entsprechende Option auszuwählen und mit **Enter** zu übernehmen. Erfolgen die Buchungen zwischen Sachkonten, bleibt die Spalte <leer>.
7	Spalte „Belegnr.“	Wurde keine automatische Nummer hinterlegt, wird hier die Belegnummer manuell erfaßt. Es kann mit Formeln gearbeitet werden, die eine systematische Belegnr. erstellen.
	%1 – der Wochentag %2 – die Kalenderwoche %3 – die Nummer des lfd. Monats	%4 – der Name des lfd. Monats %5 – der Name der akt. Buchhaltungsperiode
H	**HINWEIS:** Soll bei der Belegnr. mit den genannten Formeln gearbeitet werden, ist darauf zu achten, daß in den Buch.-Blatt Vorlagen für Wiederk. Buch.-Blätter keine Nummernserie hinterlegt wurde. (*Finanzbuchhaltung / Einrichtung / Buch.-Blatt Vorlagen* Zeile „WIEDERK.“ Spalten „Nummernserie“ und „Buchungsnr. Serie“)	
8	Spalte „Kontoart“	Mit **F6** ist die entsprechende Art auszuwählen und mit **Enter** zu bestätigen.

9	Spalte „Kontonr."	Hier ist mit F6 in die zur „Kontoart" gehörende Übersicht zu verzweigen, das erforderliche Konto auszuwählen und mit OK zu bestätigen.
H	**HINWEIS:** Wird ein Sachkonto ausgewählt, so ist darauf zu achten, daß dieses Konto direkt bebucht werden darf. (*Finanzbuchhaltung / Kontenplan* Konto▼ / *Karte* Reiter Allgemein Feld „Direkt" mit einem Haken versehen.)	
10	Spalte „Beschreibung"	In diese Spalte wird vom System der Name des gewählten Kontos eingetragen. Dieser kann überschrieben werden. Die Formeln aus Schritt 7 können hier verwendet werden (z.B. Abschreibung %3).
11	Spalten „Buchungsart", „Geschäftsbuchungsgruppe", „Produktbuchungsgruppe", „MwSt Geschäftsbuchungs-gruppe" und „MwSt Produkt-buchungsgruppe"	Sollen Steuerbuchungen realisiert werden, so ist in jeder dieser Spalten mit F6 und OK bzw. **Enter** die entsprechende Auswahl zu treffen. Werden Nettobeträge gebucht, bleiben die Spalten leer.
12	Spalte „Betrag"	Hier ist der ermittelte Wert einzu-tragen. Ein Betrag ohne Vorzeichen bedeutet, das Konto wird im Soll, ein Betrag mit negativem Vorzeichen bedeutet, das Konto wird im Haben bebucht.
H	**HINWEIS:** Bei Wiederk. Buch.-Blättern kann kein Gegenkonto eingegeben werden. Dies wird über die Eingabe einer neuen Zeile mit entgegengesetztem Vorzeichen beim Betrag oder über die Schaltfläche Verteilung realisiert.	
13	Spalte „Zugeordneter Betrag (MW)"	Diese Spalte wird gefüllt, wenn mit der Verteilungsfunktion gearbeitet wird.
14	Spalte „Ablaufdatum"	Hier kann festgelegt werden, zu welchem Datum die Zeile letztmalig gebucht werden soll. Erfolgt hier keine Eintragung, wird die Zeile bei jeder Buchung mitgebucht, bis sie aus dem Buch.-Blatt gelöscht wird.

H	**HINWEIS:** Sollen die Buchungen pro Kostenstelle oder Kostenträger erfolgen, so sind die Spalten „Kostenstellencode“ bzw. „Kostenträgercode“ über *Ansicht / Spalte anzeigen...* zur Ansicht zu bringen. Mit **F6** und OK ist dann die entsprechende Kostenstelle bzw. der entsprechende Kostenträger auszuwählen und der Zeile zuzuordnen.

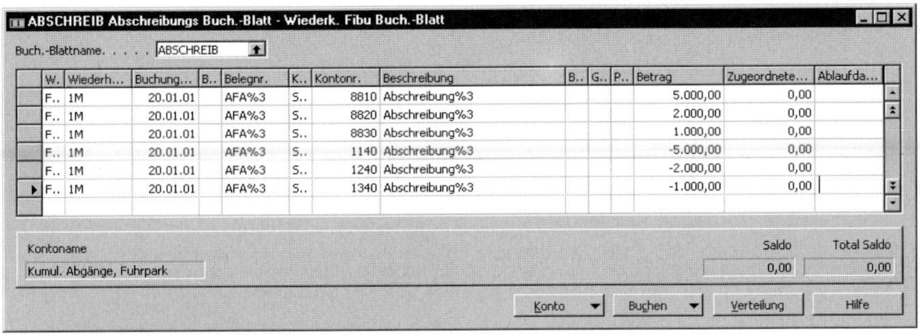

15	**Buchen▼** / *Buchen* oder **F11**	
15-1	Die Frage: „Wollen Sie die Buch.-Blattzeilen buchen?“ ist mit Ja zu beantworten.	
15-2	Die Information: „Die Buch.-Blattzeilen sind gebucht worden.“ ist mit OK zu bestätigen.	
15-3	Die Buchungszeilen bleiben nach der Buchung erhalten. Je nach gewählter Wiederholungsart bleibt der Betrag erhalten oder wird auf 0 (null) gesetzt. Das Buchungsdatum wurde entsprechend der eingegebenen Wiederholungsrate erhöht.	
16	**ESC**	Zurück zum Hauptmenü

1.3.2 Umbuchungen im wiederkehrenden Buchungsblatt

Monatlich sollen Umbuchungen zwischen Konten stattfinden. Anhand der Umbuchung der Gehaltskosten vom Konto 8720 auf das neu eingerichtete Konto 8721 (Unterkonto Gehalt) wird die Ausgleichsfunktion im Wiederk. Buch.-Blatt erläutert.

Schritt	Aktion	Bemerkung
1	*Finanzbuchhaltung / Periodische Aktivitäten / Wiederk. Buch.-Blätter*	
	Es sind die Arbeitsschritte 2 bis 10 aus dem Ablaufschema 1.3.1 abzuarbeiten.	
2	Zusätzlich sind die restlichen Spalten wie folgt auszufüllen:	
2-1	Spalten „Buchungsart", „Geschäftsbuchungsgruppe", „Produktbuchungsgruppe", „MwSt Geschäftsbuchungsgruppe" und „MwSt Produktbuchungsgruppe"	Bei der Umbuchung von Gehaltskosten werden Nettobeträge gebucht, deshalb bleiben die Spalten leer.
2-2	Spalte „Betrag"	Hier wird kein Wert eingetragen.
2-3	Spalte „Zugeordneter Betrag (MW)"	Diese Spalte wird nach der Buchung gefüllt. Es erfolgt auch hier keine Eintragung. Das System erkennt automatisch welcher Betrag an Gehaltskosten für den entsprechenden Monat umzubuchen ist.
2-4	Spalte „Ablaufdatum"	Hier kann festgelegt werden, zu welchem Datum die Zeile letztmalig gebucht werden soll.
3	Verteilung	
3-1	Spalte „Kontonr."	Mit **F6** in die Sachkontenübersicht verzweigen, das entsprechende Konto (im Bsp. 8721) markieren und mit OK übernehmen.
3-2	Über *Ansicht / Spalte anzeigen...* ist die Spalte „Kostenstellencode" anzuzeigen. (Vor der Spalte einen Haken setzen und mit OK bestätigen.)	Es ist mit **F6** in die Kostenstellen zu verzweigen, eine Kostenstelle auszuwählen und diese mit OK einzufügen.

3-3	Spalten „Buchungsart“, „Geschäftsbuchungsgruppe“, „Produktbuchungsgruppe“, „MwSt Geschäftsbuchungs-gruppe“ und „MwSt Produkt-buchungsgruppe“	In diese Spalten erfolgen keine Eingaben, denn es wird mit Nettobeträgen gebucht.
H	**HINWEIS:** Sollen Umbuchungen mit Steuerschlüsseln erfolgen, können die Einstellungen entweder in der Zeile eines Wiederk. Buch.-Blattes oder in der Zeile eines Verteilungs Buch.-Blattes vorgenommen werden.	
3-4	Spalten „Anzahl Verteilungen“ und „Verteilung %“ In der Spalte „Anzahl Verteilungen“ kann eine Menge eingegeben werden, nach der der Betrag im Verteilungs Buch.-Blatt berechnet werden soll. Erfolgt die Verteilung über mehrere Zeilen, wird der Prozentsatz in der Spalte „Verteilung %“ entsprechend den eingegebenen Mengen in der Spalte „Anzahl Verteilungen“ ermittelt. Die Summe der Werte entspricht 100%. Sind die Anteile der Verteilung am Gesamtbetrag nur prozentual bekannt, wird in die Spalte „Anzahl Verteilungen“ eine 0 (null) eingetragen. In der Spalte „Verteilung %“ ist der Prozentsatz für die Verteilung anzugeben.	

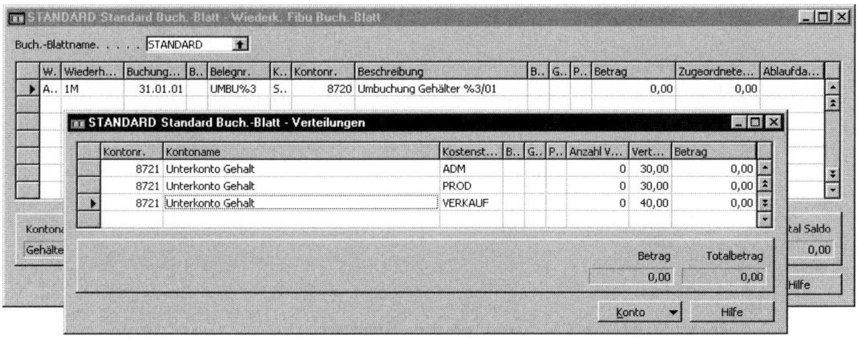

3-5	Zeile verlassen und **ESC**	Zurück zum Wiederk. Buch.-Blatt
4	Buchen ▼ / *Buchen* oder **F11**	
4-1	Ja	Die Frage: „Wollen Sie die Buch.-Blattzeilen buchen?“ ist mit Ja zu beantworten.
4-2	OK	Die Information: „Die Buch.-Blatt-zeilen sind gebucht worden.“ ist mit OK zu bestätigen.

5	AUSWIRKUNGEN nach der Buchung im Wiederk. Buch.-Blatt	
5-1	Spalte „Buchungsdatum“	Das Buchungsdatum wurde entsprechend der Wiederholungsrate erhöht.
5-2	Spalte „Zugeordneter Betrag (MW)“	Hier wurde der Wert eingetragen, der vom Konto 8720 umgebucht wurde.
5-3	Verteilung	Entsprechend der angegebenen „Verteilung %“ wurde für die einzelnen Zeilen der Wert in der Spalte „Betrag“ ermittelt.

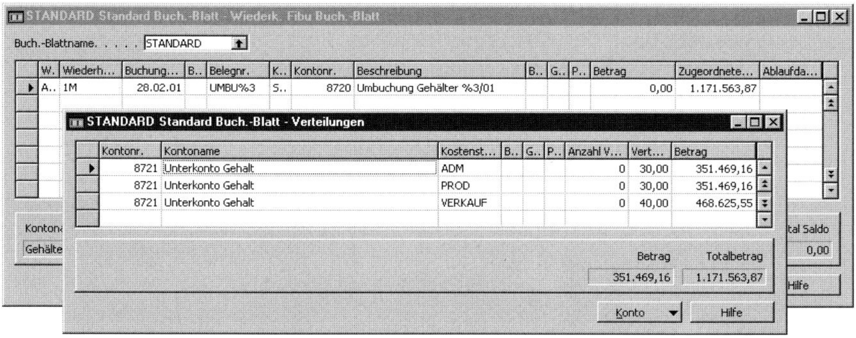

5-4	2 x **ESC**	Zurück zum Hauptmenü.
6	*Finanzbuchhaltung / Journale*	Über die Such- und Filterfunktionen ist das Journal auszuwählen.
	Journal ▼ / *Sachposten*	Es wurde folgendes gebucht: Unterkonto Gehalt an Gehälter (8721) (8720)

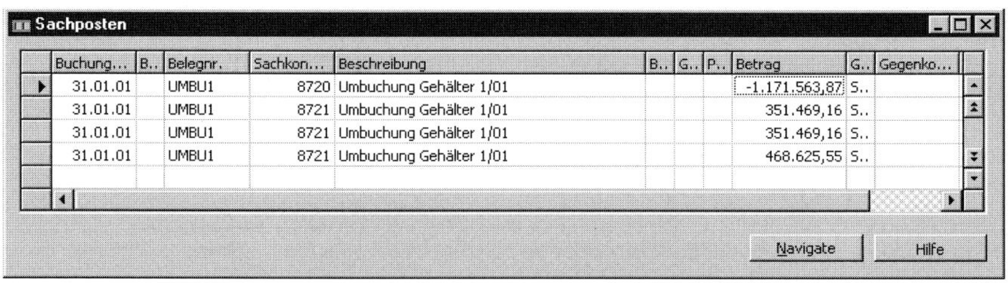

7	2 x **ESC**	Zurück zum Hauptmenü.

1.4 Zahlungsverkehr

In diesen Ablaufschemata werden die Arbeitsschritte beschrieben, die notwendig sind, um Zahlungs- oder Lastschriftvorschlagslisten zu erzeugen. Es werden die Zahlungsdisketten für Kreditoren und Debitoren erstellt. Gleichzeitig wird die Scheckzahlung beschrieben, und es werden die Bankkonten abgestimmt.

1.4.1 Abstimmung von Bankkonten

Wird mit dem Bankmodul gearbeitet, ist es sinnvoll, die Bankkonten in regelmäßigen Abständen abzustimmen. Dadurch besteht die Möglichkeit, die Bankposten zu schließen und die Bankkontoauszüge im System mit zu verwalten.

Schritt	Aktion	Bemerkung
1	*Finanzbuchhaltung / Bankkonten*	Das Bankkonto, welches abgestimmt werden soll, ist über die Such- und Filterfunktionen aufzurufen, z.B. HBL.
1-1	Es wird davon ausgegangen, daß die Abstimmung zum letzten Kontoauszug erfolgt ist, so daß im Reiter Buchen der Bankkontokarte im Feld „Letzte Kontoauszugsnr.“ ein Wert steht und bei „Saldo letzter Auszug“ ein Betrag angegeben ist, z.B. 8.739,46.	
1-2	**ESC**	Zurück zum Hauptmenü
2	*Debitoren & Verkauf / Zlg.-Eing. Buch.-Blätter*	Hier wird ein Zahlungseingang auf das Bankkonto gebucht.
2-1	Die Spalten sind so wie in dem unteren Bild gezeigt auszufüllen.	

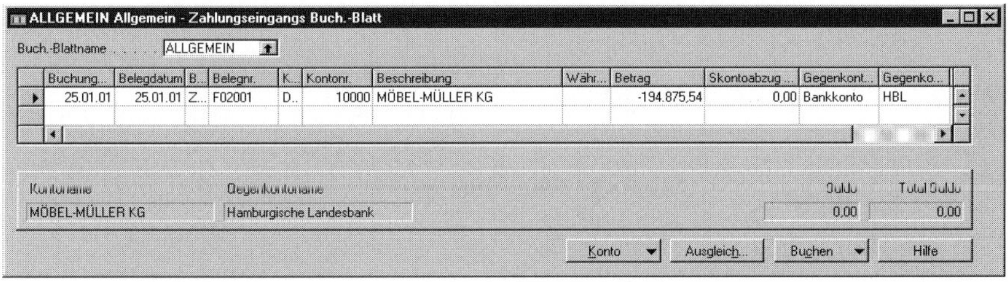

Schritt	Aktion	Bemerkung
2-2	**Buchen▼** / *Buchen* oder **F11**	Die Frage bzw. die Information ist mit **Ja** bzw. mit **OK** zu bestätigen.
2-3	**ESC**	Zurück zum Hauptmenü.
3	*Finanzbuchhaltung / Bankkonten*	Das Bankkonto, welches abgestimmt werden soll, ist erneut aufzurufen.
3-1	**Bankkonto▼** / *Posten*	Im Ergebnis der Buchung wurde ein Bankposten mit dem Status offen erzeugt.

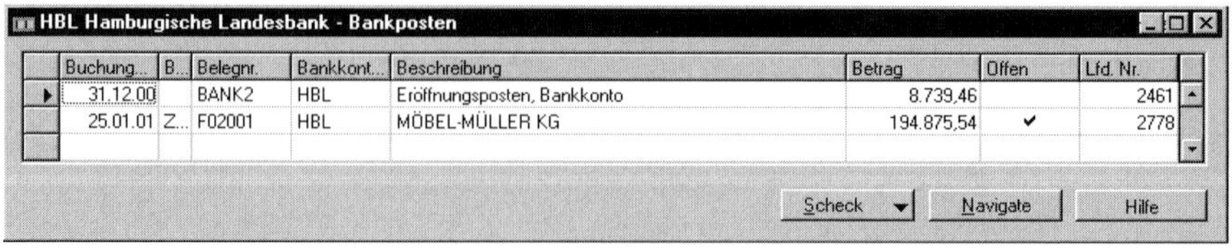

3-2	2 x **ESC**	Zurück zum Hauptmenü.
4	*Finanzbuchhaltung / Periodische Aktivitäten / Bankkonto Abstimmung*	Mit dieser Stapelverarbeitung wird die Bankkontenabstimmung durchgeführt.
4-1	Im Abstimmungskopf im Feld „Bankkontonr." ist mit **F6** in die Bankkontoübersicht zu verzweigen, das Bankkonto auszuwählen und mit OK einzufügen.	Nach Verlassen des Feldes wird die nächste Auszugsnummer automatisch im Feld „Auszugsnr." angezeigt. In das Feld „Saldo letzter Auszug" wurde der entsprechende Saldo eingetragen (hier 8.739,46).
4-2	Felder „Auszugsdatum" und „Auszug Schlußsaldo"	In diese Felder sind das aktuelle Auszugsdatum und der Schlußsaldo einzutragen.
4-3	Funktion▼ / *Vorschlagszeilen...*	
4-3-1	Über diese Funktion werden nur die offenen Bankposten vorgeschlagen, deshalb ist ein „Startdatum" nicht unbedingt erforderlich.	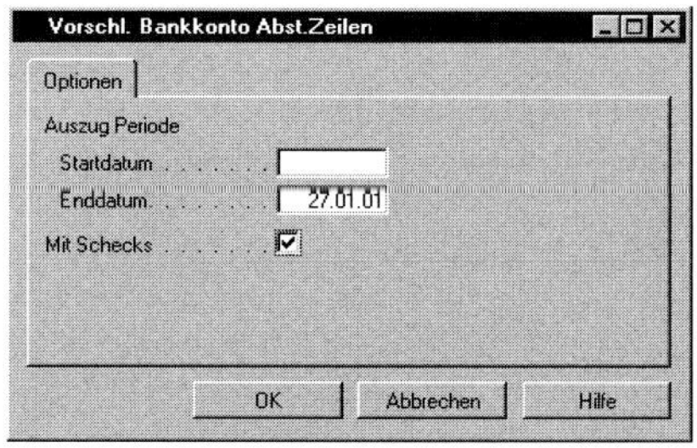
4-3-2	Ein „Enddatum" ist einzugeben, z.B. das Auszugsdatum.	
4-3-3	Sollen Scheckposten mit angezeigt werden, ist das Feld „Mit Schecks" zu aktivieren.	
4-3-4	Wenn der Zahlungsverkehr installiert wurde, wird das Feld „Mit DiskClearing" mit angezeigt.	Wird hier ein Haken gesetzt, werden die Diskettenposten mit zur Bankkontenabstimmung vorgeschlagen.
4-4	Die Eingaben sind mit OK zu bestätigen.	
5	In die Bankkontoabstimmungszeilen wurden jetzt die für den angegebenen Zeitraum vorhandenen offenen Bankposten geschrieben. Werden Bankposten angezeigt, die noch nicht auf dem Auszug abgebildet wurden, sind diese zu markieren und mit **F4** zu löschen.	

⇒	Sind auf dem Auszug Positionen (z.B. Kontoführungsgebühren) erfaßt, die noch nicht in der Finanzbuchhaltung gebucht worden sind, sind diese in einer eigenen Abstimmungszeile manuell einzugeben. Dazu weiter mit Schritt 8.	
5-1	Wird in der Spalte „Differenz" in allen Zeilen 0,00 angezeigt, kann die Bankkontoabstimmung gebucht werden.	
6	Buchen▼ / *Buchen* oder F11	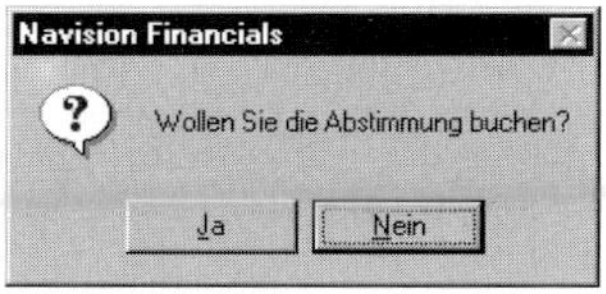
6-1	Die nebenstehende Frage ist mit Ja zu beantworten.	
6-2	**ESC**	Zurück zum Hauptmenü.
AUSWIRKUNGEN		
7	*Finanzbuchhaltung / Bankkonten*	Reiter Buchen
7-1	Nach der Abstimmung wurden auf der Bankkontokarte die Felder „Letzte Kontoauszugsnr." und „Saldo letzter Auszug" aktualisiert.	
7-2	Bankkonto▼ / *Posten*	Die Bankposten des ausgewählten Zeitraumes wurden geschlossen.
	ESC	Zurück zur Bankkontokarte.
7-3	Bankkonto▼ / *Auszüge*	An die Bankkontokarte wurde ein weiterer Auszug angefügt.
7-3-1	Auszug▼ / *Übersicht*	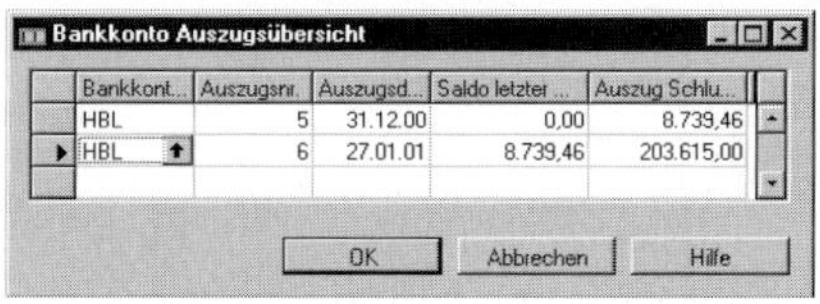
7-3-2	Den letzten Auszug markieren und mit OK aufrufen.	
7-3-3	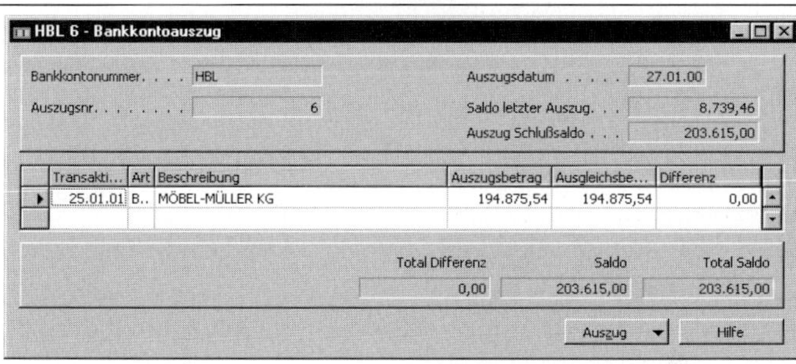	
7-4	2 x **ESC**	Zurück zum Hauptmenü.

Schritt	Aktion	Bemerkung
8	Cursor in die nächste leere Zeile setzen.	
8-1	Spalte „Transaktionsdatum“	Hier ist das Datum des aktuellen Auszugs einzusetzen.
8-2	Spalte „Art“	Mit **F6** ist der Bankposten auszuwählen und mit **Enter** zu bestätigen.
8-3	Spalte „Beschreibung“	In diese Spalte ist der Buchungstext einzugeben, z.B. Bankgebühren.
8-4	Spalte „Auszugsbetrag“	Der entsprechende Kostenbetrag muß eingetragen werden, z.B. -150,00.
8-5	Spalte „Differenz“	In der Spalte „Differenz“ wird automatisch auch -150,00 ausgewiesen. Diese Differenz muß beseitigt werden, da sonst das Bankkonto nicht abgestimmt werden kann.

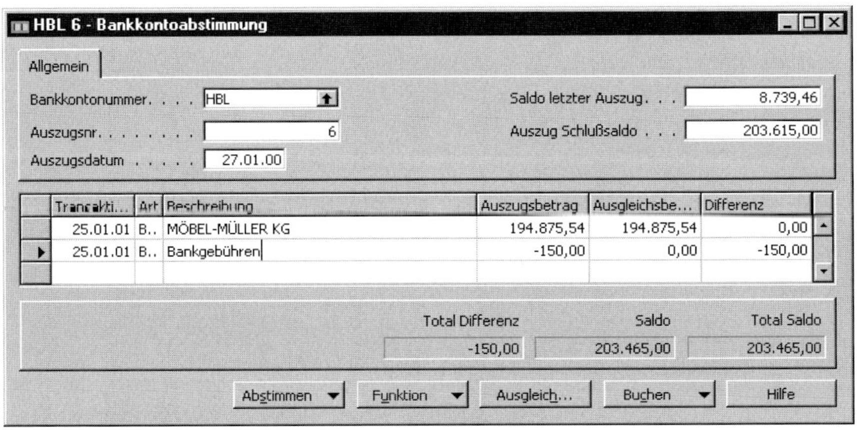

8-6	**Funktion▼** / *Übertragung an Fibu Buch.-Blatt*	Die Bankgebühren sind in der Finanzbuchhaltung zu buchen. Dazu muß der entsprechende Betrag in ein Fibu Buch.-Blatt übertragen werden.
8-6-1	Feld „Fibu Buch.-Blatt Vorlage“	In diesem Feld ist mit **F6** eine Vorlage auszuwählen und mit **OK** zu bestätigen, z.B. ALLGEMEIN.
8-6-2	Feld „Fibu Buch.-Blatt Name“	Mit **F6** einen Namen auszuwählen

		und mit OK bestätigen, z.B. STANDARD.
8-6-3	OK	Wird die Funktion Übertragung an Fibu Buch.-Blatt aufgerufen, werden alle Zeilen, die in der Bankkontenabstimmung eine Differenz aufweisen, in das Fibu Buch.-Blatt übertragen.
8-7	**ESC**	Zurück zum Hauptmenü.
9	*Finanzbuchhaltung / Fibu Buch.-Blätter*	
9-1	Das Fibu Buch.-Blatt aufrufen, in das die Buchung übertragen wurde (hier STANDARD).	Die Buchungszeile (Kontonr. HBL) mit den Filterfunktionen anzeigen.
9-2	Spalte „Belegnr."	Wurde keine Nummernserie hinterlegt, ist hier eine Nummer einzugeben.
9-3	Spalte „Gegenkontonr."	In diesem Feld ist mit **F6** in die Sachkonten zu verzweigen, das entsprechende Konto auszuwählen (hier 8630) und mit OK zu bestätigen.
9-4	Buchen▼ / *Buchen* oder **F11**	Die Frage bzw. die Information ist mit Ja bzw. mit OK zu bestätigen.
9-5	**ESC**	Zurück zum Hauptmenü.
10	*Finanzbuchhaltung / Periodische Aktivitäten / Bankkonto Abstimmung*	Den Cursor in der Zeile positionieren, die in der Spalte „Differenz" einen Wert enthält. (<> 0,00)
10-1	Ausgleich...	Den Bankposten auswählen, der ausgeglichen werden soll, in die Spalte „Ausgeglichen" einen Haken setzen und mit OK bestätigen.
10-2	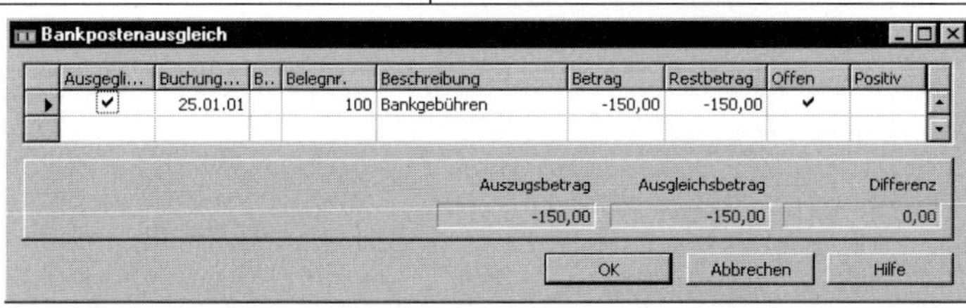	
10-3	Danach wird der Wert aus der Spalte „Differenz" automatisch beseitigt. Sind keine Differenzen mehr vorhanden, kann die Bankkontoabstimmung gebucht werden (Schritte 6 bis 7-4).	

1.4.2 Erzeugen einer Zahlungsvorschlagsliste

Für das Erzeugen der Zahlungsvorschlagsliste ist es erforderlich, alle Einrichtungen für den Zahlungsverkehr unter *Zahlungsverkehr / Einrichtung / Zahlungsverkehr Einrichtung* vorzunehmen. Außerdem sind unter *Zahlungsverkehr / Bankkonten* Bankkonten mit entsprechenden Bankkontenbuchungsgruppen anzulegen.

Schritt	Aktion	Bemerkung
1	*Kreditoren & Einkauf / Kreditoren*	Dem Kreditor werden Bankkonten zugeordnet.
1-1	Kreditor ▼ / *Bankkonten*	
1-1-1	Reiter Allgemein	
1-1-2	Für jeden Kreditor, der am automatischen Zahlungsverkehr teilnehmen soll, ist mindestens eine Bankkontokarte mit „Code“, „Name“, „Adresse“, „PLZ Code / Ort“, „Ländercode“, „Währungscode“, „Bankleitzahlcode“ und „Bankkontonummer“ anzulegen. In das Feld „Diskettenclearing" ist ein Haken zu setzen.	
1-1-3	ESC	Zurück zur Kreditorenkarte.
1-2	Reiter Zahlung	
1-2-1	Feld „Priorität“ 0 - keine Priorität 1 - die wichtigsten Kreditoren 2 - die zweitwichtigsten Kred.	Steht zum Ausgleich der Verbindlichkeiten nur ein begrenzter Betrag zur Verfügung, kann für jeden Kreditor eine Priorität für Zahlungen angegeben werden.
1-2-2	Feld verlassen und ESC	Zurück zum Hauptmenü.
2	*Zahlungsverkehr / Zlg.-Ausg. Buch.-Blätter*	
2-1	Cursor in Feld „Buch.-Blattname“ positionieren.	Mit F6 ist hier ein Fibu Buch.-Blattname auszuwählen und mit OK zu bestätigen.
2-2	Zahlungen ▼ / *Zahlungsvorschlag...*	
2-3	Reiter Kreditor	
2-3-1	In der Spalte „Filter“ mit F6 in die Kreditorenübersicht verzweigen, die Kreditoren auswählen, für die eine Zahlungsvorschlagsliste erzeugt werden soll, und mit OK bestätigen.	Sollen alle Kreditoren in den Zahlungsvorschlag mit einbezogen werden, wird hier kein Filter eingegeben.

2-4	Reiter Optionen	
2-4-1	Feld „letztes Fälligkeitsdatum“ z.B. 30.07.00	Alle Posten mit einem Fälligkeitsdatum, das vor oder an diesem Datum liegt, werden vorgeschlagen.
2-4-2	Feld „Skonto finden“	Wird hier ein Haken gesetzt, werden alle Kreditorenposten, für die innerhalb des Zeitraumes ein Skonto gezogen werden soll, angezeigt.
2-4-3	Feld „Pro Kreditor summieren“	Ist ein Haken gesetzt, wird eine Zahlungsvorschlagszeile pro Rechnung angelegt. Ein Haken bewirkt auch, daß alle fälligen Posten der gleichen Währung eines Kreditors zu einer Zeile zusammengefaßt werden.
H	**HINWEIS:** Bei der Bankkontozahlungsart <Diskettenclearing> ist die Auswahl „Pro Kreditor summieren“ nicht erlaubt.	
2-4-4	Feld „Kreditorenpriorität verwenden“	Ein Haken bewirkt hier, daß die Zahlungen entsprechend der auf der Kreditorenkarte eingegebenen Priorität zur Zahlung vorgeschlagen werden. Der Haken wird automatisch gesetzt, wenn in das Feld „Verfügbarer Betrag (MW)“ ein Betrag eingegeben wird.
2-4-5	Feld „Verfügbarer Betrag (MW)“	Hier kann genau der Betrag eingegeben werden, für den Zahlungen vorgenommen werden sollen. Es werden nur solche Kreditorenposten aufgenommen, die vollständig bezahlt werden können.
2-4-6	Feld „Buchungsdatum“	Das hier eingegebene Datum wird in das Zlg.-Ausg. Buch.-Blatt in die Spalte „Buchungsdatum“ übertragen.
2-4-7	Feld „Start von Belegnummer“	Die eingegebene Belegnummer wird in das Zlg.-Ausg. Buch.-Blatt übertragen.
2-4-8	Feld „Neue Belegnr. pro Zeile“	Ist in diesem Feld ein Haken gesetzt, so wird für jede Zeile eine neue Belegnummer vorgegeben. Wurde kein Haken gesetzt und wurde im Feld „Start von Belegnummer“ eine Belegnummer eingegeben, wird für alle erstellten Zeilen eines Kreditors die gleiche Belegnummer verwendet.

2-4-9	Im Feld „Gegenkontoart“ mit **F6** ein Bankkonto auswählen und mit **Enter** bestätigen.	Soll die Zahlungsvorschlagsliste als Vorbereitung für das Disketten-clearing dienen, muß hier zwingend ein Bankkonto ausgewählt werden.
2-4-10	Feld „Gegenkontonr.“	Hier ist mit **F6** in die Bankkontenüber-sicht zu verzweigen, die entspre-chende Hausbank auszuwählen und mit OK zu bestätigen.
2-4-11	Im Feld „Bankkontozahlungs-art“ mit **F6** <Diskettenclear-ing> auswählen und mit **Enter** bestätigen.	Hier kann zwischen <leer>, <Com-puter Scheck>, <Manueller Scheck> und <Diskettenclearing> entschieden werden. Zur Vorbereitung für die Erzeugung der DTAUS-Datei ist <Diskettenclearing> auszuwählen.
2-4-12	Im Feld „Währungscode“ kann mit **F6** aus der Währungsübersicht die entsprechende Währung ausgewählt werden. Diese ist dann mit OK zu bestätigen.	
2-4-13	OK	Der Zahlungsvorschlag wird erstellt.
2-5	Der Cursor steht nun wieder im Zahlungsausgangs Buch.-Blatt.	Die Zahlungsvorschläge können nun bearbeitet, erweitert oder auch gelöscht werden.
2-6	Zahlungen ▼ / *Zahlungsvor-schlagsliste*	Über diesen Menüpunkt kann jetzt die Zahlungsvorschlagsliste gedruckt werden.
2-6-1	Drucken	
2-6-2	Drucken... oder Seitenansicht	
2-6-3	2 x **ESC**	Zurück zum Hauptmenü.

1.4.3 Erstellen der Kreditoren Zahlungsdiskette für den nationalen Zahlungsverkehr

Die Zahlungsdiskette wird aus den Zahlungsvorschlägen erstellt. Änderungen können nach Diskettenerstellung nicht mehr vorgenommen werden. Ist dies jedoch notwendig, muß die bereits erstellte Diskette annulliert werden.

Schritt	Aktion	Bemerkung
1	*Zahlungsverkehr / Zlg.-Ausg. Buch.-Blätter*	Nachdem die Zahlungsvorschlagsliste bearbeitet wurde (Abschnitt 1.4.2), kann die Zahlungsdiskette erstellt werden.
	Zahlungen▼ / *Kreditor Zahlungsdiskette*	
1-1	Reiter Optionen	
1-1-1	Im Feld „Bankkonto" ist mit F6 in die Bankkontenübersicht zu verzweigen, die Hausbank auszuwählen und mit OK zu bestätigen.	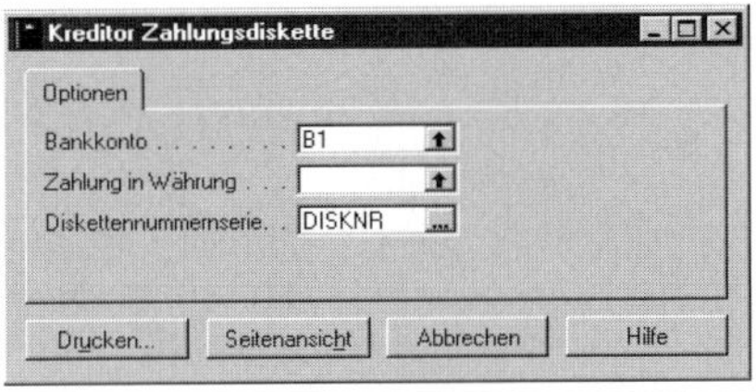
1-1-2	Im Feld „Zahlung in Währung" ist mit F6 die Währungsübersicht aufzurufen, die Währung zu wählen und mit OK zu bestätigen.	Sollen die Überweisungen in Mandantenwährung erfolgen, bleibt das Feld leer.
1-1-3	Im Feld „Diskettennummernserie" wird die Nummernserie angezeigt, die in der Zahlungsverkehr Einrichtung hinterlegt wurde. (*Zahlungsverkehr / Einrichtung / Zahlungsverkehr Einrichtung* Reiter Nummerierung)	Wurden mehrere Nummernserien für die Diskettennummern hinterlegt, ist mit F6 die entsprechende Nummernserie auszuwählen und mit OK zu bestätigen.
1-2	Drucken... oder Seitenansicht	
2	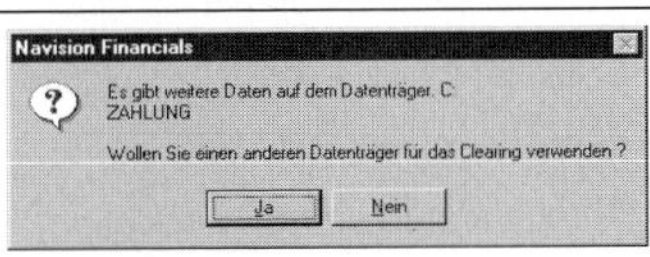 Die Frage: „Wollen Sie einen anderen Datenträger verwenden?" ist mit Nein zu beantworten.	In der Zahlungsverkehr Einrichtung ist anzugeben, unter welchem Pfad die Zahlungsausgangsdatei gespeichert werden soll.

	Es wurden jetzt die Zahlungsausgangsdatei mit dem Namen DTAUS1 und ein Begleitzettel erzeugt. Die erzeugte DTAUS1-Datei kann jetzt an die entsprechende Bank weitergeleitet werden.	
3	*Zahlungsverkehr / Zlg.-Ausg. Buch.-Blatt*	Es wurde eine neue Zeile erzeugt.
3-1	Spalte „Kontoart“	Hier wurde <Bankkonto> eingetragen.
3-2	Spalte „Kontonr.“	In diese Spalte wurde das Bankkonto von der Kreditor Zahlungsdiskette übernommen.
3-3	Spalte „Bankkonto-zahlungsart“	Die Option <Diskettenclearing> wurde eingestellt.
H	**HINWEIS:** Wurden beim Zahlungsvorschlag Zahlungen in Fremdwährungen z.B. ATS oder USD mit angegeben, und wurde bei der Erstellung der Zahlungsausgangsdatei der Währungscode in Mandantenwährung z.B. DEM gewählt, erfolgt auch die Zahlung in Mandantenwährung. Das bedeutet, im Zlg.-Ausg. Buch.-Blatt wird für ausländische Zahlungen der Währungscode in Mandantenwährung geändert und in der Spalte „Betrag“ der Wert in Mandantenwährung ausgewiesen. Sollen solche Zahlungen getrennt überwiesen werden, sind sie bei der Erstellung des Zahlungsvorschlages zu löschen.	
4	Nachdem die Zahlungsausgangsdatei erzeugt wurde, können die Zeilen im Zlg.-Ausg. Buch.-Blatt nicht mehr verändert werden.	Es sei denn, die erzeugte Diskette wird annulliert (siehe Schema 1.4.5).
5	[Buchen ▼] / *Buchen* oder [F11]	Bevor die Buchung durchgeführt wird, sollte abgewartet werden, bis die Überweisungen von der Hausbank erfolgreich durchgeführt wurden.
5-1	Die Frage: „Wollen Sie die Buch.-Blattzeilen buchen?“ ist mit [Ja] zu beantworten.	„Die Buch.-Blattzeilen sind gebucht worden.“ ist mit [OK] zu bestätigen.
5-2	Nach erfolgter Buchung wurden die offenen Kreditorenposten mit den Zahlungen der Zahlungsausgangsdatei ausgeglichen.	
5-3	[ESC]	Zurück zum Hauptmenü.

1.4.4 Diskettenprotokoll, Zahlungsavis und Begleitzettel ausdrucken

Über die Diskettenposten kann zu jedem Zeitpunkt das Diskettenprotokoll, der Begleitzettel oder das Zahlungsavis ausgedruckt werden.

Schritt	Aktion	Bemerkung
	Zahlungsverkehr / Zlg.-Ausg. Buch.-Blätter	Die Diskettenposten müssen aufgerufen werden.
1	Zahlungen ▼ / *Disketten-posten*	Für jede erzeugte Zahlungsausgangsdatei wird vom System ein Diskettenposten erzeugt.
1-1	Über die Such- bzw. Filterfunktion ist der entsprechende Diskettenposten herauszusuchen.	Der Cursor ist auf dem Diskettenposten zu positionieren.
1-2	Diskette ▼ / *Disketten-protokoll*	Im Diskettenprotokoll werden genaue Angaben zur Anschrift und zur Bankverbindung gemacht.
1-3	Drucken… oder Seitenansicht	

Protokoll 13. Juli 2000
Datenträgeraustausch Kreditor Gutschrift Seite 1
Disketten Nr.: 1

Bezogene Bank Hamburgische Landesbank BLZ 20040000 Konto 78-22-56

Nr.	Empfänger	Bankverbindung	Verwendungszweck
1	KREDITOR CRONUS 1 Hauptstraße 33 DE_20008 HAMBURG	Eckernfoerder Volksbank BLZ 21092023 Konto 7652290	KD.NR.: RE.88 V.20.01.00 DEM 12760,00 ./. 0,00 SK RE.98 V.20.02.00 DEM 6960,00 ./. 0,00 SK RE.102 V.20.03.00 DEM 4640,00 ./. 0,00 SK RE.93333 V.20.01.00 DEM 9100,00 ./. 0,00 01(SUMME in DEM: 27840,00
2	PROGRESSIVE HOME FURNISHING 222 Reagan Drive US-SC 27136 Columbia	Westlbdvs BLZ 12050566 Konto 239900664	KD.NR.: RE.098 V.20.01.00 USD 2035,76 ./. 0,00 SK SUMME in DEM: 4000,00
3	SÄGEWERK MITTERSILL Ortstraße 12 AT-5730 Mittersill	Muenchener Hypothekenbank Berl BLZ 10210900 Konto 5643219	KD.NR.: RE.09854 V.20.01.00 ATS 56284,24 ./. 0,00 SK SUMME in DEM: 8000,00
4	HAMBURGER MÖBELGROßHANDEL G Hamburger Str. 18 DE-22417 HAMBURG	Bank Kreiss BLZ 20030500 Konto 568944	KD.NR.: RE.987 V.20.01.00 DEM 81200,00 ./. 0,00 SK SUMME in DEM: 81200,00

Kontrollsumme BLZ	63.383.989	Gesamt Summe DEM	121.040,00
Kontrollsumme Konto	253.765.117		
Gesamt Sätze	4		

	Gleichzeitig werden die Rechnungen, die mit der angewiesenen Zahlung ausgeglichen werden, mit Rechnungsnummer, Datum, Rechnungsbetrag einschließlich Skontobetrag angezeigt. Wurde ein Avis erzeugt, wird im Verwendungszweck Bezug auf diesen genommen.	
1-4	**ESC**	
2	Diskette ▼ / *Begleitzettel erstellen*	Dem Feld „Lfd. Nr." wird automatisch die Nummer der Zahlungsdiskette zugewiesen.
2-1	Drucken... oder Seitenansicht	
2-2	**ESC**	
3	Diskette ▼ / *Zahlungsavis...*	Wurde mit Erzeugen der Zahlungsausgangsdatei ein Zahlungsavis erzeugt, kann dieser über die Diskettenposten erneut ausgedruckt werden.
3-1	Drucken... oder Seitenansicht	
3-2	**ESC**	
4	Diskette ▼ / *Diskettenzeilen*	In den Diskettenzeilen wird protokolliert, für welche Kreditoren die Zahlungen erfolgt sind. Es ist ersichtlich, auf welche gebuchte Rechnungseingangsnummer sich die Zahlung bezieht.

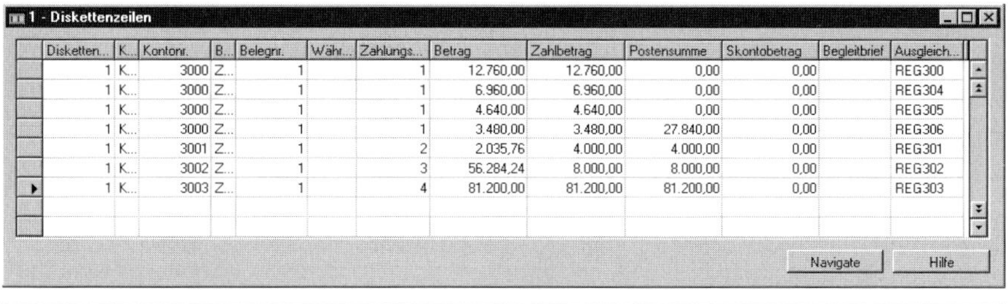

Disketten...	K...	Kontonr.	B...	Belegnr.	Währ...	Zahlungs...	Betrag	Zahlbetrag	Postensumme	Skontobetrag	Begleitbrief	Ausgleich...
1	K...	3000	Z...	1		1	12.760,00	12.760,00	0,00	0,00		REG300
1	K...	3000	Z...	1		1	6.960,00	6.960,00	0,00	0,00		REG304
1	K...	3000	Z...	1		1	4.640,00	4.640,00	0,00	0,00		REG305
1	K...	3000	Z...	1		1	3.480,00	3.480,00	27.840,00	0,00		REG306
1	K...	3001	Z...	1		2	2.035,76	4.000,00	4.000,00	0,00		REG301
1	K...	3002	Z...	1		3	56.284,24	8.000,00	8.000,00	0,00		REG302
1	K...	3003	Z...	1		4	81.200,00	81.200,00	81.200,00	0,00		REG303

	3 x **ESC**	Zurück zum Hauptmenü.

1.4.5 Annullieren einer Kreditorenzahlungsdiskette

Wenn eine Zahlungsdiskette annulliert werden muß, sind nachfolgende Arbeitsschritte durchzuführen.

Schritt	Aktion	Bemerkung
1	*Zahlungsverkehr / Zlg.-Ausg. Buch.-Blätter*	Die Diskette kann nur annulliert werden, wenn die vorgeschlagenen Buchungszeilen im Zlg.-Ausg. Buch.-Blatt noch nicht gebucht worden sind.
1-1	Zahlungen▼ / *Diskette annullieren*	
1-2	Die Frage: „Erstellte Diskette … annullieren?“ ist mit Ja zu beantworten.	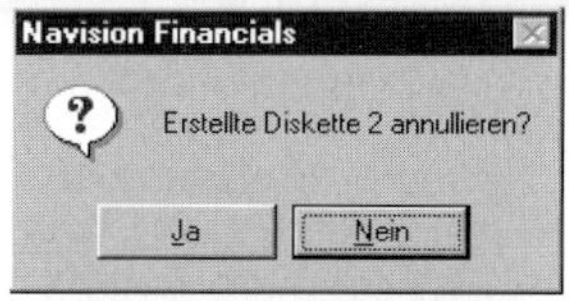
1-3	Die Mitteilung: „Die Diskette … wurde annulliert.“ mit OK bestätigen.	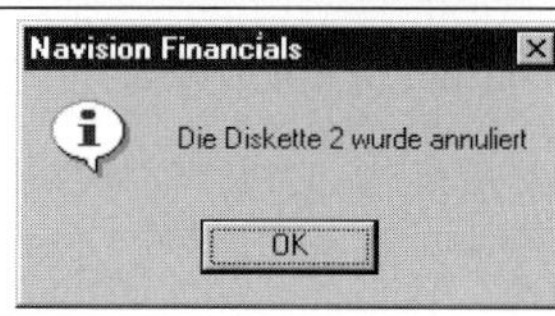
1-4	Im Zlg.-Ausg. Buch.-Blatt wurde automatisch die eingefügte Zeile für die Gegenbuchung entfernt. Für jede vorgeschlagene Zahlungszeile wird die „Gegenkontoart“ auf <Bankkonto> gesetzt. In die Spalte „Gegenkontonr.“ wird die Nummer der Hausbank eingetragen. Bei Zahlungen in Fremdwährung wird in die Spalte „Währungscode“ die Fremdwährung geschrieben. In der Spalte „Betrag“ wird der Wert in Fremdwährung angezeigt.	
1-5	Beim Abgleich der Posten mit Fremdwährung kann es nach dem Annullieren der Diskette zu folgender Abfrage kommen: „Beim Buchen des Ausgleichs bleibt ein Restbetrag offen, …, wie möchten Sie mit dem Restbetrag verfahren?“ Hier ist im Feld „Verfahren für Restbetrag“ <offener Posten> einzustellen und mit OK zu bestätigen.	
1-6	Jetzt können die Zahlungsvorschlagszeilen erneut bearbeitet, gelöscht oder ein neuer Zahlungsvorschlag erstellt werden.	
2	*Zahlungsverkehr / Zl.-Ausg. Buch.-Blätter*	
2-1	Zahlungen▼ / *Diskettenposten*	Hier ist mit den Such- bzw. Filterfunktionen der entsprechende Diskettenposten zu ermitteln.
2-2	In der Spalte „Buchungs-status“ wurde <annulliert> eingetragen.	Damit kann kein Begleitzettel, kein Diskettenprotokoll und kein Zahlungsavis erzeugt werden.
2-3	2 x **ESC**	Zurück zum Hauptmenü.

1.4.6 Scheckausdruck für Zahlungen

Schecks können automatisch aus dem System erzeugt werden. Dabei wird zwischen Computerscheck und manuellem Scheck unterschieden. Werden Computerschecks gedruckt, können die Buchungszeilen nicht mehr verändert werden.

Schritt	Aktion	Bemerkung
1	*Kreditoren & Einkauf / Zlg.-Ausg. Buch.-Blätter*	
	Zahlungen▼ / *Zahlungsvorschlag*	
2	Bei der Erstellung der Zahlungsvorschlagsliste sind die Schritte 2-2 bis 2-4-13, die im Ablaufschema 1.4.2 beschrieben wurden, abzuarbeiten. Unterschiede treten in folgenden Feldern auf:	
2-1	Feld „Pro Kreditor summieren“	Soll nur ein Scheck für mehrere fällige Posten bei einem Kreditor erzeugt werden, ist hier ein Haken zu setzen.
2-2	Feld „Bankkontozahlungsart“	Mit **F6** <Computerscheck> auswählen und mit **Enter** bestätigen.
3	Jetzt ist wieder das Formular Zahlg.-Ausg. Buch.-Blatt aktiv.	Hier werden die entsprechenden Scheckzahlungen mit der Bankkontozahlungsart <Computerscheck> vorgeschlagen. Jetzt kann der Zahlungsvorschlag bearbeitet werden.
4	Zahlungen▼ / *Scheck Ansicht*	Ein sogenannter Testdruck ist nur über Scheck Ansicht möglich. Dazu ist der Cursor in der Zeile zu positionieren, für die die Scheckansicht gestartet werden soll.
	Hier wird angezeigt, daß der Scheck noch nicht gedruckt wurde.	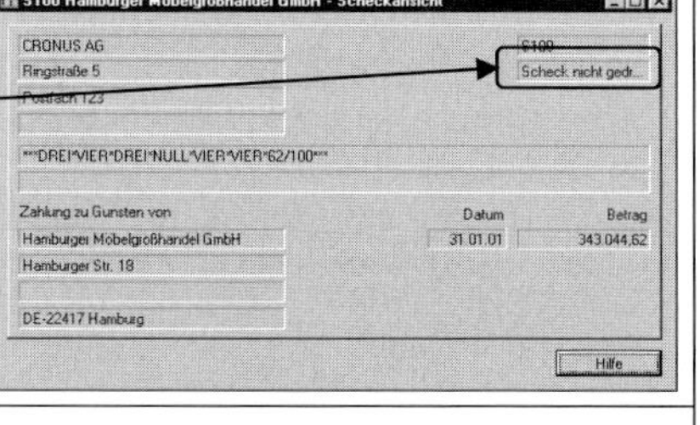
5	Zahlungen▼ / *Scheck drucken...*	

5-1	Reiter Fibu Buch.-Blattzeile	Hier wird automatisch der Buch.-Blatt Vorlagenname und der Buch.-Blatt Name angezeigt.
5-2	Reiter Optionen	
5-2-1	Feld „Bankkonto“	Das Bankkonto ist mit F6 und OK auszuwählen.
5-2-2	Feld „Letzte Schecknummer“	Die Nummer, die im Bankkonto unter dem Reiter Buchen erfaßt wurde, wird hier automatisch angezeigt.
5-2-3	Feld „Ein Scheck pro Kreditor pro Belegnr.“	Soll nur ein Scheck pro Kreditor und pro Belegnr. gedruckt werden, ist hier ein Haken zu setzen.
5-2-4	Feld „Schecknachdruck“	Muß ein Scheck erneut gedruckt werden, ist das Feld zu aktivieren.
5-2-5	Feld „Testdruck“ 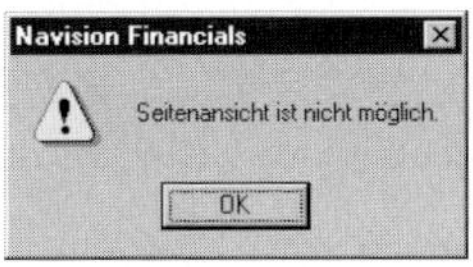	Ein Testdruck kann bei der Wahl von <Computerscheck> nicht erstellt werden. Demzufolge ist hier kein Haken zu setzen.
5-2-6	Feld „Vordruckformular“	Hier ist ein Haken zu setzen, wenn Scheckformulare mit Perforation benutzt werden sollen.
6	Drucken...	
6-1	In die Spalte „Belegnr.“ wird automatisch die entsprechende Schecknr. geschrieben.	Nach dem Scheckausdruck können die Zahlungsvorschlagszeilen nicht mehr verändert werden, es sei denn, die Schecks werden annulliert.
SCHECK ANNULLIEREN		
7	Zahlungen▼ / Scheck annullieren	Soll der Scheck nicht annulliert werden, weiter bei Schritt 8.
7-1	Cursor auf der Zeile positionieren, für die der Scheck annulliert werden soll.	Die Frage: „Scheck … annullieren?“ mit Ja beantworten.
7-2	Die eingetragene Schecknr. wird aus der Spalte „Belegnr.“ entfernt.	
8	Buchen▼ / *Buchen* oder F11	

8-1	Die Frage: „Wollen Sie die Buch.-Blattzeilen buchen?“ ist mit Ja zu beantworten.	Der Hinweis: „Die Buch.-Blattzeilen sind gebucht worden.“ ist mit OK zu bestätigen.
8-2	**ESC**	Zurück zum Hauptmenü.
AUSWIRKUNGEN		
9	*Finanzbuchhaltung / Bankkonten*	
9-1	Reiter Buchen	Das Feld „Letzte Schecknr.“ wurde automatisch aktualisiert.
9-2	Bankkonto▼ / *Posten*	Es ist ein offener Bankposten entstanden.
	ESC	Zurück zum Bankkonto.
9-3	Bankkonto▼ / *Scheckposten*	Entsprechend der Anzahl der gedruckten Schecks sind Scheckposten erzeugt worden.

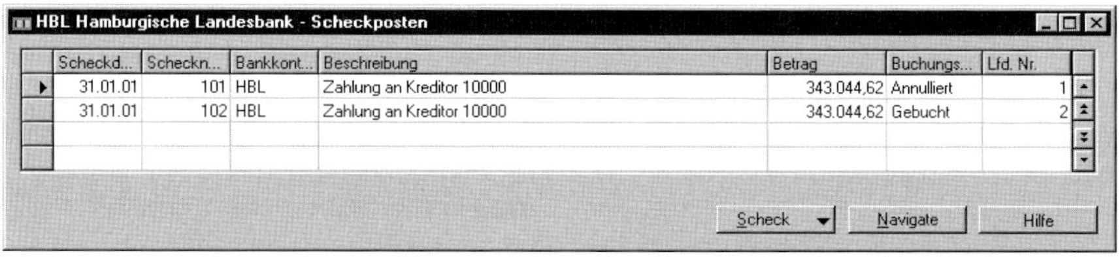

HBL Hamburgische Landesbank - Scheckposten

Scheckd...	Scheckn...	Bankkont...	Beschreibung	Betrag	Buchungs...	Lfd. Nr.
31.01.01	101	HBL	Zahlung an Kreditor 10000	343.044,62	Annulliert	1
31.01.01	102	HBL	Zahlung an Kreditor 10000	343.044,62	Gebucht	2

	2x **ESC**	Zurück zum Hauptmenü.
10	*Kreditoren & Einkauf / Kreditoren*	Mit den Filter- bzw. Suchfunktionen den Lieferanten heraussuchen, der per Scheck bezahlt wurde.
10-1	Kreditor▼ / *Posten*	Hier ist ein Zahlungsposten entstanden, der mehrere Rechnungen ausgleicht.

10000 Hamburger Möbelgroßhandel GmbH - Kreditorenposten

Buchung...	B...	Belegnr.	Externe B...	Kreditore...	Beschreibung	Betrag	Fälligkeits...	Skontoda...	Offen
06.01.01	R..	108019	23587	10000	Bestellung 106003	-23.353,14	31.01.01	06.01.01	
10.01.01	Z...	2593		10000	Hamburger Möbelgroßhandel G...	221.793,37	10.01.01		
17.01.01	R..	108023	24521	10000	Bestellung 106006	-45.152,80	31.01.01	17.01.01	
31.01.01	Z...	102		10000	Zahlung an Kreditor 10000	343.044,62	31.01.01		

10-2	2 x **ESC**	Zurück zum Hauptmenü.

1.4.7 Erstellen eines Lastschriftvorschlages bei Debitoren

In diesem Abschnitt werden die Schritte zum Erstellen eines Debitoren Lastschriftvorschlages beschrieben.

Schritt	Aktion	Bemerkung
1	*Debitoren & Verkauf / Debitoren*	Den Debitoren sind Bankkonten zuzuordnen.
2	Debitor ▼ / *Bankkonten*	Sollen Debitoren am Lastschriftverfahren teilnehmen, ist jedem Kunden ein Bankkonto zuzuordnen.
2-1	Im Feld „Diskettenclearing“ ist ein Haken zu setzen.	
2-2	**ESC**	Zurück zur Debitorenkarte.
3	Reiter Zahlung	
3-1	Feld „Zlg.-Bedingungscode“	Damit bei der Erstellung des Lastschriftvorschlages schnell auf die Debitoren gefiltert werden kann, empfiehlt es sich, im Zlg.-Bedingungscode oder im Zahlungsformcode eine entsprechende Zahlungsmodalität zu hinterlegen.
3-2	Im Feld „Zahlungsformcode“ kann mit **F6** ein Zahlungsformcode ausgewählt oder mit **F3** ein neuer Code angelegt werden.	Als Zahlungsformcode könnte z.B. LASTSCH hinterlegt werden.
3-2-1	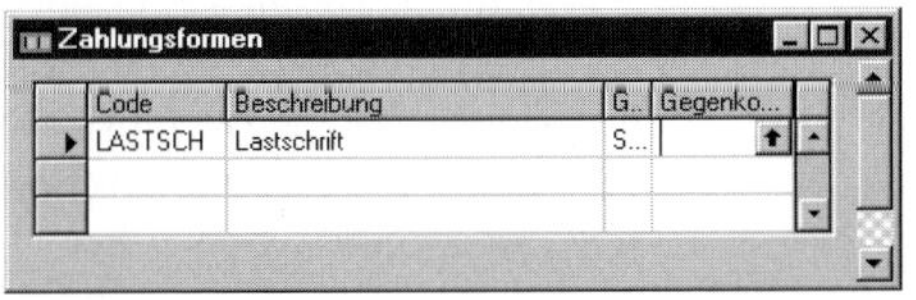	Bei der Einrichtung des Zahlungsformcodes ist zu beachten, daß in der Spalte „Gegenkontonr.“ kein Eintrag erfolgt, da sonst eine automatische Ausgleichszahlung des offenen Postens vorgenommen würde.
4	*Zahlungsverkehr / Zlg.-Eing. Buch.-Blätter*	
	Zahlungen ▼ / *Debitor Lastschriftvorschlag...*	
4-1	Reiter Debitor	

4-1-1	In der Spalte „Feld“ ist mit **F6** in der Debitor-Feld Liste Zahlungsformcode auszuwählen und mit **OK** zu bestätigen.	
4-1-2	In der Spalte „Filter“ ist der entsprechende Zahlungsformcode mit **F6** und **OK** auszuwählen (z.B. LASTSCH).	
4-2	Reiter Optionen	
4-2-1	Feld „Letztes Fälligkeitsdatum“	In dieses Feld ist das Datum einzugeben, bis zu welchem die offenen Posten vorgeschlagen werden sollen.
4-2-2	Feld „Skonto finden“	Wird hier ein Haken gesetzt, werden alle Debitorenposten, für die innerhalb des Zeitraums ein Skonto gewährt werden soll, angezeigt.
4-2-3	Feld „Buchungsdatum“	Hier wird das Datum eingetragen, an dem die vorgeschlagenen Zahlungen in die Finanzbuchhaltung gebucht werden sollen.
4-2-4	Felder „Start von Belegnummer“ und „Neue Belegnr. pro Zeile“ Wird in das Feld „Start von Belegnummer“ eine Nummer eingegeben und ist im Feld „Neue Belegnr. pro Zeile“ ein Haken gesetzt, erhöht sich mit jeder neuen Zeile die Belegnummer. Beim Erzeugen der Debitor Lastschriftdiskette wird die Belegnummer automatisch überschrieben.	
4-2-5	Felder „Gegenkontoart“ und „Gegenkontonr.“	Als Gegenkontoart ist <Bankkonto> auszuwählen. Im Feld „Gegenkontonr.“ ist mit **F6** in die Bankkontoübersicht zu verzweigen, die Hausbank auszuwählen und mit **OK** zu bestätigen.
4-2-6	Feld „Bankkontozahlungsart“	Soll der Debitor am Lastschriftverfahren teilnehmen, ist hier <Diskettenclearing> einzustellen.
4-2-7	Feld „Zahlart“ Hier kann zwischen <Lastschrift> und <Einzug> entschieden werden. An die Zahlarten sind die Textschlüssel gekoppelt, die unter *Zahlungsverkehr / Einrichtung / Zahlungsverkehr Einrichtung* hinterlegt wurden.	

4-2-8	Feld „Währungscode“ Hier ist mit **F6** und OK der entsprechende Währungscode auszuwählen. Bleibt das Feld leer, werden die offenen Posten unabhängig von ihrem Währungscode zur Lastschrift vorgeschlagen.	

5	*Zahlungsverkehr / Zlg.-Eing. Buch.-Blätter*	Hier wurden nach dem Stapellauf die Zahlungsvorschlagszeilen eingefügt.

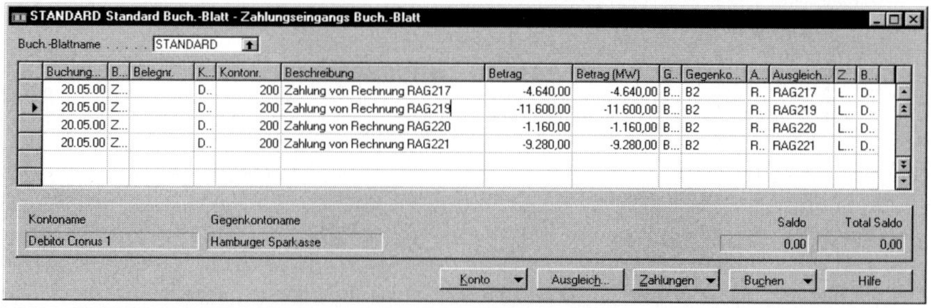

5-1	Spalte „Gegenkontoart“	In die Spalte wurde <Bankkonto> geschrieben.
5-2	Spalte „Gegenkontonr.“	Die Gegenkontonr. entspricht der Hausbank, die unter Optionen eingetragen wurde.
5-3	Spalte „Zahlart“	Die Zahlungsart ist auf <Lastschrift> gesetzt.
5-4	Spalte „Ausgleich mit Belegnr.“	Hier wird die gebuchte Rechnung angegeben, die mit der Lastschrift ausgeglichen werden soll.
6	Zahlungen ▼ / *Zahlungsvorschlagsliste...*	Hier kann die Zahlungsvorschlagsliste ausgedruckt werden.
6-1	Seitenansicht	Zu diesem Zeitpunkt können die einzelnen Zeilen noch bearbeitet werden. Der komplette Lastschriftvorschlag kann gelöscht und unter anderen Kriterien erneut erzeugt werden.
6-2	Drucken...	
6-3	2 x **ESC**	Zurück zum Hauptmenü.

1.4.8 Erzeugen der Lastschriftdiskette bei Debitoren

Sollen Lastschrift oder Einzugsbuchungen beim Kunden vorgenommen werden, ist die Debitor Lastschriftdiskette zu erzeugen.

Schritt	Aktion	Bemerkung
1	*Zahlungsverkehr / Zlg.-Eing. Buch.-Blätter*	
2	Zahlungen▼ / *Debitor Lastschriftdiskette*	Die Debitor Lastschriftdiskette wird erstellt. Zu beachten ist, daß für den Inlandszahlungsverkehr nur nationale Währungen und der EURO angegeben werden dürfen.
3	Reiter Optionen	
3-1	Das Feld „Bankkonto“ ist mit der Nummer der gewählten Hausbank vorbelegt.	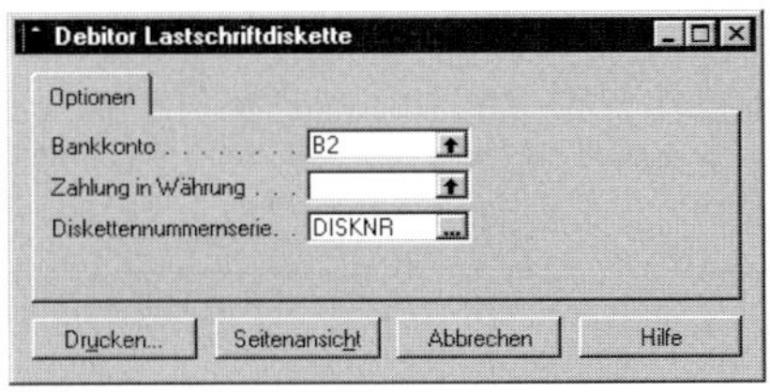
3-2	Das Feld „Zahlung in Währung“ bleibt leer oder kann mit F6 und OK in EURO geändert werden.	
3-3	Feld „Disketten-nummernserie“	Der Inhalt wird aus der Zahlungs-verkehr Einrichtung übernommen.
4	Seitenansicht oder Drucken...	
4-1	Die Frage: „Wollen Sie einen anderen Datenträger für das Diskettenclearing verwenden?“ ist mit Nein zu beantworten.	
4-2	ESC	Zurück zu den Zlg.-Eing. Buch.-Blättern.

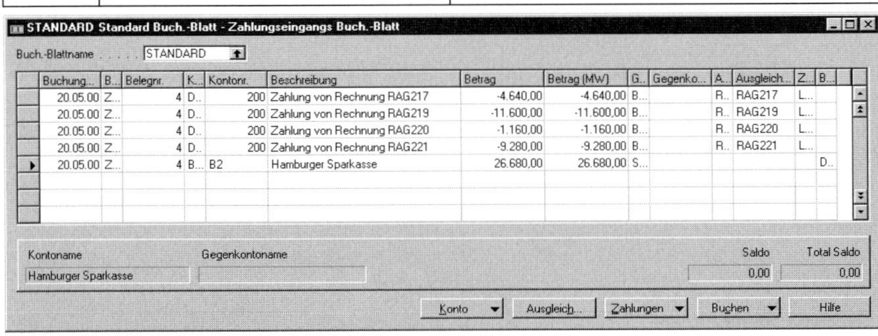

5	Die Gegenbuchung wurde als separate Buchungszeile mit der Bankkontozahlungsart <Diskettenclearing> eingefügt.	
5-1	Spalten „Gegenkontonr.“ und „Bankkontozahlungsart“	Die Werte wurden aus den anderen Zahlungszeilen entfernt.
5-2	Spalte „Belegnr.“	In diese Spalte wurde die Nummer der aktuellen Diskette übertragen.
5-3	Es wurde die DTAUS1 – Datei mit dem Textschlüssel 04 für Lastschrift erzeugt.	
6	*Zahlungsverkehr / Zlg.-Eing. Buch.-Blätter*	
6-1	[Zahlungen▼] / *Diskettenposten*	Cursor auf die entsprechende Diskettenzeile positionieren.
6-1-1	[Diskette▼] / *Diskettenprotokoll*	Hier kann das Diskettenprotokoll,
6-1-2	[Diskette▼] / *Zahlungsavis...*	der Zahlungsavis oder
6-1-3	[Diskette▼] / *Begleitzettel...*	der Begleitzettel erstellt werden.
6-2	[Seitenansicht] oder [Drucken...]	

Protokoll 14. Juli 2000
Datenträgeraustausch Debitor Lastschrift Seite 1
Disketten Nr.: 4

Bezogene Bank Hamburger Sparkasse BLZ 20050550 Konto 34568770

Nr.	Empfänger	Bankverbindung	Verwendungszweck
1	DEBITOR CRONUS 1 Hauptweg 8 DE 20009 HAMBURG	Merck Finck & Co BLZ 20030700 Konto 3457774	KD.NR.: RE.RAG219 V.30.04.00 DEM 11600,00 ./. 0,00 SK RE.RAG221 V.10.05.00 DEM 9280,00 ./. 0,00 SK RE.RAG217 V.30.04.00 DEM 4640,00 ./. 0,00 SK RE.RAG220 V.02.05.00 DEM 1160,00 ./. 0,00 SK SUMME in DEM: 26680,00

Kontrollsumme BLZ	20.030.700	Gesamt Summe DEM	26.680,00
Kontrollsumme Konto	3.457.774		
Gesamt Sätze	1		

6-3	2 x [ESC]	Zurück zum Hauptmenü.

1.5 Umsatzsteuervoranmeldung

In diesem Abschnitt werden die Arbeitschritte zum Erstellen des MwSt Abrechnungsschemas erläutert. Es wird gezeigt, wie die Werte für die monatliche Umsatzsteuervoranmeldung erzeugt werden können und welche Arbeitschritte notwendig sind, um die Steuerkonten abzugleichen.

1.5.1 Erstellung der MwSt - Abrechnung

Die MwSt Abrechnung beruht auf den MwSt Posten. Die Kombinationen zwischen MwSt Geschäftsbuchungsgruppe und MwSt Produktbuchungsgruppe sind in diesem Abrechnungsschema zu definieren und am Ende mit den Steuerkonten zu vergleichen.

Schritt	Aktion	Bemerkung
1	*Finanzbuchhaltung / Periodische Aktivitäten / MwSt / MwSt Abrechnung*	
1-1	Den Cursor im Feld „Name“ positionieren.	Mit F6 in die MwSt Abrechnungsnamen verzweigen.
1-1-1	Mit F3 einen neuen Datensatz erzeugen, wenn ein neues Schema angelegt werden soll.	
1-1-2	Spalte „Name“	Hier kann z.B. USTVA eingeben werden.
1-1-3	Spalte „Beschreibung“	In diese Spalte wird ein Erläuterungstext eingegeben, z.B. MwSt Abrechnung Meldung.
1-2	Den neuen Datensatz auswählen und mit OK das Fenster verlassen.	
H	**HINWEIS:** Im Feld „Name“ steht jetzt der ausgewählte MwSt Abrechnungsname. Erst mit Verlassen dieses Feldes werden die MwSt Abrechnungszeilen aktualisiert.	
2	Als Beispiel wird in den MwSt – Abrechnungszeilen der Datensatz Umsätze 16% betrachtet.	
2-1	In die Spalte „Rubrikennr.“ ist z.B. 51B einzugeben.	In diese Spalte können maximal 10 Ziffern oder Buchstaben eingegeben werden, um eine Beziehung zum Formblatt der Umsatzsteuervoranmeldung herzustellen.
	So können z.B. unter der Rubrikennr. 51B die steuerpflichtigen Umsätze zum Steuersatz von 16% abgebildet werden. Das B steht hierbei für die Bemessungsgrundlage, die dem Nettowert entspricht. Unter der Rubrikennr. 51S wird die Mehrwertsteuer erfaßt.	

2-2	In die Spalte „Beschreibung" kann ein Erläuterungstext eingegeben werden, der sich an den Texten des Umsatzsteuervoranmeldungsformulars orientieren sollte.	z.B. Steuerpflichtige Umsätze 16%
2-3	Im beschriebenen Beispiel wird unter der Spalte „Art" mit **F6** <MwSt Summe> ausgewählt und mit **Enter** bestätigt.	In dieser Spalte können folgende Optionen ausgewählt werden: <Kontosumme> - Die Auswertungen beziehen sich auf Sachkontensalden. <MwSt Summe> - Die Auswertungen beziehen sich auf MwStPosten. <Rubrikensumme> - Die Auswertungen beziehen sich auf einzeln angelegte Rubrikennummern. <Beschreibung> - Hierbei finden keine Auswertungen oder Berechnungen statt, diese Art dient Erläuterungen.
2-4	In der Spalte „Kontosumme" gelangt man mit **F6** in die Sachkontenübersicht. Hier sind die Konten, die ausgewertet werden sollen, auszuwählen und mit **OK** zu bestätigen.	Wurde in der Spalte „Art" <MwSt Summe>, <Rubrikensumme> oder <Beschreibung> ausgewählt, bleibt die Spalte leer. Eine Angabe ist nur bei „Art" <Kontosumme> zwingend erforderlich. Im Beispiel bleibt die Spalte leer.
2-5	In der Spalte „Buchungsart" ist mit **F6** <Verkauf> auszuwählen und mit **Enter** zu bestätigen.	Die Auswahl <Verkauf> bewirkt, daß es sich bei der Kombination von MwSt Geschäftsbuchungsgruppen und MwSt Produktbuchungsgruppen um Umsatzsteuerposten handelt. Wird <Einkauf> ausgewählt, handelt es sich um Vorsteuerposten.
2-6	In der Spalte „MwSt Geschäftsbuchungsgruppe" mit **F6** in die MwSt Geschäftsbuchungsgruppen verzweigen, NATIONAL auswählen und mit **OK** bestätigen.	Steuerpflichtige Umsätze von 16% entstehen im Inland, d.h. diese Umsätze treten nicht bei Debitoren aus der EU oder dem sonstigen Ausland auf. Deshalb ist hier NATIONAL auszuwählen.

2-7	In der Spalte „MwSt Produktbuchungsgruppe“ mit F6 in die MwSt Produktbuchungsgruppen verzweigen, MwSt 16% auswählen und mit OK bestätigen.	Nur in der Kombination mit der MwSt Produktbuchungsgruppe MwSt 16% werden Umsätze mit 16% abgebildet.
2-8	In der Spalte „Betragsart“ kann <Bemessungsgr.> (bildet den Nettowert ab) oder <Betrag> (bildet den Steuerbetrag ab) mit F6 ausgewählt werden.	Hier ist <Bemessungsgr.> auszuwählen und mit Enter zu bestätigen. Unter der Rubrikennr. 51B soll der Nettowert der steuerpflichtigen Umsätze von 16% abgebildet werden.
2-9	Die Spalte „Rubrikensumme“ bleibt bei der Rubrikennr. 51B leer.	Wird in der Spalte „Art“ <Rubrikensumme> gewählt, ist in der Spalte „Rubrikensumme“ eine entsprechende Eingabe der Summierung der Rubrikennummer notwendig. Es können die Filterfunktionen angewendet werden.
2-10	In der Spalte „Berechnen mit“ sind folgende Optionen möglich: <Vorzeichen> Die Berechnung am gewählten Beispiel findet mit dem gedruckten Vorzeichen statt. Umsatzerlöse werden auf der Habenseite abgebildet, d.h. sie haben ein negatives Vorzeichen, mit diesem erfolgt die interne Buchung. <Umgekehrtes Vorzeichen> Bei der Erwerbssteuerschuld aus EU-Einkäufen muß die Berechnung mit umgekehrten Vorzeichen vorgenommen werden (Kombination MwSt Geschäftsbuchungsgruppe: EU; MwSt Produktbuchungsgruppe: MwSt 16 oder MwSt7). Einkäufe werden auf der Soll-Seite abgebildet, d.h. sie haben ein positives Vorzeichen.	
	Bei der Rubrikennr. 51B mit F6 <Vorzeichen> auswählen und mit Enter bestätigen.	Bei der Umsatzsteuermeldung sind Erlöse und Einkäufe EU aufzusummieren, bei entgegengesetztem Vorzeichen erfolgt keine Summenbildung. Deshalb ist bei Einkäufen aus der EU das umgekehrte Vorzeichen zu wählen.
2-11	In der Spalte „Drucken“ einen Haken setzen.	Wird in dieser Spalte ein Haken gesetzt, wird die MwSt Abrechnungszeile in der MwSt Abrechnung mit ausgedruckt. Fehlt der Haken, erfolgt der Ausdruck nicht.

2-12	In der Spalte „Drucken mit" mit **F6** <Vorzeichen> auswählen und mit **Enter** bestätigen.	In dieser Spalte wird die Darstellung des Ausdrucks der berechneten Werte bestimmt. Dies hat keinen Einfluß auf die Berechnung. Die Einstellungen beziehen sich nur auf den Ausdruck.
2-13	Spalte „Neue Seite"	Wenn der Haken gesetzt ist, wird nach dem Ausdruck dieser Zeile eine neue Seite begonnen.
3	Den Cursor in einer neuen Zeile positionieren.	
3-1	Spalte „Rubrikennr."	Hier ist nun 51S einzugeben.
3-2	Spalte „Beschreibung"	Als Beschreibung ist Umsatzsteuer 16% einzugeben.
3-3	Spalte „Betragsart"	Hier muß <Betrag> ausgewählt werden.
3-4	Alle anderen Spalten sind analog auszufüllen, wie unter Schritt 2-1 bis 2-13 beschrieben.	
4	Den Cursor in einer neuen Zeile positionieren.	
4-1	Die Definition der „Rubrikensumme" 51 bewirkt die Darstellung der Bemessungsgrundlage und des Betrages in einer Zeile und ist für weitere Aufsummierungen notwendig.	
4-2	Spalte „Art"	In der Spalte „Art" ist <Rubrikensumme> einzugeben.
4-3	Die Spalten „Kontosumme", „Buchungsart", „MwSt Geschäftsbuchungsgruppe", „MwSt Produkt-buchungsgruppe " und „Betragsart" bleiben leer.	
4-4	Spalte „Rubrikensumme"	Hier ist der Filter 51B|51S einzugeben (Angaben von 51B und 51S).
4-5	Die weiteren Spalten sind wie unter Schritt 2-10 bis 2-13 beschrieben auszufüllen.	

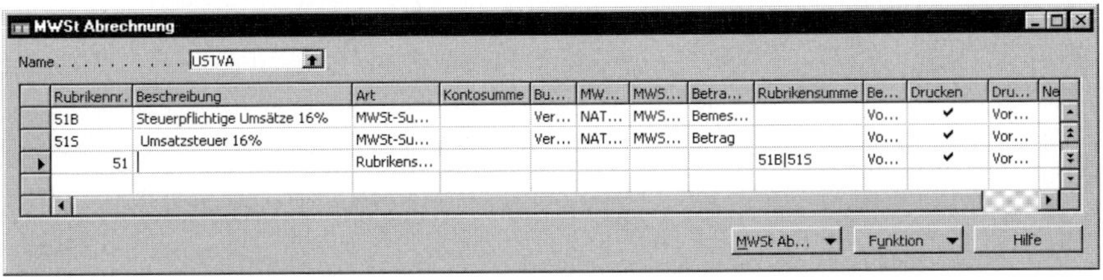

5	In weiteren Zeilen sind alle Kombinationen zwischen der MwSt Geschäftsbuchungsgruppe und MwSt Produktbuchungsgruppe, die in der MwSt Buchungsmatrix Einrichtung definiert wurden, analog den Schritten 2-1 bis 4-5 abzubilden.
6	In der nachfolgenden Abbildung wird am Beispielmandanten CRONUS AG eine Mehrwertsteuerabrechnung analog zum Umsatzsteuervor-anmeldungsformular gezeigt.

MWSt Abrechnung

Name . . . . USTVA_D

Rubrikennr.	Beschreibung	A..	Kontosumme	Buch...	MWSt Gesc...	MWSt Pro...	Betragsart	Rubrikensumme	B..	Drucken	D..
	MEHRWERTSTEUERABRECHNUNG	B..							V..	✔	V..
41B1	Steuerfreie Erlöse §4 1b UStG EG...	M.		Verk...	EU	MWST7	Bemessungsgr.		V..	✔	V..
41B2	Steuerfreie Erlöse §4 1b UStG EG...	M.		Verk...	EU	MWST16	Bemessungsgr.		V..	✔	V..
41	Summe Stfr. Umsätze §4 1b UStG...	R..						41B1..41B2	V..	✔	V..
		K..							V..	✔	V..
43B1	Stfr. Umsätze m. VorSt-Abzug §4...	M.		Verk...	IMP/EXP	MWST7	Bemessungsgr.		V..	✔	V..
43B2	Stfr. Umsätze m. VorSt-Abzug §4...	M.		Verk...	IMP/EXP	MWST16	Bemessungsgr.		V..	✔	V..
43	Stfr. Umsätze m. VorSt-Abzug §4...	R..						43B1..43B2	V..	✔	V..
		K..							V..	✔	V..
51B	Stpfl. Umsätze 16%	M.		Verk...	NATIONAL	MWST16	Bemessungsgr.		V..	✔	V..
51S	Umsatzsteuer 16%	M.		Verk...	NATIONAL	MWST16	Betrag		V..	✔	V..
51	Umsatzsteuer 16%	R..						51B|51S	V..	✔	V..
86B	Stpfl. Umsätze 7%	M.		Verk...	NATIONAL	MWST7	Bemessungsgr.		V..	✔	V..
86S	Umsatzsteuer 7%	M.		Verk...	NATIONAL	MWST7	Betrag		V..	✔	V..
86	Umsatz und USt 7%	R..						86B|86S	V..	✔	V..
		K..							V..	✔	V..
91	Innergem. Erwerbe § 4b UStG	M.		Einkauf	EU	OHNE MWST	Bemessungsgr.		U..	✔	V..
		K..							V..	✔	V..
97B	Stpfl. innergem. Erwerbe 16% n....	M.		Einkauf	EU	MWST16	Bemessungsgr.		U..	✔	V..
97S	Erwerbsteuer 16% n. §1a UStG	M.		Einkauf	EU	MWST16	Betrag		U..	✔	V..
97	EG Erwerb 16% und Erwerbsteu...	R..						97B|97S	V..	✔	V..
		K..							V..	✔	V..
93B	Stpfl. innergem. Erwerbe 7% n. ...	M.		Einkauf	EU	MWST7	Bemessungsgr.		U..	✔	V..
93S	Erwerbsteuer 7% n. §1a UStG	M.		Einkauf	EU	MWST7	Betrag		U..	✔	V..
93	EG Erwerb und Erwerbsteuer 7%	R..						93B|93S	V..	✔	V..
Ü1	Übertrag / Summe Umsatzsteuer	R..					Betrag	51|86|97|93	V..	✔	V..
	--...	B..							V..	✔	V..
66S1	Vorsteuer n. §15(1)1 u. n. §25b(...	M.		Einkauf	NATIONAL	MWST16	Betrag		V..	✔	V..
66S2	Vorsteuer n. §15(1)1 u. n. §25b(...	M.		Einkauf	NATIONAL	MWST7	Betrag		V..	✔	V..
66	Vorsteuer n. §15(1)1 u. n. §25b(...	R..						66S1..66S2	V..	✔	V..
		K..							V..	✔	V..
61S1	Erwerbvorsteuer §15(1)3 UStG	M.		Einkauf	EU	MWST16	Betrag		V..	✔	V..
61S2	Erwerbvorsteuer §15(1)3 UStG	M.		Einkauf	EU	MWST7	Betrag		V..	✔	V..
61	Erwerbvorsteuer §15(1)3 UStG	R..						61S1..61S2	V..	✔	V..
	--...	B..							V..	✔	V..
VB	Verbleibender Betrag	R..					Betrag	51|86|97|93|66|61	V..	✔	V..
		K..							V..	✔	V..
	PROBE mit den KONTEN	K..							V..	✔	V..
P51	Umsatzsteuer 16%	K..	5510						V..	✔	V..
P86	Umsatzsteuer 7%	K..	5511						V..	✔	V..
P97	Erwerbsteuer 16%	K..	5520						V..	✔	V..
P93	Erwerbsteuer 7%	K..	5521						V..	✔	V..
P66	Vorsteuer	K..	5530|5531						V..	✔	V..
P61	Erwerbvorsteuer	K..	5525|5526						V..	✔	V..
	--...	B..							V..	✔	V..
PVB	Verbleibender Betrag	R..					Betrag	P51|P86|P97|P93|...	V..	✔	V..
		K..							V..	✔	V..
		K..							V..	✔	V..
		K..							V..	✔	V..

MWSt Ab... | Funktion | Hilfe

7	**ESC**	Zurück zum Hauptmenü.

1.5.2 Erzeugen der Werte für die monatliche Umsatzsteuervoranmeldung

Bei der Erstellung der Werte für die Umsatzsteuervoranmeldung kann zwischen offenen Steuerposten innerhalb bzw. vor und innerhalb einer Buchungsperiode unterschieden werden. Es besteht die Möglichkeit, mit offenen und geschlossenen Steuerposten zu arbeiten.

Schritt	Aktion	Bemerkung
1	*Finanzbuchhaltung / Periodische Aktivitäten / MwSt / MwSt Abrechnung*	
2	Den Cursor im Feld „Name“ positionieren , mit **F6** den entsprechenden MwSt Abrechnungsnamen auswählen und mit **OK** bestätigen.	Nachdem der MwSt Abrechnungsname ausgewählt wurde, muß das Feld „Name“ verlassen werden, um die Zeilen zu aktualisieren.
3	**Funktion ▼** / *Drucken*	
3-1	Reiter MwSt Abrechnung Name	
	Den Cursor in der Zeile „Abrechnung Vorlagenname“ positionieren und in der Spalte „Filter“ mit **F6** die gewünschte MwSt Abrechnungsvorlage auswählen und mit **OK** bestätigen.	Im System können mehrere MwSt Abrechnungsvorlagen definiert werden.
3-2	Reiter MwSt Abrechnungszeile	
3-2-1	Den Cursor in der Zeile „Datumsfilter“ positionieren und in der Spalte „Filter“ das Abrechnungsdatum eingeben, z.B. 01.02.00..29.02.00.	Hier ist das Datum der Periode einzugeben, für die die monatliche Umsatzsteuervoranmeldung erzeugt werden soll.
3-2-2	Der „Abrechnung Vorlagenname“ und der „Abrechnungsname“ werden automatisch ausgewählt. Diese Einstellungen sind nicht zu ändern.	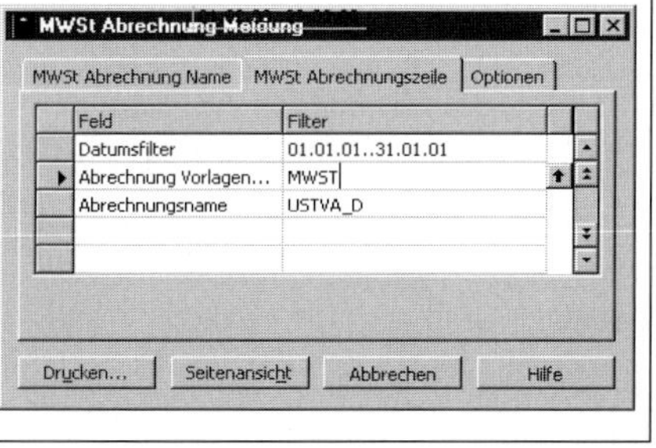

<table>
<tr><td>3-3</td><td colspan="2">Reiter Optionen</td></tr>
<tr><td>3-3-1</td><td>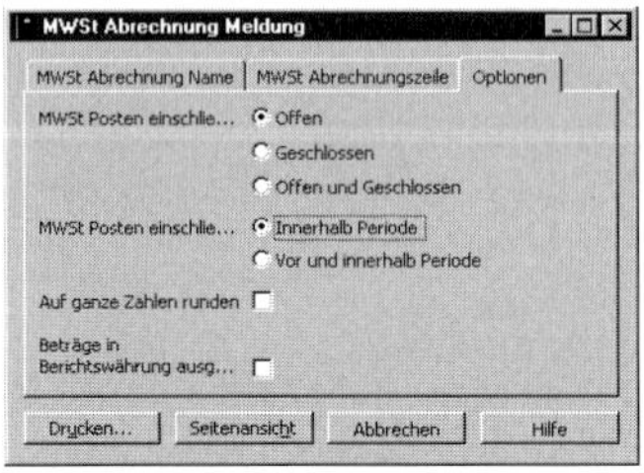
</td><td>Soll die MwSt Abrechnung nur für die offenen Steuerposten innerhalb der unter dem Datumsfilter eingegeben Periode ermittelt werden, so sind die Optionen <Offen> und <Innerhalb Periode> anzuklicken.</td></tr>
<tr><td>3-3-2</td><td>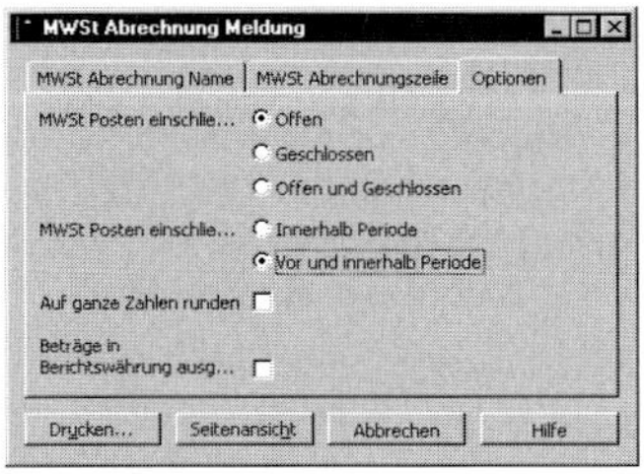
</td><td>Werden die Optionen <Offen> und <Vor und innerhalb Periode> ausgewählt, werden alle Steuerposten angezeigt, die noch nicht geschlossen wurden und vor und innerhalb der ausgewählten Periode gebucht wurden.</td></tr>
<tr><td>H</td><td colspan="2">HINWEIS: Wurde in der MwSt Abrechnung eine Verprobung mit den Umsatz-, Vorsteuer-, Erwerbs- und Erwerbsvorsteuerkonten eingerichtet, werden bei diesen Konten nur genau die Werte angezeigt, die in der ausgewählten Periode gebucht wurden.</td></tr>
<tr><td>3-3-3</td><td>Feld „Auf ganze Zahlen runden“</td><td>Wird hier ein Haken gesetzt, werden die Beträge auf ganze Zahlen gerundet.</td></tr>
<tr><td>3-3-4</td><td>Feld „Beträge in Berichtswährung ausgeben“</td><td>Wird hier ein Haken gesetzt, werden die Beträge in der eingestellten Berichtswährung ausgegeben.</td></tr>
<tr><td>4-1</td><td>[Seitenansicht]</td><td>Die MwSt Abrechnung erscheint auf dem Bildschirm.</td></tr>
<tr><td></td><td colspan="2">MWSt Abrechnung
Periode: 01.02.00..29.02.00
CRONUS1

MWSt Abrechnung Vorlage MWST
MWSt Abrechnung Name USTVA

Alle Beträge in EUR

Beträge sind auf ganze EUR gerundet.

MWSt Abrechnungszeile: Abrechnung Vorlagenname: MWST, Abrechnungsname: USTVA, Datumsfilter: 01.02.00..29.02.00</td></tr>
<tr><td>4-2</td><td>[Drucken...]</td><td>Die MwSt Abrechnung wird über den ausgewählten Drucker ausgedruckt.</td></tr>
</table>

5	Die ausgedruckten Werte können nun in das Formular der Umsatzsteuervoranmeldung manuell übertragen werden.
6	Der Bericht kann beliebig oft neu erzeugt werden.

MWSt Abrechnung 21. Februar 2000
Periode: 01.02.00..29.02.00 Seite 1
CRONUS1

MWSt Abrechnung Vorlage MWST
MWSt Abrechnung Name USTVA

Alle Beträge in DEM

MWSt Abrechnungszeile: Abrechnung Vorlagenname: MWST, Abrechnungsname: USTVA, Datumsfilter: 01.02.00..29.02.00

Rubrikennr.		Beschreibung		Bessungsgrun	MWSt Betrag	Unrealisierte Bemessungsgr	Unrealisierter MWSt Betrag
		MEHRWERTSTEUERABRECHNUNG					
41B1		Steuerfreie Erlöse §4 1b UStG EG m. ID-Nr.					
41B2		Steuerfreie Erlöse §4 1b UStG EG m. ID-Nr.					
	41	Summe Stfr. Umsätze §4 1b UStG EG m. ID-Nr.					
43B1		Stfr. Umsätze m. VorSt-Abzug §4 2-7 UStG					
43B2		Stfr. Umsätze m. VorSt-Abzug §4 2-7 UStG					
	43	Stfr. Umsätze m. VorSt-Abzug §4 2-7 UStG					
51B		Stpfl. Umsätze 16%		-18.000,00			
51S		Umsatzsteuer 16%			-2.880,00		
	51	Umsatzsteuer 16%		-18.000,00	-2.880,00		
86B		Stpfl. Umsätze 7%					
86S		Umsatzsteuer 7%					
	86	Umsatz und USt 7%					
	91	Innergem. Erwerbe § 4b UStG					
97B		Stpfl. innergem. Erwerbe 16% n. §1a UStG					
97S		Erwerbsteuer 16% n. §1a UStG					
	97	EG Erwerb 16% und Erwerbsteuer 16%					
93B		Stpfl. innergem. Erwerbe 7% n. §1a UStG					
93S		Erwerbsteuer 7% n. §1a UStG					
	93	EG Erwerb und Erwerbsteuer 7%					
01		Übertrag / Summe Umsatzsteuer			-2.880,00		
		--					
66S1		Vorsteuer n. §15(1)1 u. n. §25b(5) UStG			960,00		
66S2		Vorsteuer n. §15(1)1 u. n. §25b(5) UStG					
	66	Vorsteuer n. §15(1)1 u. n. §25b(5) UStG			960,00		
61S1		Erwerbvorsteuer §15(1)3 UStG					
61S2		Erwerbvorsteuer §15(1)3 UStG					
	61	Erwerbvorsteuer §15(1)3 UStG					
		--					
VB		Verbleibender Betrag			-1.920,00		
		PROBE mit den KONTEN					
P51		Umsatzsteuer 16%	-2.880,00				
P86		Umsatzsteuer 7%					
P97		Erwerbsteuer 16%					
P93		Erwerbsteuer 7%					
P66		Vorsteuer	960,00				
P61		Erwerbvorsteuer					
		--					
PVB		Verbleibender Betrag	-1.920,00				

7	2 x **ESC**	Zurück zum Hauptmenü,

1.5.3 Buchen der MwSt Abrechnung

Bei der Buchung der Mehrwertsteuerabrechnung werden die Steuerkonten gegeneinander abgeglichen. Es entsteht eine Steuerforderung oder eine Steuerverbindlichkeit. Das Ergebnis wird auf einem Ausgleichskonto ausgewiesen.

Schritt	Aktion	Bemerkung
1	*Finanzbuchhaltung / Periodische Aktivitäten / MwSt / MwSt Abrechnung*	
2	Funktion ▼ / *MwSt abrechnen und buchen*	Nachdem die entsprechende MwSt-Abrechnung erzeugt und verprobt wurde, kann die Buchung der MwSt- und Vorsteuerposten erfolgen.
2-1	Reiter MwSt Buchungsmatrix Einr.	
	Sind für die MwSt Geschäftsbuchungsgruppe und die MwSt Produktbuchungsgruppe keine Filter gesetzt, werden die MwSt- und Vorsteuerposten für alle eingerichteten MwSt Geschäftsbuchungsgruppen und MwSt Produktbuchungsgruppen gebucht.	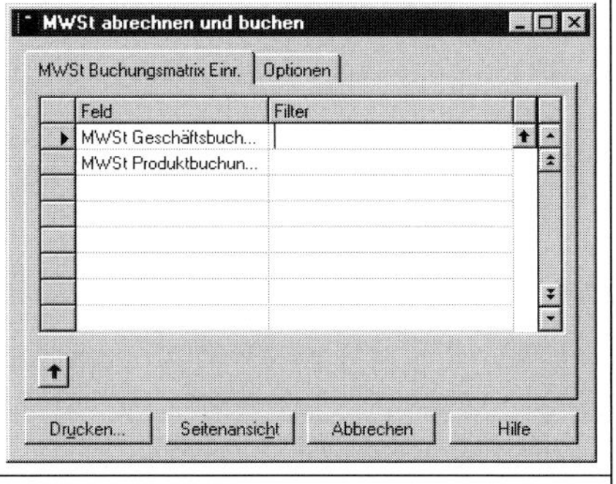
2-2	Reiter Option	
2-2-1	In das Feld „Startdatum" ist der erste Tag der Periode, in das Feld „Enddatum" der letzte Tag der Periode einzugeben.	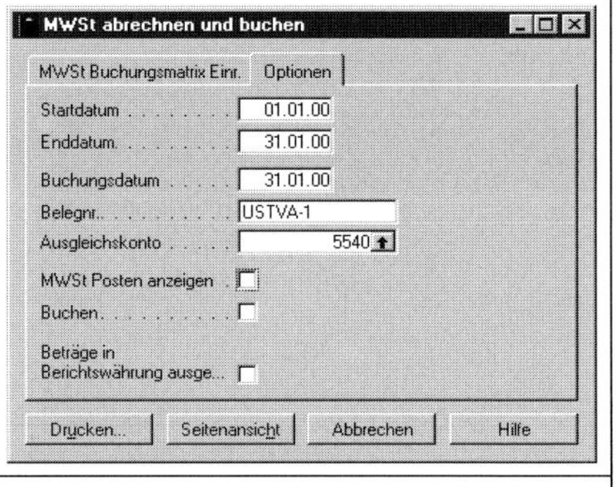
2-2-2	In das Feld „Buchungsdatum" ist das Datum einzugeben, an dem die Buchungen in der Finanzbuchhaltung erfolgen sollen.	
2-2-3	Spalte „Belegnr."	Als Belegnummer ist die Nummer einzugeben, unter der die Buchungen in der Finanzbuchhaltung erfaßt und gebucht werden sollen.

2-2-4	Feld „Ausgleichskonto“	In diesem Feld ist mit **F6** in die Sachkontenübersicht zu verzweigen, das erforderliche Sachkonto auszuwählen und mit OK zu bestätigen.
2-2-5	Feld „MwSt Posten anzeigen“	Wird hier ein Haken gesetzt, werden alle gebuchten MwSt Posten einzeln aufgeführt. Wird kein Haken gesetzt, werden die MwSt Posten pro gebuchter Kombination aus MwSt Geschäftsbuchungsgruppe und MwSt Produktbuchungsgruppe als Summe angezeigt. Die Buchung in der Finanzbuchhaltung erfolgt immer pro Summe.
2-2-6	Feld „Buchen“	Ein Haken bewirkt hier, daß die MwSt Abrechnung direkt in die Finanzbuchhaltung gebucht wird. Es empfiehlt sich, im ersten Schritt den Haken nicht zu setzen, um in einem Testbericht noch einmal die Werte abgleichen zu können.
2-2-7	Feld „Beträge in Berichtswährung ausgeben“	Die Ausgabe der Werte erfolgt in Berichtswährung, wenn hier ein Haken gesetzt wird.
2-2-8	Seitenansicht	
2-2-9	**ESC**	
3	Funktion ▼ / *MwSt abrechnen und buchen*	Nachdem die Verprobung abgeschlossen wurde, kann die Buchung der MwSt- und Vorsteuerposten erfolgen.
3-1	Die vorhergehenden Einstellungen im Formular MwSt Abrechnen und Buchen bleiben bestehen. Im Feld „Buchen“ ist nun ein Haken zu setzen.	
3-2	Seitenansicht	Wird Seitenansicht gewählt, wird der Bericht MwSt abrechnen und buchen auf dem Bildschirm angezeigt.
	Drucken...	Hier sollte jedoch Drucken ausgewählt werden, um für die Buchungsablage einen entsprechenden Beleg nachweisen zu können.

3-3	Die Frage: „Möchten Sie die MwSt Abrechnung berechnen und buchen?“ ist mit **Ja** zu beantworten.	In der Finanzbuchhaltung werden auf den Steuerkonten und auf dem angegeben Ausgleichskonto Buchungen durchgeführt.
	Die Konten für Vorsteuer, Umsatzsteuer, Erwerbsvorsteuer und Erwerbssteuer werden gegeneinander abgeglichen. Der entsprechende Saldo wird auf dem Ausgleichskonto abgebildet.	
3-4	2 x **ESC**	Zurück zum Hauptmenü.
AUSWIRKUNGEN		
3	*Finanzbuchhaltung / Journale*	
3-1	Über die Filterfunktionen das entsprechende Journal auswählen.	Der Herkunftscode ist MWSTABR.
3-2	**Journal ▼** / *Sachposten*	

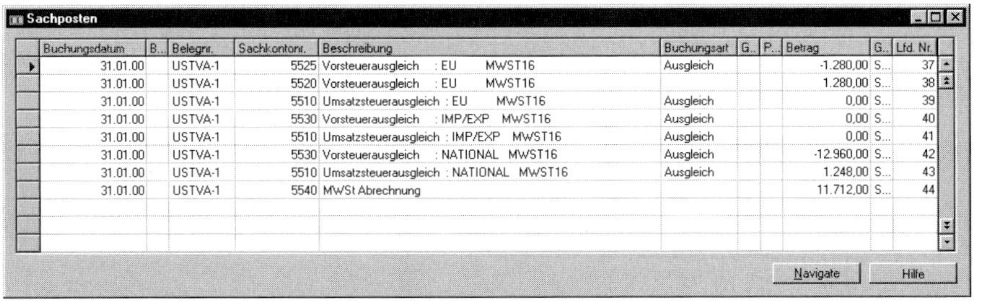
Sachposten

Buchungsdatum	B..	Belegnr.	Sachkontonr.	Beschreibung	Buchungsart	G..	P..	Betrag	G..	Lfd. Nr.
31.01.00		USTVA-1	5525	Vorsteuerausgleich : EU MWST16	Ausgleich			-1.280,00	S...	37
31.01.00		USTVA-1	5520	Vorsteuerausgleich : EU MWST16				1.280,00	S...	38
31.01.00		USTVA-1	5510	Umsatzsteuerausgleich : EU MWST16	Ausgleich			0,00	S...	39
31.01.00		USTVA-1	5530	Vorsteuerausgleich : IMP/EXP MWST16	Ausgleich			0,00	S...	40
31.01.00		USTVA-1	5510	Umsatzsteuerausgleich : IMP/EXP MWST16	Ausgleich			0,00	S...	41
31.01.00		USTVA-1	5530	Vorsteuerausgleich : NATIONAL MWST16	Ausgleich			-12.960,00	S...	42
31.01.00		USTVA-1	5510	Umsatzsteuerausgleich : NATIONAL MWST16	Ausgleich			1.248,00	S...	43
31.01.00		USTVA-1	5540	MWSt Abrechnung				11.712,00	S...	44

Es wurden folgende Buchungen durchgeführt:

Erwerbssteuer	an	(Ausgleichsverrechnungskonto)
(Ausgleichsverrechnungskonto)	an	Erwerbsvorsteuer
(Ausgleichsverrechnungskonto)	an	Vorsteuer
Umsatzsteuer	an	(Ausgleichsverrechnungskonto)
Ausgleichskonto	an	(Ausgleichsverrechnungskonto)

3-3	2 x **ESC**	Zurück zum Hauptmenü.
H	**HINWEIS:** Mit der Stapelverarbeitung MwSt abrechnen und buchen werden die abgerechneten MwSt Posten geschlossen. Das bedeutet, innerhalb der MwSt Posten wird das Feld „Abgeschlossen“ auf <Ja> gesetzt. Das Feld „Geschlossen von Lfd.Nr.“ erhält die Nummer der gleichen Kombination von MwSt Geschäftsbuchungsgruppe und MwSt Produktbuchungsgruppe, die während der Stapelverarbeitung erzeugt wurde.	

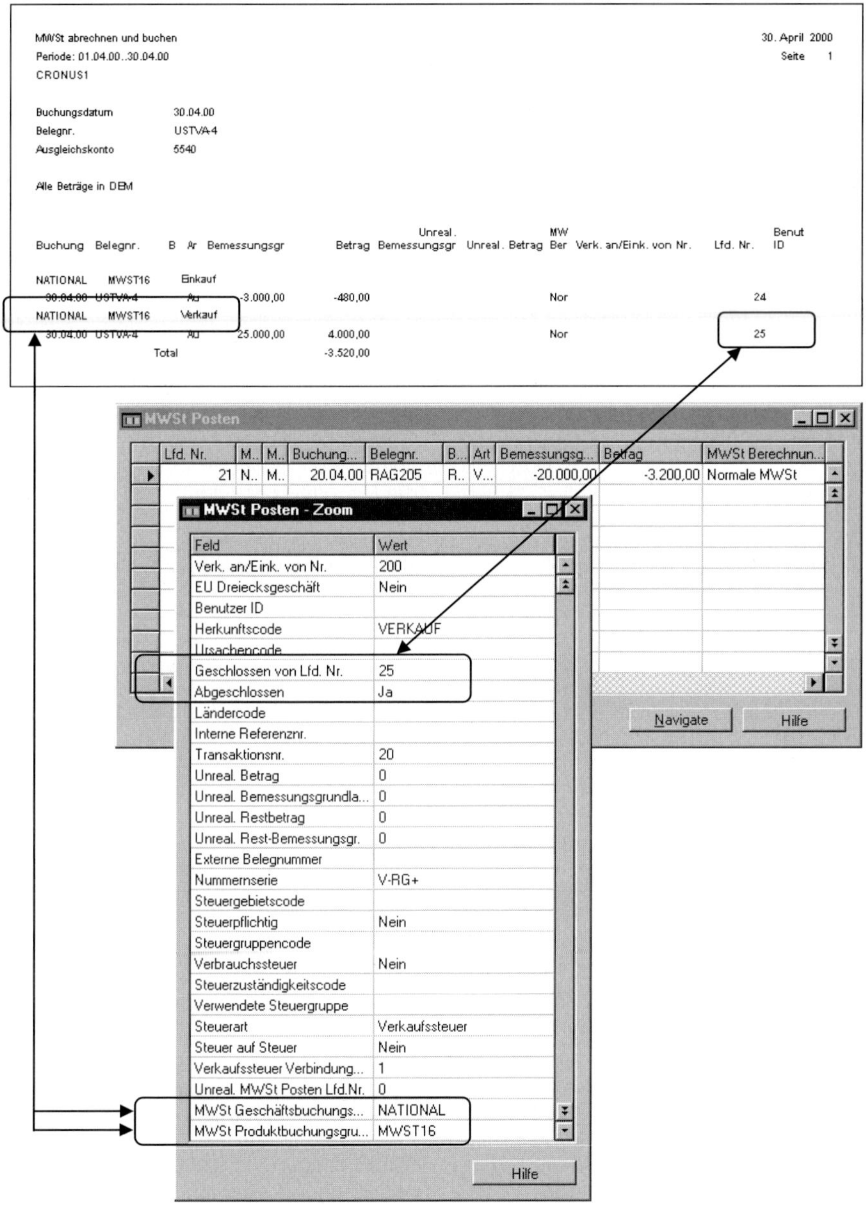

MWSt abrechnen und buchen
30. April 2000
Periode: 01.04.00..30.04.00
Seite 1
CRONUS1
Buchungsdatum 30.04.00
Belegnr. USTVA-4
Ausgleichskonto 5540
Alle Beträge in DEM
Buchung Belegnr. B Ar Bemessungsgr Betrag Unreal. Bemessungsgr Unreal. Betrag MW Ber Verk. an/Eink. von Nr. Lfd. Nr. Benut ID
NATIONAL MWST16 Einkauf
30.04.00 USTVA-4 Au -3.000,00 -480,00 Nor 24
NATIONAL MWST16 Verkauf
30.04.00 USTVA-4 Au 25.000,00 4.000,00 Nor 25
Total -3.520,00
MWSt Posten
Lfd. Nr. M.. M.. Buchung... Belegnr. B.. Art Bemessungsg... Betrag MWSt Berechnun...
21 N.. M.. 20.04.00 RAG205 R.. V... -20.000,00 -3.200,00 Normale MWSt
Navigate
Hilfe
MWSt Posten - Zoom
Feld Wert
Verk. an/Eink. von Nr. 200
EU Dreiecksgeschäft Nein
Benutzer ID
Herkunftscode VERKAUF
Ursachencode
Geschlossen von Lfd. Nr. 25
Abgeschlossen Ja
Ländercode
Interne Referenznr.
Transaktionsnr. 20
Unreal. Betrag 0
Unreal. Bemessungsgrundla... 0
Unreal. Restbetrag 0
Unreal. Rest-Bemessungsgr. 0
Externe Belegnummer
Nummernserie V-RG+
Steuergebietscode
Steuerpflichtig Nein
Steuergruppencode
Verbrauchssteuer Nein
Steuerzuständigkeitscode
Verwendete Steuergruppe
Steuerart Verkaufssteuer
Steuer auf Steuer Nein
Verkaufssteuer Verbindung... 1
Unreal. MWSt Posten Lfd.Nr. 0
MWSt Geschäftsbuchungs... NATIONAL
MWSt Produktbuchungsgru... MWST16
Hilfe

1.5.4 Erstellung der zusammenfassenden Meldung

Eine zusammenfassende Meldung kann in NAVISION Financials erzeugt werden, wenn der Ländercode und die Umsatzsteuer ID Nummer für Kunden aus der EU und dem Gemeinschaftsgebiet erfaßt wurden.

Schritt	Aktion	Bemerkung
1	*Debitor & Verkauf / Debitoren*	Auf der Debitorenkarte müssen nachfolgende Einstellungen vorgenommen werden.
2	Reiter Allgemein	
2-1	Im Feld „Ländercode“ mit **F6** in die Länderübersicht verzweigen, den entsprechenden Ländercode auswählen und mit OK bestätigen.	Der Ländercode ist bei der Erstellung der Stammdaten für Debitoren aus der EU und anderen Ländern des Gemeinschaftsgebietes unbedingt anzugeben. Er ist Grundlage mit für die Erstellung der zusammenfassenden Meldung.
2-1-1	Ist der benötigte Ländercode noch nicht angelegt, so ist mit **F3** ein neuer Datensatz anzulegen.	
2-1-2	Spalte „Code“	In dieser Spalte kann das Länderkennzeichen eingetragen werden.
2-1-3	Spalte „Name“	Hier ist der Name des Landes einzutragen.
2-1-4	In der Spalte „Adreßformat“ mit **F6** das entsprechende Format auswählen und mit **Enter** bestätigen.	Es ist das landesspezifische Adreßformat auszuwählen, z.B. für Großbritannien <Ort + PLZ Code>.
2-1-5	In der Spalte „Kontaktperson Adreßformat“ ist mit **F6** auszuwählen, an welcher Stelle der Anschrift der Name der Kontaktperson steht.	<Vor> Der Name der Kontaktperson steht vor dem Firmennamen. <Nach Firmennamen> Der Name der Kontaktperson steht nach dem Firmennamen. <zuletzt> Der Name der Kontaktperson wird an das Ende der Anschrift geschrieben.
2-1-6	Über *Ansicht / Spalte anzeigen...* ist der „EU Ländercode“ mit anzuzeigen. Hierzu ist ein Haken zu setzen und mit OK zu bestätigen.	Die Eintragung in diese Spalte ist unbedingt erforderlich. Es ist das Länderkennzeichen der Debitoren aus der EU und dem Gemeinschaftsgebiet zu erfassen, z.B. Italien: IT; Schweden: SE oder Großbritannien: GB

2-2	Feld verlassen und **ESC**	Zurück zur Debitorenkarte.
3	Reiter Außenhandel	
3-1	Feld „Ust-IdNr."	Die Umsatzsteuer ID-Nummer des Kunden ist einzugeben.
3-2	**ESC**	Zurück zum Hauptmenü.
4	*Finanzbuchhaltung / Berichte/ Zusammenfassende Meldung*	
4-1	Drucken...	
4-2	Reiter MwSt-Posten	
4-2-1	Im Feld „Buchungsdatum" ist die zu meldende Periode einzugeben.	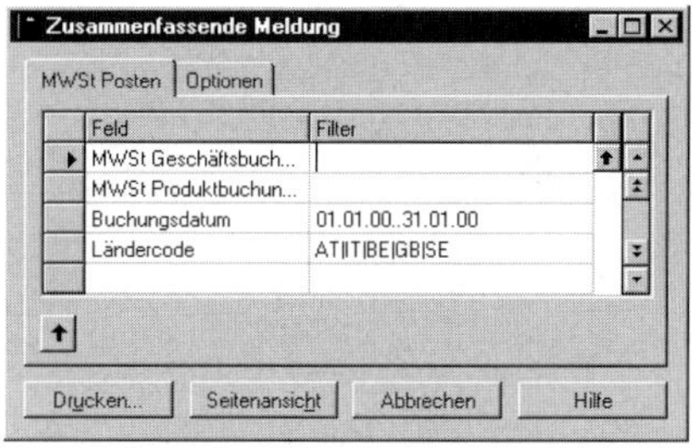
4-2-2	In der Spalte „Feld" ist mit **F6** in die MwSt Posten - Feld Liste zu verzweigen, der Ländercode auszuwählen und mit OK zu bestätigen.	
4-2-3	Feld „Ländercode"	Hier ist nach den Länderkennzeichen der EU-Länder und der Länder des Gemeinschaftsgebietes zu filtern.
4-3	Reiter Optionen	
4-3-1	Feld „Beträge in Berichtswährung ausg..."	Wird in diesem Feld ein Haken gesetzt, wird die zusammenfassende Meldung in Berichtswährung ausgegeben.
4-3-2	Drucken... oder Seitenansicht	Der Bericht Zusammenfassende Meldung wird am Bildschirm oder auf dem eingestellten Drucker ausgegeben.
4-3-3	ESC	Zurück zu den Sachkontenberichten.
5	*Berichte / Zusammenf. Meldung-Formular*	Drucken...
5-1	Reiter MwSt Posten	Hier sind die Einstellungen wie unter Punkt 4-2 vorzunehmen.
5-2	Reiter Optionen	

5-2-1	Im Feld „Meldezeitraum“ mit **F6** den entsprechenden Zeitraum auswählen und mit **Enter** bestätigen, z.B. <1. Quartal>.	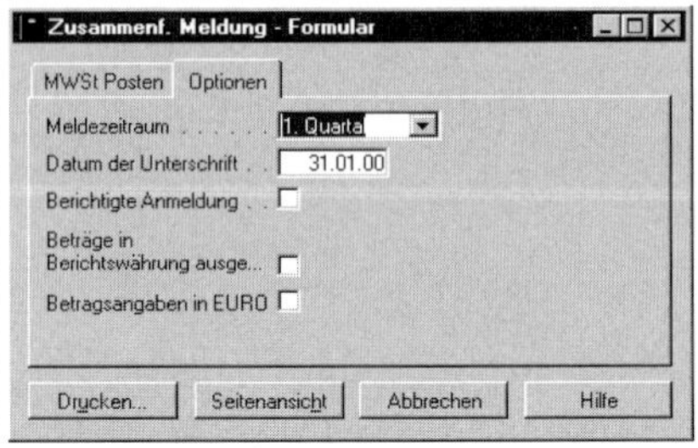
5-2-2	Im Feld “Datum der Unterschrift“ ist hier das Datum einzugeben, an welchem das Formular unterzeichnet wird.	
5-2-3	Feld „Berechtigte Anmeldung“	Ein Haken zeigt, daß es sich um eine berechtigte Anmeldung einer bereits abgesendeten Meldung handelt.
5-2-4	Feld „Beträge in Berichtswährung ausgeben“	Wenn ein Haken gesetzt ist, wird die Zusammenfassende Meldung in Berichtswährung ausgegeben.
5-3	Drucken... oder Seitenansicht	
H	**HINWEIS:** Im Einlagebogen muß in der Spalte „Summe der Bemessungsgrundlagen volle DM/EURO“ die gewählte Währung noch einmal manuell gekennzeichnet werden.	

Einlagebogen Nr. 1

Umsatzsteuer-Identifikationsnummer (USt-IdNr.)
01 DE-8765436

Meldezeitraum

02			
1. Quartal	1	200	U
2. Quartal	2	200	
3. Quartal	3	200	
4. Quartal	4	200	
Kalenderjahr	5	200	

Meldung der Warenlieferung (§ 18 a Abs. 4 Nr. 1 u. 2 UStG) vom Inland in das übrige Gemeinschaftsgebiet und der Lieferungen i.S.d. § 25 b Abs. 2 UStG im Rahmen innergemeinschaftlicher Dreiecksgeschäfte

	1		2		3
Zeile	Länderkennzeichen	USt-IdNr. des Erwerbers/Unternehmers in einem anderen Mitgliedstaat	Summe der Bemessungsgrundlagen volle DM / EUR	Pf / Ct	Hinweis auf Dreiecksgeschäfte (falls ja, bitte "1" eintragen)
1	AT	78653473	10.000	—	
2	BE	123456789	150.000	—	
3	IT	12345678912	200.000	—	
4	SE	123456789123	60.000	—	

5-4	2 x **ESC**	Zurück zum Hauptmenü.

1.6 Auswertungen im Kontenplan

Der Kontenplan ist ein wichtiges Element in NAVISION Financials. Er ist nicht nur eine Auflistung von Sachkonten, sondern er ermöglicht auch aktuelle Auswertungen.

1.6.1 Das Arbeiten mit Von-Summen und Bis-Summen

Der Kontenplan in NAVISION Financials kann mehrstufig strukturiert werden. Die Strukturierung und damit auch Auswertung erfolgt über Zeilenarten, die keine Konten sind.

Schritt	Aktion	Bemerkung
1	*Finanzbuchhaltung / Kontenplan*	Cursor an in der Zeile positionieren, vor der eine Zeile eingefügt werden soll.
2	**F3** um eine neue Zeile zu erzeugen.	Es wird ein neues Sachkonto angelegt.
2-1	Spalte „Nr.“	Hier kann eine Nummer eingegeben werden, die die Stelle des Sachkontos im Kontenplan bestimmt. Der Kontenplan ist nach Nummern sortiert.
2-2	Spalte „Beschreibung“	In diese Spalte ist eine kurze Erläuterung des Sachkontos einzutragen.
2-3	Spalte „Kontoart“	Um eine Struktur im Kontenplan zu erhalten, muß mit Überschriften und Summierungen gearbeitet werden. Mit **F6** können folgende Optionen ausgewählt werden:
	<Überschrift> Überschriften sind einfache Textzeilen. Sie werden zur näheren Erläuterung für mehrere Sachkonten genutzt. <Summe> Summe verschiedener Zeilen im Kontenplan, die nicht notwendigerweise aufeinanderfolgen müssen. <Von-Summe> Beginn eines Blocks gleichartiger Sachkonten. Alle dahinter folgenden Konten werden eingerückt. Es muß eine dazugehörige Zeile mit Kontoart <Bis-Summe> angelegt werden. <Bis-Summe> Ende eines Blockes gleichartiger Konten. In den FlowFields der „Bis Summe“ werden alle Konten addiert, die zwischen der „Bis Summe“ und der vorhergehenden „Von Summe“ liegen.	
H	**HINWEIS:** Alle vier Zeilenarten werden im Kontenplan in Fettdruck dargestellt. Auf keine der oben dargestellten Kontenarten können Buchungen vorgenommen werden.	

2-4	Spalte „Zusammenzählung“	Wurde als Kontoart <Summe> oder <Bis-Summe> angegeben, so ist in diese Spalte einzutragen, welche Konten zusammengezählt werden.
	Hier kann ein Konteninterval oder eine Reihe von Konten eingegeben werden. Bei <Summe> müssen die Konten manuell eingetragen werden. Bei <Bis-Summe> nimmt das die Funktion Einrückung des Kontenplans vor.	
3	Funktion▼ / *Einrückung des Kontenplans*	Zum Erzeugen der Einrückung im Kontenplan und der Zusammenzählung in den <Bis-Summen> sollte in jedem Fall diese Funktion verwendet werden. Wurden Zusammenzählungen manuell eingegeben oder geändert, so werden sie überschrieben.
3-1	Die Frage: „Wollen Sie den Kontenplan einrücken?“ ist mit Ja zu beantworten.	

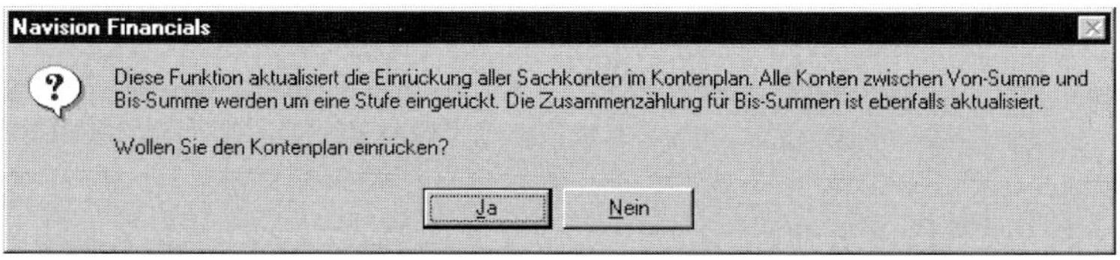

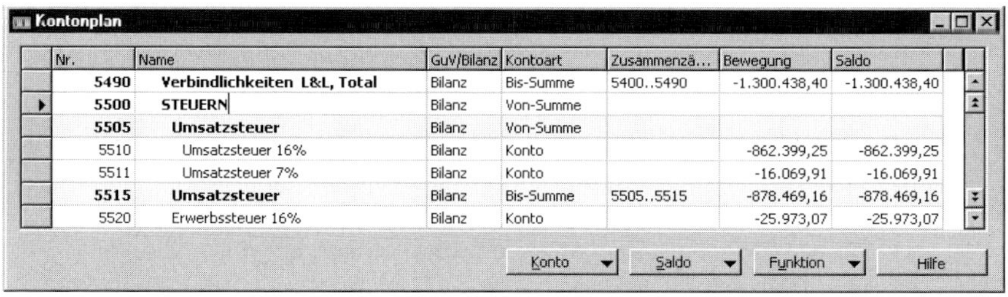

3-2	ESC	Zurück zum Hauptmenü.

1.6.2 Anwendung von FlowFiltern im Kontenplan

Der Kontenplan stellt nicht nur eine Liste der angelegten Sachkonten dar, sondern er ermöglicht über FlowFields die direkte Anzeige der Sachkontensalden und der Bewegungen in ausgewählten Perioden.

Schritt	Aktion	Bemerkung
1	*Finanzbuchhaltung / Kontenplan*	Für die Kontenzeilen, denen die „Kontoart“ <Konto> oder <Bis-Summe> zugeordnet wurde, werden in den Spalten „Bewegung“ und „Saldo“ Werte angezeigt.
1-1	In der Spalte „Bewegung“ können mit **F6** die zur Berechnung herangezogenen Sachposten eingeblendet werden.	In dieser Spalte wird die Bewegung des Sachkontensaldos für den angegeben Zeitraum ermittelt. Der Wert wird automatisch aktualisiert.
1-2	In der Spalte „Saldo“ können mit **F6** die zur Berechnung herangezogenen Sachposten eingeblendet werden.	In diesem Feld wird der Saldo des aktuellen Kontos angezeigt. Es wird automatisch aktualisiert.
SETZEN VON FLOWFILTERN		
2	Sollen die Auswertungen in den Spalten „Bewegung“ und „Saldo“ auf bestimmte Kriterien eingeschränkt werden, ist mit FlowFiltern zu arbeiten. Die Anwendung dieser Filter ermöglicht das schnelle Auswerten für z.B. bestimmte Zeiträume, Kostenstellen oder Konzernmandanten.	
2-1	**Groß** + **F7** oder  in der Menüleiste am oberen Rand des Bildschirms	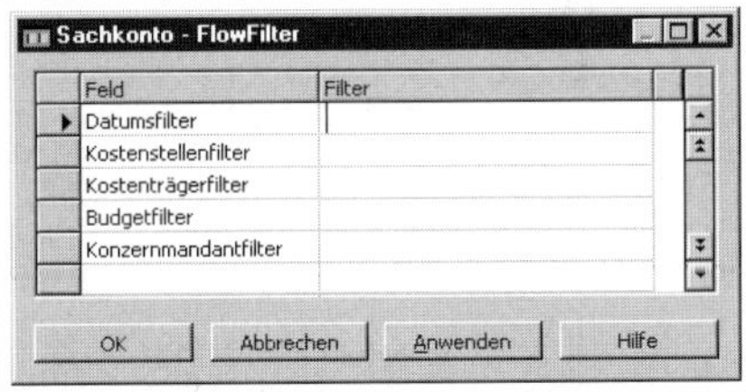
2-1-1	Zeile „Datumsfilter“ Spalte „Filter“	Hier ist der auszuwertende Zeitraum einzugeben. Es sind einzelne Daten oder Intervalle erlaubt.
H	**HINWEIS:** Der Datumsfilter wird nur auf das Feld „Bewegung“ angewendet. In dem Feld Saldo werden alle Sachposten von Beginn der Buchhaltung bis zum aktuellen Datum berücksichtigt.	
2-1-2	Zeile „Kostenstellenfilter“ Spalte „Filter“	Mit **F6** ist in die Kostenstellenübersicht zu verzweigen, die erforderliche Kostenstelle auszuwählen und mit **OK** zu übernehmen.

2-1-3	Zeile „Kostenträgerfilter" Spalte „Filter"	In diesem Feld kann mit **F6** die Kostenträgerübersicht geöffnet werden, ein Kostenträger ausgewählt und mit OK übernommen werden.
2-1-4	Zeile „Konzernmandantenfilter" Spalte „Filter"	Soll im Konsolidierungsmandanten die Bewegung und das Saldo nur für bestimmte Konzernmandanten angezeigt werden, ist mit **F6** ein Konzernmandant auszuwählen und mit OK zu bestätigen.
H	**HINWEIS:** Sind Auswertungen über Budgetfilter vorzunehmen, ist dies unter *Finanzbuchhaltung / Budgets* Budget▼ / *Sachkontensaldo/Budget* zu tun. Siehe Ablaufschema 1.9.	
2-2	OK oder Anwenden	Bei OK wird das FlowFilter-Fenster geschlossen, bei Anwenden bleibt es geöffnet.

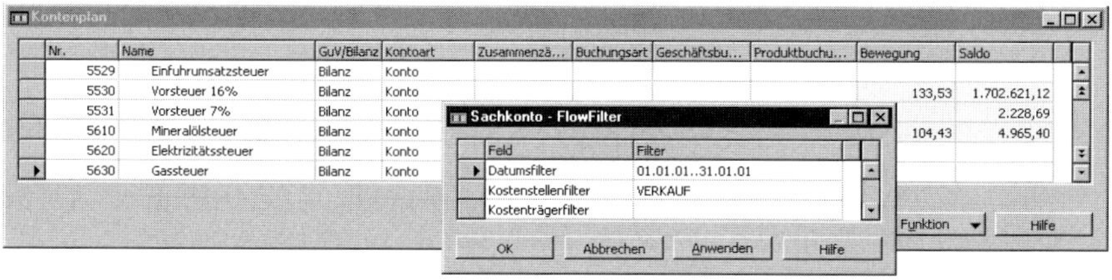

LÖSCHEN VON FLOWFILTERN		
3	Löschen des Filters	Dieser Filter muß manuell gelöscht werden.
3-1	**Gross** + **F7** oder [+] in der Menüleiste am oberen Rand des Bildschirms	Löschen aller Eintragungen in allen Feldern.
3-2	OK oder Anwenden	Die Werte werden wieder ohne FlowFilter in Kontenplan angezeigt.
3-3	**ESC**	Zurück zum Hauptmenü.

1.7 Erstellung eines Kontenschemas

In diesen Abschnitten wird beschrieben, wie ein Kontenschema erstellt werden kann. Es wird gezeigt, wie mit unterschiedlichen Spaltenlayouts Auswertungen vorgenommen werden können.

1.7.1 Erstellung eines Kontenschemas

Um die Daten der Finanzbuchhaltung möglichst vielfältig und individuell auswerten zu können, stellt NAVISION Financials dem Anwender Kontenschemata zur Verfügung. Mit Hilfe dieser können individuelle Auswertungen erstellt werden.

Ein Kontenschema setzt sich aus Kontenschemazeilen und Kontenschemaspalten zusammen. Die Auswertungen können in der Kontenschema Matrix oder im Bericht erfolgen.

Schritt	Aktion	Bemerkung
1	*Finanzbuchhaltung / Kontenschema*	
2	Um ein neues Kontenschema anzulegen, ist im Feld „Name" mit F6 in das Fenster Kontenschema Namen zu verzweigen und mit F3 ein neuer Datensatz anzulegen.	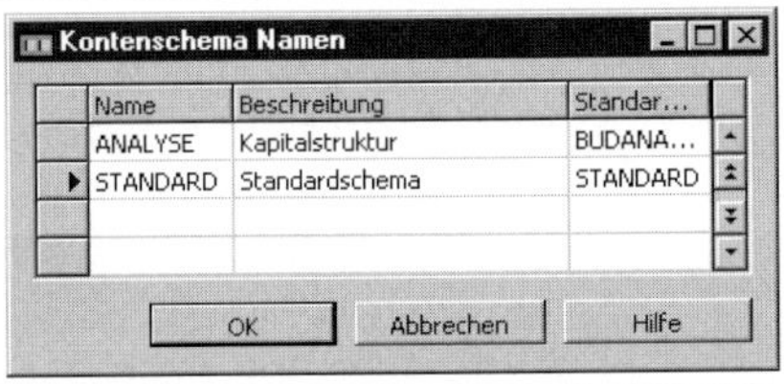
	Kontenschema Namen	
2-1	Spalte „Code"	In dieser Spalte muß ein eindeutiger Name für das Kontenschema eingegeben werden, z.B. ANALYSE.
2-2	Spalte „Beschreibung"	Hier kann eine nähere Erläuterung erfolgen, z.B. Kapitalstruktur.
2-3	In der Spalte „Standard Spaltenlayout" kann mit F6 ein Spaltenlayout ausgewählt werden, das mit OK zu bestätigen ist.	Ist ein Spaltenlayout ausgewählt, wird das Kontenschema in der Kontenschema Matrix und im Bericht mit diesem Spaltenlayout geöffnet. Es kann jedoch noch vor der Auswertung ein anderes Layout verwendet werden.
2-4	Das neue Kontenschema ist auszuwählen und mit OK zu bestätigen.	Die Kontenschemazeilen werden erst aktualisiert, wenn das Feld „Name" verlassen wird.
3	Kontenschemazeilen	

<table>
<tr><td>3-1</td><td>In der Spalte „Rubrikennr.“ kann eine Zeichenfolge aus 10 Zeichen eingegeben werden.</td><td>Mit Hilfe der Rubrikennummer kann die Zeile für spätere Rechenoperationen eindeutig identifiziert werden.</td></tr>
<tr><td>H</td><td colspan="2">HINWEIS: Bei der Vergabe von Rubrikennummern sollten in dieser immer Buchstaben enthalten sein, um sie von normalen Zahlen zu unterscheiden. Soll in einer Formel z.B. ein Wert durch 100 geteilt werden und eine Rubrik hat genau diese Nummer, teilt NAVISION den Wert durch das Ergebnis der Rubrik 100 und nicht durch die Zahl 100.</td></tr>
<tr><td>3-2</td><td>In Spalte „Beschreibung“ kann eine Erläuterungszeile eingetragen werden.</td><td>Die Beschreibung erscheint als Text in den späteren Auswertungen.</td></tr>
<tr><td>3-3</td><td colspan="2">In der Spalte „Zusammenzählungsart“ kann mit F6 und Enter zwischen <Kontensumme>, <Summensumme> und <Formel> unterschieden werden. Damit wird festgelegt, welche Konten aus dem definierten Zusammenzählungsintervall in der Spalte „Zusammenzählung“ summiert werden.

<Kontensumme> Die Summe wird aus den Beträgen der Konten des Typs Konto im Kontenplan gebildet.

<Summensumme> Die Summe wird aus den Beträgen der Konten des Typs Summe und Bis-Summe im Kontenplan gebildet.

<Formel> Die Summe wird aus Beträgen in anderen Zeilen des Kontenschemas gebildet. Die Formel wird im Spalte „Zusammenzählung“ eingegeben.</td></tr>
<tr><td>3-4</td><td>Spalte „Zusammenzählung“</td><td>Hier kann mit F6 in die Sachkontenübersicht (Kontenplan) verzweigt, ein Sachkonto ausgewählt und mit OK die Auswahl bestätigt werden, z.B. 2910..2940 oder 1220|1320.</td></tr>
<tr><td>3-5</td><td colspan="2">In der Spalte „Anzeigen“ kann mit F6 ausgewählt werden, ob bzw. wie die Kontenschemazeile im Bericht gedruckt werden soll. In der Kontenschema Matrix werden die Zeilen immer angezeigt.

<Ja> Die Zeile wird gedruckt.

<Nein> Die Zeile wird nicht gedruckt.

<Wenn eine Spalte nicht 0 ist> Die Zeile wird nicht gedruckt, wenn alle Beträge in dieser Zeile null sind.

<Fett> Die Zeile wird fett gedruckt.</td></tr>
<tr><td>3-6</td><td colspan="2">Ist im Feld „Neue Seite“ ein Haken gesetzt, wird beim Drucken des Kontenschemas ein Seitenumbruch nach dem jeweils aktuellen Konto durchgeführt.</td></tr>
</table>

Rubrikennr.	Beschreibung	Zusa...	Zusammenzählung	A..	Neue Seite
KKL1	Anlagevermögen	Kont...	1000..1999	Ja	
KKL2	Umlaufvermögen	Kont...	2000..2999	Ja	
KKL3	Eigenkapital	Kont...	3000..3999	Ja	
KKL4	Rückstellungen	Kont...	4000..4999	Ja	
KKL5	Verbindlichkeiten	Kont...	5000.5999	Ja	
AKTIVA	Mittelverwendung	Formel	KKL1+KKL2	Ja	
PASSIVA	Mittelherkunft	Formel	KKL3+KKL4+KKL5	Ja	

4	Kontenschema▼ / Matrix	In der Kontenschema Matrix kann das Ergebnis am Bildschirm angesehen werden (siehe Punkt 1.7.3).
5	**ESC**	Zurück zum Kontenschema.
6	Drucken...	
6-1	Reiter Kontenschema Name	
	Zeile „Name“; Spalte „Filter“	Hier ist der Kontenschema Name voreingetragen, aus dem das Drucken... gestartet wurde.
6-2	Reiter Kontenschemazeile	
6-2-1	Zeile „Datumsfilter“; Spalte „Filter“	Ein Datumsfilter ist unbedingt anzugeben, sonst erscheint eine Fehlermeldung vom System.
6-2-2	Zeilen „Budgetfilter“, „Kostenstellenfilter“ und „Kostenträgerfilter“; Spalte „Filter“	Durch die Eingabe entsprechender Filter kann die Auswertung weiter eingegrenzt werden. Dazu ist mit **F6** in die jeweiligen Übersichten zu verzweigen und mit OK die Auswahl zu bestätigen.
6-3	Reiter Optionen	
6-3-1	Feld „Spaltenlayout Name“	In diesem Feld ist der Spaltenlayout Name voreingetragen, der beim Start des Drucken... aktiv war. Er kann mit **F6** und OK geändert werden.
6-3-2	Feld „Nulldivision anzeigen“	Ein Haken in diesem Feld bewirkt, daß der Bericht anzeigt, wenn eine Division durch null auftritt. Es wird * FEHLER * ausgegeben. Ist kein Haken gesetzt, erscheint ein Leerraum anstelle des Betrages.
7	Seitenansicht oder Drucken...	
8	2 x **ESC**	Zurück zum Hauptmenü.

1.7.2 Einrichten von Kontenschema Spaltenlayouts

Die Kontenschemaspalten können dazu genutzt werden, eine zeitliche Entwicklung der Zeilenwerte aufzuzeigen oder Vergleiche mit anderen Perioden oder Budgetwerten durchzuführen.

Schritt	Aktion	Bemerkung
1	*Finanzbuchhaltung / Kontenschema*	
2	Funktion▼ / *Spaltenlayouts einrichten...*	
3	Den Cursor im Feld „Namen" positionieren und mit F6 das Fenster Kontenschema Spaltenlayout Namen anzeigen.	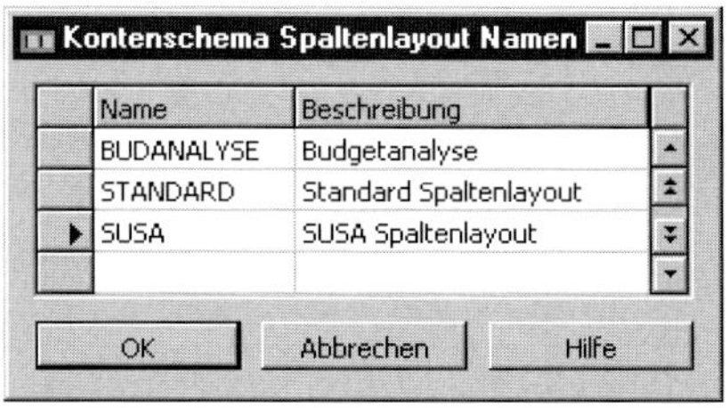
3-1	Mit F3 einen neuen Datensatz anlegen.	
3-1-1	Feld „Code"	Hier wird ein eindeutiger Name für das Spaltenlayout eingetragen, z.B. SUSA.
3-1-2	Feld „Beschreibung"	In diesem Feld kann der Code näher erläutert werden, z.B. SUSA Spaltenlayout.
3-2	Den Spaltenlayoutnamen auswählen und mit OK bestätigen.	Die Kontenschema Spaltelayoutzeilen werden erst aktualisiert, wenn das Feld „Name" verlassen wird.
4	Spaltenlayout Zeilen	
4-1	Die Spalte „Spaltennr." kann eine Zeichenfolge von 10 Zeichen eingegeben werden.	Mit Hilfe der Spaltennummer kann die Zeile für spätere Rechenoperationen eindeutig identifiziert werden.
4-2	Spalte „Spaltenüberschrift"	Hier kann eine nähere Erläuterung der Spalte angegeben werden. Sie erscheint auf allen Auswertungen.
4-3	Im Feld „Spaltenart" kann festgelegt werden, welche Datumsabgrenzung bei der Berechnung der Spalte bezogen auf den gesetzten Datumsfilter angewendet werden soll. Die Optionen sind in der folgenden Grafik anschaulich dargestellt:	

	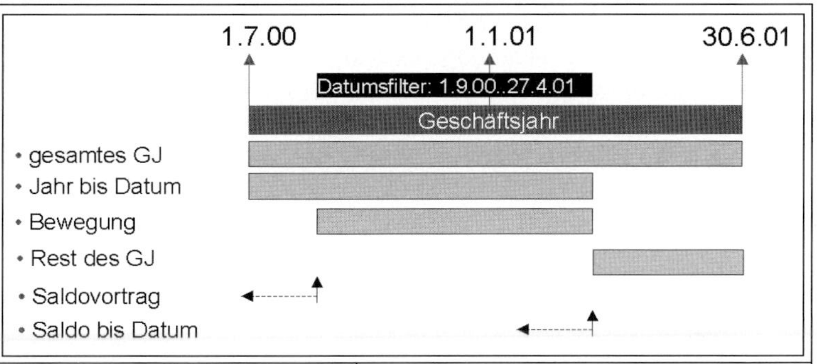	
4-4	Spalte „Postenart“	Über die Postenart kann alternativ auf gebuchte Werte <Sachposten> oder budgetierte Werte <Finanzbudget-posten> zugegriffen werden.
4-5	In der Spalte „Betragsart“ muß mit **F6** und **Enter** ausgewählt werden, welche Beträge in der Kontenschemaspalte enthalten sein sollen. <Nettobetrag> Haben- und Sollposten. <Sollbetrag> nur Sollposten. <Habenbetrag> nur Habenposten.	
4-6	Spalte „Formel“	Hier kann eine Formel zur Berechnung von Spalten eingegeben werden, wenn die „Spaltenart“ <Formel> ist. Folgende Operatoren sind möglich: +; -; *; /; (); ^ (Potenz)
4-7	Spalte „Umgekehrtes Vorzeichen anz.“	Wenn hier ein Haken gesetzt wird, erscheinen die Sollbeträge mit negativem und die Habenbeträge mit positivem Vorzeichen.
4-8	Feld „Vergleichsperioden-datumsformel“	Über die Vergleichsperiode kann der ausgewählte Zeitraum um Jahre, Monate, Wochen oder Tage vor- oder zurückverlegt werden.
4-9	Im Feld „Anzeigen“ kann ausgewählt werden, welche Beträge aus dieser Spalte in Berichten erscheinen sollen. <Immer> Alle Beträge in der Spalte werden immer angezeigt. <Nie> Die Spalte wird in Berichten nie erscheinen. Sie wird nur für Berechnungszwecke verwendet. <Wenn positiv> In der Spalte werden nur positive Beträge vor der Anwendung des „Umgekehrtes Vorzeichen anz.“ angezeigt. <Wenn negativ> Nur negative Beträge vor der Anwendung des „Umgekehrtes Vorzeichen anz.“ werden angezeigt.	

4-10	Spalte „Rundungsfaktor“ Hier können Rundungsfaktoren für Beträge in der Kontenschemaspalte ausgewählt werden. Es werden nur die Beträge in den Berichten gerundet, nicht in der Kontenschema Matrix.

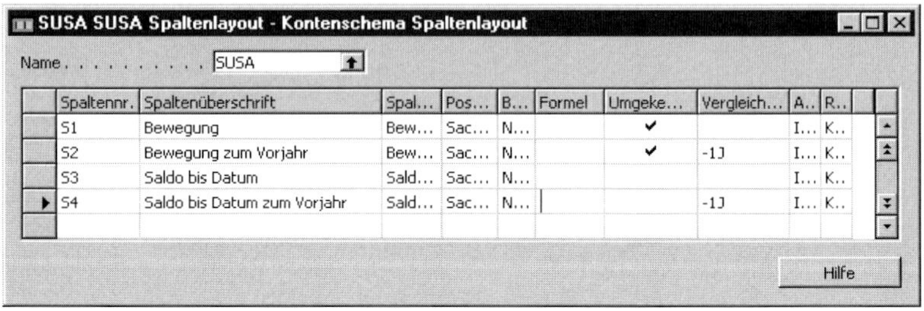

5	2 x **ESC**	Zurück zum Hauptmenü.
ANWENDUNG – Hinterlegen des Standard Spaltenlayout am Kontenschema Namen		
6	*Finanzbuchhaltung / Kontenschema*	
6-1	Cursor auf dem Feld „Name“ positionieren und mit **F6** das Fenster Kontenschema Namen aufrufen.	
6-2	Hier kann in der Spalte „Standard Spaltenlayout“ mit **F6** in die Kontenschema Spaltenlayout Namen verzweigt werden.	
6-3	Nun kann das gewünschte Spaltenlayout markiert und mit OK in das Feld „Standard Spaltenlayout“ eingefügt werden.	

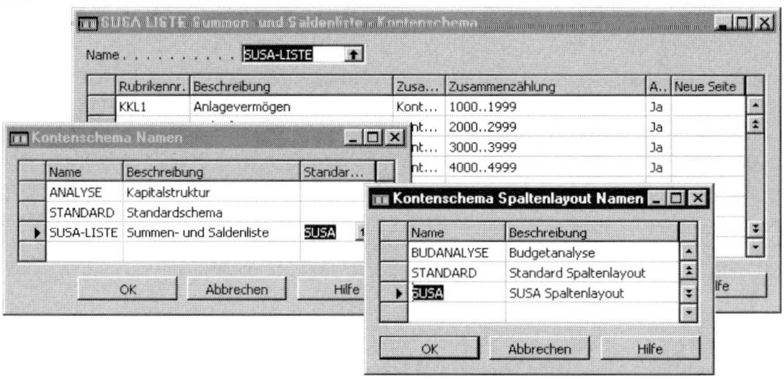

6-4	OK	
	Beim Aktualisieren des Kontenschemas wird nun das entsprechende Spaltenlayout verwendet. Auch beim Aufruf von Kontenschema▼ / *Matrix...* und Drucken... wird gleich das hinterlegte Spaltenlayout angewendet.	

1.7.3 Auswertungen in der Kontenschema Matrix

In der Kontenschema Matrix können die Kontenschemata mit den Spaltenlayouts beliebig kombiniert und die Werte angezeigt werden.

Schritt	Aktion	Bemerkung
1	*Finanzbuchhaltung / Kontenschema*	
2	[Kontenschema ▼] / *Matrix...*	
2-1	Reiter Allgemein	
2-1-1	Feld „Kontenschema Name“	Hier kann mit [F6] der Name des Kontenschemas ausgewählt und mit [OK] bestätigt werden.
2-1-2	Feld „Spaltenlayout Name“	In diesem Feld ist mit [F6] und [OK] ein Spaltenlayout aufzurufen. Mit der Wahl des Spaltenlayouts wird festgelegt, in welchen Spalten die Zahlenwerte angezeigt werden.
2-1-3	Feld „Datumsfilter“	Hier kann ein Zeitraum eingegeben werden, für den die Werte bestimmt werden sollen. Dieses Feld wird automatisch aktualisiert, wenn die Schaltflächen (links unten) aktiviert werden.
2-2	Reiter Optionen	
2-2-1	Feld „Nulldivision anzeigen“	Ein Haken in diesem Feld bewirkt, daß * FEHLER * anzeigt wird, wenn eine Division durch Null auftritt. Ist kein Haken gesetzt, erscheint ein leeres Feld anstelle des Betrages.
3	Schaltflächen	
3-1	[1] Tag [7] Woche [31] Monat [3] Quartal [12] Jahr [≡] Buchhaltungsperiode	Mit diesen Schaltflächen kann die Entwicklung der Daten im zeitlichen Verlauf gezeigt werden. Dabei kann zwischen den Periodenlängen Tag, Woche, Monat, Quartal, Jahr und Buchhaltungsperiode umgeschaltet werden, um verdichtete bzw. detaillierte Informationen zu erhalten.
3-2	[◄] [►]	Mit diesen Schaltflächen kann die ausgewählte Periodenlänge zeitlich vor- oder zurückverschoben werden.

1.8 Jahresabschluß und GuV Konten Nullstellung

In diesem Abschnitt werden die Buchungsperioden abgeschlossen und die GuV Konten Nullstellung durchgeführt. Darüber hinaus wird gezeigt, welche Schritte zur Wechselkursregulierung notwendig sind.

1.8.1 Durchführung des Jahresabschlusses

Vor der Durchführung des Jahresabschlusses sollten folgende Arbeiten durchgeführt werden:

- Um den aktuellen Warenbestand zu erhalten, muß das Lager reguliert werden. Das geschieht unter:

  Lager / Periodische Aktivitäten / Lagerregulierung / fakt. Einst. Preise... und *Lager / Periodische Aktivitäten / Lagerregulierung / Lagerreg. buchen....*

- Wird mit Fremdwährungen gearbeitet, ist eine Kursregulierung durchzuführen.

  Finanzbuchhaltung / Periodische Aktivitäten / Währung / Wechselkurs regulieren...

- Um die Steuerkonten gegeneinander abzugleichen, ist die Stapelverarbeitung „MwSt abrechnen und buchen" auszuführen.

  Finanzbuchhaltung / Periodische Aktivitäten / MwSt / MwSt abrechen und buchen

Schritt	Aktion	Bemerkung
1	*Finanzbuchhaltung / Periodische Aktivitäten / Geschäftsjahr / Buchhaltungsperioden*	
2	Jahr abschließen...	Das zurückliegende Geschäftsjahr wird abgeschlossen.
3	Die Frage: „Wollen Sie das Geschäftsjahr abschließen?" ist mit Ja zu beantworten.	Das System erkennt automatisch, welches Geschäftsjahr abzuschließen ist. Wurden ältere Geschäftsjahre noch nicht abgeschlossen, schlägt das System das älteste Jahr vor: „Diese Funktion schließt das Geschäftsjahr von ... bis ... ab.".
H	**HINWEIS:** Nach jedem Abschluß eines Geschäftsjahres ist eine GuV-Konten Nullstellung durchzuführen.	
4	In die Spalte „Abgeschlossen" wurde bei jedem Monat des abgeschlossenen Geschäftsjahres ein Haken gesetzt. Die Perioden können nicht mehr geändert werden.	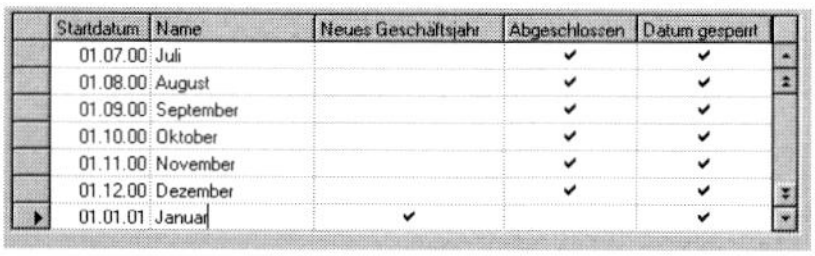 ESC

Startdatum	Name	Neues Geschäftsjahr	Abgeschlossen	Datum gesperrt
01.07.00	Juli		✔	✔
01.08.00	August		✔	✔
01.09.00	September		✔	✔
01.10.00	Oktober		✔	✔
01.11.00	November		✔	✔
01.12.00	Dezember		✔	✔
01.01.01	Januar	✔		✔

1.8.2 GuV Konten Nullstellung

Bei der GuV Konten Nullstellung wird der Gewinn bzw. Verlust für das abgeschlossene Geschäftsjahr ermittelt. Wurden Nachbuchungen durchgeführt, ist eine Nullstellung erneut durchzuführen.

Schritt	Aktion	Bemerkung
1	*Finanzbuchhaltung / Periodische Aktivitäten / Geschäftsjahr / GuV Konten Nullstellung...*	
	Reiter Optionen	
1-1	Feld „Geschäftsjahresdatum"	Hier ist das letzte Datum des abgeschlossenen Geschäftsjahres anzugeben, z.B. 31.12.2000.
1-2	Felder „Fibu Buch.-Blatt Vorlage" und „Fibu Buch.-Blatt Name"	Mit F6 und OK sind die Buchungsvorlagen und die Buch.-Blattnamen anzugeben, in der die Buchungen der GuV Konten Nullstellung erfaßt werden können.
H	**HINWEIS:** Unter Verwendung einer Berichtswährung werden die Jahresabschlußbuchungen nicht in ein Buchungsblatt geschrieben, sondern direkt gebucht.	
1-3	Feld „Belegnr."	Hier ist eine Nummer anzugeben, unter welcher der Jahresabschluß gebucht werden soll.
1-4	Feld „Konto nicht ausgeschütteter Gewinne"	Mit F6 in die Sachkontenübersicht verzweigen, das Bilanzkonto heraussuchen, auf das die Gewinne bzw. Verluste zu buchen sind und mit OK bestätigen, z.B. Konto: 3120.
1-5	Feld „Abgeschlossen ... per Konzernmandantencode" per Kostenstellencode" per Kostenträgercode"	Hier ist ein Haken zu setzen, wenn nicht der gesamte Saldo eines Kontos gebucht werden soll, sondern einzeln entsprechend der gewählten Kriterien.
2	Die Eingaben sind mit OK zu bestätigen.	Bei der Einstellung einer Berichtswährung weist das System noch einmal auf die Direktbuchung hin. Die Frage: „Möchten Sie fortfahren?" ist mit Ja zu bestätigen.

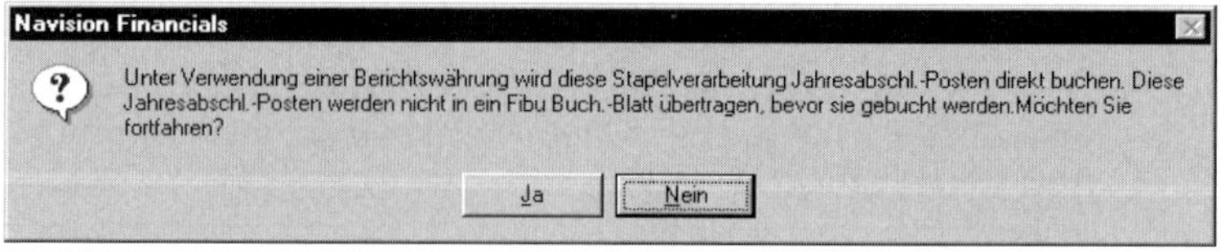

3	*Finanzbuchhaltung / Journale*	Es ist das entsprechende Journal herauszusuchen. Der Herkunftscode ist JAHRABSCH.
3-1	**Journal▼** / *Sachposten*	Hier wird deutlich, daß die GuV Konten Nullstellung unter dem Ultimo-Datum (U31.12.00) gebucht wurde. Dieses Datum liegt hinter dem abgeschlossenem Geschäftsjahr und vor dem aktuellen Geschäftsjahr.

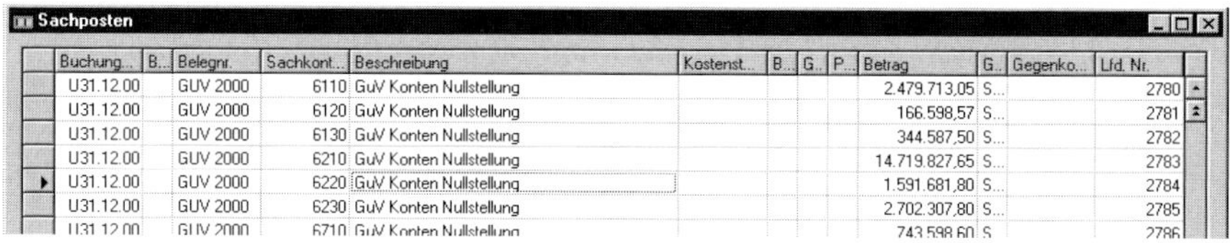

3-2	2 x **ESC**	Zurück zum Hauptmenü.
4	*Finanzbuchhaltung / Fibu Buch.-Blätter*	Sind nach der GuV Konten Nullstellung noch Nachbuchungen durchzuführen, sind diese unter dem letztem Datum des abgeschlossenen Geschäftsjahres einzugeben.
4-1	Erfassung von Nachbuchungen	Als Beispiel sollen nachträglich Körperschaftssteuer gebucht werden.

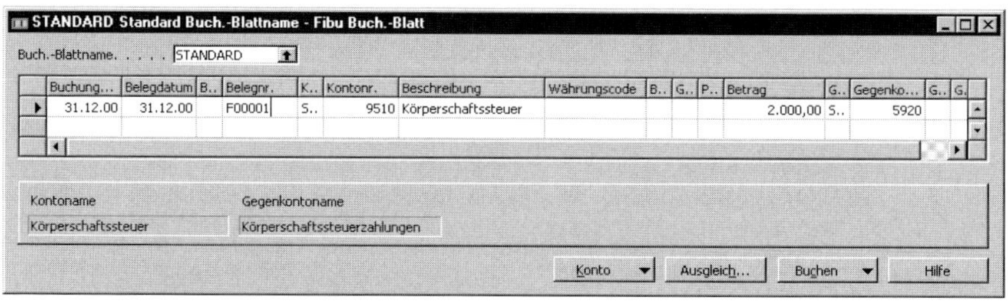

4-2	**Buchen▼** / *Buchen* oder **F11**	

	Die Frage: „Wollen Sie die Buch.-Blatt Zeilen buchen?“ ist mit **Ja** zu beantworten.	Der Hinweis: „Die Buch.-Blatt Zeilen sind gebucht worden.“ ist mit **OK** zu bestätigen.
4-3	**ESC**	Zurück zum Hauptmenü.
5	*Finanzbuchhaltung / Kontenplan*	
5-1	Cursor in die Zeile des Kontos stellen, auf dem Nachbuchungen durchgeführt wurden. In die Spalte „Bewegung“ wechseln und mit **F6** in die Sachposten verzweigen.	Dort ist die Buchung zum 31.12.00 zu filtern und den Cursor auf dieser Zeile zu positionieren.

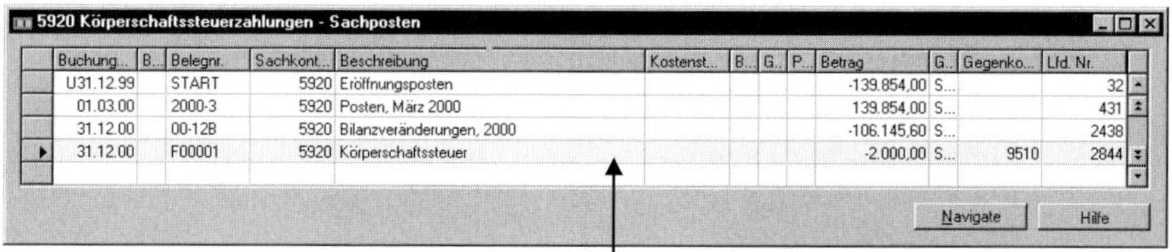

5-2	Mit der Tastenkombination **Strg** + **F8** ist der Sachposten Zoom aufzurufen.	
	Hier wurde das Feld „Nachbuchung“ auf <Ja> gesetzt.	

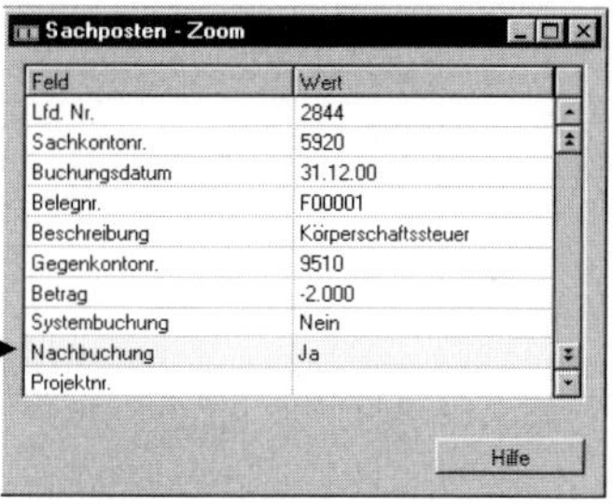

5-3	3 x **ESC**	Zurück zum Hauptmenü.
6	*Finanzbuchhaltung / Periodische Aktivitäten / Geschäftsjahr / GuV Konten Nullstellung*	Sind Nachbuchungen durchgeführt worden, ist eine erneute GuV Konten Nullstellung anzustoßen .
H	**HINWEIS:** Das abgeschlossene Geschäftsjahr kann unabhängig lange bebucht werden. Es ist immer mit dem letzten Datum des abgeschlossenen Geschäftsjahres zu buchen. Danach ist unbedingt eine GuV Konten Nullstellung durchzuführen. Salden der Bilanz müssen nicht vorgetragen werden, da sie ständig aufaddiert werden.	

1.8.3 Durchführen der Wechselkursregulierung

Bei Fremdwährungsposten mit Wechselkursschwankungen kann die Funktion der Wechselkursregulierung angewendet werden. Vor jedem Jahresabschluß ist der tatsächliche Wert der offenen Posten in Fremdwährung zu bestimmen. Hier werden die einzelnen Arbeitsschritte beschrieben, die für die Durchführung der Wechselkursregulierung notwendig sind.

Schritt	Aktion	Bemerkung
1	*Finanzbuchhaltung / Periodische Aktivitäten / Währung / Währungen*	Den Cursor auf der entsprechenden Währungszeile positionieren, z.B. USD.
1-1	Wechselkurse	Hier ist für den ausgewählten Währungscode in der Spalte „Regulierung Wechselkursbetrag" der gültige Kurs einzutragen.
1-2	2 x **ESC**	Zurück zum Hauptmenü.
2	*Finanzbuchhaltung / Periodische Aktivitäten / Währung / Wechselkurs regulieren...*	
2-1	Reiter Währung	Wird kein Filter gesetzt, erfolgt die Kursregulierung für alle Währungen. Einschränkungen können vorgenommen werden, indem in der Spalte „Filter" für das Feld „Code" mit **F6** und OK nur bestimmte Währungen ausgewählt werden.
2-2	Reiter Optionen	
2-2-1	Feld „Startdatum" und Feld „Enddatum"	Das Startdatum braucht nicht angegeben zu werden, da das System alle offenen Posten bis zum eingegeben Enddatum reguliert.
2-2-2	Feld „Buchungsbeschreibung"	Hier ist ein Text einzugeben, der in den Sachposten nach der Kursregulierung erscheinen soll. Standardmäßig wird der Text: „Kursregulierung von %1 %2" verwendet, wobei %1 für Währungscode und %2 für Währungsbetrag steht.
2-2-3	Feld „Buchungsdatum"	In dieses Feld ist das Datum einzutragen, unter dem die Buchungen in der Finanzbuchhaltung erfaßt

		werden. Es sollte mit dem Datum im Feld „Enddatum“ identisch sein.
2-2-4	Feld „Belegnr.“	Unter dieser Nummer werden die Buchungen erzeugt.
2-2-5	Feld „Debitoren-, Kreditoren- und Bankkonten regulieren“	Hier ist ein Haken zu setzen, wenn die Debitoren, Kreditoren und Bankkonten reguliert werden sollen.
2-2-6	Feld „Sachkonten für Berichtswährung regulieren“	Sollen die Sachkonten reguliert werden, ist ein Haken zu setzen. Hier ist darauf zu achten, daß in allen Sachkonten unter dem Reiter Berichtswährung die gleiche Einstellung vorgenommen wurden. Es wird kein Haken gesetzt, wenn die Posten in Fremdwährungen zu regulieren sind.
2-3	Die Einstellungen sind mit OK zu übernehmen.	
3	*Finanzbuchhaltung / Periodische Aktivitäten / Währung / Kursregulierungsjournal*	Für jede Kontoart, die reguliert wurde, ist pro Währungscode eine Zeile erzeugt worden.
3-1	Spalte „Reg. Basisbetrag“	In dieser Spalte werden alle Posten pro Kontoart und Währungscode summiert angezeigt.
3-2	Spalte „Reg. Basisbetrag (MW)“	Diese Spalte zeigt die Summen pro Kontoart und Währungscode in Mandantenwährung vor der Kursregulierung.
3-3	Spalte „Regulierter Betrag (MW)“	Hier wird der Wert pro Kontoart und Währungscode in Mandantenwährung angezeigt, um den die Kontoart nach der Kursregulierung vermindert oder erhöht wurde.

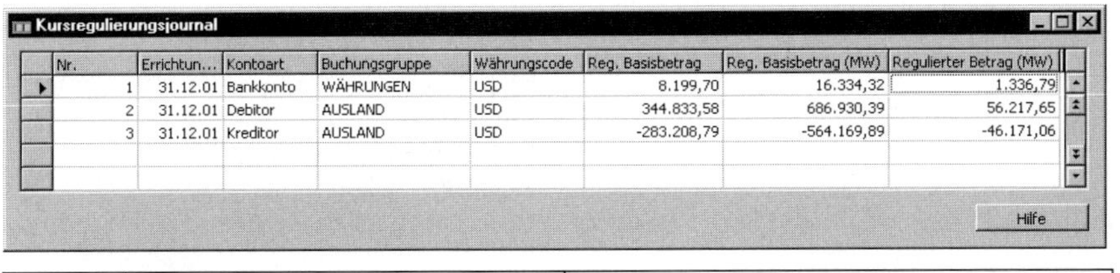

Nr.	Errichtun...	Kontoart	Buchungsgruppe	Währungscode	Reg. Basisbetrag	Reg. Basisbetrag (MW)	Regulierter Betrag (MW)
1	31.12.01	Bankkonto	WÄHRUNGEN	USD	8.199,70	16.334,32	1.336,79
2	31.12.01	Debitor	AUSLAND	USD	344.833,58	686.930,39	56.217,65
3	31.12.01	Kreditor	AUSLAND	USD	-283.208,79	-564.169,89	-46.171,06

3-4	ESC	Zurück zum Hauptmenü.

4	*Finanzbuchhaltung / Journale*	Hier ist das entsprechende Journal nach den Such- und Filterkriterien auszuwählen (Herkunftscode: KURSREG).
4-1	Journal▼ / *Sachposten*	
4-2	Nach der Kursregulierung sind folgende Buchungssätze möglich: Gewinn: Sachkonto Bank an regulierte Kursgewinne Forderungen Ausland an unrealisierte Kursgewinne Verbindlichkeiten Ausland an unrealisierte Kursgewinne Verlust: realisierte Kursverluste an Sachkonto Bank unrealisierte Kursverluste an Forderungen Ausland unrealisierte Kursverluste an Verbindlichkeiten Ausland	
H	**HINWEIS:** Realisierte Gewinne oder Verluste treten nur bei Bankkonten auf. Bei Debitoren und Kreditoren handelt es sich um unrealisierte Gewinne bzw. Verluste, die durch die Kursregulierung berechnet werden. Erst bei den tatsächlichen Zahlungen werden hier realisierte Gewinne oder Verluste erzielt.	
4-3	ESC	Zurück zum Hauptmenü.
5	*Debitoren & Verkauf / Debitoren*	Auswirkungen am Beispiel eines Debitorenpostens.
5-1	Debitor▼ / *Posten*	Es ist ein Debitor mit Fremdwährung aufzurufen.
5-2	Nach der Kursregulierung wird der Wert in der Spalte „Betrag (MW)" verändert. Danach kann mit den Tasten Strg + F8 in der Debitorenposten - Zoom aufgerufen werden. Im Feld „Urspr. Betrag (MW)" wird der Wert vor der Kursregulierung mitgeführt.	
5-3	Debitorenposten Zoom Strg + F8	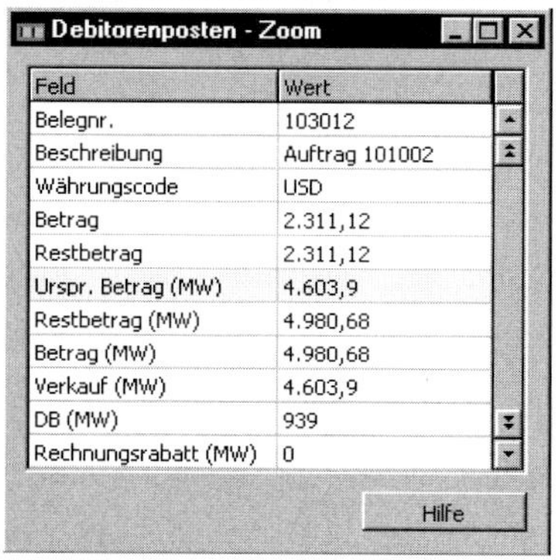
5-4	3 x ESC	Zurück zum Hauptmenü.

1.9 Anlegen und Auswerten von Budgets

In NAVISION Financials können beliebig viele Budgets angelegt werden. Sollen Planwerte für gleiche Sachkonten und Zeiträume erfaßt werden, ist innerhalb des Budgetfilters mit Kostenstellen- oder Kostenträgerfiltern zu arbeiten.

Schritt	Aktion	Bemerkung
1	*Finanzbuchhaltung / Budgets*	Hiermit gelangt man in das Trendscape-Fenster Finanzbudget nach Perioden.
2	Budgetkopf	
2-1	Cursor im Feld „Budgetfilter" positionieren.	Mit **F6** werden alle vorhandenen Budgets angezeigt. Es ist ein Finanzbudgetname zu markieren und mit OK auszuwählen. Soll ein neues Budget angelegt werden, ist mit **F3** ein neuer Datensatz zu erzeugen. Die Spalten „Name" und „Beschreibung" sind entsprechend auszufüllen und mit OK zu bestätigen.
2-2	Feld „Rundungsfaktor"	Mit **F6** kann hier eine Rundung auf <1>, <1000>, <1000000> eingestellt werden. Soll ohne Rundung gearbeitet werden, ist <Kein> auszuwählen und mit OK zu bestätigen.
2-3	Felder „Kostenstellenfilter" und „Kostenträgerfilter" Soll innerhalb eines Budgets für denselben Zeitraum mit mehreren Budgets gearbeitet werden, sind Kostenstellen- bzw. Kostenträgerfilter anzuwenden. Hierzu ist der Cursor in das entsprechende Feld zu positionieren, mit **F6** die jeweilige Übersicht aufzurufen, eine Kostenstelle oder ein Kostenträger auszuwählen und mit OK zu bestätigen.	
3	Budgetzeilen	
3-1	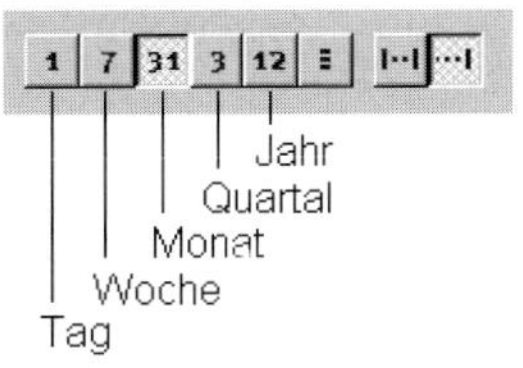	Über diese Trendscape-Schaltflächen kann der Zeitraum ausgewählt werden, für den das Budget erstellt werden soll. (Die gewünschte Schaltfläche kann mit der Maus angeklickt werden.)

3-2	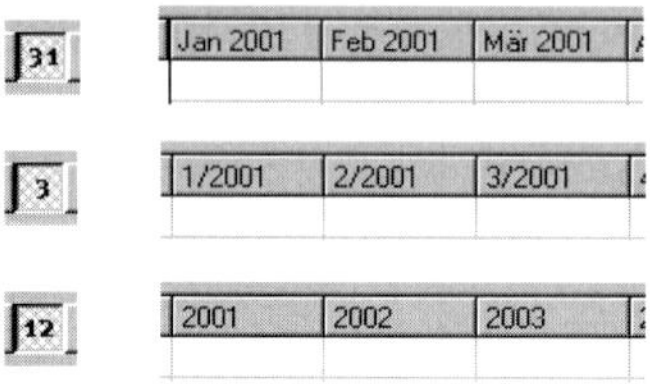	Mit der Einstellung des Zeitraums werden die Budgetierungsspalten aktualisiert.
4	Budgeteingabe	
4-1	In den Spalten „Nr.“, „Name“ und „GuV/Bilanz“ werden die Einstellungen des Kontenplans angezeigt.	(*Finanzbuchhaltung / Kontenplan*)
4-2	Jetzt können die Werte für das Budget eingegeben werden. Hierzu ist in der Spalte „Nr.“ das zu budgetierende Konto auszuwählen (z.B. 6110 Umsätze , Inland Handel). In der gleichen Zeile sind die Budgetwerte den einzelnen Zeiträumen zuzuordnen. Dieser Vorgang ist für alle Konten, für die ein Budget erfaßt werden soll, zu wiederholen.	
H	**HINWEIS:** Wurden für einzelne Konten im Kontenplan Summierungen erfaßt, werden auch die Finanzbudgetwerte aufsummiert. Dazu muß die Summenzeile angeklickt und wieder verlassen werden.	
H	**HINWEIS:** Auch bei Budgetwerten wird zwischen Soll- und Habenbeträgen unterschieden. Steht ein Minus (-) vor dem budgetierten Betrag, handelt es sich um den budgetierten Habenbetrag. Sollen z.B. Erlöse budgetiert werden, sind diese mit Minus (-) einzugeben.	
5	Änderung eines Budgetwertes	
5-1	Soll das Budget für ein Konto geändert werden, so ist der budgetierte Wert zu überschreiben.	z.B. von -15.000 auf -20.000
5-2	In dem Feld, in dem der Wert geändert wurde, kann mit **F6** in die Finanzbudgetposten verzweigt werden.	Hier werden die einzelnen Budgetwerte mitgeführt. Im Budget wird nur der Summenwert angezeigt.
5-3	**ESC**	Zurück zum Finanzbudget nach Perioden.
AUSWERTUNGEN		
6	Budget▼ / *Nach Kostenstellen*	Wurden mehrere Budgets erfaßt, können diese gegenübergestellt werden.

6-1	Es ist mit **F6** und **OK** der entsprechende Budgetfilter auszuwählen.	
6-2	Im Feld „Datumsfilter“ wird der mit der Trendscape-Schaltfläche ausgewählte Zeitraum angezeigt.	

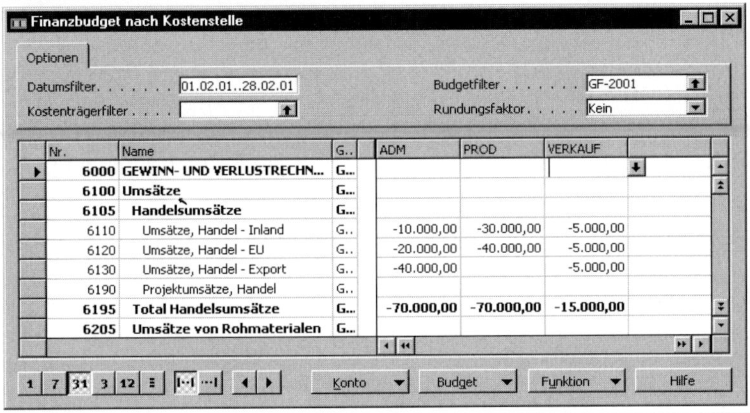

6-3	**ESC**	Zurück zum Finanzbudget nach Perioden.
7	**Budget▼** / *Sachkonten-saldo / Budget*	Auch hier ist mit **F6** und **OK** der Budgetname auszuwählen.
7-1	Wurde mit Kostenstellen- bzw. Kostenträgerfiltern budgetiert, sind diese mit **F6** und **OK** zu suchen.	
7-2	Über die Trendscape-Schaltfläche wird der Zeitraum ausgewählt.	Es werden die gebuchten Soll- und Habenbeträge den budgetierten Soll- und Habenbeträgen gegenübergestellt.
7-3	*Ansicht / Spalte anzeigen...*	Soll die Spalte „Budgetierter Betrag“ angezeigt werden, ist über *Ansicht / Spalte anzeigen...* vor das Feld „Budgetierter Betrag“ ein Haken zu setzen und mit **OK** zu bestätigen.
7-4	Spalte „Saldo Budget %“	In dieser Spalte wird angezeigt, in welcher Höhe der budgetierte Betrag schon erreicht bzw. überschritten wurde.

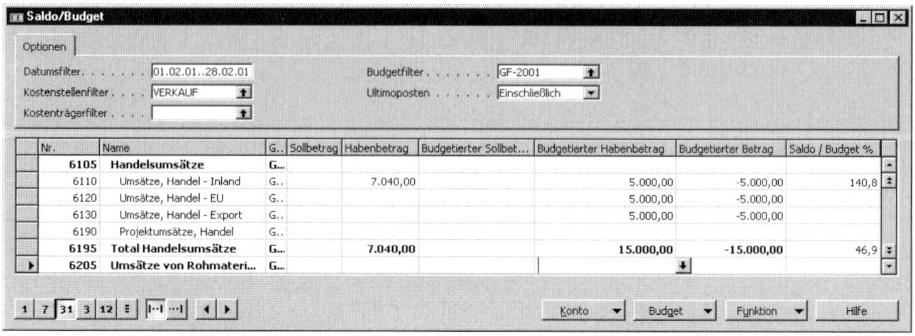

7-5	2 x **ESC**	Zurück zum Hauptmenü.
8	*Finanzbuchhaltung / Berichte* „Rohbilanz/Budget"	Hier können die budgetierten Werte mit den tatsächlich gebuchten Werten verglichen und ausgedruckt werden.
8-1	Drucken	Unter dem Reiter Sachkonto sind je nach Auswertung die Datums-, Budget-, Kostenstellen- und Kostenträgerfilter einzustellen.
8-2	Drucken... oder Seitenansicht	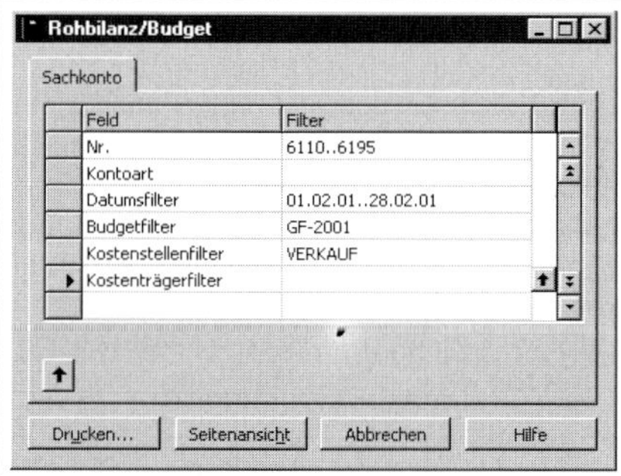
H	**HINWEIS:** Auch im Kontenschema können die Werte gegenübergestellt und ausgedruckt werden, siehe dazu Ablaufschemata 1.7.1 bis 1.7.3.	
8-3	2 x **ESC**	Zurück zum Hauptmenü.

Kapitel 2 - Debitoren & Verkauf

In diesem Kapitel werden wichtige Geschäftsvorfälle im Bereich Debitoren & Verkauf beschrieben. Das Erstellen eines Angebotes, dessen Umwandlung in einen Auftrag bis hin zum Druck einer Auftragsbestätigung gehören genauso dazu wie die Buchung von Ausgangsrechnungen. Über die Funktion der Sammelrechnung können automatisch mehrere Lieferungen fakturiert werden.

Es wird gezeigt, wie Rahmenaufträge angelegt, gebucht und gelöscht werden können. Wird mit Rabatten gearbeitet, kann dies über die Debitoren-/Artikelrabatte oder die Debitorenrechnungsrabatte abgebildet werden.

Darüber hinaus werden die Schritte zum Erstellen einer Mahnung beschrieben. Es müssen Mahnmethoden, Mahnstufen und Zinskonditionen definiert werden.

2.1 Rabatte

Um mit Rabatten in NAVISION Financials arbeiten zu können, sind folgende Einstellungen notwendig:

- *Debitoren & Verkauf / Einrichtung / Debitoren & Verkauf Einrichtung*
  Reiter Allgemein
  Im Feld „Rabattbuchung“ ist <Alle Rabatte> einzustellen, wenn mit allen Rabatten gearbeitet werden soll. Ansonsten sind hier die entsprechenden Einschränkungen zu machen.

- *Finanzbuchhaltung / Einrichtung / Buchungsmatrixgruppen / Buchungsmatrix Einrichtung*
  Hier sind die Konten für Verkaufszeilenrabatt und Rechnungsrabatt zu hinterlegen.

2.1.1 Debitorenrechnungsrabatte einrichten

Debitorenrechnungsrabatte werden auf den gesamten Rechnungsbetrag gewährt. Entsprechend der vorgenommenen Einrichtungen können sie automatisch oder über die Funktion Rechnungsrabatt berechnen ermittelt werden.

Schritt	Aktion	Bemerkung
1	*Debitoren & Verkauf / Debitoren*	
2	Reiter Fakturierung	
2-1	Feld „Rechnungsrabattcode“	Das Feld wird standardmäßig mit der Debitorennr. vorbelegt. Soll für mehrere Debitoren der gleiche Rechnungsrabattcode hinterlegt werden, ist die Eintragung in diesem Feld zu ändern, z.B. in ALLGEMEIN.

2-1-1	**Verkauf▼** / *Rechnungsrabatte*	Hier werden die Bedingungen für den Debitorenrechnungsrabatt eingestellt. Im Beispiel bedeutet dies, der Debitor mit dem Rechnungsrabattcode ALLGEMEIN, der einen Betrag von <1.000,00 bestellt, zahlt eine Servicegebühr von 20,00. Wird ein Betrag zwischen 1.000,00 und 4.999,99 bestellt wird ein Rechnungsrabatt von 3% gewährt. Bei Bestellungen ab 5.000,00 wird 2% Rechnungsrabatt gewährt.
2-1-1a	Über *Ansicht / Spalte anzeigen...* ist bei Code ein Haken zu setzten und mit **OK** zu bestätigen, um so die Spalte „Code“ mit anzuzeigen.	
2-1-1b	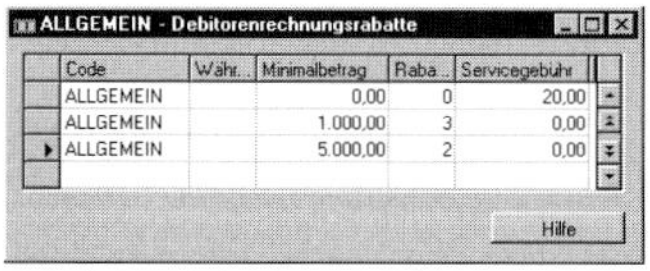 	
2-1-2	**ESC**	
H	**HINWEIS:** Soll einem anderen Debitor der gleiche Rechnungsrabattcode gewährt werden, ist das Feld „Rechnungsrabattcode“ manuell auf diesen Code zu ändern.	
2-2	Im Feld „Preisgruppencode“ mit **F6** die Preisgruppen öffnen.	Hier können den Debitoren Preisgruppen zugeordnet werden, in denen definiert werden kann, ob und welche Rabatte für diesen Debitoren zugelassen werden.
2-2-1	Ist in den Rabattspalten ein Haken gesetzt, bedeutet dies, es wird der entsprechende Rabatt erlaubt.	
2-2-2	2 x **ESC**	Zurück zum Hauptmenü.
3	*Debitoren & Verkauf / Aufträge*	
3-1	Mit **F3** ist ein neuer Auftrag anzulegen.	
3-2	Feld „Verk. an Deb.-Nr.“	Hier ist mit **F6** aus der Debitorenübersicht ein Debitor auszuwählen, dem ein Rechnungsrabattcode zugeordnet wurde, und mit **OK** bestätigen.
3-3	Auftragszeilen	In den Auftragszeilen sind Artikelpositionen auszuwählen und die Mengen einzutragen.

<table>
<tr><td>4</td><td>Funktion▼ /
Rechnungsrabatt berechnen</td><td>Die Frage: „Möchten Sie den Rechnungsrabatt berechnen?“ ist mit Ja zu beantworten.</td></tr>
<tr><td rowspan="3">5a</td><td>Buchen▼ / Testbericht</td><td rowspan="3">ohne Rechnungsrabatte</td></tr>
<tr><td>Seitenansicht</td></tr>
<tr><td>ESC</td></tr>
<tr><td>5a-1</td><td colspan="2">
<table>
<tr><th>Art</th><th>Nr.</th><th>Beschreibung</th><th>Menge</th><th>Zu liefern</th><th>Zu fakturier</th><th>VK-Preis</th><th>Zeilen Rabatt</th><th>Betrag</th></tr>
<tr><td>Artikel</td><td>70000</td><td>Seitenwand</td><td>50</td><td>50</td><td>50</td><td>94,30</td><td></td><td>4.715,00</td></tr>
<tr><td></td><td></td><td></td><td></td><td></td><td colspan="3">Total DEM</td><td>4.715,00</td></tr>
<tr><td></td><td></td><td></td><td></td><td></td><td colspan="3">16 % MWSt</td><td>754,40</td></tr>
<tr><td></td><td></td><td></td><td></td><td></td><td colspan="3">Total DEM inkl. MWSt</td><td>5.469,40</td></tr>
</table>
</td></tr>
<tr><td>5a-2</td><td>2 x ESC</td><td>Zurück zum Hauptmenü.</td></tr>
<tr><td rowspan="3">5b</td><td>Buchen▼ / Testbericht</td><td rowspan="3">mit Rechnungsrabatten</td></tr>
<tr><td>Seitenansicht</td></tr>
<tr><td>ESC</td></tr>
<tr><td>5b-1</td><td colspan="2">
<table>
<tr><th>Art</th><th>Nr.</th><th>Beschreibung</th><th>Menge</th><th>Zu liefern</th><th>Zu fakturier</th><th>VK-Preis</th><th>Zeilen Rabatt</th><th>Betrag</th></tr>
<tr><td>Artikel</td><td>70000</td><td>Seitenwand</td><td>50</td><td>50</td><td>50</td><td>94,30</td><td></td><td>4.715,00</td></tr>
<tr><td></td><td></td><td></td><td></td><td></td><td colspan="3">Rechnungsrabattbetrag</td><td>141,45</td></tr>
<tr><td></td><td></td><td></td><td></td><td></td><td colspan="3">Total DEM</td><td>4.573,55</td></tr>
<tr><td></td><td></td><td></td><td></td><td></td><td colspan="3">16 % MWSt</td><td>731,77</td></tr>
<tr><td></td><td></td><td></td><td></td><td></td><td colspan="3">Total DEM inkl. MWSt</td><td>5.305,32</td></tr>
</table>
</td></tr>
<tr><td>5b-2</td><td>2 x ESC</td><td>Zurück zum Hauptmenü.</td></tr>
<tr><td>6</td><td>Debitoren & Verkauf / Einrichtung / Debitoren & Verkauf Einrichtung</td><td></td></tr>
<tr><td>6-1</td><td colspan="2">Reiter Allgemein</td></tr>
<tr><td>6-2</td><td>Feld „Rechnungsrabatt berechnen“</td><td>Wir hier ein Haken gesetzt, wird der Rechnungsrabatt automatisch ermittelt, ohne die Funktion unter Schritt 4 anzustoßen.</td></tr>
<tr><td>6-3</td><td>ESC</td><td>Zurück zum Hauptmenü.</td></tr>
</table>

2.1.2 Arbeiten mit Debitoren- und Artikelrabatten

Debitoren- und Artikelrabatte zählen in NAVISION Financials zu den Zeilenrabatten. Sie sind sowohl vom Debitor als auch vom Artikel abhängig. In einer Matrix-Kombination werden die einzelnen Rabattsätze definiert.

Schritt	Aktion	Bemerkung
1	*Debitoren & Verkauf / Einrichtung / Debitorenrabattgruppen*	Hier werden die Debitorenrabattgruppen eingerichtet.
1-1	Eine neue Rabattgruppe ist mit F3 anzulegen. z.B. NEU	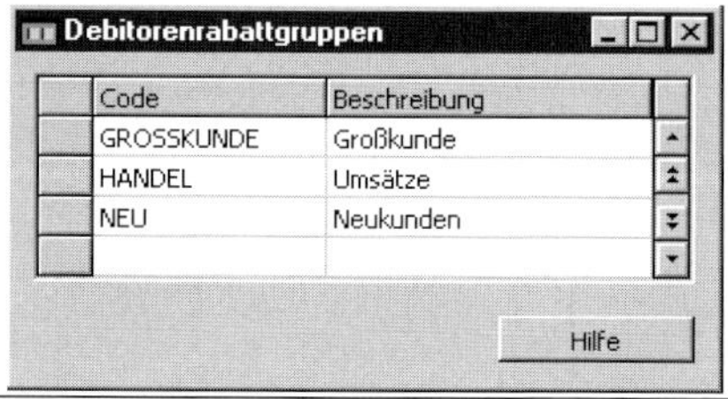
1-2	ESC	
2	*Debitoren & Verkauf / Debitoren*	
2-1	Reiter Fakturierung	
	Im Feld „Debitoren Artikelrabattgruppen" wird dem Debitor eine Debitorenrabattgruppe zugeordnet.	Mit F6 ist in die Debitorenrabattgruppen zu verzweigen, die entsprechende Rabattgruppe auszuwählen und mit OK zu bestätigen.
2-2	Verkauf▼ / *Debitoren- / Artikelrabatte*	Hier werden die Debitorenrabatte zu den Artikelrabatten in Beziehung gesetzt. Da eine neue Debitorenrabattgruppe definiert wurde, müssen die entsprechenden Einstellungen bei den Artikelrabattgruppen vorgenommen werden.
	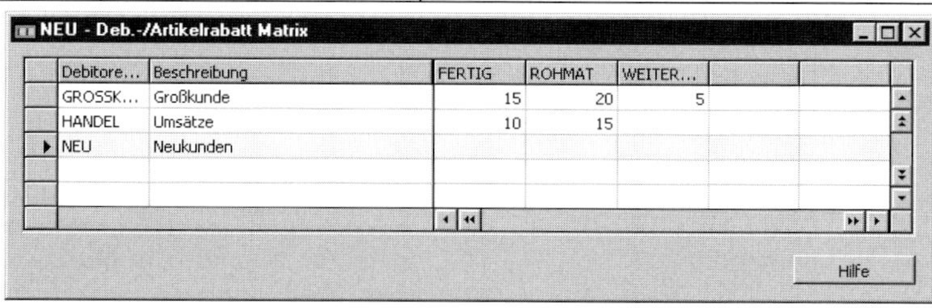	
2-3	2 x ESC	Zurück zum Hauptmenü.

3	*Lager / Einrichtung / Artikel-rabattgruppen*	
3-1	Hier werden die Artikelrabattgruppen eingestellt. Mit **F3** kann eine neue Rabattgruppe angelegt werden.	
3-2	**ESC**	Zurück zum Hauptmenü.
4	*Lager / Artikel*	
4-1	Reiter Fakturierung	
4-1-1	Feld „Deb.-/ Artikelrabattgr."	Mit **F6** die Artikelrabattgruppen aufrufen, die entsprechende Rabatt-gruppe auswählen und mit **OK** einfügen.
4-2	Verkauf▼ / *Artikel-/Debi-torenrabatte*	Hier werden die Artikelrabatte zu den Debitorenrabatten in Beziehung gesetzt.
4-3	In die Spalte „NEU" (Debi-torenrabattgruppe) müssen die Rabatte noch eingetragen werden.	Dabei bedeutet z.B. 5 = 5% Rabatt.
	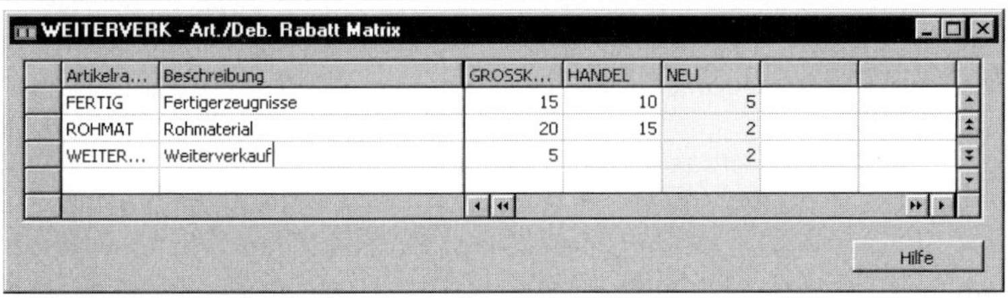	
4-4	2 x **ESC**	Zurück zum Hauptmenü.
ANWENDUNG		
5	*Debitoren & Verkauf / Aufträge*	
5-1	Auftragskopf	
5-1-1	Feld „Nr."	Mit **F3** ist ein neuer Auftrag anzulegen.
5-1-2	Feld „Verk. an Deb.-Nr."	Mit **F6** ist die Debitorenübersicht aufzurufen, ein Debitor auszuwählen, bei dem eine Debitorenrabattgruppe

		hinterlegt wurde, und mit **OK** zu bestätigen.
5-2	Auftragszeilen	
5-2-1	Spalte „Art“	Hier ist <Artikel> auszuwählen.
5-2-2	Spalte „Nr.“	Mit **F6** ist in die Artikelübersicht zu verzweigen, ein Artikel herauszusuchen, dem eine Artikelrabattgruppe zugeordnet wurde, und mit **OK** zu bestätigen.
5-3	**Buchen ▼** / *Testbericht*	
5-4	**Seitenansicht**	

Der Debitoren- /Artikelrabatt gehört in NAVISION Financials zu den Zeilenrabatten. Deshalb wird die Höhe des gewährten Rabattes in der Spalte „Zeilen Rabatt“ angezeigt.

Art	Nr.	Beschreibung	Menge	Zu liefern	Zu fakturier	VK-Preis	Zeilen Rabatt	Betrag
Artikel	70000	Seitenwand	100	100	100	94,30	2	9.241,40
					Total DEM			9.241,40
					16 % MWSt			1.478,62
					Total DEM inkl. MWSt			10.720,02

5-5	2 x **ESC**	Zurück zum Hauptmenü.
6	Zusammenfassung:	

Der Debitoren-/Artikelrabatt ist sowohl vom Debitor als auch vom Artikel abhängig. In einer Matrix-Kombination werden die Debitoren- und die Artikelrabattcodes gegenübergestellt. Es werden die Rabattsätze den einzelnen Kombinationen zugewiesen.

Artikelrabatt-code / Debitoren-rabattcode	FERTIG	ROHMAT	WEITER VERK
GROSSKUNDE	15	20	5
HANDEL	10	15	0
NEU	5	2	2

2.2 Angebot - Auftrag - Rahmenauftrag

Hier werden die Arbeitsschritte beschrieben, die das Erstellen eines Angebotes und die Umwandlung in einen Auftrag ermöglichen. Es wird gezeigt, wie Auftragsbestätigungen ausgedruckt werden können. Rahmenaufträge werden erzeugt und gebucht. Sind Aufträge erledigt, können sie mit den Stapelverarbeitungen Erledigte Aufträge löschen… oder Erledigte Rahmenaufträge löschen… gelöscht werden.

2.2.1 Erstellung eines Angebotes und Umwandlung in einen Auftrag

Oftmals geht einem Auftrag ein Angebot voraus. So läßt NAVISION Financials neben der direkten Erstellung eines Auftrages auch die Umwandlung eines Angebotes in einen Auftrag zu.

Schritt	Aktion	Bemerkung
1	*Debitoren & Verkauf / Angebote*	
2	Reiter Allgemein	
2-1	Den Cursor im Feld „Nr." positionieren.	Mit **F3** ein neues Angebot (einen Datensatz) erzeugen.
2-2	Beim Verlassen des Feldes „Nr.", mit z.B. **Enter**, wird eine neue Nummer vergeben.	Ist keine Nummernserie hinterlegt, muß die Angebotsnummer manuell eingetragen werden.
2-3	Feld „Verk. an Deb.-Nr."	In diesem Feld kann mit **F6** die Debitorenübersicht aufgerufen werden. Dort ist der Debitor, an den das Angebot gehen soll, zu markieren und mit OK zu übernehmen. (z.B. 20000)
2-3-1	Wenn der Debitor einen überfälligen Saldo aufweist, warnt das System beim Verlassen des Feldes „Verk. an Deb.-Nr.".	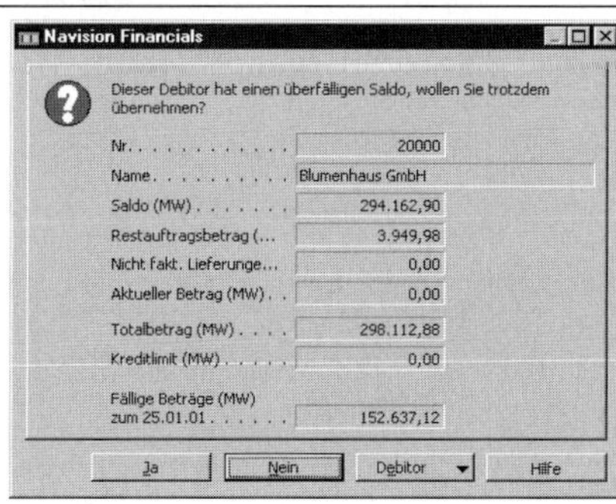
2-3-2	Die Frage, ob der Debitor trotzdem übernommen werden soll ist mit Ja zu beantworten.	
2-3-3	Nun werden die Daten aus der Debitorenkarte in das Angebot übernommen.	

2-4	Feld „Belegdatum“	Dieses Feld ist mit dem Arbeitsdatum vorbelegt und kann geändert werden.
3	Reiter Fakturierung, Lieferung und Außenhandel	
3-1	alle Felder	Die Angaben unter diesen Reitern werden ebenfalls aus der Debitorenkarte übernommen und können, wenn notwendig, geändert werden.
3-2	Felder „Zlg.-Bedingungscode“, „Lieferbedingungscode“ und „Währungscode“	Die Werte in diesen Feldern sind gesondert zu überprüfen.
4	Angebotszeilen	
	Spalte „Art“	Mit F6 kann hier zwischen <leer>, <Sachkonto>, <Artikel> und <Ressource> ausgewählt werden. Die Unterschiede werden im folgenden aufgezeigt.
4-1	Spalte „Art“ – Option <leer>	
4-1-1	Spalte „Nr.“	Wird in der Spalte „Art“ <leer> ausgewählt, gelangt man in dieser Spalte mit F6 in die Standardtextcodes. Hier kann einer ausgewählt und mit OK in das Angebot übernommen werden.
4-1-2	Spalte „Beschreibung“	Hier wird die Beschreibung des Standardtextcodes automatisch eingetragen, wenn die Spalte „Nr.“ verlassen wird.
4-2	Spalte „Art“ – Option <Artikel>	
4-2-1	Spalte „Nr.“	Wurde in der Spalte „Art“ <Artikel> ausgewählt, kann hier mit F6 in die Artikelübersicht verzweigt und ein Artikel ausgewählt werden. Er ist mit OK zu übernehmen.
4-2-2	Spalten „Beschreibung“, „Einheitencode“ und „VK-Preis“	Nach Verlassen der Spalte „Nr.“ werden diese Spalten mit den Angaben aus der Artikelkarte gefüllt.
4-2-3	Spalte „Menge“	Hier ist die angebotene Menge z.B. 100 für den ausgewählten Artikel einzugeben.

4-2-4	Spalte „Betrag“	Diese Spalte wird aktualisiert, wenn die Spalte „Menge“ verlassen wird.
4-2-5	Spalte „Zeilenrabatt %“	Wurde ein Mengenrabatt für diesen Artikel bei dem ausgewählten Kreditor hinterlegt, wird der Zeilenrabatt automatisch in dieser Spalte angezeigt. Das ist auch der Fall, wenn der Betrag nach unten korrigiert wird.
4-3	Spalte „Art“ – Option <Sachkonto>	
4-3-1	Spalte „Nr.“	Wurde in der Spalte „Art“ <Sachkonto> ausgewählt, gelangt man hier mit **F6** in die Sachkontenübersicht. Darin kann das gewünschte Konto markiert und mit OK übernommen werden.
4-3-2	Spalte „Beschreibung“	Nach Verlassen der Spalte „Nr.“ wird die Beschreibung des Sachkontos in dieser Spalte vorgeschlagen und kann verändert werden.
4-3-3	Spalte „Menge“	Hier ist eine 1 einzugeben. Der „Einheitencode“ bleibt leer.
4-3-4	Spalte „VK-Preis“	Hier ist der entsprechende Nettowert einzugeben, z.B. 50.
4-3-5	Spalte „Betrag“	Der Betrag wird automatisch eingetragen, wenn die Spalte „VK-Preis“ verlassen wird (Menge * VK-Preis). Die Spalte „Zeilenrabatt%“ bleibt leer.
4-4	Spalte „Art“ – Option <Ressource>	
4-4-1	Spalte „Nr.“	Wurde in der Spalte „Art“ <Ressource> ausgewählt, gelangt man hier mit **F6** in die Ressourcenübersicht. Hier ist die erforderliche Ressource zu markieren und mit OK in das Angebot zu übernehmen.
4-4-2	Spalte „Beschreibung“	Diese Spalte wird nach Verlassen der Spalte „Nr.“ mit den Angaben aus der Ressourcenkarte aktualisiert.
4-4-3	Spalte „Menge“	Hier sind die Stunden einzutragen, die die Ressource angeboten wird. Die Spalte „Einheitencode“ wird automatisch gefüllt.

4-4-5	Spalte „Betrag“	Diese Spalte wird automatisch gefüllt, wenn die Spalte „Menge“ verlassen wird (Menge * VK-Preis). Die Spalte „Zeilenrabatt %“ bleibt leer.

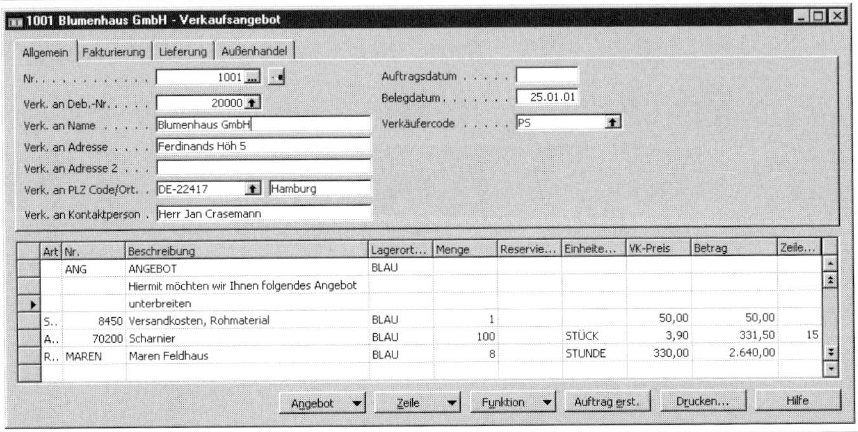

5	Drucken...	Drucken... oder Seitenansicht
6	ESC	Zurück zum Verkaufsangebot.
7	Auftrag erst.	
7-1	Die Frage: „Wollen Sie das Angebot in eine Bestellung übernehmen?“ ist mit Ja zu beantworten.	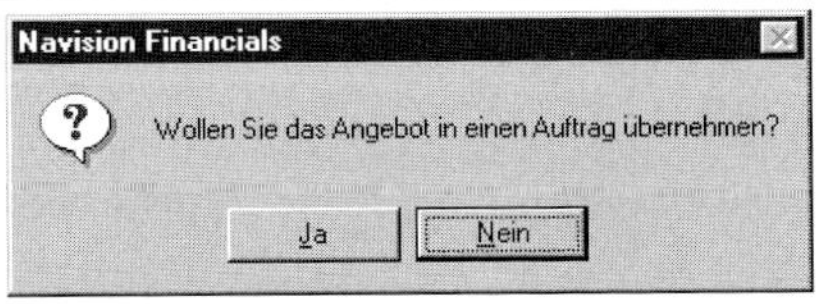
7-2	Wenn der Debitor einen überfälligen Saldo aufweist, warnt das System vor der Umwandlung.	Die Frage: „Dieser Debitor hat einen überfälligen Saldo, wollen Sie trotzdem übernehmen?“ ist mit Ja zu beantworten.
7-3	Die Information: „Angebot ... wurde in Auftrag ... übernommen.“ ist mit OK zu bestätigen.	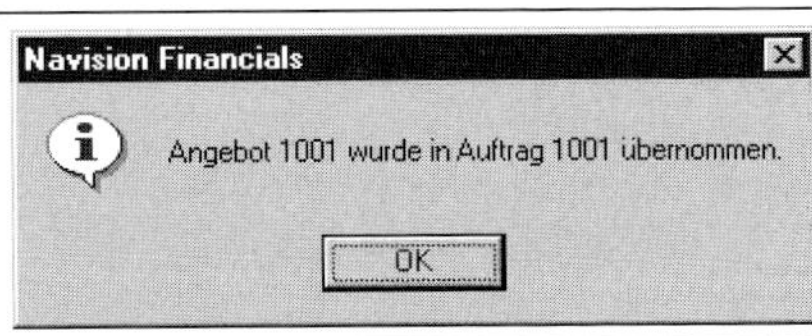
7-4	Danach ist die Angebotsmaske gelöscht.	
8	ESC	Zurück zum Hauptmenü.

2.2.2 Drucken einer Auftragsbestätigung

Aus dem Modul Aufträge können Auftragsbestätigungen beliebig oft erzeugt und gedruckt werden.

Schritt	Aktion	Bemerkung
1	*Debitoren & Verkauf / Aufträge*	
2	Feld „Nr."	Mit den Such- bzw. Filterfunktionen ist der Auftrag anzuzeigen, für den eine Auftragsbestätigung gedruckt werden soll (z.B. 101017).
3	[Drucken...]	
3-1	Reiter Verkaufsauftrag	
3-1-1	Zeile „Nr."; Spalte „Filter"	Dieses Feld ist mit der Auftragsnummer des Auftrages vorbelegt, aus dem das Drucken aufgerufen wurde. Der Wert kann geändert werden, so daß auch mehrere Auftragsbestätigungen gleichzeitig gedruckt werden.
3-1-2	Zeile „Verk. an Deb.-Nr."; Spalte „Filter"	Aus der Debitorenübersicht kann mit **[F6]** ein Debitor ausgewählt und mit [OK] übernommen werden, für den Auftragsbestätigungen gedruckt werden sollen.
3-2	Reiter Optionen	
	Feld „Anzahl Kopien"	Hier kann eingestellt werden, wie viele Kopien gedruckt werden sollen.

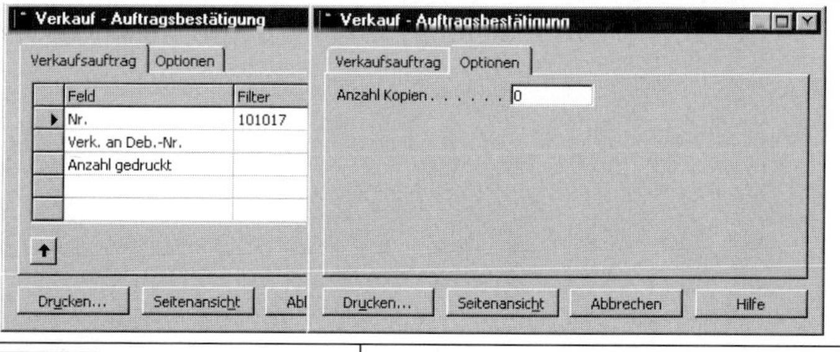

Schritt	Aktion	Bemerkung
3-3	[Drucken...] oder [Seitenansicht]	
4	**[ESC]**	Zurück zum Hauptmenü.

2.2.3 Löschen erledigter Aufträge

In NAVISION Financials werden Aufträge in der Regel gelöscht, sobald sie in Rechnung gestellt wurden. Wenn jedoch mehrere Aufträge über Sammelrechnungen fakturiert werden, erfolgt die Löschung nicht automatisch. In diesem Fall sind die Aufträge mit der Stapelverarbeitung Erledigte Aufträge löschen... zu löschen.

Schritt	Aktion	Bemerkung
1	*Debitoren & Verkauf / Periodische Aktivitäten / Erledigte Aufträge löschen...*	Das Formular Erledigte Aufträge löschen wird geöffnet.
2	Reiter Verkaufsauftrag	
2-1	Zeile „Nr.“; Spalte „Filter“	Ist die Nummer des Auftrages bekannt, so kann sie hier manuell eingetragen werden. Es ist auch eine Mehrfachauswahl (mit .. oder I) möglich.
2-2	Zeile „Verk. an Deb.-Nr.“; Spalte „Filter“	Hier kann mit **F6** die Debitorenübersicht aufgerufen werden. Dort ist der entsprechende Debitor oder die Debitoren auszuwählen und mit OK zu übernehmen.
2-3	Zeile „Rech. an Deb.-Nr.“; Spalte „Filter“	Hier kann ebenfalls mit **F6** in die Debitorenübersicht verzweigt werden. Der entsprechende Debitor oder die Debitoren sind auszuwählen und mit OK zu übernehmen.
2-4		Durch Klicken auf diese Schaltfläche wird das Ergebnis der gesetzten Filter für die zu löschenden Aufträge angezeigt.
2-5	**ESC**	Schließen des Vorschaufensters und zurück zum Form Erledigte Aufträge löschen.
3	OK	Die Stapelverarbeitung ist mit OK zu starten. Die ausgewählten Aufträge werden gelöscht.
H	**HINWEIS:** Die Aufträge können nur gelöscht werden, wenn sie vollständig fakturiert sind. Aufträge, deren Lieferung und Fakturierung noch nicht abgeschlossen ist, können nicht gelöscht werden.	

2.2.4 Rahmenaufträge erstellen, bearbeiten und löschen

Bei Rahmenaufträgen wird eine Abnahmemenge vereinbart, die zu bestimmten Konditionen verkauft wird. Ist diese Menge erschöpft, wird häufig ein neues Kontingent ausgehandelt. In diesem Abschnitt werden die Arbeitsschritte beschrieben, die zum Anlegen eines solchen Rahmenauftrages notwendig sind.

Schritt	Aktion	Bemerkung
1	*Debitoren & Verkauf / Rahmenaufträge*	
2	Mit F3 ist ein neuer Rahmenauftrag zu erzeugen.	Die „Nr." des Rahmenauftrags wird automatisch vergeben, wenn Tab oder Enter gedrückt wird und eine Nummernserie hinterlegt ist.
2-1	Im Feld „Verk. an Deb.-Nr." mit F6 die Debitorenübersicht aufrufen, den gewünschten Debitor auswählen und mit OK bestätigen.	Beim Verlassen des Feldes werden die Felder in den Reitern Allgemein, Fakturierung, Lieferung und Außenhandel mit den Daten aus dem Debitorenstamm gefüllt.
2-2	Die Felder sind zu überprüfen und ggf. sind neue Einstellungen vorzunehmen.	
2-3	Feld „Belegdatum"	Das Feld „Belegdatum" wird mit dem Arbeitsdatum vorbelegt. Der Eintrag ist zu aktualisieren.
3	Rahmenauftragszeilen	
3-1	Spalte „Art"	In der Spalte „Art" ist <Artikel> auszuwählen und mit Enter zu bestätigen.
3-2	In der Spalte „Nr." ist mit F6 die Artikelübersicht aufzurufen, der entsprechenden Artikel auszuwählen und mit OK zu übernehmen.	(z.B. 70000) Beim Verlassen des Feldes werden der „Einheitencode", der „VK-Preis" und eventuell hinterlegte Rabatte aus der Artikelkarte angezeigt.
3-3	In die Spalte „Menge" ist die Gesamtanzahl der zu bestellenden Artikel einzutragen.	z.B. 1000 (Gesamtstückzahl des Rahmenauftrages)
3-4	Nach dem Verlassen der Spalte „Menge" wird der Wert in der Spalte „Betrag" errechnet.	Betrag := Menge * VK-Preis 94.300,00 := 1000 * 94,30

3-5	Spalte „Zu liefern“	In diese Spalte wird der Wert aus der Spalte „Menge“ eingetragen.
3-6	Sind weitere Positionen im Rahmenauftrag enthalten, so ist der Schritt 3 zu wiederholen.	
4	Drucken...	
4-1	Seitenansicht oder Drucken...	Hier kann die Rahmenbestellung auf einem Drucker oder auf dem Bildschirm ausgegeben werden.
4-2	**ESC**	
5	Teilbestellungen buchen	
5-1	Mengen für Teilbestellungen können in der Spalte „Zu liefern“ eingegeben werden.	Hierzu ist der angegebene Wert (hier z.B. 1000) zu überschreiben und die Menge der Teillieferung (z.B. 10) einzutragen.
5-2	Im Kopf des Rahmenauftrags ist im Feld „Auftragsdatum“ das aktuelle Datum des Teilauftrages einzugeben.	
5-3	Auftrag erst.	
5-4	Die Frage: „Wollen Sie einen Auftrag aus dem Rahmenauftrag erstellen?“ ist mit Ja zu beantworten.	Danach erscheint eine Information welcher Auftrag aus dem Rahmenauftrag erstellt wurde. Diese ist mit OK zu bestätigen.
6	Zeile▼ / *Nicht gebuchte Zeilen / Aufträge*	Hier werden in den Verkaufszeilen die Aufträge aus dem Rahmenauftrag dargestellt.
	ESC	
7	Spalte „Zu liefern“	Wird hier eine Menge eingetragen, die die bereits beauftragten Mengen aus dem Rahmenauftrag überschreitet, kommt eine entsprechende Meldung. Sie beinhaltet die noch mögliche Restmenge.
7-1	Die Meldung ist mit OK zu bestätigen.	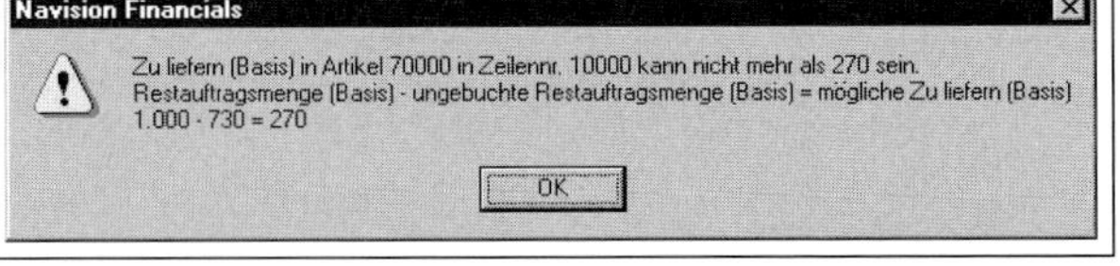

7-2	**ESC**	
8	*Debitoren & Verkauf / Aufträge*	
8-1	Auftrag▼ / *Übersicht*	Hier sind die Aufträge herauszusuchen, die zum Rahmenauftrag gehören. Das kann z.B. mit den Suchfunktionen über das Feld „Nr." geschehen. Der Auftrag ist mit OK aufzurufen.
8-2	In den Auftragszeilen kann die Spalte „Rahmenauftragsnr." über *Ansicht / Spalte anzeigen...* angezeigt werden, um den Zusammenhang zwischen Auftrag und Rahmenauftrag deutlich zu machen.	
8-3	Nun kann der Auftrag bearbeitet werden.	
9	Löschen von Rahmenaufträgen	
9-1	*Debitoren & Verkauf / Rahmenaufträge*	Werden Teillieferungen und Teilrechnungen gebucht, wird der entsprechende Betrag automatisch in den Spalten „Menge geliefert" und „Menge fakturiert" angezeigt.
9-2	Stimmen die Werte der Spalten „Menge", „Menge geliefert" und „Menge fakturiert" überein, ist der Rahmenauftrag abgearbeitet und kann gelöscht werden.	
9-3	**ESC**	Zurück zum Hauptmenü.
10	*Debitoren & Verkauf / Periodische Aktivitäten / Erledigte Rahmenaufträge löschen...*	
10-1	Sollen nur für bestimmte Kreditoren die Rahmenbestellungen gelöscht werden, ist für das Feld „Verk. an Deb.-Nr." mit **F6** und OK der entsprechende Filter zu setzen.	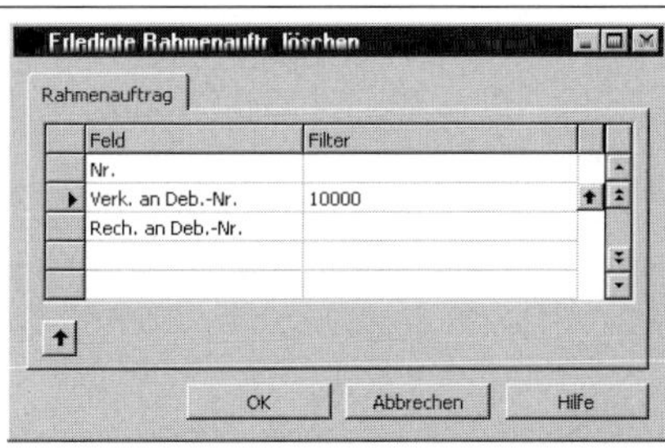
10-2	Die Stapelverarbeitung ist mit OK zu starten.	

2.3 Lieferung - Rechnung - Gutschrift

Das Buchen von Warenlieferungen und Rechnungen wird in den nächsten Abschnitten behandelt. Es wird gezeigt, wie Sammelrechnungen automatisch und manuell erstellt werden können. Soll die Ware vom Lieferanten gleich zum Kunden geschickt werden, ist in NAVISION Financials die Funktion der Direktlieferung zu nutzen.

2.3.1 Buchen von Warenlieferungen

Aus den Aufträgen heraus können die Lieferungen und Rechnungen gebucht werden. Dies kann zu unterschiedlichen Zeitpunkten oder gleichzeitig erfolgen. Darüber hinaus sind Teillieferungen und Teilrechnungen möglich. Im folgenden wird nur die Buchung der Lieferung betrachtet.

Schritt	Aktion	Bemerkung
1	*Debitoren & Verkauf / Aufträge*	
2	Reiter Allgemein	
2-1	Feld „Nr."	Hier ist mit den Such- bzw. Filterfunktionen der Auftrag herauszusuchen, zu dem die Lieferung gebucht werden soll (z.B. 101018).
2-2	Feld „Buchungsdatum"	Das Datum in diesem Feld ist zu aktualisieren. Es bestimmt, mit welchem Datum die Buchung in der Finanzbuchhaltung erfolgt.
2-3	Feld „Belegdatum"	Dieses Datum erscheint auf dem Lieferschein und ist ebenfalls zu aktualisieren.
3	Reiter Fakturierung	
3-1	Felder „Kostenstellencode" und „Kostenträgercode"	Soll die Rechnung einer Kostenstelle oder einem Kostenträger zugeordnet werden, so ist mit **F6** und OK eine Zuordnung vorzunehmen.
3-2	Felder „Zlg.-Bedingungscode" und „Zahlungsformcode"	Die Inhalte dieser Felder sind zu überprüfen und ggf. zu ändern.
4	Reiter Lieferung	
4-1	Feld „Lief. an Code"	Sind abweichende Lieferanschriften am Debitoren hinterlegt, so kann hier mit **F6** und OK die zutreffende Anschrift ausgewählt werden.

4-2	Felder „Lagerortcode“ und „Lieferbedingungscode“	Der Inhalt dieser Felder ist zu überprüfen und ggf. zu ändern.
4-3	Feld „Lieferdatum“	Hier ist das aktuelle Lieferdatum einzutragen.
5	Reiter Außenhandel	
	Feld „Währungscode“	Der Währungscode ist zu überprüfen und ggf. mit **F6** und OK zu ändern.
6	Auftragszeilen	
	Spalte „Zu liefern“	In diese Spalte ist die aktuelle Liefermenge pro Artikel einzutragen. Soll eine Teillieferung erfolgen, so ist der vorgeschlagene Wert zu korrigieren. Erfolgt noch keine Lieferung, ist der Wert in dieser Spalte zu löschen.

Art	Nr.	Beschreibung	Lagerort...	Menge	Einheite...	VK-Preis	Betrag	Zeile...	Zu liefern	Menge g...	Zu faktu...	Menge f...
A..	1896-S	ATHENS Desk	GELB	2	STÜCK	1.000,872	1.901,65	5	2		2	
A..	1980-S	MOSCOW Swivel Chair, red	GRÜN	6	STÜCK	190,104	1.083,59	5	3		3	
A..	1900-S	PARIS Guest Chair, black	GELB	4	STÜCK	192,815	732,70	5				

7	Buchen▼ / *Buchen…* Soll der Lieferschein mit gedruckt werden, ist Buchen▼ / *Buchen und Drucken…* zu wählen.	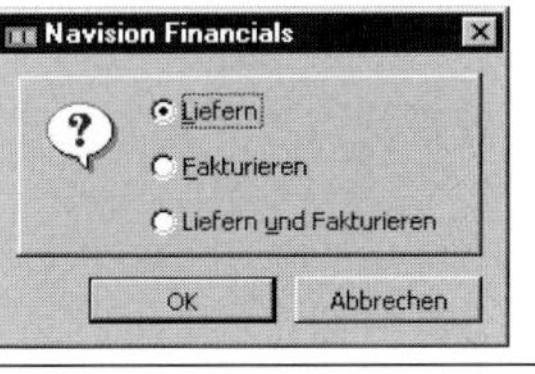
7-1	Hier ist die Option <Liefern> zu wählen.	Die Buchung ist mit OK durchzuführen.
8	Nach der Buchung wird die gelieferte Menge automatisch in die Spalte „Menge geliefert“ übertragen. • Wurde ein Artikel vollständig geliefert, ist für diesen Artikel das Feld in der Spalte „Zu liefern“ leer. • Erfolgte eine Teillieferung, wird in der Spalte „Menge geliefert“ die ausgelieferte Warenmenge angezeigt. In der Spalte „Zu liefern“ ist die Differenz zwischen „Menge“ und „Menge geliefert“ ersichtlich. • Wurde ein Artikel noch nicht geliefert, bleibt das Feld in der Spalte „Menge geliefert“ leer.	

Art	Nr.	Beschreibung	Lagerort...	Menge	Einheite...	VK-Preis	Betrag	Zeile...	Zu liefern	Menge g...	Zu faktu...	Menge f...
A..	1896-S	ATHENS Desk	GELB	2	STÜCK	1.000,872	1.901,65	5		2	2	
A..	1980-S	MOSCOW Swivel Chair, red	GRÜN	6	STÜCK	190,104	1.083,59	5	3	3	6	
A..	1900-S	PARIS Guest Chair, black	GELB	4	STÜCK	192,815	732,70	5	4		4	

9	**ESC**	Zurück zum Hauptmenü.

2.3.2 Buchung von Ausgangsrechnungen über Aufträge

Nachdem die Lieferungen gebucht wurden, kann für diese aus dem Auftrag die Ausgangsrechnung erzeugt werden.

Schritt	Aktion	Bemerkung
1	*Debitoren & Verkauf / Aufträge*	
2	Auftragskopf	
2-1	Felder „Nr." und „Verk. an Deb.-Nr."	Mit den Such- bzw. Filterfunktionen ist der Auftrag auszuwählen, für den eine Rechnung geschrieben werden soll.
2-2	Feld „Buchungsdatum"	Hier ist das Datum einzugeben, unter welchem die Buchungen in der Finanzbuchhaltung gebucht werden sollen.
2-3	Feld „Belegdatum"	Das eingetragene Datum ist zu aktualisieren.
3	Auftragszeilen	
3-1	Spalte „Menge"	Es ist zu prüfen, ob Teillieferungen durchgeführt werden. Ist dies der Fall, ist der Wert in der Spalte „Menge geliefert" kleiner als der Wert in dieser Spalte.
3-2	Spalte „Zu fakturieren"	Diese Spalte ist mit dem Wert der Spalte „Menge" gefüllt. Sind Teillieferungen erfolgt, ist der Wert mit dem Wert aus der Spalte „Menge geliefert" zu überschreiben.
4	Buchen▼ / *Buchen...* oder F11 Soll der Beleg mit gedruckt werden, ist Buchen▼ / *Buchen und Drucken...* zu wählen.	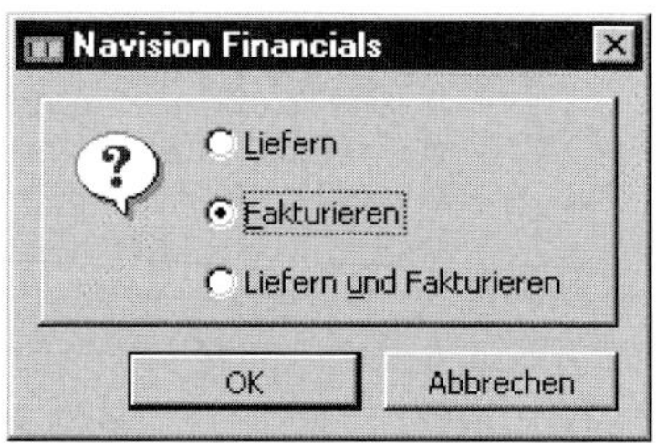
4-1	Hier ist die Option <Fakturieren> zu wählen.	
4-2	Die Buchung ist mit OK durchzuführen.	

5	Nach der Buchung wird der fakturierte Wert in die Spalte „Menge fakturiert“ übertragen. In der Spalte „Zu fakturieren“ wird die Differenz zwischen „Menge“ und „Menge fakturiert“ eingetragen. Jetzt können weitere Lieferungen und Rechnungen gebucht werden. Wurde der Beleg vollständig fakturiert, wird er als Auftrag automatisch gelöscht.	
6	**ESC**	Zurück zum Hauptmenü.
7	*Debitoren & Verkauf / Gebucht Rechnungen*	Über die Such- bzw. Filterfunktion ist die entsprechende gebuchte Ausgangsrechnung auszuwählen.

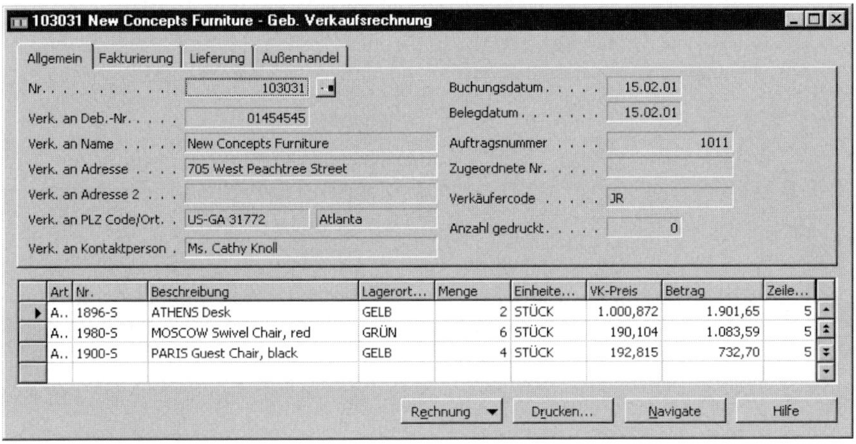

7-1	Drucken...	Der Beleg kann über diese Funktion zu jedem Zeitpunkt ausgedruckt werden.
7-2	Drucken... oder Seitenansicht	
7-3	2 x **ESC**	Zurück zum Hauptmenü.

2.3.3 Buchen von Ausgangsrechnungen über Rechnungen

Über das Rechnungsmodul können manuelle Sammelrechnungen erzeugt werden. Folgende Arbeitsschritte sind durchzuführen, um die Rechnung dafür zu buchen.

Schritt	Aktion	Bemerkung
1	*Debitoren & Verkauf / Rechnungen*	
2	Rechnungskopf	
2-1	Feld „Nr."	Mit **F3** ist eine neue Rechnung zu erzeugen. Wurde eine automatische Nummernserie hinterlegt, ist eine Nummer aus dieser mit **Enter** einzufügen.
2-2	Feld „Verk. an Deb.-Nr."	Mit **F6** ist die Debitorenübersicht aufzurufen, dort der entsprechende Debitor auszuwählen und mit OK zu übernehmen.
2-3	Existieren für den Debitor offene Posten, erscheint die Abfrage: „Dieser Debitor hat einen überfälligen Saldo, wollen Sie trotzdem übernehmen?" diese ist mit Ja zu bestätigen.	Die Felder im Rechnungskopf werden automatisch mit den Werten aus der Debitorenkarte gefüllt. Wenn notwendig können sie geändert werden.
3	Rechnungszeilen - manuelle Sammelrechnung	
3-1	Funktion▼ / Lieferung holen...	Aus den gebuchten Verkaufslieferungen ist die entsprechende Lieferung auszuwählen und mit OK einzufügen.
3-2	Sind mehrere gebuchte Lieferungen mit dieser einen Rechnung zu fakturieren, ist die Funktion mehrfach auszuführen, da die Lieferungen nur einzeln übernommen werden können. Dabei ist darauf zu achten, daß der „Währungscode" der Lieferung und Rechnung identisch ist.	
4	Buchen▼ / *Buchen...* oder **F11** Soll der Beleg mit gedruckt werden, ist Buchen▼ / *Buchen und Drucken...* zu wählen.	

4-1	Ja	Die Frage: „Wollen Sie die Rechnung buchen?“ ist mit Ja zu beantworten.
4-2	Nach der Buchung wird der erfaßte Verkaufsrechnungsbeleg entfernt.	Die gebuchten Lieferungen aus dem Modul Aufträge sind noch vorhanden. Sie können über die Stapelverarbeitung Erledigte Aufträge löschen... entfernt werden, siehe 2.2.3.
4-3	**ESC**	Zurück zum Hauptmenü.
5	Rechnungszeilen - Lieferung und Rechnung gleichzeitig buchen	
5-1	Spalte „Art“	Hier ist mit **F6** <Artikel> auszuwählen und mit **Enter** zu bestätigen.
5-2	Spalte „Nr.“	Mit **F6** ist die Artikelübersicht aufzurufen, der entsprechende Artikel auszuwählen und mit OK zu übernehmen.
5-3	Spalten „Beschreibung“, „Lagerortcode“, „Einheitencode“ und „VK-Preis“	Nach dem Verlassen der Spalte „Nr.“ werden diese Spalten mit den Daten aus der Artikelkarte gefüllt. Sie können jedoch geändert werden.
5-4	Spalte „Menge“	Die zu liefernde und in Rechnung zu stellende Menge ist einzutragen.
5-5	Spalte „Betrag“	Nach Verlassen der Spalte „Menge“ wird der Betrag automatisch berechnet (Menge * VK-Preis).
6	Buchen▼ / *Buchen...* oder **F11** Soll der Beleg mit gedruckt werden, ist Buchen▼ / *Buchen und Drucken...* zu wählen.	
6-1	Ja	„Wollen Sie die Rechnung buchen?“ ist mit Ja zu beantworten.
6-2	Nach der Buchung wird der Erfassungsbeleg entfernt.	
6-3	**ESC**	Zurück zum Hauptmenü.

2.3.4 Erstellen von Sammelrechnungen

Wenn an einen Debitor mehrere Verkaufslieferungen in Rechnung gestellt werden sollen, dann kann die Funktion der Sammelrechnung in NAVISION Financials angewendet werden.

<table>
<tr><th>Schritt</th><th>Aktion</th><th>Bemerkung</th></tr>
<tr><td></td><td>Es wurden im Vorfeld sechs Aufträge für den Debitor 50000 angelegt und geliefert.</td><td>
</td></tr>
<tr><td>1</td><td>Debitoren & Verkauf / Periodische Aktivitäten / Sammelrechnung...</td><td>Das Anforderungsfenster Sammelrechnung wird geöffnet.</td></tr>
<tr><td>2</td><td colspan="2">Reiter Verkaufsauftrag</td></tr>
<tr><td>2-1</td><td>Feld „Verk. an Deb.-Nr.“</td><td rowspan="2">In diesen Feldern kann mit F6 in die Debitorenübersicht verzweigt werden. Dort kann eine oder mehrere Debitorennummer(n) ausgewählt und mit OK übernommen werden.</td></tr>
<tr><td>2-2</td><td>Feld „Rech. an Deb.-Nr.“</td></tr>
<tr><td>3</td><td colspan="2">Reiter Geb. Verkaufslieferung</td></tr>
<tr><td>3-1</td><td>Feld „Buchungsdatum“</td><td>Hier kann ein Datum oder Zeitraum angegeben werden, in dem die Lieferungen ihr Buchungsdatum haben sollen.</td></tr>
<tr><td>4</td><td colspan="2">Reiter Optionen</td></tr>
<tr><td>4-1</td><td>Feld „Buchungsdatum“</td><td>In dieses Feld wird das Datum eingegeben, unter dem die Rechnung in die Finanzbuchhaltung eingehen soll. Das Feld ist immer auszufüllen.</td></tr>
<tr><td>4-2</td><td>Feld „Belegdatum“</td><td>Dieses Datum wird zur Berechnung des Betrages unter Berücksichtigung der Zahlungsbedingungen genutzt. Dieses Feld ist immer auszufüllen.</td></tr>
<tr><td>4-3</td><td>Feld „Rechnungsrab. berechnen“</td><td>Ist in diesem Feld ein Haken gesetzt, werden für die Rechnung Rabatte berechnet.</td></tr>
</table>

4-4	Feld „Rechnungen buchen“	Wenn die erstellte Rechnung gleich gebucht (fakturiert) werden soll, ist hier ein Haken zu setzen.

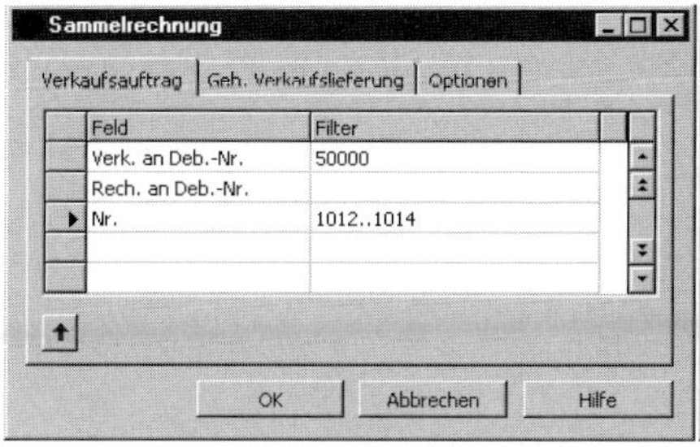

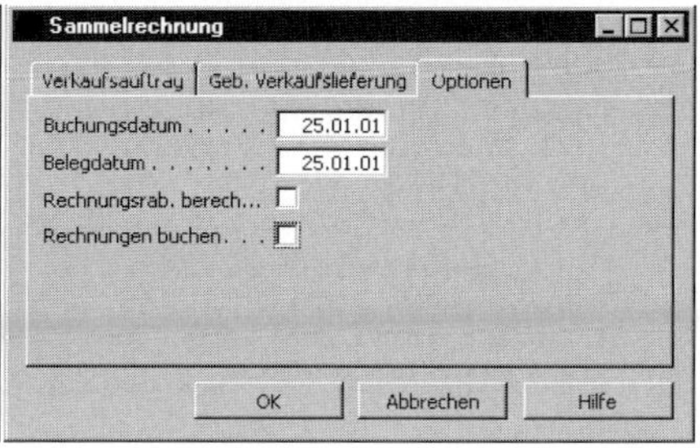

5	Die Stapelverarbeitung ist mit OK anzustoßen	
5-1	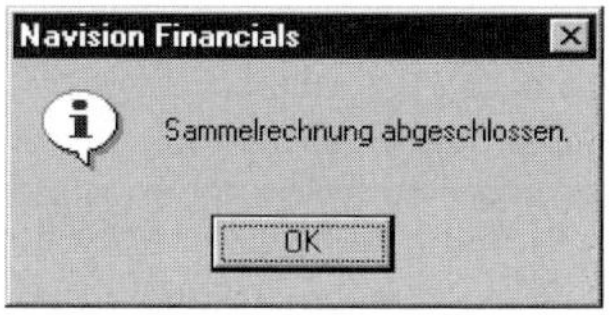	Die Information ist mit OK zu bestätigen.
6	*Debitoren & Verkauf / Rechnungen*	Im Ergebnis hat das System eine Rechnung mit 6 Zeilen angelegt.
6-1	Es ist die letzte Rechnung herauszusuchen.	Wenn kein anderer User zwischendurch eine Rechnung erstellt hat, ist die von der Sammelrechnung erstellte die letzte.
6-2	Diese Rechnung kann nun über Buchen▼ / *Buchen* gebucht werden.	Die Frage: „Wollen Sie die Rechnung buchen?“ ist mit Ja zu beantworten.
6-3	Nach dem Buchen wird die Rechnung nicht mehr im Formular Verkaufsrechnungen angezeigt.	
6-4	**ESC**	

Art	Nr.	Beschreibung	Lagerort...	R..	Menge	Reservie...	Einheite...	VK-Preis	Betrag	Zeile...
		Lieferung Nr. 102047:		Nie						
A..	1968-S	MEXICO Bürostuhl, schwarz	BLAU	O..	35		STÜCK	378,70	13.254,50	
		Lieferung Nr. 102048:		Nie						
A..	1968-S	MEXICO Bürostuhl, schwarz	BLAU	O..	30		STÜCK	378,70	11.361,00	
		Lieferung Nr. 102049:		Nie						
A..	1968-S	MEXICO Bürostuhl, schwarz	BLAU	O..	37		STÜCK	378,70	14.011,90	

H	**HINWEIS:** Eine andere Möglichkeit, Sammelrechnungen zu erstellen, ist, die Lieferungen manuell zu holen. Das wird über *Debitoren & Verkauf / Rechnungen* Funktion▼ / *Lieferung holen...* realisiert (2.3.3).

2.3.5 Darstellung einer Direktlieferung von einem Lieferanten an einen Kunden

Soll die Ware vom Lieferanten direkt an den Kunden geliefert werden, ist mit der Funktion der Direktlieferung zu arbeiten. Es wird gezeigt, welche Zusammenhänge zwischen Auftrag, Bestellvorschlag, Lieferung an den Kunden und Fakturierung der Rechnung bestehen.

Schritt	Aktion	Bemerkung
1	*Debitoren & Verkauf / Aufträge*	
2	Auftragskopf - Reiter Allgemein	
2-1	Feld „Nr."	Mit **F3** ist ein neuer Auftrag (Datensatz) zu erzeugen.
2-2	Beim Verlassen des Feldes „Nr." mit z.B. **Enter** wird eine neue Nummer vergeben.	Ist keine Nummernserie hinterlegt, muß die Angebotsnummer manuell eingetragen werden.
2-3	Feld „Verk. an Deb.-Nr."	In diesem Feld kann mit **F6** die Debitorenübersicht aufgerufen werden. Dort ist der Debitor, der das Angebot erhält, zu markieren und mit OK zu übernehmen. (z.B. 40000)
2-4	Nach dem Verlassen des Feldes „Verk. an Deb.-Nr." werden die Daten aus der Debitorenkarte in den Auftragskopf übernommen.	Alle Felder in allen Reitern sind zu überprüfen und ggf. zu aktualisieren.
2-5	Felder „Buchungsdatum", „Auftragsdatum" und „Belegdatum"	Diese Felder wurden mit dem Arbeitsdatum vorbelegt. Die Daten sind ggf. zu korrigieren.
3	Auftragszeilen	
3-1	Spalte „Art"	Mit **F6** ist <Artikel> auszuwählen und mit **Enter** zu bestätigen.
3-2	Spalte „Nr."	Hier kann mit **F6** in die Artikelübersicht verzweigt und ein Artikel ausgewählt werden. Dieser ist mit OK zu übernehmen.
3-3	Spalten „Lagerortcode", „Einheitencode" und „VK-Preis"	Nach Verlassen der Spalte „Nr." werden diese Spalten aktualisiert.

3-4	Spalte „Menge“	Hier ist die beauftragte Menge einzugeben. Nach Verlassen der Spalte wird der Wert in der Spalte „Betrag“ aus Menge * VK-Preis gefüllt. Wurden Rabatte hinterlegt, werden diese mit angezeigt.
3-5	Über *Ansicht / Spalte anzeigen…* ist die Spalte „Direktlieferung“ anzuzeigen. (Vor der Spalte ein Haken setzen und mit **OK** bestätigen.)	Da es sich um eine Direktlieferung handelt, ist in den Auftragszeilen in diese Spalte ein Haken zu setzen.

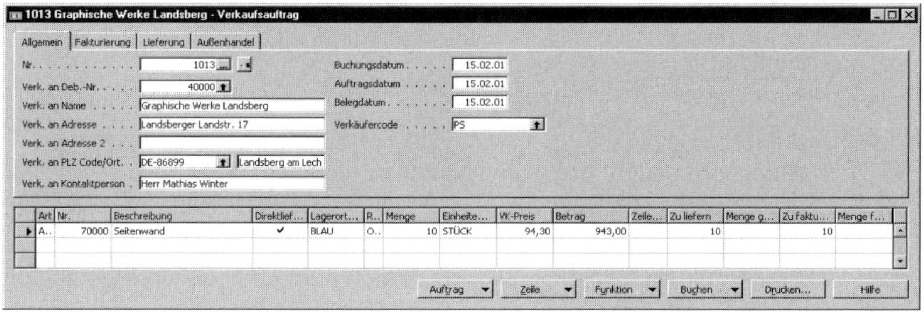

3-6	Feld verlassen und **ESC**	Zurück zum Hauptmenü.
4	*Kreditoren & Einkauf / Bestellvorschlag*	
4-1	**Funktion▼** / *Direktlieferung / Auftrag holen…*	Hier können Filter gesetzt werden, damit genau die Aufträge für bestimmte Kunden aufgelistet werden.
4-2	Im Feld „Verk. an Deb.-Nr.“ ist mit **F6** und **OK** der entsprechende Debitor auszuwählen, für den ein Auftrag mit Direktlieferung angelegt wurde. (z.B. 40000)	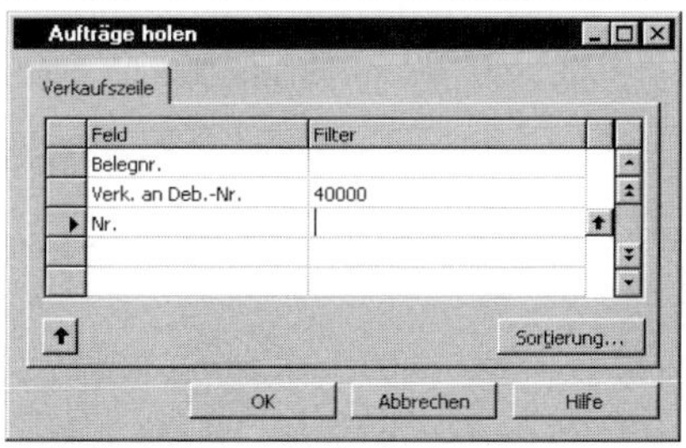
4-3	**OK**	Es wurde eine Bestellvorschlagszeile erzeugt.

4-4	Funktion▼ / *Direktlieferung / Auftrag*	Über diesen Menüpunkt kann der Auftrag für den Kunden nochmals eingesehen werden.
4-5	**ESC**	Zurück zum Bestellvorschlag.
4-6	Funktion▼ / *Bestellung erstellen...*	
4-6-1	Felder „Bestelldatum", „Buchungsdatum" und „Erwartetes Lieferdatum"	Diese Felder sind mit dem Arbeitsdatum vorbelegt und sind ggf. zu ändern.
4-6-2	Feld „Ihre Referenz"	Hier kann eine Erläuterung zur Lieferung eingetragen werden.
4-6-3	Feld „Bestellungen drucken"	Soll die Bestellung gleich ausgedruckt werden, ist ein Haken zu setzen.
4-7	OK	„Die Bestellungen wurden errichtet." ist mit OK zu bestätigen.
4-8	**ESC**	Zurück zum Hauptmenü.
5	*Kreditoren & Einkauf / Bestellungen*	Mit den Such- bzw. Filterfunktionen ist die erforderliche Bestellung anzuzeigen.
5-1	Reiter Lieferung	
	Hier wurde automatisch die Anschrift des Kunden eingetragen, der die Lieferung erhalten soll.	
5-2	Bestellzeilen	
	Über *Ansicht / Spalte anzeigen...* ist die Spalte „Direktlieferung" anzuzeigen.	In den Bestellzeilen wurde in dieser Spalte automatisch ein Haken gesetzt.
5-3	Buchen▼ / *Buchen...* oder **F11**	Da eine Direktlieferung nicht gleichzeitig geliefert und fakturiert

		werden kann, ist hier ist die Option <Liefern> anzuklicken und mit OK zu buchen.

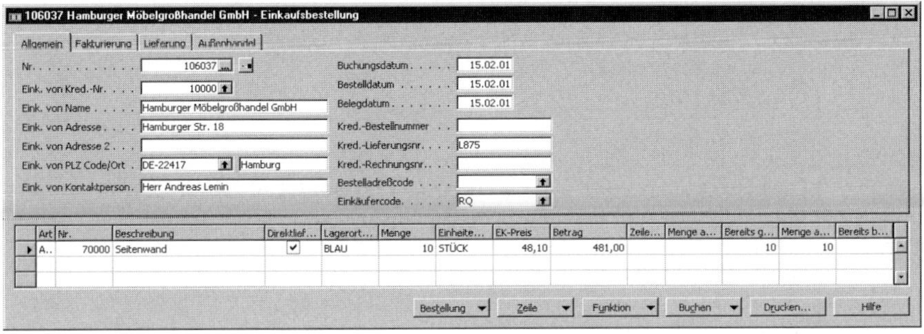

5-4	**ESC**	Zurück zum Hauptmenü.
6	*Debitoren & Verkauf / Aufträge*	Im Auftrag wurde die Direktlieferung in der Spalte „Menge geliefert" automatisch eingetragen. Es kann nun die Ausgangsrechnung erstellt werden.
6-1	Buchen▼ / *Buchen…* oder **F11**	Hier ist <Fakturieren> auszuwählen und mit OK zu bestätigen.
6-2	**ESC**	Zurück zum Hauptmenü.
7	*Kreditoren & Einkauf / Bestellungen*	Jetzt kann die Eingangsrechnung für die Direktlieferung gebucht werden.
7-1	Feld „Kred. Rech.-Nr."	Die Rechnungsnummer des Lieferanten ist in diesem Feld zu erfassen.
7-2	Felder „Belegdatum" und „Buchungsdatum"	Die Daten sind zu aktualisieren.
7-3	Buchen▼ / *Buchen…* oder **F11**	Es ist die Option <Fakturieren> auszuwählen und mit OK zu bestätigen.
H	**HINWEIS:** Bei einer Direktlieferung kann der Rechnungseingang nicht vor dem Rechnungsausgang an den Kunden, der direkt beliefert wurde, gebucht werden.	

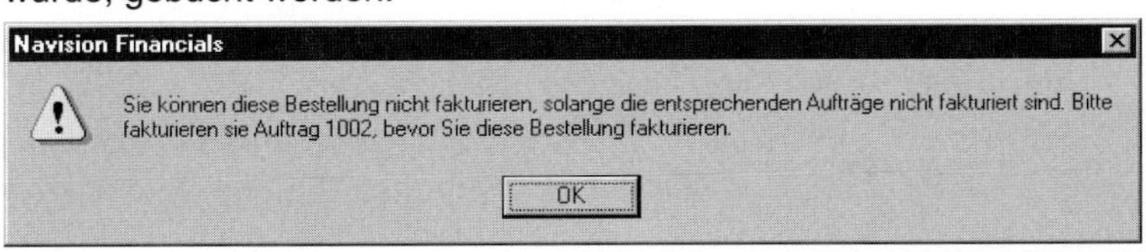

2.3.6 Buchen einer Debitorengutschrift

Wurde eine Warenlieferung vom Kunden wieder zurückgeschickt, ist hierfür eine Gutschrift zu erzeugen.

Schritt	Aktion	Bemerkung
1	*Debitoren & Verkauf / Gutschriften*	
2	Reiter Allgemein	
2-1	Den Cursor im Feld „Nr." positionieren.	Mit **F3** ist eine neue Gutschrift zu erzeugen.
2-2	Beim Verlassen des Feldes „Nr." mit z.B. **Enter** wird eine neue Nummer vergeben.	Ist keine Nummernserie hinterlegt, muß die Gutschriftsnummer manuell eingetragen werden.
2-3	Funktion ▼ / *Beleg kopieren…*	
2-3-1	Feld „Belegart"	Mit **F6** und **Enter** ist hier <Gebuchte Rechnung> zu wählen.
2-3-2	Feld „Belegnr."	Mit **F6** sind die gebuchten Einkaufsrechnungen aufzurufen. Mit den Such- bzw. Filterfunktionen ist der gewünschte Beleg herauszusuchen und mit OK zu übernehmen.
2-3-3	Feld „Inklusive Kopf"	Da der Belegkopf mit in die Gutschrift kopiert werden soll, ist ein Haken zu setzen.
2-3-4	Feld „Zeilen neuberechnen"	Hier ist ebenfalls ein Haken zu setzen.
2-3-5	OK	Der Gutschriftskopf und die -zeilen werden mit den Werten aus der gebuchten Rechnung gefüllt.
2-4	Felder „Buchungsdatum" und „Belegdatum"	Diese Daten sind zu aktualisieren.
3	Reiter Fakturierung	
3-1	Feld „Ausgleich-mit Belegart"	<Rechnung> wurde automatisch eingetragen.
3-2	Feld „Ausgleich-mit Belegnr."	Die entsprechende Belegnr. der gebuchten Rechnung wurde hier zugeordnet. Dadurch wird eine Verbindung zwischen Gutschrift und Rechnung

		sichergestellt. Das bedeutet, die Gutschrift wird gegen den offenen Rechnungsposten ausgebucht.
3-3	Über *Extras / Designer* ist das Feld „Storno“ im Formularkopf einzufügen.	Damit die Jahresverkehrszahlen richtig erfaßt werden, ist in dieses Feld ein Haken zu setzen.

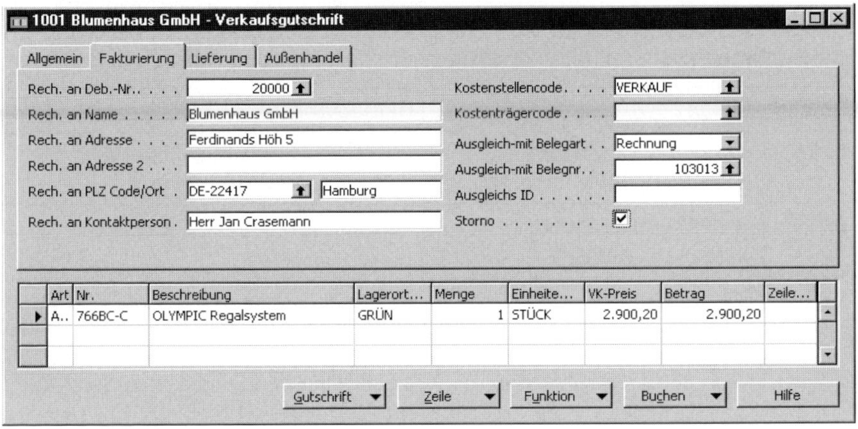

H	Buchung ohne Stornohaken S Forderungen H: Haben: BETRAG S Erlöse H: Soll: BETRAG Buchung mit Stornohaken S Forderungen H: Soll: - BETRAG S Erlöse H: Haben: - BETRAG	
4	Buchen▼ / *Buchen...* oder **F11**	
4-1	Ja	Die Frage: „Wollen Sie die Gutschrift buchen?“ ist mit Ja zu beantworten.
5	**ESC**	Zurück zum Hauptmenü.

2.4 Mahnungen

In NAVISION Financials können für jeden Debitor eigene Mahnbedingungen hinterlegt werden. Welche Arbeitsschritte dafür notwendig sind, wird in den nächsten drei Ablaufschemata beschrieben.

2.4.1 Mahnmethoden definieren

Damit Mahnungen erstellt werden können, sind zuvor die Mahnstufen und Mahntexte zu definieren. Es muß außerdem festgelegt werden, welche Zinsen und Gebühren wann auftreten und wie sie im System abgebildet werden sollen.

Schritt	Aktion	Bemerkung
1	*Debitoren & Verkauf / Einrichtung / Mahnmethoden*	Hier können beliebig viele Mahnmethoden definiert werden.
2	Mit **F3** wird ein neuer Datensatz angelegt.	
2-1	Spalte „Code“	In dieser Spalte wird der entsprechende Mahnmethodencode eingesetzt (z.B. INLAND). Dieser Code ist in den Debitorenkarten unter dem Reiter Zahlung zu hinterlegen.
2-2	Spalte „Beschreibung“	Hier können nähere Erläuterungen eingetragen werden.
2-3	Spalte „Maximale Anzahl von Mahnungen“ Wird eine 0 eingegeben, ist die Anzahl der Mahnungen unbegrenzt.	Hier kann die Höchstanzahl von Mahnungen eingestellt werden, die ein Debitor erhalten soll. Die Anzahl ist unabhängig von der Anzahl der Mahnstufen. Sind z.B. 3 Mahnstufen eingerichtet und als maximale Anzahl wurde 5 eingestellt, erhält der Kunde 1x Mahnung 1, 1x Mahnung 2 und 3x Mahnung 3.
2-4	Spalte „Zins buchen“	Ist hier ein Haken gesetzt, werden die auftretenden Zinsen beim Registrieren von Mahnungen in der Finanzbuchhaltung gebucht.
2-5	Spalte „Gebühren buchen“	Ist hier ein Haken gesetzt, werden beim Registrieren berechnete Gebühren in der Finanzbuchhaltung gebucht.

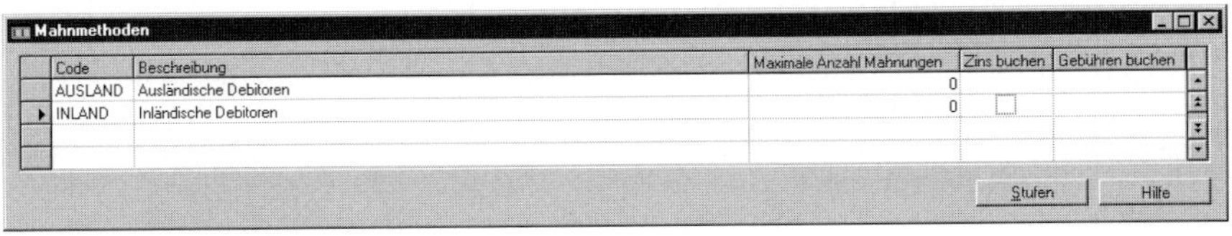

3	Sollen Mahnstufen eingerichtet werden, ist der Cursor auf der entsprechenden Mahnmethode zu positionieren und **Stufen** anzuklicken.	Es können pro Mahnmethode beliebig viele Mahnstufen erfaßt werden.
4	Mit **F3** wird eine neue Mahnstufe angelegt.	
4-1	Spalte „Nr.“	In diese Spalte sind die Mahnstufen einzugeben, z.B. 1, 2, 3, …
4-2	Spalte „Toleranzperiode“ Z.B. 5T bedeutet 5 Tage nach der Fälligkeit des offenen Debitorenpostens wird dieser zur Mahnung vorgeschlagen.	Hier ist die Toleranzperiode anzugeben. Das ist der Zeitraum, der ab dem Fälligkeitsdatum oder dem Datum von der letzten Mahnung eingehalten werden soll, bevor der Posten zur Mahnung vorgeschlagen wird.
4-3	Spalte „Fälligkeitsformel“	Es ist der Zeitraum einzugeben, der die nächste Fälligkeit der offenen Posten festlegt. Das bedeutet, wenn das Belegdatum der Mahnung der 31.01.01 und die Fälligkeitsformel 10T ist, dann ist das neue Fälligkeitsdatum der 10.02.01.
4-4	Spalte „Zins berechnen“	Wird ein Haken gesetzt und wurden Zinskonditionen definiert, werden Zinsen berechnet und auf der Mahnung mit ausgewiesen.
4-4	Spalte „Gebühr (MW)“	Soll eine Mahngebühr erhoben werden, ist hier der entsprechende Wert in der Mandantenwährung einzugeben.
		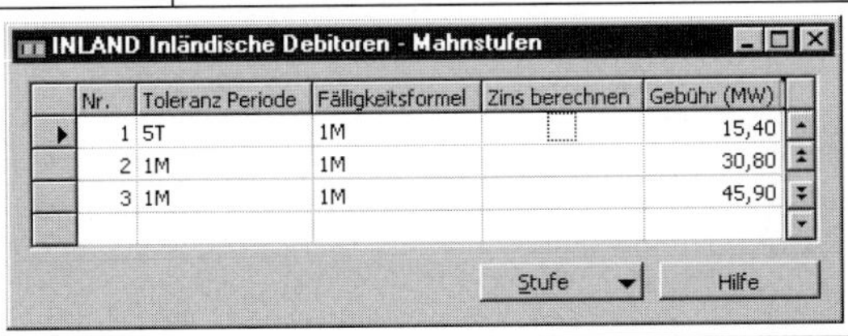

5	Stufe▼ / *Währungen*	Soll für Fremdwährungen eine Mahngebühr hinterlegt werden, dann ist dies hier möglich.
5-1	Spalte „Währungscode“	Mit F6 ist die entsprechende Währung aus dem Fenster Währungen auszuwählen und mit OK zu bestätigen.
5-2	Spalte „Gebühr“	In dieser Spalte ist die vorgesehene Gebühr einzutragen.
5-3	ESC	
6	Stufe▼ / *Vortext* bzw. *Nachtext*	Für jede Mahnstufe kann ein Vortext und ein Nachtext definiert werden. Die Beschreibung darf dabei max. 100 Zeichen lang sein.

	3 x ESC	Zurück zum Hauptmenü.

2.4.2 Zinskonditionen definieren

Das Anlegen von Zinskonditionen wird benötigt, um Zinsen auf erstellten Mahnungen mit ausgeben zu können und um eigene Zinsrechnungen zu erzeugen.

Schritt	Aktion	Bemerkung
1	*Debitoren & Verkauf / Einrichtung / Zinskonditionen*	
	Konditionen▼ / *Karte*	
2	F3	Anlegen eines neuen Datensatzes.

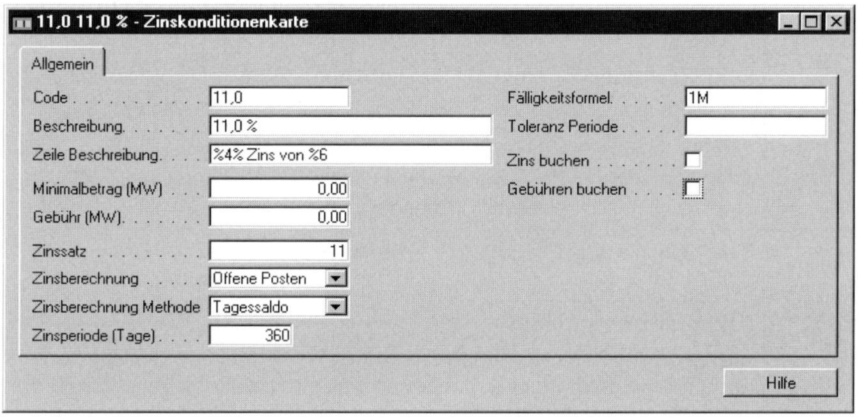

2-1	Feld „Code“	Hier ist ein entsprechender Code zu definieren (z.B. 11,0), der den Debitoren in der Debitorenkarte im Reiter Zahlungen zugeordnet werden kann.
2-2	Feld „Beschreibung“	Hier wird eine nähere Erläuterung zum Code eingetragen, z.B. 11,0%.
2-3	Feld „Zeile Beschreibung“ Hier wird der Text eingegeben, der auf den Zinsrechnungen ausgedruckt wird. Hierbei stehen vordefinierte Werte zur Verfügung: %1 = Beschreibung des Debitorenpostens %2 = Belegart %3 = Belegnummer des Debitorenpostens %4 = Zinssatz %5 = Betrag des Debitorenpostens %6 = Restbetrag des Debitorenpostens %7 = Fälligkeitsdatum des Debitorenposten %8 = Währungscode vom Zinsrechnungskopf	

2-4	Feld „Minimalbetrag (MW)“	Ist hier ein Betrag eingetragen und liegt der berechnete Zinswert unter diesem Betrag, wird keine Zinsrechnung erstellt.
2-5	Feld „Gebühr (MW)“	Dieser Betrag wird automatisch jeder erstellten Zinsrechnung hinzugefügt.
2-6	Feld „Zinssatz“	Hier ist der Prozentsatz anzugeben, auf dessen Grundlage die Zinsen zu berechnen sind, z.B. 11 für 11,0 %.
2-7	Feld „Zinsberechnung“	Hier ist <offene Posten> voreingestellt, d.h. die Zinsen werden auf Basis aller offenen Posten im angegebenen Zeitraum errechnet.
2-8	Feld „Zinsberechnung Methode“	Hier kann mit **F6** und OK zwischen 2 Methoden gewählt werden:
	<Fälliger Saldo> Zins = überfälliger Betrag * (Zinssatz / 100) <Tagessaldo> Zins = überfälliger Betrag * (Tage überfällig / Zinsperiode) * (Zinssatz / 100)	
2-9	Feld „Zinsperiode (Tage)“	Hier ist die Anzahl einer Zinsperiode in Tagen anzugeben (für 1Jahr - 360).
2-10	Feld „Fälligkeitsformel“ Hier sind die Tage anzugeben, die nach der Erstellung der Zinsrechnung für die Berechnung des neuen Fälligkeitsdatums verwendet werden sollen (Belegdatum Zinsrechnung + Fälligkeitsformel = neues Fälligkeitsdatum)	
2-11	Feld „Toleranzperiode“	Sie legt fest, wann nach der Überfälligkeit der offenen Posten mit der Zinsrechnung begonnen werden soll.
2-12	Feld „Zins buchen“ Feld „Gebühren buchen“	Sind hier Haken gesetzt, werden bei der Registrierung der Zinsrechnung die Zinsen bzw. die Gebühren in der Finanzbuchhaltung gebucht.
3	**ESC**	Zurück zum Hauptmenü.
4	Konditionen▼ / *Währungen*	Analog zu Mahngebühren können auch Zinsgebühren für unterschiedliche Währungen angegeben werden.
4-1	Spalte „Währungscode“	Mit **F6** ist in das Fenster Währungen zu verzweigen, die entsprechende Währung auszuwählen und mit OK zu bestätigen.

4-2	Spalte „Gebühr“	Hier ist der Betrag in der jeweiligen Währung einzugeben.
	ESC	
5	Konditionen▼ / *Vortext* bzw. *Nachtext*	Hier können die Beschreibungstexte, die vor bzw. nach der Zinsrechnung stehen sollen, erfaßt werden.
6	2 x **ESC**	Zurück zum Hauptmenü.
7	*Debitoren & Verkauf / Einrichtung / Mahnmethoden* Stufen	In der Spalte „Zins berechnen“ ist ein Haken zu setzen, wenn auf der Mahnung Zinsen ausgedruckt werden sollen.

An zwei Beispielen werden die Ergebnisse der Zinsberechnung nach der Methode <Fälliger Saldo> und der Methode <Tagessaldo> gezeigt.

Bedingung: Zinssatz: 11,0%
Zinsberechnung: <offene Posten>, Betrag: 10.938,80
Belegdatum: 25.01.2001

Tagessaldo: $\text{Zins} := 10.938,80 * \frac{10\ \text{Tage}}{360\ \text{Tage}} * \frac{11\ \%}{100\ \%} = 33,42$

Belegdatu	Belegart	Belegnr.	Fälligkeitsd	Ursprung Betrag	Restbetrag
01.02.01	Rechnung	103018	15.02.01	10.938,80	10.938,80
			Gebühr (MW)		15,40
			Zinsbetrag		33,42
			Total DEM		**10.987,62**

Fälliger Saldo: $\text{Zins} := 10.938,80 * \frac{11\ \%}{100\ \%} = 1.203,27$

Belegdatu	Belegart	Belegnr.	Fälligkeitsd	Ursprung Betrag	Restbetrag
01.02.01	Rechnung	103018	15.02.01	10.938,80	10.938,80
			Gebühr (MW)		15,40
			Zinsbetrag		1.203,27
			Total DEM		**12.157,47**

2.4.3 Mahnungen erstellen, registrieren und ausdrucken

Die Mahnungen werden in mehreren Teilschritten erzeugt. Zuerst werden die Mahnungszeilen vorgeschlagen. Anschließend können sie bearbeitet werden. Dann erfolgt die Registrierung der einzelnen Mahnungen. Danach können keine Veränderungen mehr vorgenommen werden.

Schritt	Aktion	Bemerkung
1	*Debitoren & Verkauf / Periodische Aktivitäten / Mahnungen*	
2	Funktion ▼ / *Mahnungen erstellen...*	
2-1	Reiter Debitor	
	Bleibt das Feld „Nr." leer, werden Mahnungen über alle Debitoren erzeugt, die überfällige Posten haben.	Sollen nur für bestimmte Debitoren Mahnungen erstellt werden, ist hier der entsprechende Filter zu setzen (z.B. 10000..50000).
2-2	Reiter Debitorenposten	
	Zeile „Belegart"; Spalte „Filter"	Sollen die Mahnungen nur für bestimmte Belegarten erstellt werden, ist hier der erforderliche Filter mit **F6** und **Enter** zu setzen.
2-3	Reiter Optionen	
2-3-1	Feld „Buchungsdatum"	Dieses Datum wird in die erstellten Mahnungen übernommen. In der Finanzbuchhaltung werden die Mahnungen darunter erfaßt.
2-3-2	Feld „Belegdatum"	Auch dieses Datum erscheint auf den erstellten Mahnungen. Es wird zur Berechnung der Zinsen und des Fälligkeitsdatums verwendet.
2-3-3	Feld „Nur Posten mit fälligen Beträgen"	Hier ist ein Haken zu setzen, wenn die Stapelverarbeitung nur offene Debitorenposten mit einem Fälligkeitsdatum, das nach dem Belegdatum liegt, einfügen soll.
3	Die Eingaben sind mit OK zu bestätigen.	Es wurden alle Mahnungen, die dem gewählten Filter entsprechen, erzeugt. Die erste Mahnung wird auf dem Bildschirm angezeigt.

4	Mahnung▼ / *Übersicht*	Hier werden alle Mahnungen in der Übersicht angezeigt.
5	Zur weiteren Bearbeitung ist die entsprechende Mahnung auszuwählen und mit OK zu bestätigen.	
6-1	Mahnungskopf – Reiter Allgemein	
	Die Stammdaten aus der Debitorenkarte werden in den Mahnungskopf in den Reiter Allgemein übertragen. „Buchungsdatum" und „Belegdatum" entsprechen den Werten des Reiters Optionen aus Punkt 2-3. Im Feld „Mahnstufe" wird automatisch die entsprechende Nummer eingetragen. Das System überprüft dabei die bisherigen Mahnposten und erhöht die Mahnstufe um 1, soweit die maximale Mahnstufe noch nicht erreicht ist.	
6-2	Mahnungskopf – Reiter Buchung	
	Auch hier werden die Daten aus dem Debitorenstamm übernommen. Das „Fälligkeitsdatum" ergibt sich aus dem „Belegdatum" plus der Fälligkeitsformel aus den einzelnen Mahnstufen. z.B. Belegdatum + Fälligkeitsformel = Fälligkeitsdatum 30.07.2001 + 1M = 30.08.2001	
6-3	Mahnungszeilen	
	Hier werden die anzumahnenden Posten aufgelistet. Sollen für eine Mahnung Gebühren bzw. Zinsen gezahlt werden, werden diese mit angezeigt.	
H	**HINWEIS:** In dieser Arbeitsstufe können die Mahnungen bearbeitet werden. Es können einzelne Mahnungszeilen (**F4**) oder die komplette Mahnung gelöscht werden (Cursor im Mahnungskopf positionieren und **F4**).	
7	Registrieren▼ / *Testbericht...*	Die Mahnung wird als Testbericht ausgegeben.
7-1	Seitenansicht bzw. Drucken...	
7-2	**ESC**	Zurück zur Mahnung.
8	Registrieren▼ / *Registrieren...* oder **F11**	Die Mahnungen werden zum Ausdruck vorbereitet. Gebühren und Zinsen werden gebucht, wenn dies bei der Einrichtung der Mahnstufen hinterlegt wurde.

8-1	Reiter Mahnung	
	Feld „Nr.“	Wird hier kein Filter angegeben, werden alle erstellten Mahnungen registriert.
8-2	Reiter Optionen	
8-2-1	Feld „Drucken“	Sollen die Mahnungen gleich ausgedruckt werden, ist hier ein Haken zu setzen.
8-2-2	Feld „Buchungsdatum ersetzen“	Hier ist ein Haken zu setzen, wenn das Buchungsdatum verändert werden soll. Dieses muß dann nochmals eingegeben werden.
8-2-3	Feld „Buchungsdatum“	
9	Die Eingaben sind mit [OK] zu bestätigen.	
H	**HINWEIS:** Nach dem Registrieren werden die erstellten Mahnungen aus diesem Formular entfernt. Unter [Mahnungen▼] / *Übersicht* sind keine Mahnungen mehr vorhanden [**ESC**].	
10	[**ESC**]	Zurück zum Hauptmenü.
11	*Debitoren & Verkauf / Periodische Aktivitäten / Registrierte Mahnungen*	Hier sind alle registrierten Mahnungen enthalten. Eine Bearbeitung ist nicht mehr möglich. Sie können hier ausgedruckt werden.
11-1	Feld „Anzahl gedruckt“	In diesem Feld wird vermerkt, wie oft die Mahnung gedruckt wurde.
12	[Drucken...]	
12-1	[Drucken...] oder [Seitenansicht]	
12-2	[**ESC**]	Zurück zu den registrierten Mahnungen.
13	[Mahnung▼] / *Übersicht*	Die Mahnungen können auch aus der Übersicht gedruckt werden. Dazu ist der Cursor auf die Mahnung zu setzen, die gedruckt werden soll.
13-1	[Drucken...]	
13-2	[Drucken...] oder [Seitenansicht]	
13-3	3 x [**ESC**]	Zurück zum Hauptmenü.

2.5 Bearbeitung offener Posten

Bei jedem Buchungsvorgang in NAVISION Financials werden Posten mit unterschiedlichen Eigenschaften erzeugt. Hier wird gezeigt, wie nachträglich Posten miteinander ausgebucht und wie durch Hinterlegen eines Zahlungsformcodes Posten sofort bei Buchung einer Rechnung ausgeglichen werden können.

2.5.1 Nachträglicher Ausgleich offener Posten

Erfolgte bei der Buchung von Zahlungsausgängen oder Gutschriften keine Zuordnung zu vorhandenen offenen Posten des Debitors, ist ein nachträglicher Ausgleich offener Posten erforderlich.

Schritt	Aktion	Bemerkung
1	*Debitoren & Verkauf / Debitoren*	Es ist mit den Such- bzw. Filterfunktionen der Debitor auszuwählen, bei dem die Posten ausgeglichen werden sollen. Zahlungen, Gutschriften und Rechnungen können miteinander ausgeglichen werden.
	Debitor▼ / *Posten*	
2	Ausgleich▼ / *Buchungen ausgleichen...*	Es öffnet sich der Debitorenpostenausgleich des jeweiligen Debitors.
3	Den Cursor in der Zeile positionieren, die ausgeglichen werden soll.	
3-1	Ausgleich▼ / *Ausgleichs ID setzen*	Wird im Netz gearbeitet, erscheint in der Spalte „Ausgleichs ID" die Benutzer ID. Ist das nicht der Fall, wird *** gesetzt.
3-2	Den Cursor in der nächsten Zeile positionieren, die zusätzlich ausgeglichen werden soll.	Diese beiden Schritte sind so lange zu wiederholen, bis bei allen offenen Posten, die miteinander ausgeglichen werden sollen, das Feld „Ausgleichs ID" gesetzt wurde.
3-3	Ausgleich▼ / *Ausgleichs ID setzen*	
H	**HINWEIS:** Soll beim nachträglichen Postenausgleich zwischen einem Zahlungs- und einem Rechnungsposten Skonto berücksichtigt werden, muß der Cursor, **bevor** der Ausgleich gebucht wird, auf dem Zahlungsposten stehen.	

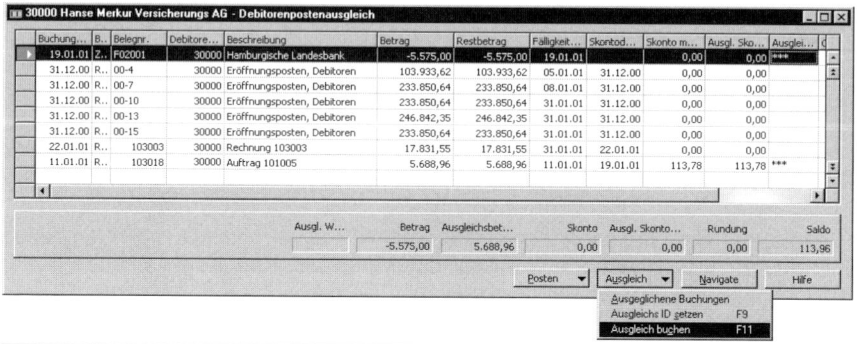

4	Ausgleich▼ / *Ausgleich buchen* oder **F11**	Wurde in der Finanzbuchhaltung Einrichtung eine Skontotoleranz eingerichtet, öffnet sich eine Maske, in der abgefragt wird, wie mit dem Restbetrag verfahren werden soll (*Finanzbuchhaltung / Einrichtung Finanzbuchhaltung Einrichtung* Reiter Allgemein).
4-1	Hier ist im Feld „Verfahren für Restbetrag“ mit **F6** <Als Skonto ausbuchen> zu wählen und die Auswahl mit **Enter** zu übernehmen.	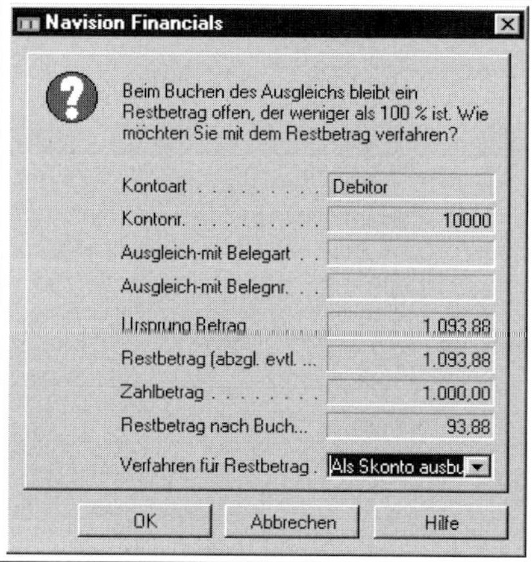
4-2	Die Eingaben im Abfragefenster zum Buchen sind mit OK zu bestätigen.	
5	Ausgleich▼ / *Ausgleich buchen*	
5-1	Die Frage: „Möchten Sie den Ausgleich von Zahlung … buchen?“ ist mit Ja zu beantworten.	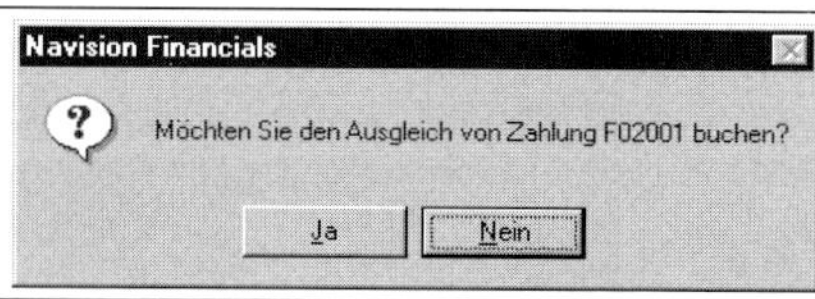
5-2	Die Information: „Der Ausgleich ist gebucht worden.“ ist mit OK zu bestätigen.	

5-3	Die ausgewählten Posten werden nach dem Buchen aus dem Debitorenpostenausgleich entfernt.	
5-4	3 x **ESC**	Zurück zum Hauptmenü.
AUSWIRKUNGEN		
6	*Debitoren & Verkauf / Debitoren*	
6-1	Debitor▼ / *Posten*	In der Spalte „Offen“ ist bei den nachträglich ausgeglichenen Posten kein Haken mehr. Die Posten sind nicht mehr offen.
6-2	3 x **ESC**	Zurück zum Hauptmenü.
7	*Finanzbuchhaltung / Journale*	Hier ist das Journal herauszusuchen, das mit dem „Herkunftscode“ VERKAUF gekennzeichnet wurde. Zum Filtern kann auch das „Errichtungsdatum“ verwendet werden.
7-1	Journal▼ / *Sachposten*	Hier ist zu sehen, welche Buchungen durchgeführt wurden: • gewährte Skonti an Forderungen (Konto 9250 Konto 2310) • Umsatzsteuer an Forderungen (Konto 5510 Konto 2310)

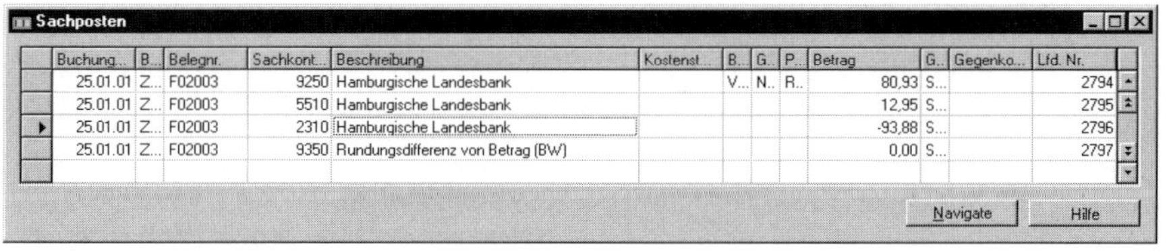
Sachposten

Buchung...	B...	Belegnr.	Sachkont...	Beschreibung	Kostenst...	B...	G...	P...	Betrag	G...	Gegenko...	Lfd. Nr.
25.01.01	Z...	F02003	9250	Hamburgische Landesbank		V...	N..	R..	80,93	S...		2794
25.01.01	Z...	F02003	5510	Hamburgische Landesbank					12,95	S...		2795
25.01.01	Z...	F02003	2310	Hamburgische Landesbank					-93,88	S...		2796
25.01.01	Z...	F02003	9350	Rundungsdifferenz von Betrag (BW)					0,00	S...		2797

6-2	2 x **ESC**	Zurück zum Hauptmenü.
H	**HINWEIS:** Der nachträgliche offene Posten Ausgleich bei Kreditoren funktioniert analog den beschriebenen Schritten beim Debitor. Hier sind folgende Schritte zu tun: *Kreditoren & Einkauf / Kreditoren* Kreditor▼ / *Posten* Ausgleich▼ / Buchungen ausgleichen... . Nach dem Ausgleich der offenen Posten mit Skonto steht im Journal (*Finanzbuchhaltung / Journale*) in der Spalte „Herkunftscode“ EINKAUF.	

2.5.2 Hinterlegen eines Zahlungsformcodes beim Erstellen einer Ausgangsrechnung

Ein Zahlungsformcode kann benutzt werden, wenn eine Ausgangsrechnung sofort bezahlt werden soll. Er ist beim Anlegen einer Rechnung zu erfassen. Beim Buchen der Rechnung werden automatisch die Bedingungen abgearbeitet, die die Zahlungsform definieren.

Schritt	Aktion	Bemerkung
1	*Debitoren & Verkauf / Rechnungen*	Es ist an einen Kunden eine Rechnung zu erzeugen, die sofort zu bezahlen ist.
2	Rechnungskopf – Reiter Allgemein	
2-1	Den Cursor im Feld „Nr." positionieren.	Mit **F3** ist eine neue Rechnung zu erzeugen.
2-2	Beim Verlassen des Feldes „Nr." mit z.B. **Enter** wird eine neue Nummer vergeben.	Ist keine Nummernserie hinterlegt, muß die Rechnungsnummer manuell eingetragen werden.
2-3	Feld „Verk. an Deb.-Nr."	Hier ist mit **F6** die Debitorenübersicht aufzurufen. Dort ist ein Debitor (z.B. 10000) auszuwählen und mit OK zu übernehmen.
2-4	Nach Verlassen des Feldes „Verk. an Deb.-Nr." werden die Werte aus dem Debitorenstamm übernommen.	Die Inhalte dieser Felder in allen Reitern sind zu prüfen und ggf. zu überarbeiten.
2-5	Feld „Buchungsdatum"	Hier ist das Datum einzugeben, unter dem die Buchung in der Finanzbuchhaltung erfaßt werden soll.
2-6	Feld „Belegdatum"	Dieses Feld ist mit dem Arbeitsdatum vorbelegt und kann geändert werden.
3	Rechnungskopf – Reiter Fakturierung	
3-1	Feld „Zahlungsformcode"	Hier ist mit **F6** in die Zahlungsformen zu verzweigen. Es ist eine Zahlungsform auszuwählen und mit OK zu übernehmen.
3-1-1	Spalte „Code"	Soll eine neue Zahlungsform angelegt werden, ist dies mit **F3** zu tun und ein neuer Code einzugeben (z.B. SOFORT).

3-1-2	Spalte „Beschreibung“	Hier können nähere Erläuterungen eingegeben werden, z.B. Zahlung erfolgt sofort.
3-1-3	Spalte „Gegenkontoart“	Bei Barzahlungen ist mit F6 <Sachkonto> auszuwählen und mit Enter zu bestätigen.
3-1-4	Spalte „Gegenkontonr.“	Die Sachkontoübersicht ist mit F6 aufzurufen, das Sachkonto z.B. 2910 auszuwählen und mit OK einzufügen.
3-2		

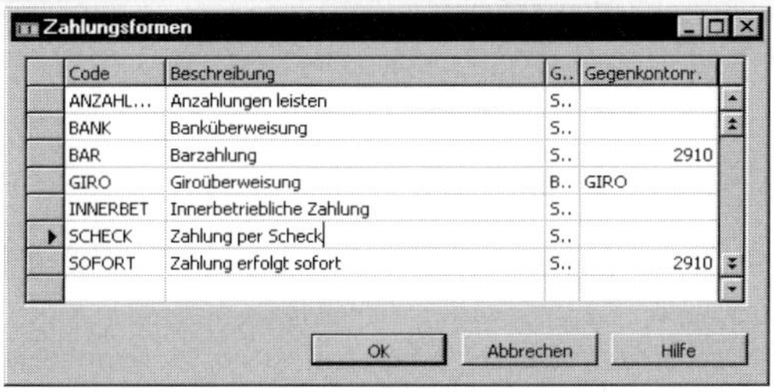

3-3	OK	Die (neue) Zahlungsform wird übernommen.
4	Rechnungszeilen	
4-1	Spalte „Art“	Es soll ein Artikel verkauft werden, deshalb ist mit F6 <Artikel> auszuwählen und mit Enter zu bestätigen.
4-2	Spalte „Nr.“	Mit F6 ist hier in die Artikelübersicht zu verzweigen, der entsprechende Artikel auszuwählen und mit OK zu übernehmen.
4-2	Spalten „Lagerortcode“, „Einheitencode“ und „VK-Preis“	Nach Verlassen der Spalte „Nr.“ werden diese Spalten mit den Werten für den Artikel gefüllt.
4-3	Spalte „Menge“	Hier ist die entsprechende Anzahl einzugeben. Der „Betrag“ wird aus der Menge * VK-Preis berechnet. Wurde ein Rabatt hinterlegt, wird dieser in der Spalte „Zeilenrabatt %“ ausgewiesen.
5	Buchen▼ / *Buchen...* oder F11	„Wollen Sie die Rechnung buchen?“ ist mit Ja zu beantworten.
	ESC	Zurück zum Hauptmenü.

AUSWIRKUNGEN		
6	*Debitoren & Verkauf / Debitoren*	Über die Such- bzw. Filterfunktionen ist die entsprechende Debitorenkarte aufzurufen.
6-1	Debitor▼ / *Posten*	Mit der Buchung wurden für den Kunden zwei Posten erzeugt, ein Posten mit der Belegart <Rechnung> und ein Posten mit <Zahlung>. Die Posten sind nicht mehr offen.

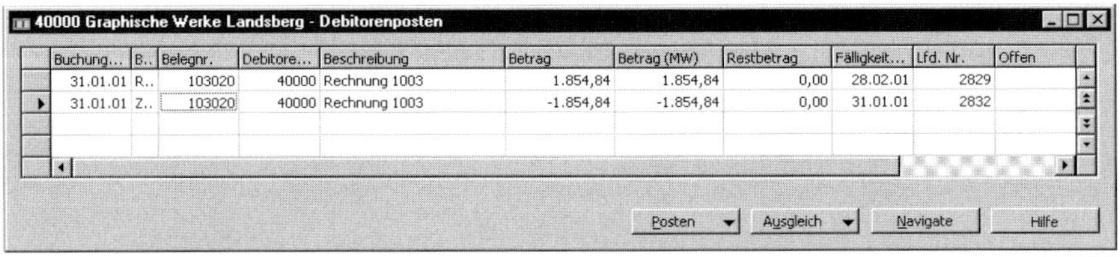
40000 Graphische Werke Landsberg - Debitorenposten

Buchung...	B..	Belegnr.	Debitore...	Beschreibung	Betrag	Betrag (MW)	Restbetrag	Fälligkeit...	Lfd. Nr.	Offen
31.01.01	R..	103020	40000	Rechnung 1003	1.854,84	1.854,84	0,00	28.02.01	2829	
31.01.01	Z..	103020	40000	Rechnung 1003	-1.854,84	-1.854,84	0,00	31.01.01	2832	

Posten ▼ Ausgleich ▼ Navigate Hilfe

6-2	2 x **ESC**	Zurück zum Hauptmenü.
7	*Debitoren & Verkauf / Journale*	Hier ist das erzeugte Journal zu suchen. (Herkunftscode: VERKAUF)
7-1	Journal▼ / *Sachposten*	Ein Vergleich mit dem Journal zeigt, daß mit der Buchung des Rechnungsausgangs gleichzeitig der Zahlungseingang gebucht worden ist.
7-2	Es sind folgende Buchungssätze gebucht worden:	

1)	Debitor an Erlöse	1.599,00
2)	Debitor an MwSt	255,84
3)	Kasse an Debitor	1.854,84

Umsatz

S	6210 H
	1) 1.599,00

MwSt

S	5510 H
	2) 255,84

Forderungen

S	2310 H
1) 1.599,00	3) 1.854,84
2) 255,84	

Kasse

S	2910 H
3) 1.854,84	

7-3	2 x **ESC**	Zurück zum Hauptmenü.

Kapitel 3 - Kreditoren & Einkauf

Für den Einkauf sind das Erzeugen von Anfragen und Bestellungen, das Buchen von Warenlieferungen und das Fakturieren von Einkaufsrechnungen abzubilden. Es ist möglich, Rahmenbestellungen zu erzeugen und Teillieferungen sowie Teilrechnungen daraus zu generieren. Darüber hinaus können Kreditorengutschriften erfaßt und gebucht werden.

Die einzelnen Arbeitsschritte, die notwendig sind, um diese Geschäftsprozesse abzubilden, werden in diesem Kapitel beschrieben.

3.1 Bestellvorschlag - Anfrage - Bestellung

Die Arbeitsschritte zum Erzeugen einer Bestellung sowohl aus einer Anfrage, als auch aus den Bestellungen werden hier betrachtet. Rahmenbestellungen werden erzeugt. Es wird gezeigt, wie erledigte Bestellungen zu löschen und Bestellvorschläge zu generieren sind.

3.1.1 Einen Bestellvorschlag erstellen

Die Nachbestellfunktion in NAVISION Financials berücksichtigt zum einen den verfügbaren Lagerbestand (= aktueller Lagerbestand – Menge im Auftrag + Menge in Bestellung) und zum anderen die Eintragungen auf der Artikelkarte (*Lager / Artikel*) unter dem Reiter Bestellung in den Feldern „Minimalbestand", „Maximalbestand" und „Bestellmenge".

Schritt	Aktion	Bemerkung
1	*Kreditoren & Einkauf / Bestellvorschlag*	
2	[Funktion ▼] / *Artikel Wiederbestellung...*	
2-1	Reiter Artikel	
	Feld „Nr."	Bleibt dieses Feld leer, wird ein Bestellvorschlag über alle Artikel erzeugt. Soll ein Bestellvorschlag nur für bestimmte Artikel erstellt werden, ist in der Spalte „Filter" die entsprechende Bedingung einzugeben. (z.B. 70000..70100)
2-2	Reiter Optionen	
	Feld „Enddatum"	Das eingetragene Enddatum wird mit dem Lieferdatum eventuell vorhandener Bestellungen verglichen.

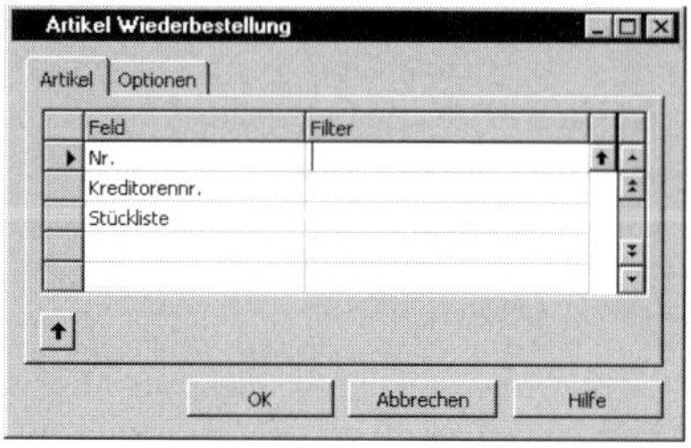

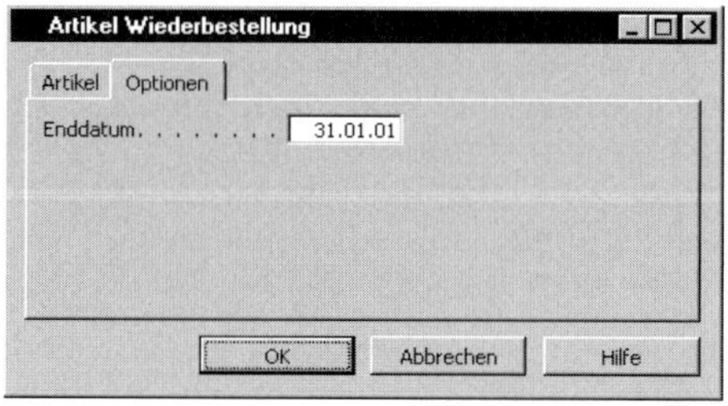

2-3	OK	Das System berechnet entsprechend der eingestellten Bedingungen alle Artikel, die neu bestellt werden müssen.
3	Dabei wird in dem Bestellvorschlag automatisch die „Art", „Nr.", „Beschreibung", die zu bestellende „Menge" und der „EK-Preis" geschrieben.	Der vorgeschlagene EK-Preis entspricht der Angabe im Feld „EK-Preis (neuester)" in der Artikelkarte (*Lager / Artikel*) auf dem Reiter Fakturierung.
3-1	Spalte „Kreditorennr."	Wurde auf der Artikelkarte unter dem Reiter Bestellung ein Kreditor hinterlegt, wird dieser hier vorgeschlagen, ansonsten bleibt das Feld leer.
	Wurden in einem Artikel alternative Lieferanten hinterlegt (*Lager / Artikel* Einkauf▼ / *Lieferanten*), so ist der Cursor in der ausgefüllten Spalte „Kreditorennr." zu positionieren und mit F6 in den Artikel/Lieferanten Katalog zu verzweigen. Dort ist der entsprechende Lieferant zu markieren und mit OK zu übernehmen. Es werden sofort die Spalten „Kreditorennr.", „Kred.-Artikelnr.", „EK-Preis" und „Erwartetes Lieferdatum" aktualisiert. 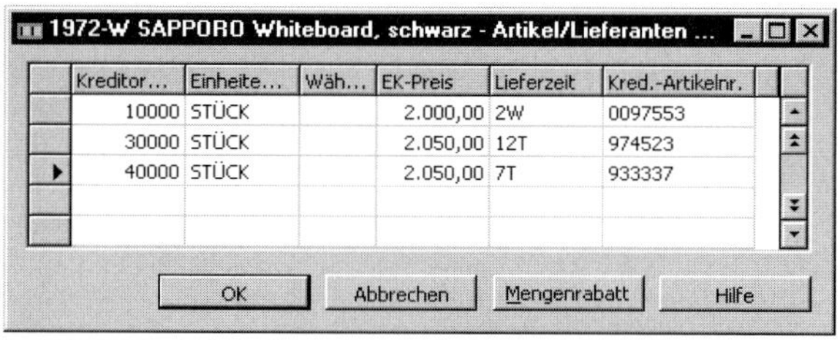	
3-2	Spalte „Kred.-Artikelnr."	Ist auf der Artikelkarte unter dem Reiter Bestellung eine Kred.-Artikelnr. hinterlegt, wird diese in die Spalte „Kred.-Artikelnr." übertragen. Wurde in das Feld nichts eingetragen, wird beim Bestellvorschlag die Artikelnr. übernommen.

3-3	Spalte „Erwartetes Liefer-datum“	Wurde auf der Artikelkarte unter dem Reiter Bestellung eine Lieferzeit (z.B. 7T) eingetragen, wird der Wert in der Spalte „Erwartetes Lieferdatum“ mit dem entsprechenden Datum gefüllt. (Arbeitsdatum + Lieferzeit)

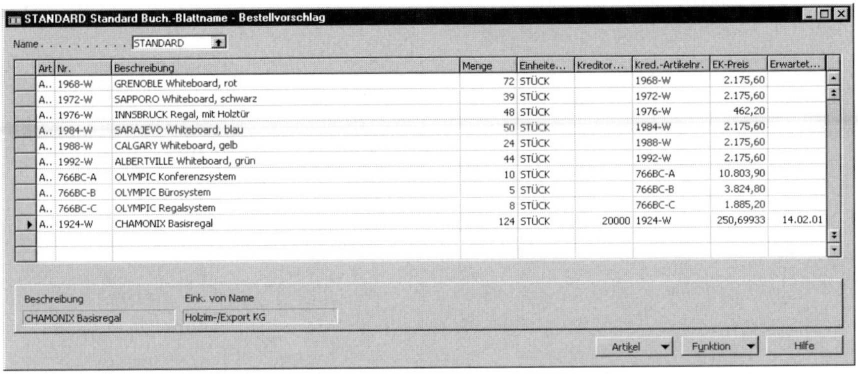

H	**HINWEIS:** Es empfiehlt sich, die entsprechenden Angaben zu den einzelnen Lieferanten schon am Artikel zu hinterlegen. Dadurch wird die Arbeit mit dem Bestellvorschlag wesentlich vereinfacht.	
4	Funktion▼ / *Bestellungen erstellen...*	Reiter Optionen
4-1	Feld „Bestelldatum“	Hier ist das Datum der Bestellung einzugeben.
4-2	Feld „Buchungsdatum“	Dieses Datum erscheint auf dem Belegkopf als Buchungsdatum. Es ist vor jeder Buchung zu aktualisieren. Soll eine Buchung unter *Kreditoren & Einkauf / Bestellungen* durchgeführt werden, wird dieses Datum für die Buchung in der Finanzbuchhaltung herangezogen.
4-3	Feld „Erwartetes Lieferdatum“	Hier kann ein Datum aus der Spalte „Erwartetes Lieferdatum“ eingegeben werden. Es erscheint auf den zu erzeugenden Bestellungen und ist dort zu aktualisieren, da die Bestellungen nicht pro erwartetes Lieferdatum erzeugt werden.

4-4	Feld „Ihre Referenz“	Hier ist ein Referenztext einzugeben, der z.B. den Namen der Person enthält, die für die Bestellung zuständig ist.
4-5	Feld „Bestellungen drucken“	Sollen die Bestellungen ausgedruckt werden, ist hier ein Haken zu setzen.
4-6	Die Bestellungen sind mit OK zu erzeugen.	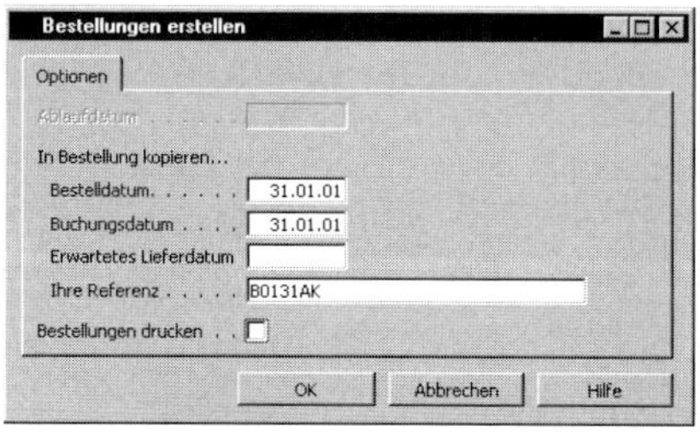
5	Die Information: „Die Bestellungen wurden errichtet.“ ist mit OK zu bestätigen.	
6	**ESC**	Zurück zum Hauptmenü.
	Die Bestellvorschlagszeilen wurden aus dem Bestellvorschlag entfernt. Pro angegebenen Kreditor wurde eine Bestellung erzeugt. Diese kann unter *Kreditoren & Einkauf / Bestellungen* Bestellung▼ / Übersicht angesehen und in der Kartendarstellung weiter bearbeitet werden. Hier ist dann unter dem Reiter Lieferung das „Erwartete Lieferdatum“ zu aktualisieren.	
7	*Lager / Artikel Berichte / Lager - Wiederbestellung*	Zur Information kann der Bericht Lager - Wiederbestellung gedruckt werden.
7-1	Drucken	
7-2	Drucken... oder Seitenansicht	Er gibt eine Übersicht über die zu bestellenden Artikel mit Angabe der Menge in Bestellung, des verfügbaren Lagerbestandes und der Bestellmenge. Sind Angaben zum Lieferanten hinterlegt, werden diese im Bericht ausgegeben.

		Es empfiehlt sich vor dem Start der Nachbestellfunktion diesen Bericht zu drucken, um dann gezielt Bestellungen vornehmen zu können.

Lager - Wiederbestellung 27. August 2000

CRONUS AG Seite 1

Nr.	Beschreibung	Basis	Kred.-Artikel	Lieferzeit	Menge in Bestel	Verfügb Lagerbe	Bestellm	Bestellm
	Telefonnr.							
1968-W	GRENOBLE Whiteboard, rot	STÜC			0	-22	0	72
1972-W	SAPPORO Whiteboard, schwarz	STÜC			0	11	0	39
1976-W	INNSBRUCK Regal, mit Holztür	STÜC			3	-1	0	51
1984-W	SARAJEVO Whiteboard, blau	STÜC			0	0	0	50
1988-W	CALGARY Whiteboard, gelb	STÜC			0	26	0	24
1992-W	ALBERTVILLE Whiteboard, grün	STÜC			0	6	0	44
766BC-A	OLYMPIC Konferenzsystem	STÜC			0	0	0	10
766BC-B	OLYMPIC Bürosystem	STÜC			0	5	0	5
766BC-C	OLYMPIC Regalsystem	STÜC			0	2	0	8
20000	Holzim-/Export KG							
	Telefonnr.							
1924-W	CHAMONIX Basisregal	STÜC		2W	0	26	0	124

7-3	2 x **ESC**	Zurück zum Hauptmenü.

3.1.2 Erstellen einer Anfrage und das Erzeugen einer Bestellung aus einer Anfrage

Hier werden die Arbeitsschritte für die Erstellung einer Anfrage dargestellt. Dabei werden in den Anfragezeilen die Unterschiede zwischen den Arten Artikel, Sachkonto, WG/Anlage und leer näher beschrieben.

Schritt	Aktion	Bemerkung
	Kreditoren & Einkauf / Anfragen	Den Cursor in den Anfragekopf positionieren und mit F3 eine neue Anfrage anlegen.
1	Anfragekopf	
1-1	Reiter Allgemein	
1-1-1	Feld „Nr.“	Wurde eine Nummernserie hinterlegt, wird beim Verlassen des Feldes eine Nummer automatisch angezeigt. Sonst ist manuell eine Nummer einzugeben.
1-1-2	Feld „Eink. von Kred.-Nr.“	Mit F6 ist die Kreditorenübersicht aufzurufen, ein Kreditor zu markieren und mit OK zu übernehmen.
1-1-3	Nach dem Verlassen des Feldes werden die Daten des Kreditors in die Felder „Eink. von Name“, „Eink. von Adresse“, „Eink. von Adresse2“, „Eink. von PLZ Code / Ort“, „Eink. von Kontaktperson“ und „Einkäufercode“ übernommen.	
1-1-4	Feld „Belegdatum“	Das Belegdatum wird mit dem Arbeitsdatum vorbelegt und kann geändert werden.
1-2	Reiter Fakturierung, Lieferung und Außenhandel	
	alle Felder	Die Angaben unter diesen Reitern werden ebenfalls aus der Kreditorenkarte übernommen und können, wenn notwendig, geändert werden.
2	Anfragezeilen	
	Spalte „Art“	Mit F6 kann hier zwischen <leer>, <Sachkonto>, <Artikel> und <WG/ Anlage> ausgewählt werden. Die Unterschiede werden im folgenden gezeigt.

2-1	Spalte „Art“ – Option <leer>	
2-1-1	Spalte „Nr.“	Wurde in der Spalte „Art“ <leer> ausgewählt, gelangt man in dieser Spalte mit F6 in die Standardtextcodes. Hier kann ein Textcode ausgewählt und mit OK in die Anfrage übernommen werden.
2-1-2	Spalte „Beschreibung“	Die Beschreibung des Standardtextcodes wird automatisch eingetragen, wenn die Spalte „Nr.“ verlassen wird.
2-2	Spalte „Art“ – Option <Artikel>	
2-2-1	Spalte „Nr.“	Wurde in der Spalte „Art“ <Artikel> ausgewählt, kann hier mit F6 in die Artikelübersicht verzweigt und ein Artikel ausgewählt werden. Dies ist mit OK zu bestätigen.
2-2-2	Spalten „Beschreibung“, „Einheitencode“ und „EK-Preis“	Nach Verlassen der Spalte „Nr.“ werden die Spalten „Beschreibung“, „Einheitencode“ und „EK-Preis“ mit den Angaben aus der Artikelkarte aktualisiert. Der „EK-Preis“ wird aus dem Feld „EK-Preis (neuester)“ gefüllt.
2-2-3	Spalte „Menge“	Hier ist die anzufragende Menge (z.B. 100) für den ausgewählten Artikel einzugeben.
2-2-4	Spalte „Betrag“	Diese Spalte wird gefüllt, wenn die Spalte „Menge“ verlassen wird.
2-2-5	Spalte „Zeilenrabatt %“	Wurde ein Mengenrabatt für diesen Artikel bei dem ausgewählten Kreditor hinterlegt, wird der Zeilenrabatt automatisch in dieser Spalte angezeigt. Ein Zeilenrabatt wird auch angezeigt, wenn der Betrag nach unten korrigiert wird.
2-3	Spalte „Art“ – Option <Sachkonto>	
2-3-1	Spalte „Nr.“	Wurde in der Spalte „Art“ <Sachkonto> ausgewählt, gelangt man hier mit F6 in die Sachkontenübersicht. Darin kann das gewünschte Konto markiert und mit OK übernommen werden.

2-3-2	Spalte „Beschreibung“	Nach Verlassen der Spalte „Nr.“ wird die Beschreibung des Sachkontos in dieser Spalte vorgeschlagen und kann verändert werden.
2-3-3	Spalte „Menge“	Hier ist eine 1 einzugeben, da das Sachkonto nur mit einem Wert bebucht werden soll. Der „Einheitencode“ bleibt leer.
2-3-4	Spalte „EK-Preis“	Hier ist der entsprechende Nettowert einzugeben, z.B. 50.
2-3-5	Spalte „Betrag“	Diese Spalte wird automatisch gefüllt, wenn die Spalte „EK-Preis“ verlassen wird. (Betrag = Menge * EK-Preis)
2-3-6	Spalte „Zeilenrabatt %“	Diese Spalte bleibt leer.
2-4	Spalte „Art“ – Option <WG/Anlage>	
2-4-1	Spalte „Nr.“	Wurde in der Spalte „Art“ <WG/Anlage> ausgewählt, gelangt man hier mit **F6** in die Anlagenübersicht. Hier ist die erforderliche Anlage zu markieren und mit OK in die Anfrage zu übernehmen.
2-4-2	Spalte „Beschreibung“	Diese Spalte wird nach Verlassen der Spalte „Nr.“ mit den Angaben aus der Anlagenkarte aktualisiert.
2-4-3	Spalte „Menge“	Hier ist eine 1 einzugeben, da nur ein Anschaffungswert erfaßt werden soll.
2-4-4	Spalte „Einheitencode“	Diese Spalte bleibt leer.
2-4-5	Spalte „EK-Preis“	Hier ist der Einkaufspreis für die Anlage einzugeben.
2-4-6	Spalte „Betrag“	Diese Spalte wird automatisch gefüllt, wenn die Spalte „EK-Preis“ verlassen wird. (Betrag = Menge * EK-Preis)
2-4-7	Spalte „Zeilenrabatt %“	Diese Spalte bleibt leer.

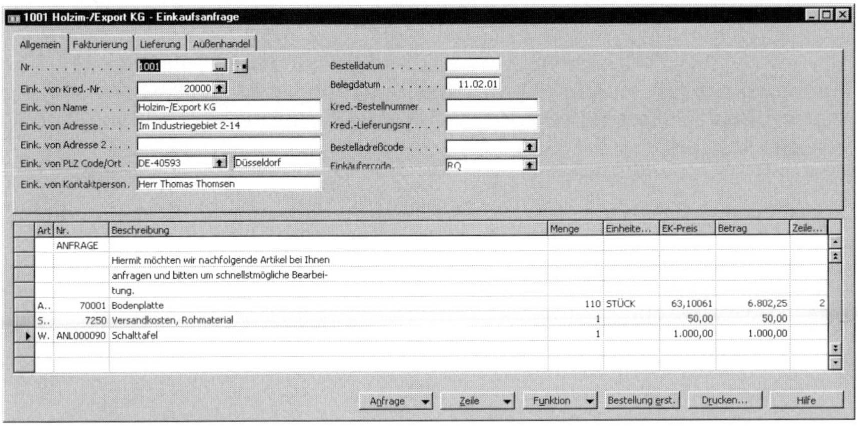

3	Drucken...	Beim Druck der Einkaufsanfrage werden keine Beträge angegeben.
	Drucken... oder Seitenansicht	
4	**ESC**	
5	Bestellung erst.	
5-1	Die Frage: „Wollen Sie die Anfrage in eine Bestellung übernehmen?“ ist mit Ja zu beantworten.	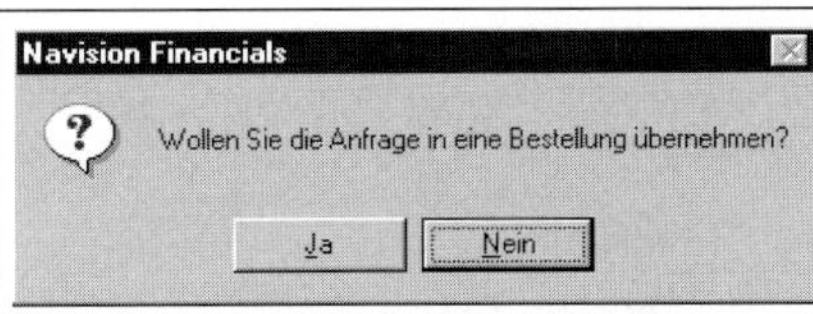
5-2	Die Information: „Anfrage ... wurde in Bestellung ... übernommen.“ ist mit OK zu bestätigen.	
5-3	Danach ist die Anfragemaske gelöscht.	
5-4	**ESC**	Zurück zum Hauptmenü.

3.1.3 Erzeugen einer Bestellung

Aus einer Anfrage oder einem Bestellvorschlag kann automatisch eine Bestellung erzeugt werden. Nicht jeder Bestellung geht jedoch eine Anfrage oder ein Bestellvorschlag voraus, so daß eine Bestellung auch einzeln erzeugt werden muß.

Schritt	Aktion	Bemerkung
1	*Kreditoren & Einkauf / Bestellungen*	
2	Bestellkopf	
2-1	Reiter Allgemein	
2-1-1	Feld „Nr."	Eine neue Bestellung ist mit **F3** anzulegen.
2-1-2	Beim Verlassen des Feldes „Nr." mit z.B. **Enter** wird eine neue Nummer vergeben.	Ist keine Nummernserie hinterlegt, muß die Bestellnummer manuell eingetragen werden.
2-1-3	Felder „Buchungsdatum", „Bestelldatum" und „Belegdatum"	Diese Felder werden mit dem Arbeitsdatum vorbelegt. Die Einstellungen können verändert werden. Das Buchungsdatum wird auf der Einkaufsbestellung angegeben.
2-1-4	Feld „Eink. von Kred.-Nr."	In diesem Feld kann mit **F6** die Kreditorenübersicht aufgerufen werden. Dort ist der Kreditor zu markieren und mit **OK** zu übernehmen.
2-1-5	Felder „Eink. von Name", „Eink. von Adresse", „Eink. von Adresse 2", „Eink. von PLZ Code / Ort", „Eink. von Kontaktperson" und „Einkäufercode"	Beim Verlassen des Feldes „Eink. von Kred.-Nr." werden die Eintragungen unter den Reitern Allgemein, Fakturierung und im Reiter Außenhandel das Feld „Währungscode" mit den Stammdaten des ausgewählten Kreditors vorbelegt. Diese Eintragungen sind zu kontrollieren und ggf. zu ändern.
2-1-6	Felder „Kred.-Bestellnummer", „Kred.-Lieferungsnr.", „Kred.-Rechnungsnr."	Sie sind für eine Bestellung nicht auszufüllen. Diese Felder sind für die Buchung der Warenlieferung und Eingangsrechnung erforderlich.
2-1-7	Feld „Bestelladreßcode"	Wurden für den ausgewählten Lieferanten mehrere Bestellanschriften hinterlegt, ist mit **F6** aus der Bestell-

		Adressenübersicht der entsprechende Code auszuwählen. Dies ist mit **OK** zu bestätigen. Beim Verlassen des Feldes werden die Anschriftenfelder aktualisiert.
2-2	Reiter Lieferung	
2-2-1	Felder „Lief. an Name“, „Lief. an Adresse“, „Lief. an Adresse 2“, „Lief. an PLZ Code / Ort“, „Lief. an Kontaktperson“ und „Lagerortcode“	Die Einstellungen in diesen Feldern kommen aus der Einrichtung der Firmendaten (*Finanzbuchhaltung / Einrichtung / Firmendaten Reiter Lieferung*)
2-2-2	Feld „Lieferbedingungscode“	Dieses Feld ist mit dem Lieferbedingungscode aus der Kreditorenkarte gefüllt.
2-2-3	Feld „Erwartetes Lieferdatum“	Dieses Datum wird mit dem Arbeitsdatum vorbelegt und kann geändert werden.
2-2-4	Felder „Verk. an Deb.-Nr.“ und „Lief. an Code“ Diese Felder werden bei Direktlieferungen benötigt. Ist das der Fall, ist das Feld „Verk. an Deb.-Nr.“ mit dem Debitoren vorbelegt. Gibt es mehrere Lieferanschriften, wird der im Auftrag angegebene Code in das Feld „Lief. an Code“ übertragen. Beim Verlassen des Feldes wird dann die Anschrift des Kunden eingetragen. Für Bestellungen an die Firmenanschrift bleiben diese Felder leer.	
2-3	Reiter Fakturierung	
2-3-1	Felder „Kostenstellencode“, „Kostenträgercode“, „Zlg. Bedingungscode“ und „Zahlungsformcode“	Die einzelnen Felder wurden mit den Stammdaten des Kreditors vorbelegt. Sollen die Eintragungen geändert werden, ist mit **F6** die jeweilige Übersicht aufzurufen, eine neue Auswahl zu treffen und diese mit **OK** zu übernehmen.
2-3-2	Feld „Abwarten“	Dieses Feld muß zum Erzeugen einer Bestellung nicht ausgefüllt werden.
2-4	Reiter Außenhandel	
2-4-1	Feld „Währungscode“	Soll in einer Währung bestellt werden, die nicht den Einstellungen entspricht, ist mit **F6** in die Währungen zu verzweigen, die erforderliche Währung zu markieren und mit **OK** einzufügen.

	Wurde eine Währung ausgewählt, bei der der aktuelle Währungskurs eingegeben werden muß, ist der Assist-Button (...) im Feld „Währungscode“ anzuklicken und im Fenster Wechselkurs ändern im Feld „Wechselkursbetrag“ der Kurs zu aktualisieren. Dieser ist mit OK zu übernehmen.	
2-4-2	Felder „Art des Geschäfts“, „Verfahren“, „Verkehrsweg“, „Entladehafen“ und „Bestimmungsregion“	Die Eintragungen sind notwendig, wenn INTRASTAT-Meldungen durchgeführt werden müssen. Hierzu ist in allen Feldern mit F6 in die Übersicht zu verzweigen, die Auswahl zu treffen und mit OK zu bestätigen.
3	Bestellzeilen	
3-1	Spalte „Art“	Soll ein Artikel bestellt werden, ist mit F6 und Enter <Artikel> auszuwählen.
3-2	Spalte „Nr.“	Hier ist mit F6 in die Artikelübersicht zu verzweigen, die entsprechenden Artikel auszuwählen und mit OK zu übernehmen.
3-3	Spalten „Einheitencode“ und „EK-Preis“	Nach Verlassen der Spalte „Nr.“ werden diese Spalten mit den Werten aus der Artikelkarte gefüllt.
3-4	Spalte „Lagerortcode“	Die Eintragungen des Lagerortes wird aus dem Bestellkopf übernommen.
3-5	Spalte „Menge“	Hier ist die bestellte Menge einzutragen. Nach Verlassen dieser Spalte wird in der Spalte „Betrag“ der errechnete Wert aus Menge * EK-Preis – Rabatt eingetragen.
3-6	Spalte „Zeilenrabatt %“	Wurden Rabattsätze hinterlegt und wird in der Bestellmenge eine Rabattbedingung erfüllt, wird der Rabatt in dieser Spalte angezeigt. Er kann verändert oder manuell nachgetragen werden.
3-7	Spalten „Menge akt. Lieferung“ und „Menge akt. Rechnung“	Diese Spalten wurden automatisch mit der Bestellmenge gefüllt. Sie sind für die Buchung der Lieferung und Rechnung notwendig.
4	Drucken... und Drucken... oder Seitenansicht	Hier kann die Bestellung ausgedruckt werden.

3.1.4 Erledigte Bestellungen löschen

Normalerweise werden in NAVISION Financials nach dem vollständigen Liefern und Fakturieren die Bestellungen gelöscht. Werden jedoch mehrere Bestellungen gleichzeitig fakturiert, erfolgt dies nicht automatisch. Dann kann es notwendig sein, die erledigten Bestellungen zu einem späteren Zeitpunkt zu löschen.

Schritt	Aktion	Bemerkung
1	*Kreditoren & Einkauf / Periodische Aktivitäten / Erledigte Bestellungen löschen...*	Das Formular Erledigte Bestellungen löschen wird geöffnet.
2	Reiter Einkaufsbestellung	
2-1	Zeile „Nr.“; Spalte „Filter“	Ist die Nummer der Bestellung bekannt, so kann sie hier manuell eingetragen werden. Es ist auch eine Mehrfachauswahl (mit .. oder I) möglich.
2-2	Zeile „Eink. von Kred.-Nr.“; Spalte „Filter“	Hier kann mit **F6** die Kreditorenübersicht aufgerufen werden. Dort sind der entsprechende Kreditor oder die Kreditoren auszuwählen und mit OK zu übernehmen.
2-3	Zeile „Zahlung an Kred.-Nr.“; Spalte „Filter“	Hier kann ebenfalls mit **F6** in die Kreditorenübersicht verzweigt werden. Der entsprechende Kreditor oder die Kreditoren sind auszuwählen und mit OK zu übernehmen.
2-4		Durch Klicken auf diese Schaltfläche wird das Ergebnis der gesetzten Filter für die zu löschenden Bestellungen angezeigt.
2-5	**ESC**	Schließen des Vorschaufensters und zurück zum Formular Erledigte Bestellungen löschen.
3	OK	Die Stapelverarbeitung ist mit OK zu starten. Die ausgewählten Bestellungen werden gelöscht.
H	**HINWEIS:** Es werden nur die Bestellungen gelöscht, die vollständig fakturiert sind. Bestellungen, deren Lieferung und Fakturierung noch nicht abgeschlossen sind, können nicht gelöscht werden.	

3.1.5 Rahmenbestellungen erzeugen, bearbeiten und löschen

Hier wird dargestellt, welche Arbeitsschritte notwendig sind, um Rahmenbestellungen anzulegen. Außerdem wird gezeigt, wie aus Rahmenbestellungen einzelne Bestellungen erzeugt werden können und wie erledigte Rahmenbestellungen zu löschen sind.

Schritt	Aktion	Bemerkung
1	*Kreditoren & Einkauf / Rahmenbestellungen*	
2	Mit **F3** ist eine neue Rahmenbestellung zu erzeugen.	Die „Nr." der Rahmenbestellung wird automatisch vergeben, wenn **Tab** oder **Enter** gedrückt wird.
2-1	Im Feld „Eink. von Kred.-Nr." mit **F6** die Kreditorenübersicht aufrufen, den gewünschten Kreditor auswählen und mit OK bestätigen.	Beim Verlasen des Feldes werden die Felder unter den Reitern Allgemein, Fakturierung, Lieferung und Außenhandel mit den Daten aus dem Kreditorenstamm gefüllt.
2-2	Die Felder sind zu überprüfen und ggf. sind neue Einstellungen vorzunehmen.	
2-3	Feld „Belegdatum"	Das Feld „Belegdatum" wird mit dem Arbeitsdatum vorbelegt. Der Eintrag ist zu aktualisieren.
3	Spalte „Art"	In der Spalte „Art" ist <Artikel> auszuwählen und mit **Enter** zu bestätigen.
3-1	In der Spalte „Nr." ist mit **F6** die Artikelübersicht aufzurufen, der entsprechende Artikel auszuwählen und mit OK zu bestätigen.	(z.B. 70000) Beim Verlassen des Feldes wird der „Basiseinheitencode" und der „EK-Preis" (= EK-Preis (neuester)) aus der Artikelkarte automatisch angezeigt.
3-2	In die Spalte „Menge" ist die Gesamtanzahl der zu bestellenden Artikel einzutragen.	z.B. 1000 (Gesamtstückzahl der Rahmenbestellung)
3-3	Nach dem Verlassen des Spalte „Menge" wird der Wert in der Spalte „Betrag" errechnet.	Betrag := Menge * EK-Preis 48.100,37 := 1000 * 48,10037

3-4	In die Spalte „Menge akt. Lieferung“ wird der Wert aus der Spalte „Menge“ eingetragen.	
4	Drucken...	Hier kann die Rahmenbestellung auf einem Drucker oder auf dem Bildschirm ausgedruckt werden.
	Seitenansicht oder Drucken...	
5	**ESC**	
6	Teilbestellungen buchen	
6-1	Mengen für Teilbestellungen können in der Spalte „Menge akt. Lieferung“ eingegeben werden.	Hierzu ist der angegebene Wert (hier z.B. 1000) zu überschreiben und die Menge der Teillieferung (z.B. 500) einzutragen.
6-2	Im Rahmenbestellkopf ist im Feld „Bestelldatum“ das aktuelle Datum der Teilbestellung einzugeben.	
6-3	Bestellung erst.	
6-4	Die Frage: „Wollen Sie eine Bestellung aus der Rahmenbestellung erstellen?“ ist mit Ja zu beantworten.	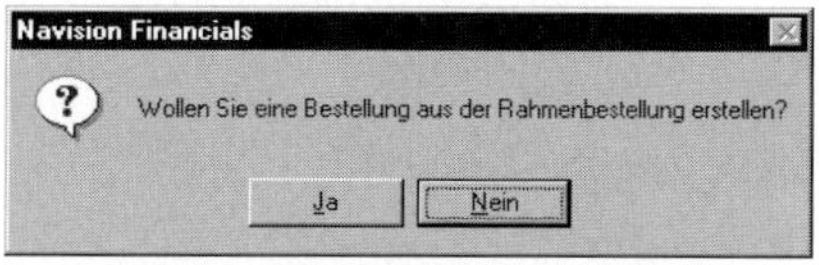
6-5	Danach erscheint eine Information, welche Bestellung aus der Rahmenbestellung erstellt wurde. Diese ist mit OK zu bestätigen.	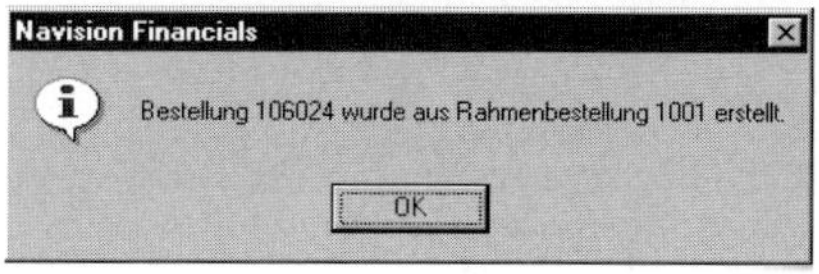
7	Zeile ▼ / *Nicht gebuchte Zeilen / Bestellungen*	Hier werden in den Einkaufszeilen die Bestellungen aus der Rahmenbestellung aufgelistet.
	ESC	

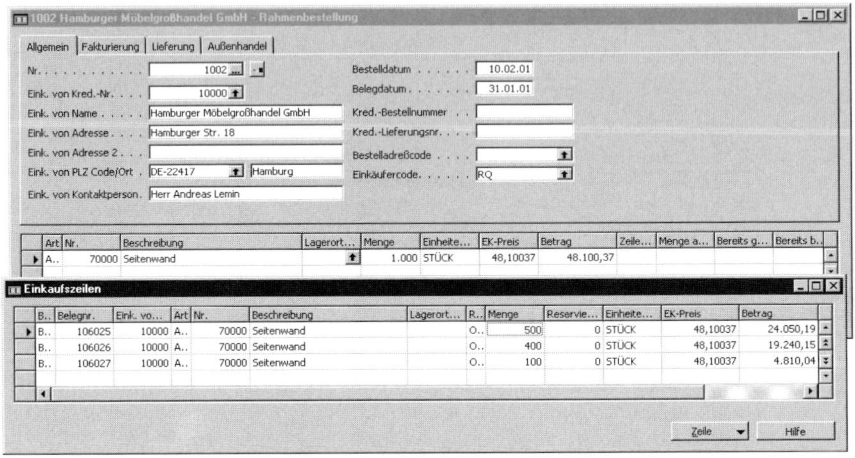

8	Spalte „Menge akt. Lieferung“	Wird hier eine Menge eingetragen, die die bereits bestellten Mengen aus der Rahmenbestellung überschreitet, kommt eine entsprechende Meldung. Sie beinhaltet die noch mögliche Restmenge.
	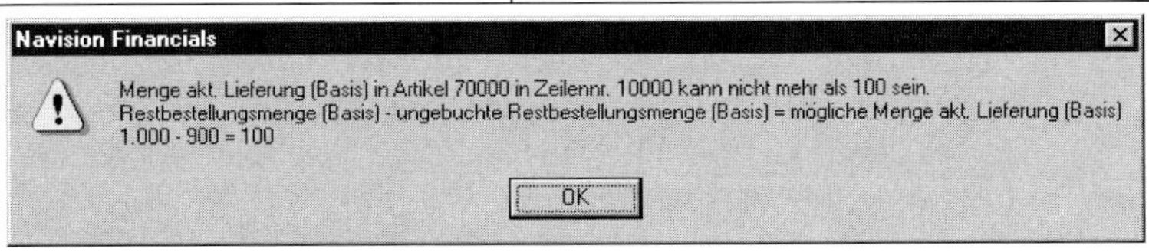 Die Meldung ist mit OK zu bestätigen.	
	ESC	
9	*Kreditoren & Einkauf / Bestellung*	
9-1	Bestellung▼ / *Übersicht*	Hier sind die Bestellungen herauszusuchen, die zur Rahmenbestellung gehören. Das kann z.B. mit den Suchfunktionen über das Feld „Nr.“ geschehen. Die Bestellung ist mit OK aufzurufen.
	Nun kann die Bestellung weiter bearbeitet werden wie unter Ablaufschemata 3.1.3 beschrieben.	

10	In den Bestellzeilen kann die Spalte „Rahmenbestellungsnr.“ Über *Ansicht / Spalte anzeigen...* angezeigt werden, um den Zusammenhang zwischen Bestellung und Rahmenbestellung deutlich zu machen.	
	Löschen von Rahmenbestellungen	
11	*Kreditoren & Einkauf / Rahmenbestellung*	Werden Teilforderungen und Teilrechnungen gebucht, wird der entsprechende Betrag automatisch in den Spalten „Bereits gelief. Menge“ und „Bereits berechn. Menge“ angezeigt.
12	Stimmen die Werte der Spalten „Menge“, „Bereits gelief. Menge“ und „Bereits berechn. Menge“ überein, ist die Rahmenbestellung abgearbeitet und kann gelöscht werden.	
12-1	*Kreditoren & Einkauf / Periodische Aktivitäten / Erledigte Rahmenbestellungen löschen...*	
12-2	Sollen nur für bestimmte Kreditoren die Rahmenbestellungen gelöscht werden, so ist für das Feld „Eink. von Kred.-Nr.“ mit **F6** und OK der entsprechende Filter einzustellen. Ansonsten bleiben die Felder leer.	
13-3	Die Stapelverarbeitung ist mit OK zu starten.	
H	**HINWEIS:** Es empfiehlt sich, vor der Stapelverarbeitung die erledigten Bestellungen zu löschen (*Kreditoren & Einkauf / Periodische Aktivitäten / Erledigte Bestellungen löschen...* und OK).	

3.2 Lieferung - Rechnung - Gutschrift

Warenlieferungen und Eingangsrechnungen können über Bestellungen und Rechnungen eingegeben werden. Hierzu werden die einzelnen Schritte zusammengefaßt und die Unterschiede herausgearbeitet. Es wird außerdem gezeigt, wie eine Kreditorengutschrift erstellt werden kann.

3.2.1 Buchen von Warenlieferungen

Aus den Bestellungen heraus können die Lieferungen und Rechnungen über den Menüpunkt Buchen▼ / *Buchen...* gebucht werden. Lieferungen und Rechnungen können zu unterschiedlichen Zeitpunkten oder gleichzeitig gebucht werden. Darüber hinaus sind Teillieferungen und Teilrechnungen möglich. Im folgenden wird nur die Lieferung gebucht.

Schritt	Aktion	Bemerkung
1	*Kreditoren & Einkauf / Bestellungen*	
2	Reiter Allgemein	
2-1	Feld „Nr."	Hier ist mit den Such- bzw. Filterfunktionen die Bestellung herauszusuchen, zu der die Lieferung gebucht werden soll, z.B. 106009.
2-2	Feld „Buchungsdatum"	Das Datum in diesem Feld ist zu aktualisieren. Es bestimmt, mit welchem Datum die Buchung in der Finanzbuchhaltung erfolgt.
2-3	Feld „Belegdatum"	Dieses Datum erscheint auf dem Lieferschein und ist ebenfalls zu aktualisieren.
3	Reiter Fakturierung	
3-1	Feld „Kostenstellencode"	Soll eine Kostenstelle zugeordnet werden, so ist in diesem Feld mit **F6** und OK eine auszuwählen.
3-2	Feld „Kostenträgercode"	Soll ein Kostenträger zugeordnet werden, so ist in diesem Feld mit **F6** und OK der entsprechende einzufügen.
3-3	Felder „Zlg.-Bedingungscode" und „Zahlungsformcode"	Die Inhalte dieser Felder sind zu überprüfen und ggf. zu ändern.

4	Reiter Lieferung	
4-1	Felder „Lief. an Name“, „Lief. an Adresse“, „Lief. an Adresse 2“ und „Lief. an PLZ Code / Ort“	Wenn die Lieferanschrift von der Firmenanschrift abweicht, sind diese Felder zu aktualisieren.
4-2	Felder „Lagerortcode“ und „Lieferbedingungscode“	Der Inhalt dieser Felder ist zu überprüfen und ggf. zu ändern.
4-3	Feld „Erwartetes Lieferdatum“	Hier ist das aktuelle Lieferdatum einzutragen.
5	Reiter Außenhandel	
	Feld „Währungscode“	Der Währungscode ist zu überprüfen und ggf. mit **F6** und OK zu ändern.
6	Bestellzeilen	
	Spalte „Menge akt. Lieferung“	In diese Spalte ist die aktuelle Liefermenge pro Artikel einzutragen. Soll eine Teillieferung erfolgen, so ist der vorgeschlagene Wert zu korrigieren. Erfolgt noch keine Lieferung, ist der Wert in dieser Spalte zu löschen.

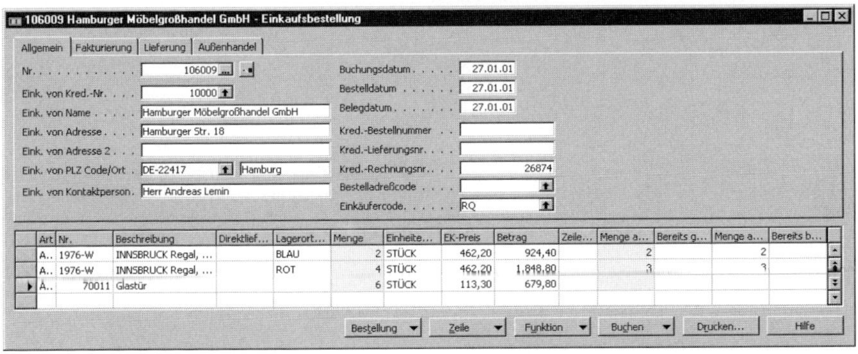

7	Buchen▼ / *Buchen...* Soll der Lieferschein mit gedruckt werden, ist Buchen▼ / *Buchen und Drucken...* zu wählen.	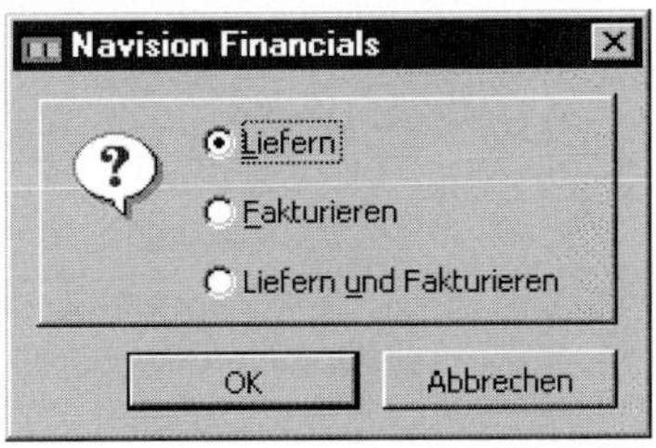
7-1	Hier ist die Option <Liefern> zu wählen.	

7-2	Die Buchung ist mit **OK** durchzuführen.	
AUSWIRKUNGEN		
8	Nach der Buchung wird die gelieferte Menge automatisch in die Spalte „Bereits gelieferte Menge“ übertragen. • Wurde ein Artikel vollständig geliefert, ist für diesen Artikel das Feld in der Spalte „Menge akt. Lieferung“ leer. • Erfolgte eine Teillieferung, wird in der Spalte „Bereits gelieferte Menge“ die ausgelieferte Warenmenge angezeigt. In der Spalte „Menge akt. Lieferung“ ist die Differenz zwischen „Menge“ und „Bereits gelieferte Menge“ ersichtlich. • Wurde ein Artikel noch nicht geliefert, bleibt das Feld in der Spalte „Bereits gelieferte Menge“ leer.	

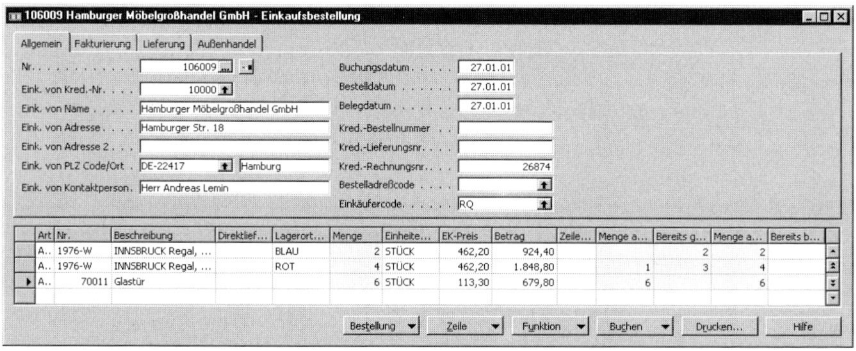

9	**ESC**	Zurück zum Hauptmenü.

3.2.2 Buchung von Eingangsrechnungen über Bestellungen

Nachdem die Lieferung erfaßt und gebucht wurde, kann direkt im Modul Bestellungen die Eingangsrechnung gebucht werden.

Schritt	Aktion	Bemerkung
1	*Kreditoren & Einkauf / Bestellungen*	
2	Bestellungskopf	
2-1	Felder „Nr." und „Eink. von Kred.-Nr."	Mit den Such- bzw. Filterfunktionen ist die Bestellung auszuwählen, für die eine Rechnung geschrieben werden soll.
2-2	Feld „Buchungsdatum"	Hier ist das Datum einzugeben, unter welchem die Buchungen in der Finanzbuchhaltung gebucht werden sollen.
2-3	Feld „Belegdatum"	Das eingetragene Datum ist zu aktualisieren.
2-4	Feld „Kred.-Rechnungsnr."	In dieses Feld ist die Belegnummer der Eingangsrechnung zu erfassen.
3	Bestellungszeilen	
3-1	Spalte „Menge"	Es ist zu prüfen, ob Teillieferungen durchgeführt werden. Ist dies der Fall, ist der Wert in der Spalte „Bereits gelief. Menge" kleiner als der Wert in dieser Spalte.
3-2	Spalte „Menge akt. Rechnung"	Diese Spalte ist mit dem Wert der Spalte „Menge" gefüllt. Sind Teillieferungen erfolgt, ist der Wert mit dem Wert aus der Spalte „Bereits gelief. Menge" zu überschreiben.
4	Buchen▼ / *Buchen...* oder **F11** Soll der Beleg mit gedruckt werden, ist Buchen▼ / *Buchen und Drucken...* zu wählen.	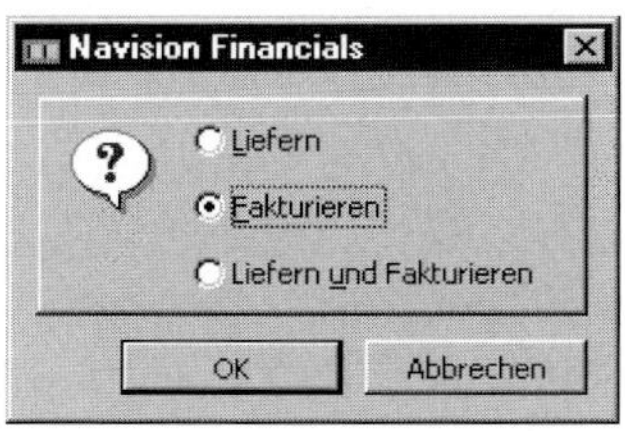
4-1	Hier ist die Option <Fakturieren> zu wählen.	

4-2	Die Buchung ist mit OK durchzuführen.	
AUSWIRKUNGEN		
5	Nach der Buchung wird die fakturierte Menge in die Spalte „Bereits berech. Menge" übertragen. In der Spalte „Menge akt. Rechnung" wird die Differenz zwischen „Menge" und „Bereits berech. Menge" eingetragen. Jetzt können weitere Lieferungen und Rechnungen gebucht werden. Wurde der Beleg vollständig fakturiert, wird er aus der Bestellübersicht automatisch gelöscht.	
6	**ESC**	Zurück zum Hauptmenü.
7	*Kreditoren & Einkauf / Gebucht Rechnungen*	Über die Such- bzw. Filterfunktion ist die entsprechende gebuchte Eingangsrechnung auszuwählen.
7-1	Drucken...	Der Beleg kann über diese Funktion zu jedem Zeitpunkt ausgedruckt werden.
7-2	Drucken... oder Seitenansicht	
7-3	**ESC**	Zurück zum Hauptmenü.

3.2.3 Buchen von Eingangsrechnungen über Rechnungen

Wurden mehrere Lieferungen aus unterschiedlichen Bestellungen in einer Eingangsrechnungen fakturiert, so ist dies über Rechnungen abzubilden. Weiterhin ist die Einbuchung von Anlagengütern über Rechnungen möglich.

Schritt	Aktion	Bemerkung
1	*Kreditoren & Einkauf / Rechnungen*	
2	Rechnungskopf	
2-1	Reiter Allgemein	
2-1-1	Feld „Nr.“	Mit F3 ist eine neue Rechnung zu erzeugen. Wurde eine Nummernserie hinterlegt, wird beim Verlassen des Feldes automatisch eine Nummer vergeben.
2-1-2	Im Feld „Eink. von Kred.-Nr.“ ist mit F6 in die Kreditorenübersicht zu verzweigen, der entsprechende Kreditor auszuwählen und dieser mit OK zu übernehmen.	Beim Verlassen dieses Feldes werden die Eintragungen in den Reitern Allgemein, Fakturierung und Außenhandel mit den Stammdaten des ausgewählten Kreditoren vorbelegt. Diese sind zu prüfen und ggf. zu ändern.
2-1-3	Feld „Buchungsdatum“	Hier ist das Datum einzugeben, an dem die Buchungen in die Finanzbuchhaltung übertragen werden.
2-1-4	Feld „Belegdatum“	In dieses Feld ist das Datum der Einkaufsrechnung einzugeben.
2-1-5	Feld „Kred.-Rechnungsnr.“	Die Belegnummer der Einkaufsrechnung ist einzutragen.
	Rechnungszeilen	

⇒ Wenn mehrere Lieferungen fakturiert werden sollen, weiter mit Schritt 3.

⇒ Die Buchung einer Einkaufsrechnung für ein Anlagegut, weiter mit Schritt 4.

⇒ Bei einer gleichzeitigen Buchung von Lieferung und Rechnung, weiter mit Schritt 5.

⇒ Für die Buchung auf Sachkonten, weiter mit Schritt 6.

3	Fakturierung mehrerer Lieferungen	
3-1	Funktion▼ / *Lieferung holen...*	Über die Such- und Filterkriterien ist die entsprechende Lieferung auszuwählen und mit OK in die Rechnung zu übernehmen.
H	**HINWEIS:** Es ist jede Lieferung einzeln auszuwählen und mit OK zu bestätigen. Weiterhin ist darauf zu achten, daß der Währungscode der Lieferung mit dem Währungscode der Rechnung übereinstimmt.	
3-2	Rechnung▼ / *Statistik* oder **F9**	Hier können die eingegebenen Netto-, Steuer- oder Bruttowerte mit den Angaben auf dem Rechnungsbeleg abgestimmt werden.
3-3	**ESC**	Zurück zu den Rechnungen.
3-4	Buchen▼ / *Buchen...* oder **F11**	Die Frage: „Wollen Sie die Rechnung buchen?" ist mit Ja zu beantworten.
H	**HINWEIS:** Nachdem die Buchung beendet wurde, werden der Rechnungskopf und die Rechnungszeilen gelöscht. Der gebuchte Beleg kann über *Kreditoren & Einkauf / Gebuchte Rechnungen* angezeigt werden.	
3-5	**ESC**	Zurück zum Hauptmenü.
4	Buchen von Anlagen	
4-1	Spalte „Art"	Es ist mit **F6** <WG/Anlage> auszuwählen und mit **Enter** zu bestätigen.
4-2	Spalte „Nr."	Hier ist mit **F6** in die Anlagenübersicht zu verzweigen, die Anlage auszuwählen und mit OK zu übernehmen.
4-3	Spalte „Beschreibung"	Nach Verlassen der Spalte „Nr." wird die Beschreibung der Anlage in diese Spalte übertragen. Der Text kann verändert werden.
4-4	Spalte „Lagerortcode"	Der Lagerortcode wird automatisch aus dem Rechnungskopf in die Rechnungszeilen übertragen.
H	**HINWEIS:** Bevor hier eine Anlage ausgewählt werden kann, muß im Anlagenmodul eine Anlagenkarte mit den entsprechenden Einstellungen angelegt worden sein (*Anlagen / Anlagen*).	

4-5	Spalte „Menge“	Hier ist eine 1 einzutragen, da pro Anlagenkarte nur eine Anlage gebucht werden kann.
4-6	Spalte „Einheitencode“	Diese Spalte bleibt leer.
4-7	Spalte „EK-Preis“	Hier ist der Nettowert der Rechnung einzugeben.
4-8	Spalte „Betrag“	Diese Spalte wird automatisch gefüllt, wenn die Spalte „EK-Preis“ verlassen wird (Betrag = Menge * EK-Preis).
4-9	Die Spalte „Anlage Buchungsart“ ist über *Ansicht / Spalte anzeigen…* einzufügen. (Vor der Spalte einen Haken setzen und mit OK anzeigen.)	Diese Spalte ist mit <Anschaffung> vorbelegt.
4-10	Buchen ▼ / *Buchen…* oder **F11**	Die Frage: „Wollen Sie die Rechnung buchen?“ ist mit Ja zu beantworten.
4-11	**ESC**	Zurück zum Hauptmenü.
5	Gleichzeitiges Buchen von Lieferung und Rechnung	
5-1	Spalte „Art“	Hier ist mit **F6** <Artikel> auszuwählen und mit **Enter** zu bestätigen.
5-2	Spalte „Nr.“	Mit **F6** in die Artikelübersicht verzweigen, den entsprechenden Artikel auswählen und mit OK bestätigen.
5-3	Spalten „Einheitencode“ und „EK-Preis“	Nach Verlassen der Spalte „Nr.“ werden diese Spalten mit den Werten aus der Artikelkarte aktualisiert. Die Werte können geändert werden
5-4	Spalte „Lagerort“	Der Lagerort wird aus dem Rechnungskopf übernommen.
5-5	Spalten „Menge“	In die Spalte „Menge“ ist die Rechnungsmenge einzutragen.
5-6	Spalte „Betrag“	Nach Verlassen der Spalte „Menge“ wird hier automatisch ein Wert eingetragen. (Betrag = Menge * EK-Preis)
5-7	Spalte „Zeilenrabatt %“	Wurden Rabatte hinterlegt, werden diese in die Spalte „Zeilenrabatt %“ eingetragen.

5-8	Buchen▼ / *Buchen...* oder F11	Die Frage: „Wollen Sie die Rechnung buchen?“ ist mit Ja zu beantworten.
5-9	**ESC**	Zurück zum Hauptmenü.
6	Buchung auf Sachkonten	
6-1	Spalte „Art“	Hier ist mit **F6** <Sachkonto> auszuwählen und mit **Enter** zu bestätigen.
6-2	Spalte „Nr.“	Mit **F6** aus der Sachkontenübersicht das entsprechende Konto auswählen und mit OK bestätigen.
6-3	Spalte „Beschreibung“	Nach Verlassen der Spalte „Nr.“ wird in diese Spalte automatisch der Name des Sachkontos eingetragen, der Text kann geändert werden.
6-4	Spalte „Menge“	Hier ist eine 1 einzugeben, da das Sachkonto nur mit einem Wert bebucht werden soll.
6-5	Spalte „Einheitencode“	Diese Spalte muß nicht ausgefüllt werden.
6-6	Spalte „EK-Preis“	Hier ist der Nettowert der Rechnung einzugeben. Nach Verlassen dieser Spalte wird die Spalte „Betrag“ aktualisiert . (Betrag = Menge * EK-Preis)
6-7	Buchen▼ / *Buchen...* oder F11	Die Frage: „Wollen Sie die Rechnung buchen?“ ist mit Ja zu beantworten.
H	**HINWEIS:** Soll im Rechnungsmodul direkt auf Sachkonten zugegriffen werden, müssen in der Sachkontenkarte die entsprechenden Einstellungen vorgenommen worden sein. Das heißt, das Konto muß direkt bebuchbar und die Produkt- und MwSt Produktbuchungsgruppe müssen eingetragen worden sein.	
6-8	**ESC**	Zurück zum Hauptmenü.

3.2.4 Buchen einer Kreditorengutschrift

Muß eine erhaltene Warenlieferung wieder zurückgeführt werden, ist hierfür eine Gutschrift zu buchen.

Schritt	Aktion	Bemerkung
1	*Kreditoren & Einkauf / Gutschriften*	
2	Reiter Allgemein	
2-1	Den Cursor im Feld „Nr.“ positionieren.	Mit **F3** ist eine neue Gutschrift zu erzeugen.
2-2	Beim Verlassen des Feldes „Nr.“ mit z.B. **Enter** wird eine neue Nummer vergeben.	Ist keine Nummernserie hinterlegt, muß die Gutschriftsnummer manuell eingetragen werden.
2-3	Funktion ▼ / *Beleg kopieren…*	
2-3-1	Feld „Belegart“	Mit **F6** und **Enter** ist hier <Gebuchte Rechnung> zu wählen.
2-3-2	Feld „Belegnr.“	Mit **F6** sind die gebuchten Einkaufsrechnungen aufzurufen, mit den Such- bzw. Filterfunktionen ist der gewünschte Beleg herauszusuchen und mit OK zu übernehmen.
2-3-3	Feld „Inklusive Kopf“	Da der Belegkopf auch in die Gutschrift kopiert werden soll, ist ein Haken zu setzen.
2-3-4	Feld „Zeilen neuberechnen“	Hier ist ebenfalls ein Haken zu setzen.
2-3-5	OK	Der Gutschriftskopf und die -zeilen werden mit den Werten aus der gebuchten Rechnung gefüllt.
2-4	Felder „Buchungsdatum“ und „Belegdatum“	Diese Daten sind zu aktualisieren.
2-5	Feld „Kred.-Gutschriftsnr.“	Hier ist die Nummer der Kreditorengutschrift einzugeben.
3	Reiter Fakturierung	
3-1	Feld „Ausgleich-mit Belegart“	<Rechnung> wurde automatisch eingetragen.

3-2	Feld „Ausgleich-mit Belegnr.“	Die entsprechende Belegnr. der gebuchten Rechnung wurde hier zugeordnet. Dadurch wird eine Verbindung zwischen Gutschrift und Rechnung sichergestellt. Das bedeutet, die Gutschrift wird gegen den offenen Rechnungsposten ausgebucht.
3-3	Über *Extras / Designer* ist das Feld „Storno“ im Formularkopf einzufügen.	Damit die Jahresverkehrszahlen richtig erfaßt werden, ist in dieses Feld ein Haken zu setzen.

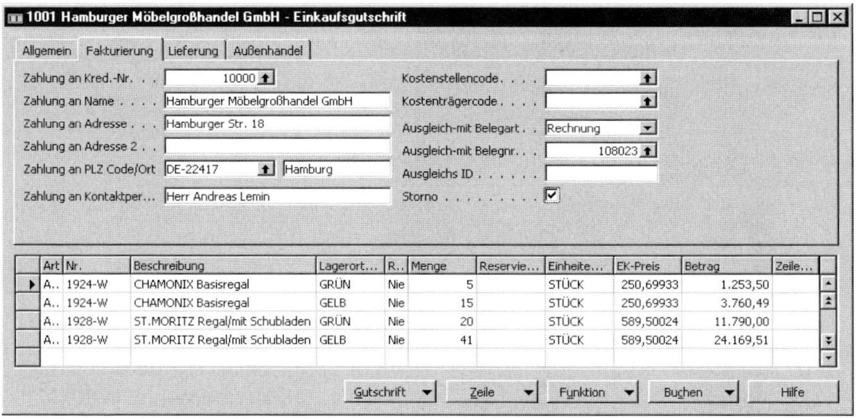

H	Buchung ohne Stornohaken S Wareneinkauf H: (Haben) BETRAG S Verbindlichkeiten H: (Soll) BETRAG Buchung mit Stornohaken S Wareneinkauf H: (Soll) - BETRAG S Verbindlichkeiten H: (Haben) - BETRAG	
4	**Buchen▼** / *Buchen...* oder **F11**	
4-1	Ja	Die Frage: „Wollen Sie die Gutschrift buchen?“ ist mit Ja zu beantworten.
5	**ESC**	Zurück zum Hauptmenü.

Kapitel 4 - Lager und Artikel

An unterschiedlichen Artikel Buch.-Blättern wird gezeigt, wie Zu- und Abgänge, Umlagerungen und Inventurbuchungen durchzuführen sind. Weiterhin werden in diesem Kapitel die Arbeitsschritte für das Durchführen der Lagerregulierung erläutert. Es wird in Ablaufschemata die Veränderung der VK-Preise beschrieben. Darüber hinaus wird erläutert wie Mengenrabatte angelegt und angewendet werden.

4.1 Lagerregulierung

Die Lagerregulierung in NAVISION Financials setzt sich aus den Stapelverarbeitungen Lagerreg. fakt. Einst. Preise... und Lagerreg. buchen... zusammen. Es werden die Voraussetzungen für die Lagerregulierung erläutert. Anhand von Beispieldaten wird die Lagerregulierung durchgeführt. Hierbei werden Artikel mit der Lagerabgangsmethode FIFO zugrunde gelegt.

Als Beispiele werden folgende Geschäftsvorfälle angenommen:

Beispiel 1: (Einkauf)

Es wurden am 20.01.00 zehn Artikel Cronus1 zum EK-Preis von 100,00 DM pro Artikel eingekauft (Lieferung und Rechnung).

Beispiel 2: (Einkauf)

Es wurden am 25.01.00 vier Artikel Cronus1 geliefert (nur Lieferung).

Beispiel 3: (Verkauf)

Am 30.01.00 wurden elf Artikel Cronus1 verkauft (Lieferung und Rechnung).

Beispiel 4: (Verkauf)

Am 31.01.00 wurden zwei Artikel Cronus1 ausgeliefert (nur Lieferung).

Beispiel 4: (Einkauf)

Am 31.01.00 wird die Eingangsrechnung für die bereits 4 gelieferten Artikel gebucht.

4.1.1 Voraussetzung für die Lagerregulierung und Erläuterung eines Beispiels

Damit der Lagerwert ermittelt werden kann, müssen folgende Bedingungen erfüllt sein:

- Die Artikelbewegungen müssen über Artikel Buch.-Blätter, Einkaufs- bzw. Verkaufsrechnungen gebucht worden sein.
    - *Lager / Artikel Buch.-Blätter* bzw. *Lager / Inventur Buch.-Blätter*
    - *Debitoren & Verkauf / Aufträge* oder *Debitoren & Verkauf / Rechnungen* oder *Debitoren & Verkauf / Gutschriften*
    - *Kreditoren & Einkauf / Bestellungen* oder *Kreditoren & Einkauf / Rechnungen* oder *Kreditoren & Einkauf / Gutschriften*
- Jedem Artikel muß eine Lagerbuchungsgruppe zugeordnet sein, und jeder Lagerbuchungsgruppe ist ein Sachkonto (Lagerkonto) zuzuweisen.
    - *Lager / Artikel* Reiter Fakturierung
    - *Lager / Einrichtung / Lagerbuchungsgruppen*
- In der Buchungsmatrix Einrichtung sind die Konten für Lagerverbrauch und Lagerkorrektur anzugeben.
    - *Finanzbuchhaltung / Einrichtung / Buchungsmatrixgruppen / Buchungsmatrix Einrichtung*

<table>
<tr><th>Schritt</th><th>Aktion</th><th>Bemerkung</th></tr>
<tr><td>1</td><td>Kreditoren & Einkauf / Bestellungen</td><td></td></tr>
<tr><td>zu Bsp.1</td><td colspan="2">Bei Einkaufrechnungen ermittelt sich der Einstandspreis wie folgt:
Einstandspreis := EK-Preis – Rabatte + Kosten
Beim Fakturieren der Einkaufsrechnung wird die zu fakturierende Menge mit dem Einkaufspreis multipliziert und als fakturierter Wert angesetzt.
Lagerwert reguliert (fakt. Menge) := 10 * 100,00 = 1.000,00</td></tr>
<tr><td>zu Bsp.2</td><td colspan="2">Der Einstandspreis wird auf der Artikelkarte eingetragen. Erfolgt nur eine Lieferung ohne Rechnung, wird die gelieferte Menge mit dem Einstandspreis aus der Karte multipliziert und in die Spalte „Lagerwert reguliert Menge“ übertragen. Das ist die Grundlage für den Lagerwert.
Lagerwert reguliert (Menge) := 4 * 100,00 = 400,00</td></tr>
<tr><td>2</td><td>Debitoren & Verkauf / Aufträge</td><td></td></tr>
</table>

zu Bsp.3 und 4	Für die Lieferung und Rechnung im Verkauf wird unabhängig von der Lagerabgangsmethode der Einstandspreis auf der Artikelkarte, d.h. ein durchschnittlicher Einstandspreis, herangezogen. Bsp. 3: 11 * 100,00 = 1.100,00 Bsp. 4: 2 * 100,00 = 200,00	
3	*Lager / Artikel* Artikel▼ / *Posten / Posten*	Zum besseren Verständnis müssen die Spalten „Lagerwert reguliert (Menge)" und „Lagerwert reguliert (fakt. Menge)" über *Extras / Designer* mit angezeigt werden.
3-1	Spalte „Gebuchter Lagerwert"	Beim Artikel Cronus1 sind vier Artikelposten erzeugt worden. In der Spalte „Gebuchter Lagerwert" ist bei allen Posten der Wert 0,00 eingetragen, da noch kein Lagerwert ermittelt wurde.
3-2	Spalte „Einstandspreis"	Bei allen 4 Artikelposten wurde in die Spalte „Einstandspreis" ein Wert von 100,00 eingetragen.

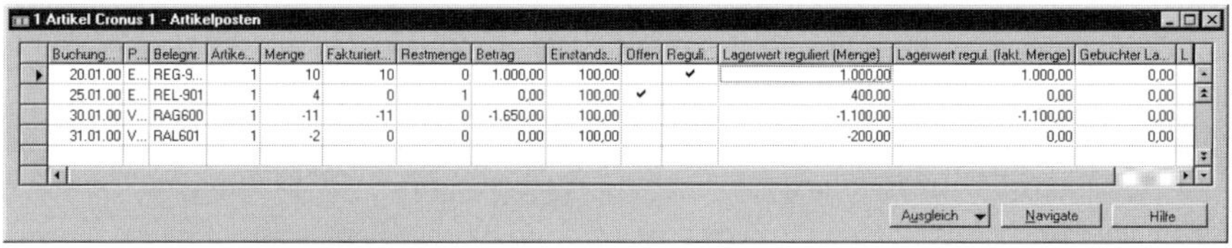

1 Artikel Cronus 1 - Artikelposten

Buchung...	P...	Belegnr.	Artike...	Menge	Fakturiert...	Restmenge	Betrag	Einstands...	Offen	Reguli...	Lagerwert reguliert (Menge)	Lagerwert regul. (fakt. Menge)	Gebuchter La...	L
20.01.00	E...	REG-9...	1	10	10	0	1.000,00	100,00		✔	1.000,00	1.000,00	0,00	
25.01.00	E...	REL-901	1	4	0	1	0,00	100,00	✔		400,00	0,00	0,00	
30.01.00	V...	RAG600	1	-11	-11	0	-1.650,00	100,00			-1.100,00	-1.100,00	0,00	
31.01.00	V...	RAL601	1	-2	0	0	0,00	100,00			-200,00	0,00	0,00	

4	*Kreditoren & Einkauf / Bestellungen*	
zu Bsp.5	Am 31.01.00 wird die Rechnung für die bereits 4 gelieferten Artikel gebucht. EK-Preis = 200,00 DM pro Artikel	
4-1	Nach dieser Buchung ist auf der Artikelkarte unter dem Menübutton Posten▼ / *Posten* ein weiterer Artikelposten erzeugt worden. Dieser Posten hat in der Spalte „Lagerwert reguliert (fakt. Menge)" den Wert 800,00 (4 * 200,00).	

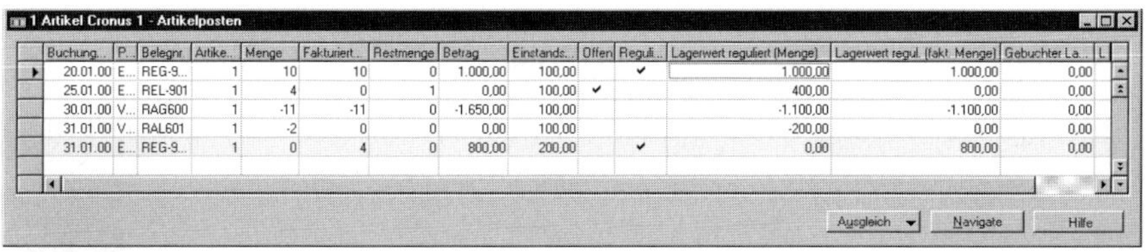

1 Artikel Cronus 1 - Artikelposten

Buchung...	P...	Belegnr.	Artike...	Menge	Fakturiert...	Restmenge	Betrag	Einstands...	Offen	Reguli...	Lagerwert reguliert (Menge)	Lagerwert regul. (fakt. Menge)	Gebuchter La...	L
20.01.00	E...	REG-9...	1	10	10	0	1.000,00	100,00		✔	1.000,00	1.000,00	0,00	
25.01.00	E...	REL-901	1	4	0	1	0,00	100,00	✔		400,00	0,00	0,00	
30.01.00	V...	RAG600	1	-11	-11	0	-1.650,00	100,00			-1.100,00	-1.100,00	0,00	
31.01.00	V...	RAL601	1	-2	0	0	0,00	100,00			-200,00	0,00	0,00	
31.01.00	E...	REG-9...	1	0	4	0	800,00	200,00		✔	0,00	800,00	0,00	

4.1.2 Lagerregulierung – fakturierte Einstandspreise

Die Stapelverarbeitung Lagerreg. fakt. Einst. Preise paßt im Einkauf den Lagerwert dem tatsächlichen Lagerwert der Fakturierung an und ordnet im Verkauf entsprechend der Lagerabgangsmethode dem Verkaufsposten den zugehörigen Einkaufsposten zu.

<table>
<tr><th>Schritt</th><th>Aktion</th><th>Bemerkung</th></tr>
<tr><td>1</td><td>*Artikel / Periodische Aktivitäten / Lagerreg. fakt. Einst. Preise*</td><td></td></tr>
<tr><td>1-1</td><td>Die Felder „Startdatum“ und „Enddatum“ bleiben leer.</td><td>ACHTUNG: Keine Einträge in „Startdatum“ und „Enddatum“ durchführen. Nur so ist sichergestellt, daß das System alle noch nicht regulierten Posten in die Stapelverarbeitung mit einbezieht.</td></tr>
<tr><td>1-2</td><td>Die Eingaben sind mit OK zu bestätigen.</td><td>
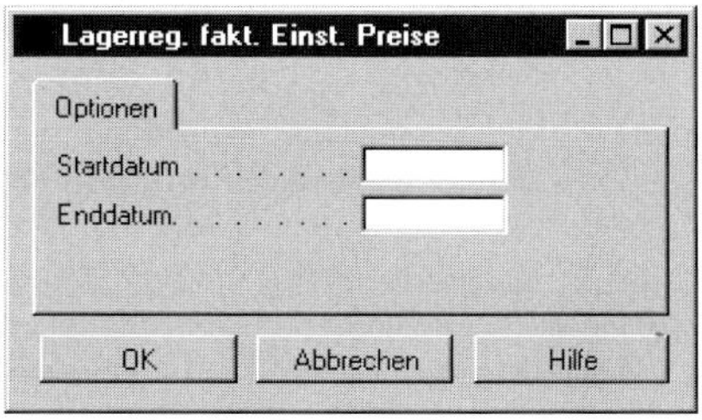

</td></tr>
<tr><td colspan="3">AUSWIRKUNGEN</td></tr>
<tr><td>2</td><td colspan="2">Die Stapelverarbeitung reguliert den Einstandspreis.</td></tr>
<tr><td>2-1</td><td colspan="2">Einkauf: Für die Artikelposten des Einkaufs bewirkt die Stapelverarbeitung die Anpassung des Lagerwertes auf den tatsächlichen Lagerwert der Fakturierung, soweit die Einkaufsrechnung schon gebucht wurde.</td></tr>
<tr><td>zu Bsp. 2</td><td colspan="2">Das heißt für das Beispiel (nur Einkaufslieferung), der Betrag wird in der Spalte „Lagerwert reguliert (Menge)“ von 400,00 auf 800,00 verändert.</td></tr>
<tr><td>2-2</td><td colspan="2">Verkauf: Für die Artikelposten des Verkaufs wird der Lagerwert entsprechend der gewählten Lagerabgangsmethode ermittelt. Das bedeutet, die Stapelverarbeitung ordnet dem Verkaufposten den zugehörenden Einkaufsposten zu und paßt die Beträge in den Spalten „Lagerwert reguliert (Menge)“ und „Lagerwert reguliert (fakt. Menge)“ den tatsächlichen Einstandspreisen an.</td></tr>
</table>

zu Bsp. 3	Für das Beispiel 3 bedeutet dies, daß die Werte in den Spalten „Lagerwert reguliert (Menge)“ und „Lagerwert reguliert (fakt. Menge)“ auf 1.200,00 verändert werden. Ein Artikel ist der Lieferung vom 25.01.00 mit dem tatsächlichen Einstandspreis von 200,00 zuzuordnen.
zu Bsp. 4	Für die Auslieferung wird der Betrag in der Spalte „Lagerwert reguliert (Menge)“ auf 400,00 erhöht.
3	*Lager / Artikel* Artikel▼ / *Posten / Posten*

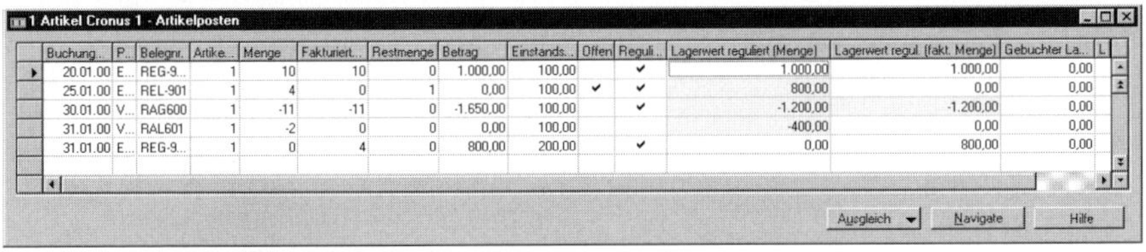

1 Artikel Cronus 1 - Artikelposten

Buchung..	P..	Belegnr.	Artike...	Menge	Fakturiert...	Restmenge	Betrag	Einstands...	Offen	Reguli...	Lagerwert reguliert (Menge)	Lagerwert regul. (fakt. Menge)	Gebuchter La...	L
20.01.00	E...	REG-9...	1	10	10	0	1.000,00	100,00		✔	1.000,00	1.000,00	0,00	
25.01.00	E...	REL-901	1	4	0	1	0,00	100,00	✔	✔	800,00	0,00	0,00	
30.01.00	V...	RAG600	1	-11	-11	0	-1.650,00	100,00		✔	-1.200,00	-1.200,00	0,00	
31.01.00	V...	RAL601	1	-2	0	0	0,00	100,00			-400,00	0,00	0,00	
31.01.00	E...	REG-9...	1	0	4	0	800,00	200,00		✔	0,00	800,00	0,00	

Ausgleich ▼ | Navigate | Hilfe

H

HINWEIS: Ein Artikelzugang entspricht einem Einkauf, ein Artikelabgang entspricht einem Verkauf.

Monat	Artikelposten	Lagerregulierung fakt. Einstandspreis
01	Einkauf Verkauf Einkauf	◄ ◄ ◄
02	Verkauf Einkauf Verkauf Einkauf	◄ ◄ ◄ ◄
03	Einkauf Verkauf Verkauf	◄ ◄ ◄
...	...	...

Mit dieser Stapelverarbeitung erfolgen noch keine Buchungen in der Finanzbuchhaltung. Bei allen Artikelposten ist der gebuchte Lagerwert immer noch 0,00. Die Buchung erfolgt erst durch die Stapelverarbeitung Lagerreg. buchen....

4.1.3 Lagerregulierung buchen

Mit der Stapelverarbeitung Lagerreg. buchen... werden die Lagerwerte in der Finanzbuchhaltung erfaßt und gebucht. Bei den fakturierten Artikelposten wird der gebuchte Lagerwert in der gleichlautenden Spalte angezeigt.

Schritt	Aktion	Bemerkung
1	*Lager / Periodische Aktivitäten / Lagerregulierung buchen...*	
1-1	Reiter Artikelposten	
1-1-1	Zeile „Buchungsdatum“, Spalte „Filter“	Hier kann ein „bis Datum“ (z.B. ..31.12.00) eingegeben werden. Dies bedeutet, alle Posten bis zu diesem Datum werden in die Stapelverarbeitung einbezogen. Der Standardfall ist jedoch keine Eintragung, dann werden alle Posten berücksichtigt.
1-1-2	Zeile „Produktbuchungsgruppe“, Spalte „Filter“ Den Cursor in der Spalte „Feld“ positionieren, mit F6 in die Artikelposten-Feldliste verzweigen, Produktbuchungsgruppe auswählen und mit OK bestätigen.	Sollen nicht alle Produktbuchungsgruppen in die Stapelverarbeitung einbezogen werden, ist hier die entsprechende Einschränkung vorzunehmen. Bleibt das Feld leer werden alle Artikel verwendet.
	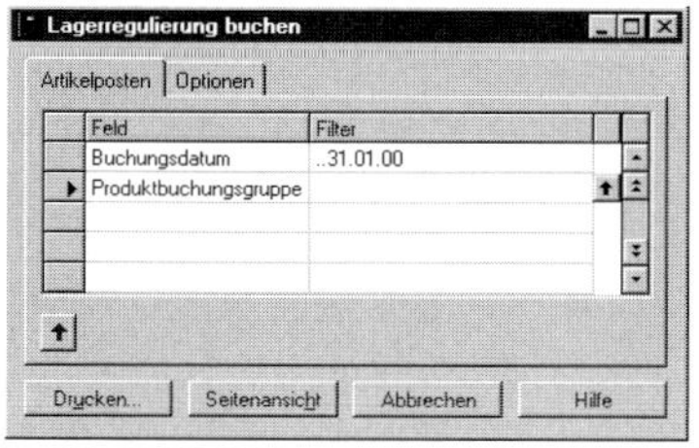	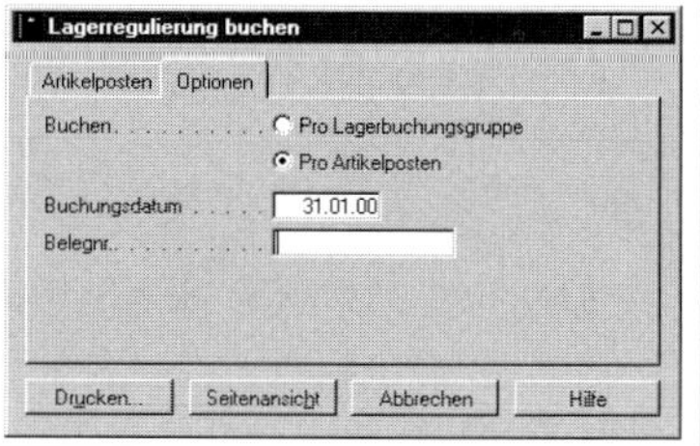
1-2	Reiter Optionen	
1-2-1	Feld „Buchen“, Option <Pro Lagerbuchungsgruppe>	Wird die Option <Pro Lagerbuchungsgruppe> aktiviert, werden die Buchungen in der Finanzbuchhaltung für jede Lagerbuchungsgruppe summiert gebucht.
1-2-2	Feld „Buchen“, Option <Pro Artikelposten>	Wird <Pro Artikelposten> aktiviert, erfolgen die Buchungen einzeln. Dies ist für eine bessere Nachvollziehbarkeit zu empfehlen.

1-2-3	Feld „Buchungsdatum“	Hier ist das Datum anzugeben, an dem die Buchung erfolgen soll.
1-2-4	Feld „Belegnr.“	Hier ist nur eine Nummer anzugeben, wenn <Pro Lagerbuchungsgruppe> gebucht werden soll.

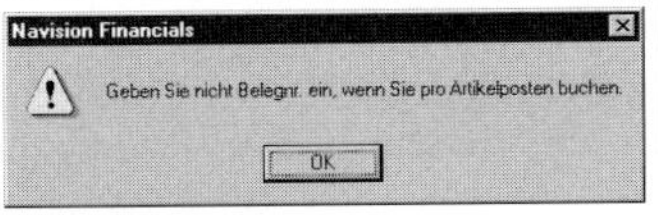

2	Drucken... oder Seitenansicht	Jetzt werden die Buchungen direkt in der Finanzbuchhaltung gebucht. Um einen Beleg für die Unterlagen zu erhalten, sollte Drucken... gewählt werden.

Lagerregulierung buchen 16. Juli 2000

Gebuchte pro Artikelposten Seite 1

CRONUS2

Buchungsdatum 31.01.00

Artikelposten: Buchungsdatum: ..31.01.00

Lfd. Nr.	Postenart	Belegnr.	Herkunftsnr.	Lagerbuchu	Buchung	Lagerverbrauc	Justierung	Lager
Artikel								
1	Artikel Cronus 1							
1	Einkauf	REG-900	9000	FERTIG	20.01.00		-1.000,00	1.000,00
3	Verkauf	RAG600	6000	FERTIG	30.01.00	1.200,00		-1.200,00
5	Einkauf	REG-901	9000	FERTIG	31.01.00		-800,00	800,00
		Lagerregulierung buchen				1.200,00	-1.800,00	600,00

AUSWIRKUNGEN		
3	*Lager / Artikel* Artikel▼ / *Posten / Posten*	Für die fakturierten Artikelposten wird der Lagerwert in der Spalte „Gebuchter Lagerwert“ abgebildet.

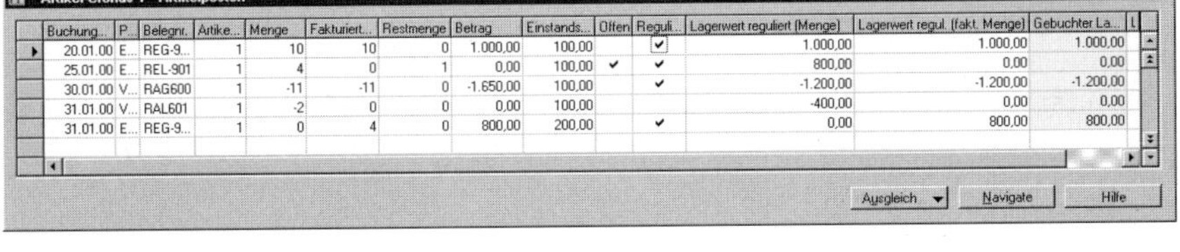

Buchung...	P...	Belegnr.	Artike...	Menge	Fakturiert...	Restmenge	Betrag	Einstands...	Offen	Reguli...	Lagerwert reguliert (Menge)	Lagerwert regul. (fakt. Menge)	Gebuchter La...
20.01.00	E...	REG-9...	1	10	10	0	1.000,00	100,00		✔	1.000,00	1.000,00	1.000,00
25.01.00	E...	REL-901	1	4	0	1	0,00	100,00	✔	✔	800,00	0,00	0,00
30.01.00	V...	RAG600	1	-11	-11	0	-1.650,00	100,00		✔	-1.200,00	-1.200,00	-1.200,00
31.01.00	V...	RAL601	1	-2	0	0	0,00	100,00			-400,00	0,00	0,00
31.01.00	E...	REG-9...	1	0	4	0	800,00	200,00		✔	0,00	800,00	800,00

	2 x **ESC**	Zurück zum Hauptmenü.
4	*Finanzbuchhaltung / Journale* Journale▼ / *Sachposten*	Hier ist das entsprechende Journal herauszusuchen. Der Herkunftscode ist LWERTBUCH.
4-1	Sachposten <Pro Artikelposten>	

Sachposten

Buchungsdatum	B...	Belegnr.	Sachkontonr.	Beschreibung	Buchungsart	G...	P...	Betrag	G...	Lfd. Nr.
31.01.00		REG-900	2120	Einkauf 9000 an 20.01.00				1.000,00	S...	15
31.01.00		REG-900	7170	Einkauf 9000 an 20.01.00				-1.000,00	S...	16
31.01.00		RAG600	2120	Verkauf 6000 an 30.01.00				-1.200,00	S...	17
31.01.00		RAG600	7190	Verkauf 6000 an 30.01.00				1.200,00	S...	18
31.01.00		REG-901	2120	Einkauf 9000 an 31.01.00				800,00	S...	19
31.01.00		REG-901	7170	Einkauf 9000 an 31.01.00				-800,00	S...	20

Navigate Hilfe

4-2	Sachposten <Pro Lagerbuchungsgruppe>

Sachposten

Buchungsdatum	B...	Belegnr.	Sachkontonr.	Beschreibung	Buchungsart	G...	P...	Betrag	G...	Lfd. Nr.
31.01.00		LAG 01/00	2120	Regul. von BuchGr. FERTIG				1.800,00	S...	15
31.01.00		LAG 01/00	7170	Regul. der Buchungsmatrix NATIONAL,HANDEL				-1.800,00	S...	16
31.01.00		LAG 01/00	2120	Lagerverbrauch von Buchungsgruppe FERTIG				-1.200,00	S...	17
31.01.00		LAG 01/00	7190	Lagerverbrauch Buchungsmatrix NATIONAL,HANDEL				1.200,00	S...	18

Navigate Hilfe

4-3	Am gezeigten Beispiel hat der Warenbestand am 31.01.00 einen Wert von 600,00.	
4-4	2 x **ESC**	Zurück zum Hauptmenü.
5	*Finanzbuchhaltung / Kontenplan* Konto 2190 Lager, Total	Spalte „Bewegung“

2100	**Lager**	B...	V...			
2110	Wiederverkaufte Artikel	B...	K...			
2120	Fertigerzeugnisse	B...	K...		600,00	600,00
2130	Rohmaterialien	B...	K...			
2180	Lageranfangsbestand	B...	K...			
2190	**Lager, Total**	B...	B...	2100..2190	600,00	600,00

H	**Hinweis:** Vor der Stapelverarbeitung „Lagerregulierung buchen“ ist immer erst die Stapelverarbeitung Lagerreg. fakt. Einst. Preise... durchzuführen. Nur so kann sichergestellt werden, daß der richtige Warenbestand ermittelt wird.

4.2 Arbeiten mit Artikel Buchungsblättern

Artikelbewegungen können in verschiedenen Buchungsblättern erfaßt werden, d.h. Zu- und Abgänge werden in Artikel Buch.-Blättern, Umlagerungen in Umlager. Buch.-Blättern und Inventurbuchungen werden in Inventur Buch.-Blättern erfaßt und gebucht.

4.2.1 Zugänge von Artikeln über das Artikel Buch.-Blatt

Hier werden die Arbeitsschritte für das Buchen von Artikelzugängen und deren Auswirkungen beschrieben.

Schritt	Aktion	Bemerkung
1	*Lager / Artikel Buch.-Blätter*	
2	Feld „Buch.-Blattname“	Hier ist mit F6 ein Buch.-Blattname auszuwählen und mit OK zu bestätigen.
3	Buchungszeilen	
3-1	Spalte „Buchungsdatum“	Das Datum, unter dem die Buchung im System erfaßt wird, ist hier einzutragen.
3-2	Über *Ansicht / Spalte anzeigen...* ist die Spalte „Belegdatum“ anzuzeigen. (Vor der Spalte ein Haken setzen und mit OK bestätigen.)	Das hier vorgeschlagene Datum entspricht dem Buchungsdatum. Der Eintrag kann geändert werden.
3-3	Spalte „Postenart“	Mit F6 ist <Zugang> auszuwählen und mit OK zu übernehmen.
3-4	Spalte „Belegnr.“	Wurde eine Nummernserie hinterlegt, wird automatisch eine Nummer aus dieser vorgeschlagen. Ansonsten muß die Belegnr. manuell eingegeben werden.
3-5	Spalte „Artikelnr.“	Hier ist mit F6 die Artikelübersicht zu öffnen, der erforderliche Artikel auszuwählen und mit OK einzufügen.
3-6	Spalten „Beschreibung“, „Einheitencode“, „Stückpreis“ und „Einstandspreis“	Nach dem Verlassen der Spalte „Artikelnr.“ werden diese Spalten mit den Daten aus der Artikelkarte gefüllt. Sie können jedoch geändert werden.

3-7	Spalte „Lagerortcode“	Mit **F6** den entsprechenden Lagerort auswählen und mit OK bestätigen.
3-8	Spalte „Menge“	Hier ist die Anzahl der zugegangenen Artikel einzutragen. Nach Verlassen dieser Spalte wird der Wert in der Spalte „Betrag“ aktualisiert (Menge * Stückpreis).
3-9	Über *Ansicht / Spalte anzeigen...* ist die Spalte „Geschäftsbuchungsgruppe“ anzuzeigen.	Mit **F6** die Geschäftsbuchungsgruppen aufrufen, z.B. NATIONAL auswählen und mit OK bestätigen. Diese Einstellung ist für die Stapelverarbeitung Lagerreg. buchen... notwendig, damit aus der Buchungsmatrix die Konten entsprechend der Kombination von Geschäfts- und Produktbuchungsgruppe zugeordnet werden können.

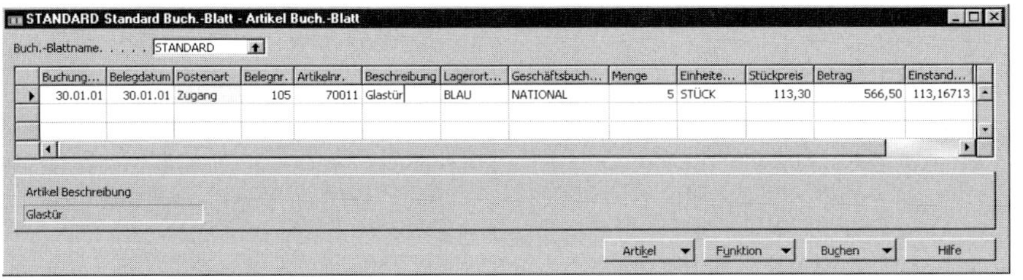

4	Buchen▼ / *Buchen...* oder **F11**	
4-1	Die Frage: „Wollen Sie die Buch.-Blattzeilen buchen?“ ist mit Ja zu beantworten.	Die Buch.-Blattzeilen werden automatisch aus dem Buchungsblatt entfernt.
4-2	Die Information: „Die Buch.-Blattzeilen sind gebucht worden.“ ist mit OK zu quittieren.	
4-3	**ESC**	Zurück zum Hauptmenü.
AUSWIRKUNGEN		
5	*Lager / Artikeljournale*	Mit den Such- bzw. Filterfunktionen ist das aktuelle Artikeljournal auszuwählen. (Herkunftscode: ARTBUCHBL)

5-1	**Journal▼** / *Artikelposten*	Beim Buchen wurden die Artikelposten mit der Postenart <Zugang> erzeugt. Die Sachkonten in der Finanzbuchhaltung wurden mit diesem Buchungslauf noch nicht angesprochen.
5-2	2 x **ESC**	Zurück zum Hauptmenü.
6	*Lager / Periodische Aktivitäten / Lagerreg. fakt. Einst. Preise…*	Der Reiter Optionen ist mit **OK** zu bestätigen.
7	*Lager / Periodische Aktivitäten / Lagerreg. buchen…*	
7-1	Reiter Artikelposten	In das Feld „Buchungsdatum" ist das Datum einzutragen, unter dem die Buchung in der Finanzbuchhaltung erfaßt werden soll.
7-2	Reiter Optionen	Das Feld „Pro Artikelposten" ist zu aktivieren.
7-3	**Drucken…** oder **Seitenansicht**	
7-4	**ESC**	Zurück zum Hauptmenü.
8	*Finanzbuchhaltung / Journale*	Mit den Such- bzw. Filterfunktionen ist das aktuelle Artikeljournal auszuwählen. (Herkunftscode: LWERTBUCH)
8-1	**Journal▼** / *Sachposten*	In der Finanzbuchhaltung wurde Warenbestandskonto (2120) an Lagerkorrekturkonto (7170) gebucht, das heißt, der Warenbestand hat sich erhöht.

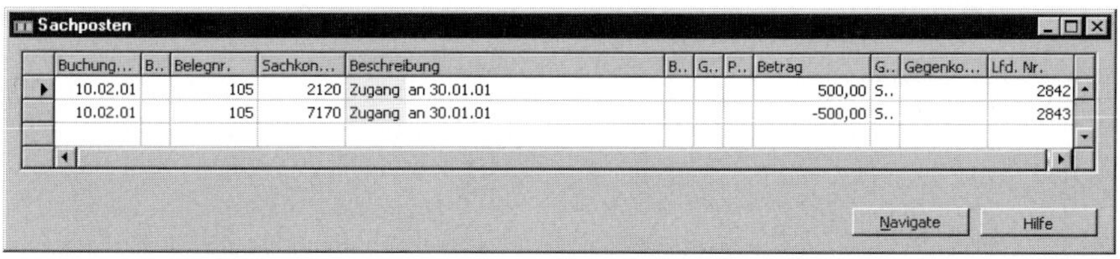
Sachposten

Buchung…	B..	Belegnr.	Sachkon…	Beschreibung	B..	G..	P..	Betrag	G..	Gegenko…	Lfd. Nr.
10.02.01		105	2120	Zugang an 30.01.01				500,00	S..		2842
10.02.01		105	7170	Zugang an 30.01.01				-500,00	S..		2843

8-2	2 x **ESC**	Zurück zum Hauptmenü.

4.2.2 Abgänge von Artikeln über das Artikel Buch.-Blatt

Die Abgänge von Artikeln können im gleichen Buch.-Blatt, wie die Zugänge von Artikeln, erfaßt werden. Deshalb werden hier die Unterschiede detailliert dargestellt. Die anderen Arbeitsschritte erfolgen analog den Darstellungen im Ablaufschema 4.2.1.

Schritt	Aktion	Bemerkung
1	Schritt 1 aus 4.2.1 *Lager / Artikel Buch.-Blätter*	Öffnen der Artikel Buch.-Blätter.
2	Schritt 2 aus 4.2.1 Im Feld „Buch.-Blattname“ ist mit **F6** aus den Buch.-Blatt-namen einer auszuwählen und mit OK zu bestätigen.	Auswahl des erforderlichen Artikel Buch.-Blattnamens.
3	Schritt 3 aus 4.2.1 Die beschriebenen Felder ausfüllen.	Erfassen der Buchungszeilen.
Änderungen treten nur im Schritt 3-3 auf.		
3-3	Spalte „Postenart“	Mit **F6** <Abgang> auswählen und mit OK übernehmen.

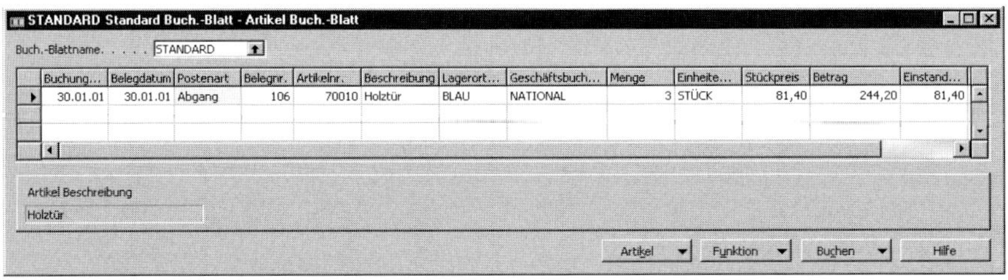

4	Schritt 4 aus 4.2.1 Buchen▼ / *Buchen...* oder **F11**	Buchen der Abgänge.
AUSWIRKUNGEN		
5	*Lager / Artikeljournale*	Mit den Such- bzw. Filterfunktionen ist das aktuelle Artikeljournal auszu-wählen. (Herkunftscode: ARTBUCHBL)

5-1	Journal▼ / *Artikelposten*	Beim Buchen wurden die Artikelposten mit der Postenart <Abgang> erzeugt. Die Sachkonten in der Finanzbuchhaltung wurden mit diesem Buchungslauf noch nicht angesprochen.
5-2	2 x ESC	Zurück zum Hauptmenü.
6	*Lager / Periodische Aktivitäten / Lagerreg. fakt. Einst. Preise…*	Der Reiter Optionen ist mit OK zu bestätigen.
7	*Lager / Periodische Aktivitäten / Lagerreg. buchen…*	
7-1	Reiter Artikelposten	In das Feld „Buchungsdatum“ ist das Datum einzutragen, unter dem die Buchung in der Finanzbuchhaltung erfaßt werden soll.
7-2	Reiter Optionen	Unter dem Reiter Optionen ist das Feld „Pro Artikelposten“ anzuklicken.
7-3	Drucken… oder Seitenansicht	
7-4	ESC	Zurück zum Hauptmenü.
8	*Finanzbuchhaltung / Journale*	Mit den Such- bzw. Filterfunktionen ist das aktuelle Artikeljournal auszuwählen. (Herkunftscode: LWERTBUCH)
8-1	Journal▼ / *Sachposten*	In der Finanzbuchhaltung wurde Lagerkorrekturkonto (7170) an Warenbestandskonto (2120) gebucht, d.h. der Warenbestand hat sich verringert.

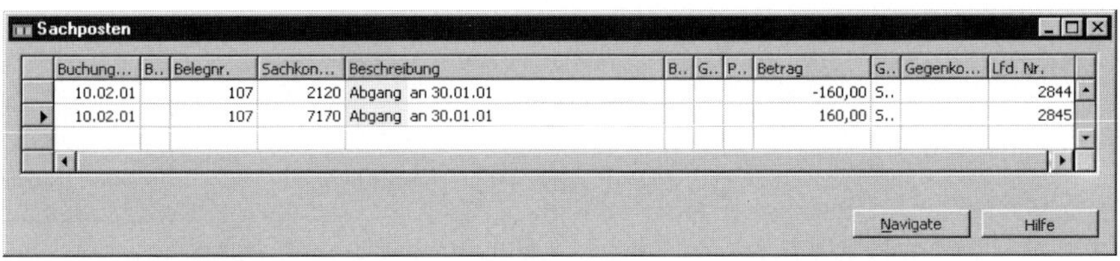
Sachposten

Buchung...	B..	Belegnr.	Sachkon...	Beschreibung	B..	G..	P..	Betrag	G..	Gegenko...	Lfd. Nr.
10.02.01		107	2120	Abgang an 30.01.01				-160,00	S..		2844
10.02.01		107	7170	Abgang an 30.01.01				160,00	S..		2845

Navigate Hilfe

8-2	2 x ESC	Zurück zum Hauptmenü.

4.2.3 Umlagerungen von Artikeln

Umlagerungen von Artikeln werden im Umlager. Buch.-Blatt erfaßt. Die Unterschiede zum Ablaufschema 4.2.1 werden hier näher erläutert.

Schritt	Aktion	Bemerkung
1	*Lager / Umlager. Buch.-Blätter*	Öffnen des Umlager. Buch.-Blattes.
2	Schritt 2 aus 4.2.1 Im Feld „Buch.-Blattname“ ist mit **F6** aus den Buch.-Blattnamen einer auszuwählen und mit OK zu bestätigen.	Auswahl des erforderlichen Umlager. Buch.-Blattnamens.
3	Schritt 3 aus 4.2.1 Die beschriebenen Felder ausfüllen.	Erfassen der Buchungszeilen.
Änderungen treten in den Schritten 3-3, 3-6 und 3-8 auf. Zusätzlich ist die Spalte „Neuer Lagerortcode“ auszufüllen (Schritt 3-10).		
3-3	Spalte „Postenart“	Mit **F6** ist <Umlagerung> auszuwählen und mit OK zu übernehmen.
3-6	Spalten „Beschreibung“ und „Einheitencode“	Nach dem Verlassen der Spalte „Artikelnr.“ werden diese Spalten mit den Daten aus der Artikelkarte gefüllt. Sie können jedoch geändert werden.
3-8	Spalte „Menge“	Hier ist die Anzahl einzutragen, die umgelagert werden soll.
3-10	Spalten „Neuer Lagerortcode“ und „Neuer Lagerfachcode“	In dieser Spalte ist mit **F6** der neue Lagerort bzw. das Lagerfach auszuwählen und mit OK zu bestätigen.

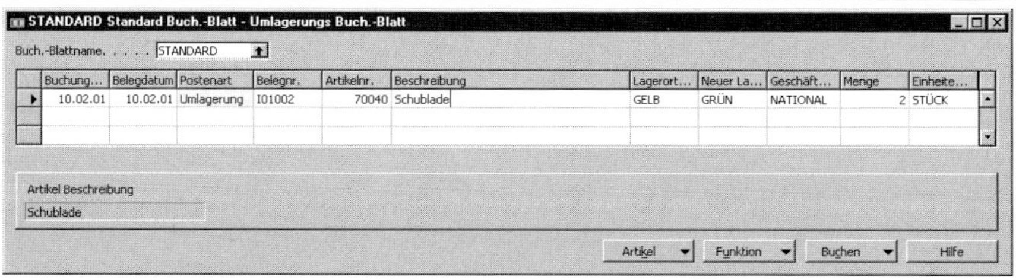

4	Schritt 4 aus 4.2.1 Buchen ▼ / *Buchen...* oder **F11**	Buchen der Umlagerung.

AUSWIRKUNGEN		
5	*Lager / Artikeljournale*	Mit den Such- und Filterfunktionen ist das aktuelle Artikeljournal auszuwählen. (Herkunftscode: UMLAGBUBL)
5-1	Journal ▼ / *Artikelposten*	Beim Buchen wurden die Artikelposten mit der Postenart <Umlagerung> erzeugt. Die Sachkonten in der Finanzbuchhaltung wurden mit diesem Buchungslauf noch nicht angesprochen.
5-2	2 x **ESC**	Zurück zum Hauptmenü.
6	*Lager / Periodische Aktivitäten / Lagerreg. fakt. Einst. Preise...*	Der Reiter Optionen ist mit OK zu bestätigen.
7	Schritt 7 aus 4.2.1 *Lager / Periodische Aktivitäten / Lagerreg. buchen...*	Lagerregulierung buchen. Die Einstellungen sind in den Reitern wie unter Schritt 7 aus Punkt 4.2.1 vorzunehmen.
8	*Finanzbuchhaltung / Journale*	Mit den Such- bzw. Filterfunktionen ist das aktuelle Artikeljournal auszuwählen. (Herkunftscode: LWERTBUCH)
8-1	Journal ▼ / *Sachposten*	In der Finanzbuchhaltung wurde Lagerkorrekturkonto (7170) an Warenbestandskonto (2120) und Warenbestandskonto (2120) an Lagerkorrekturkonto (7170) gebucht, das heißt, der Warenbestand hat sich nicht verändert.

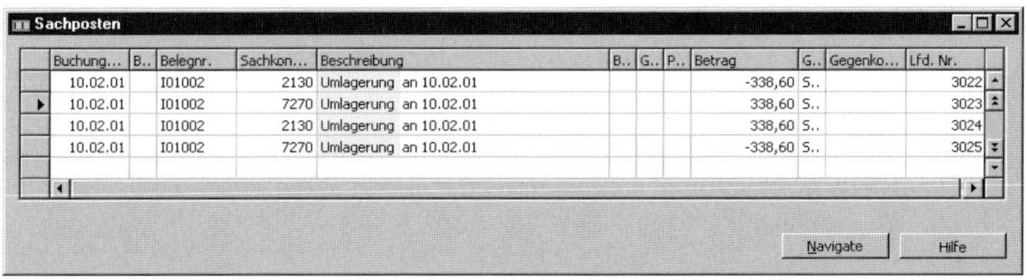

Sachposten

Buchung...	B..	Belegnr.	Sachkon...	Beschreibung	B..	G..	P..	Betrag	G..	Gegenko...	Lfd. Nr.
10.02.01		I01002	2130	Umlagerung an 10.02.01				-338,60	S..		3022
10.02.01		I01002	7270	Umlagerung an 10.02.01				338,60	S..		3023
10.02.01		I01002	2130	Umlagerung an 10.02.01				338,60	S..		3024
10.02.01		I01002	7270	Umlagerung an 10.02.01				-338,60	S..		3025

Navigate | Hilfe

8-2	2 x **ESC**	Zurück zum Hauptmenü.

4.2.4 Inventurbuchung

In NAVISION Financials wird die Inventur zur Ermittlung der richtigen Lagerbestände und zur Ermittlung des Wertes des Umlaufvermögens für die Buchhaltung genutzt.

Schritt	Aktion	Bemerkung
1	*Lager / Inventur Buch.-Blätter*	Öffnen der Inventurbuchungsblätter.
2	*Ansicht / Spalte anzeigen...*	Geschäftsbuchungsgruppe und Produktbuchungsgruppe sind mit einem Haken versehen und mit [OK] anzuzeigen.
4	[Funktion▼] / *Lagerbestand berechnen...*	
4-1	Reiter Artikel	
	Alle Felder	Hier kann mit Filterkriterien gearbeitet werden. Wenn keine Filter gesetzt sind, berechnet das System den Lagerbestand über alle erfaßten Artikel.
4-2	Reiter Optionen	
4-2-1	Feld „Buchungsdatum“	Hier ist das Buchungsdatum einzugeben (z.B. 20.01.01).
4-2-2	Feld „Belegnr.“	Ist eine Nummernserie für das Buchungsblatt hinterlegt, erscheint automatisch eine Nummer, sonst muß eine Belegnummer manuell eingegeben werden.
4-2-3	Feld „Pro Lagerort“	Durch das Aktivieren dieses Feldes wird der Lagerbestand pro Lagerort berechnet. Bleibt das Feld leer, so wird der Lagerbestand über alle Lagerorte berechnet.
4-3	[OK]	
H	**HINWEIS:** Automatisch werden im Inventur Buch.-Blatt die Zeilen mit den entsprechenden Artikelnummern gefüllt. Die Postenart wird für alle Artikel auf <Zugang> gesetzt. Die Spalte „Menge berechnet“ zeigt den berechneten Inventurbestand an. Die Spalte „Inventurmenge“ wurde ebenfalls mit dem berechneten Inventurbestand gefüllt.	

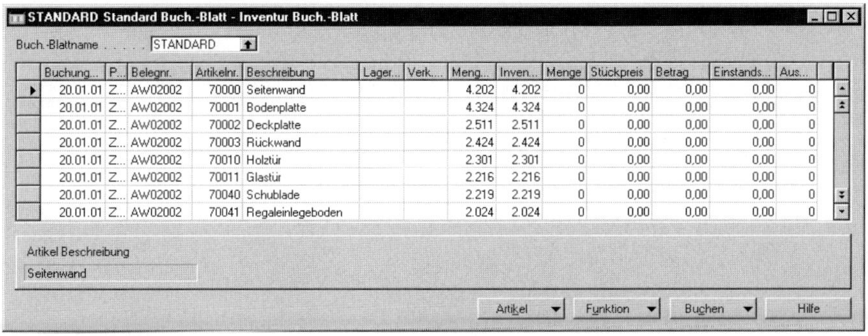

STANDARD Standard Buch.-Blatt - Inventur Buch.-Blatt

Buch.-Blattname . . . . . STANDARD

Buchung...	P...	Belegnr.	Artikelnr.	Beschreibung	Lager...	Verk...	Meng...	Inven...	Menge	Stückpreis	Betrag	Einstands...	Aus...
20.01.01	Z...	AW02002	70000	Seitenwand			4.202	4.202	0	0,00	0,00	0,00	0
20.01.01	Z...	AW02002	70001	Bodenplatte			4.324	4.324	0	0,00	0,00	0,00	0
20.01.01	Z...	AW02002	70002	Deckplatte			2.511	2.511	0	0,00	0,00	0,00	0
20.01.01	Z...	AW02002	70003	Rückwand			2.424	2.424	0	0,00	0,00	0,00	0
20.01.01	Z...	AW02002	70010	Holztür			2.301	2.301	0	0,00	0,00	0,00	0
20.01.01	Z...	AW02002	70011	Glastür			2.216	2.216	0	0,00	0,00	0,00	0
20.01.01	Z...	AW02002	70040	Schublade			2.219	2.219	0	0,00	0,00	0,00	0
20.01.01	Z...	AW02002	70041	Regaleinlegeboden			2.024	2.024	0	0,00	0,00	0,00	0

Artikel Beschreibung

Seitenwand

Artikel | Funktion | Buchen | Hilfe

4-4	**ESC**	Verlassen des Inventur Buch.-Blattes.
5	*Lager / Artikel Berichte / Inventurliste*	Mit diesem Bericht kann die Inventurliste ausgedruckt werden.
5-1	Drucken	
5-2	Reiter Artikel Buch.-Blatt Name	
	Spalte „Feld"; Zeile „Buch.-Blatt Vorlagenname"; Spalte „Filter"	Hier ist ein Filter auf die Art Buch.-Blatt Vorlage INVENTUR zu setzen und mit OK zu bestätigen.
5-3	Reiter Optionen	
	Feld „Menge zeigen (Berechnet)"	Wird hier ein Haken gesetzt, wird die berechnete Menge in der Inventurliste angezeigt.
5-4	Seitenansicht... oder Drucken	Es wird eine Liste aller im Inventur Buch.-Blatt erfaßten Artikel ausgedruckt.
5-4-1	Inventurliste, wenn im Feld „Menge zeigen (Berechnet)" kein Haken gesetzt ist.	

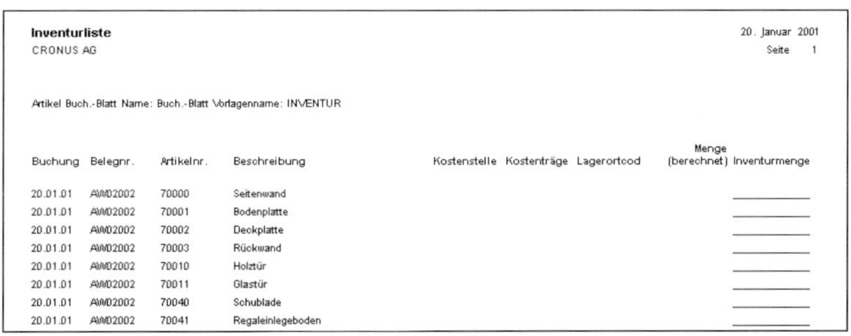

Inventurliste 20. Januar 2001

CRONUS AG Seite 1

Artikel Buch.-Blatt Name: Buch.-Blatt Vorlagenname: INVENTUR

Buchung	Belegnr.	Artikelnr.	Beschreibung	Kostenstelle	Kostenträge	Lagerortcod	Menge (berechnet)	Inventurmenge
20.01.01	AW02002	70000	Seitenwand					________
20.01.01	AW02002	70001	Bodenplatte					________
20.01.01	AW02002	70002	Deckplatte					________
20.01.01	AW02002	70003	Rückwand					________
20.01.01	AW02002	70010	Holztür					________
20.01.01	AW02002	70011	Glastür					________
20.01.01	AW02002	70040	Schublade					________
20.01.01	AW02002	70041	Regaleinlegeboden					________

<table>
<tr><td>5-4-2</td><td colspan="2">Inventurliste, wenn ein Haken im Feld „Menge zeigen (Berechnet)“ gesetzt ist:

Inventurliste 20. Januar 2001
CRONUS AG Seite 1

Artikel Buch.-Blatt Name: Buch.-Blatt Vorlagenname: INVENTUR

<table>
<tr><th>Buchung</th><th>Belegnr.</th><th>Artikelnr.</th><th>Beschreibung</th><th>Kostenstelle</th><th>Kostenträge</th><th>Lagerortcod</th><th>Menge (berechnet)</th><th>Inventurmenge</th></tr>
<tr><td>20.01.01</td><td>AIW02002</td><td>70000</td><td>Seitenwand</td><td></td><td></td><td></td><td>4.202</td><td>__________</td></tr>
<tr><td>20.01.01</td><td>AIW02002</td><td>70001</td><td>Bodenplatte</td><td></td><td></td><td></td><td>4.324</td><td>__________</td></tr>
<tr><td>20.01.01</td><td>AIW02002</td><td>70002</td><td>Deckplatte</td><td></td><td></td><td></td><td>2.511</td><td>__________</td></tr>
<tr><td>20.01.01</td><td>AIW02002</td><td>70003</td><td>Rückwand</td><td></td><td></td><td></td><td>2.424</td><td>__________</td></tr>
<tr><td>20.01.01</td><td>AIW02002</td><td>70010</td><td>Holztür</td><td></td><td></td><td></td><td>2.301</td><td>__________</td></tr>
<tr><td>20.01.01</td><td>AIW02002</td><td>70011</td><td>Glastür</td><td></td><td></td><td></td><td>2.216</td><td>__________</td></tr>
<tr><td>20.01.01</td><td>AIW02002</td><td>70040</td><td>Schublade</td><td></td><td></td><td></td><td>2.219</td><td>__________</td></tr>
<tr><td>20.01.01</td><td>AIW02002</td><td>70041</td><td>Regaleinlegeboden</td><td></td><td></td><td></td><td>2.024</td><td>__________</td></tr>
</table>
</td></tr>
<tr><td>5-5</td><td>2 x ESC</td><td>Zurück zum Hauptmenü.</td></tr>
<tr><td>6</td><td>Lager / Inventur Buch.-Blatt</td><td></td></tr>
<tr><td>6-1</td><td>Spalte „Inventurmenge“</td><td>Nachdem der tatsächliche Inventurbestand ermittelt wurde, ist dieser für jeden Artikel einzutragen.</td></tr>
<tr><td>6-2</td><td>Spalte „Menge“</td><td>Die Differenz zwischen „Menge berechnet“ und „Inventurmenge“ wird automatisch hier angezeigt.</td></tr>
<tr><td>H</td><td colspan="2">HINWEIS: Gleichzeitig werden der Stückpreis und der Einstandspreis in die entsprechenden Felder eingetragen.
Ist die Inventurmenge kleiner als die berechnete Menge, ändert sich die Postenart automatisch in <Abgang>.
Die Geschäftsbuchungsgruppe muß von Hand gesetzt werden, damit das System aufgrund der zugehörenden Matrix – Kombinationen die Konten für Lagerverbrauch und Lagerkorrektur zuordnen kann. Im Mandanten CRONUS AG ist die Geschäftsbuchungsgruppe für alle Artikel auf NATIONAL zu setzen.</td></tr>
<tr><td>7</td><td>Buchen▼ / Buchen... oder F11</td><td>Die Inventurzeilen werden gebucht.</td></tr>
<tr><td></td><td>Die Frage „Wollen Sie die Buch.-Blattzeilen buchen?“ ist mit Ja zu beantworten.</td><td>Die Meldung „Die Buch.-Blattzeilen sind gebucht worden.“ ist mit OK zu bestätigen.</td></tr>
<tr><td>H</td><td colspan="2">HINWEIS: Der Lagerbestand auf der Artikelkarte im Reiter Allgemein wurde aktualisiert.
Die Buchung der Inventurdifferenzen in die Finanzbuchhaltung erfolgt unter Lager / Periodische Aktivitäten durch die Stapelläufe Lagerreg. fakt. Einst. Preise... und Lagerreg. buchen... .</td></tr>
</table>

4.3 Artikelpreise verändern

In NAVISION Financials können auf der Artikelkarte den einzelnen Artikeln Verkaufspreise zugeordnet werden. Gleichzeitig besteht die Möglichkeit, alternative Verkaufspreise zu hinterlegen. Über unterschiedliche Stapelverarbeitungen können die erfaßten VK-Preise angepaßt und verändert werden.

4.3.1 Artikelpreise justieren

Diese Stapelverarbeitung greift direkt auf die Angaben in der Artikelkarte (Reiter Fakturierung) zu und ändert dort die VK-Preise.

Schritt	Aktion	Bemerkung
1	*Lager / Periodische Aktivitäten / Artikelpreise justieren...*	
2	Reiter Artikel Hier können Filter gesetzt werden, die es ermöglichen, die Artikelpreise nur für ausgewählte Artikel zu verändern. Werden hier keine Filter gesetzt, verändert die Stapelverarbeitung die Preise für alle erfaßten Artikel.	
2-1	Zeile „Nr.“; Spalte „Filter“	Mit **F6** kann in die Artikelübersicht verzweigt, die entsprechenden Artikel ausgewählt und mit OK bestätigt werden. Die Mehrfachauswahl ist durch die Eingabe von .. oder | möglich, z.B. 70000..70010.
2-2	Zeile „Lagerbuchungsgruppe“ und „Lagerabgangsmethode“; Spalte „Filter“	In diesen Feldern können weitere Filter gesetzt werden. Mit **F6** ist in die entsprechende Übersicht zu verzweigen und die Auswahl mit OK bzw. **Enter** zu bestätigen.
3	Reiter Optionen	
3-1	Feld „Feld korrigieren“	Hier wird die Auswahl getroffen, welche Felder bearbeitet werden sollen. Ist der VK-Preis zu korrigieren, ist die Option <VK-Preis> anzuklicken.
H	**HINWEIS:** Soll der VK-Preis verändert werden, muß sichergestellt sein, daß auf der Artikelkarte unter dem Reiter Fakturierung im Feld „VK-Preis/DB-Rechnung“ **nicht** <VK = EP + DB> eingestellt wurde.	

3-2	Feld „Korrekturfaktor“	Hier wird angegeben, um welchen Faktor das entsprechende Feld korrigiert werden soll. 1,1 bedeutet, die VK-Preise werden um 10% erhöht. 0,95 bedeutet die Preise werden um 5% gesenkt.
3-3	Feld „Rundungsmethode“	Mit **F6** sind die Rundungsmethoden aufzurufen, die entsprechende Methode zu markieren und mit **OK** einzufügen.
3-3-1	Spalte „Code“	Soll eine neue Rundungsmethode erfaßt werden, ist mit **F3** ein neuer Datensatz anzulegen und ein Code einzugeben z.B. PFENNIG.
3-3-2	Spalte „Minimalbetrag“	Der Betrag, ab dem gerundet werden soll, ist hier anzugeben. Soll erst ab 90 gerundet werden, ist 90 einzufügen. Sollen alle Beträge gerundet werden, bleibt die Spalte 0.
3-3-3	Spalte „Zuschlag vor“	Hier kann ein Betrag eingegeben werden, der zu dem korrigierten VK-Preis addiert wird, bevor die Betragsrundung erfolgt.
3-3-4	Spalte „Art“	Mit **F6** und **Enter** ist z.B. <Kaufmännisch> zu wählen.
3-3-5	Spalte „Präzision“	In diese Spalte ist das Rundungsintervall einzugeben. Z.B. bedeutet 5, es wird immer zum nächsten Vielfachen von 5 gerundet.
H	**HINWEIS:** Die Spalten „Art“ und „Präzision“ bestimmen zusammen die Rundung.	
3-3-6	Spalte „Zuschlag nach“	Die Preise können nach der Rundung noch einmal bearbeitet werden. Sollen sie z.B. um 0,01 verringert werden, ist -0,01 einzutragen.
	Die gewählte Rundungsmethode ist mit **OK** zu übernehmen.	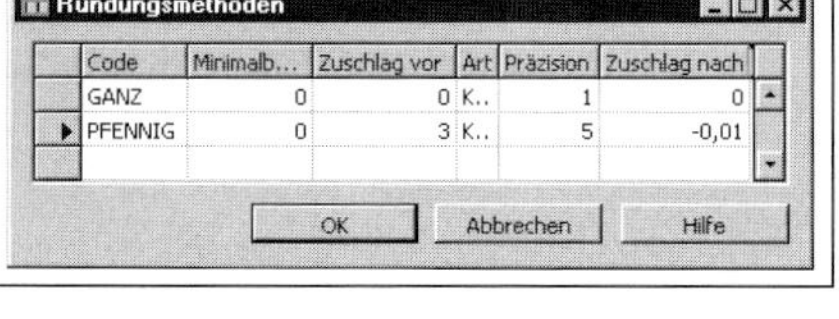

3-4	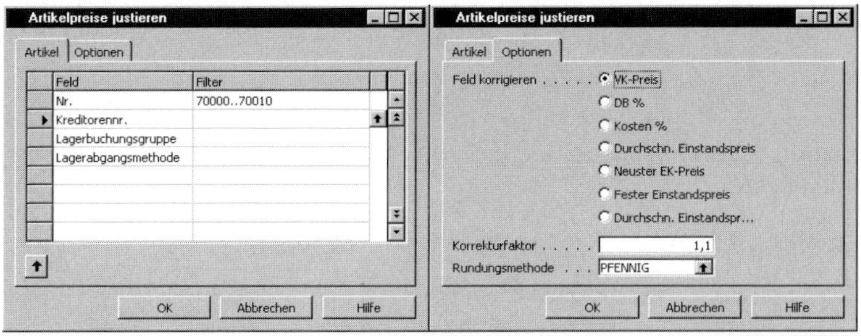 Wurden alle Einstellungen unter dem Reiter Optionen durchgeführt, kann die Stapelverarbeitung mit OK gestartet werden.	
4	*Lager / Artikel*	Hier sind über die Such- und Filterfunktionen die entsprechenden Artikel anzuzeigen.
4-1	Artikel▼ / *Übersicht*	

VK-Preis vor der Stapelverarbeitung:

Artikelübersicht

Nr.	Beschreibung	Basisein...	Einstandspreis	VK-Preis	Kreditor...
70000	Seitenwand	STÜCK	48,10018	94,30	10000
70001	Bodenplatte	STÜCK	63,10028	123,70	10000
70002	Deckplatte	STÜCK	44,80	88,20	10000
70003	Rückwand	STÜCK	46,29991	90,70	10000
70010	Holztür	STÜCK	81,40	159,90	10000
70011	Glastür	STÜCK	113,16713	222,00	10000
70040	Schublade	STÜCK	169,30	332,10	10000

VK-Preis nach der Stapelverarbeitung

Artikelübersicht

Nr.	Beschreibung	Basisein...	Einstandspreis	VK-Preis	Kreditor...
70000	Seitenwand	STÜCK	[illegible]	101,99	10000
70001	Bodenplatte	STÜCK	63,10028	139,99	10000
70002	Deckplatte	STÜCK	44,80	99,99	10000
70003	Rückwand	STÜCK	46,29991	104,99	10000
70010	Holztür	STÜCK	81,40	179,99	10000
70011	Glastür	STÜCK	113,16713	222,00	10000
70040	Schublade	STÜCK	169,30	332,10	10000

88,20	VK-Preis alt
+8,20	+10%
96,40	
+3,00	Zuschlag vor der Rundung
99,40	
100,00	Rundung Präzision auf 5
-0,01	Zuschlag nach Rundung
99,99	VK-Preis neu

4-2	2 x ESC	Zurück zum Hauptmenü.

4.3.2 Das Erzeugen alternativer Verkaufspreise mit der Stapelverarbeitung Artikel VK-Preisvorschlag (von Artikeln)

Mir dieser Funktion können für mehrere Preisgruppen VK-Preise erzeugt werden. Die Grundlage für die Berechnung bilden die Festlegungen auf der Artikelkarte.

Schritt	Aktion	Bemerkung
1	*Lager / Periodische Aktivitäten / Artikel VK-Preisvorschlag (von Artikeln)...*	
2	Reiter Allgemein	
2-1	Hier können Filter gesetzt werden, die das Erzeugen der alternativen VK-Preise einschränken. Sollen für alle Artikel alternative VK-Preise erzeugt werden, sind keine Filter zu setzen.	
2-2	Im Feld „Nr." mit **F6** die Artikelübersicht öffnen, die entsprechenden Artikel auswählen und mit **OK** bestätigen.	
3	Reiter Optionen	
3-1	Feld „Preisgruppencode"	Hier ist mit **F6** die entsprechende Preisgruppe auszuwählen und mit **OK** zu bestätigen.
3-2	Feld „Einheitencode"	Mit **F6** ist die entsprechende Einheit auszuwählen und mit **OK** einzufügen.
3-3	Feld „Währungscode"	Sollen die alternativen VK-Preise für eine bestimmte Währung erzeugt werden, ist mit **F6** und **OK** die entsprechende Auswahl zu treffen. Sind die Preise in Mandantenwährung zu generieren, bleibt das Feld leer.
3-4	Feld „Startdatum"	Hier ist das Datum anzugeben, ab dem die VK-Preise gültig sind.
3-5	Feld „Nur Beträge über"	Ein Mindest-VK-Preis kann angegeben werden. Nur Preise oberhalb dieses Betrages werden verändert.

<table>
<tr><td>3-6</td><td>Feld „Korrekturfaktor“</td><td>Hier ist anzugeben, um welchen Prozentsatz die VK-Preise der Artikelkarte verändert werden sollen.
1,1 = Erhöhung um 10%,
0,98 = Senkung um 2%.</td></tr>
<tr><td>3-7</td><td>Feld „Rundungsmethode“</td><td>Mit F6 und OK ist die entsprechende Rundungsmethode auszuwählen.
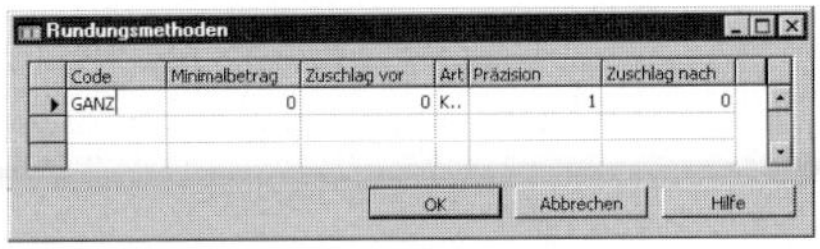
</td></tr>
<tr><td>3-8</td><td>Feld „Neue Preise generieren“</td><td>Wird ein Haken gesetzt, werden neue VK-Preise entsprechend der eingestellten Kriterien generiert. Das heißt, es entstehen neue Preise, wenn noch keine Preise in der Tabelle Artikel VK-Preis eingetragen wurden.</td></tr>
<tr><td>3-9</td><td>Die Eingaben sind mit OK zu bestätigen.</td><td>
</td></tr>
<tr><td>4</td><td>Lager / Periodische Aktivitäten / Artikel VK-Preisvorschläge</td><td>Entsprechend der erfaßten Bedingungen werden hier die neuen VK-Preise den vorhandenen VK-Preisen gegenübergestellt. Die neuen Preise können noch verändert werden.</td></tr>
<tr><td>4-1</td><td>Spalte „Artikelnr.“</td><td>In dieser Spalte werden alle ausgewählten Artikel aufgelistet.</td></tr>
<tr><td>4-2</td><td>Spalte „Preisgruppencode“</td><td>Hier wird der gewählte Preisgruppencode für die einzelnen Artikel angezeigt.</td></tr>
<tr><td>4-3</td><td>Spalte „Einheitencode“</td><td>Es werden nur die Artikel angezeigt, bei denen der Einheitencode z.B. STÜCK beträgt.</td></tr>
<tr><td>4-4</td><td>Spalte „Währungscode“</td><td>Hier wird der Währungscode dargestellt, für den die neuen VK-Preise erzeugt wurden.</td></tr>
<tr><td>4-5</td><td>Spalte „Startdatum“</td><td>Das Datum aus dem Feld „Startdatum“ wurde hier eingestellt.</td></tr>
</table>

4-6	Spalte „Aktueller VK-Preis“	Wurden bereits am Artikel alternative VK-Preise erfaßt, wird hier der Wert zur Anzeige gebracht. Wurden bisher keine erfaßt, ist der Wert 0,00.
4-7	Spalte „Neuer VK-Preis“	Hier werden die neuen VK-Preise eingetragen. Ausgangspreis ist der VK-Preis der Artikelkarte.

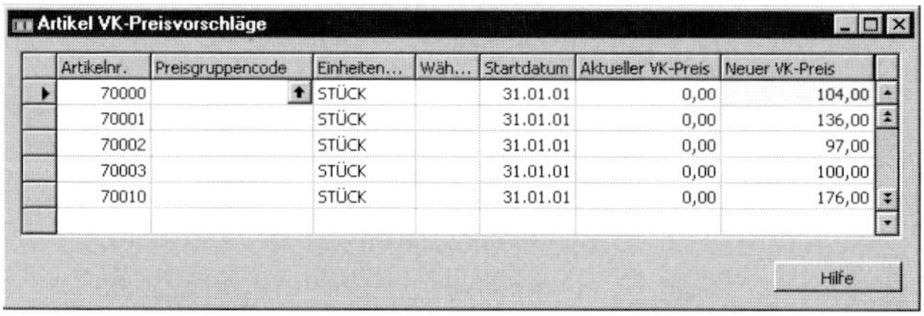

94,30	VK-Preis von Artikelkarte
+ 9,43	Erhöhung um 10%
103,73	Rundung auf 1
104,00	VK-Preis neu

4-8	ESC	Zurück zum Hauptmenü.
5	*Lager / Periodische Aktivitäten / Artikel VK-Preisvorschläge übernehmen…*	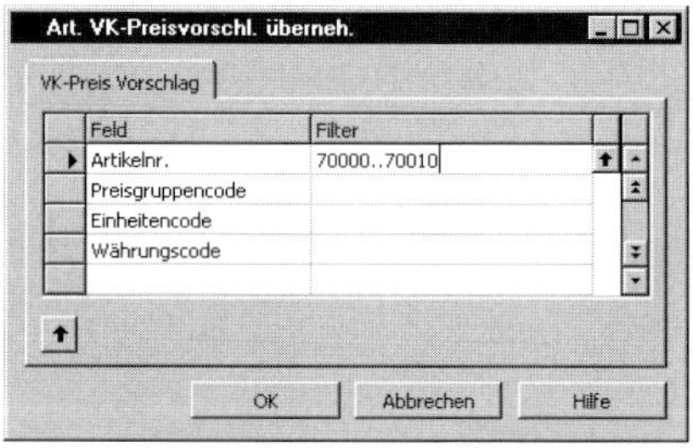
5-1	Hier können erneut Filterkriterien eingestellt werden. Über diese kann festgelegt werden, für welche Artikel die VK-Preise angepaßt werden sollen.	
5-2	OK	Die Artikelpreise werden verändert.
5-3	Sollen noch weitere Änderungen vorgenommen werden, so ist die Frage: „Wollen Sie die vorgeschlagenen Preisänderungen löschen?“ mit Nein zu beantworten.	
6	*Lager / Artikel*	Für die ausgewählten Artikel wurden neue VK-Preise mit einem Startdatum erzeugt. Diese VK-Preise übersteuern den VK-Preis auf der Artikelkarte.
6-1	Verkauf▼ / *Preise*	
	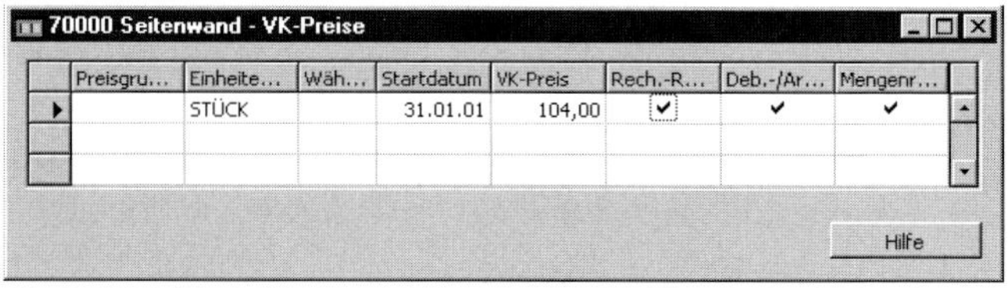	
6-2	2 x ESC	Zurück zum Hauptmenü.

4.3.3 Das Arbeiten mit der Stapelverarbeitung Artikel VK-Preisvorschlag (von VK-Preisen)

Mit dieser Funktion können die alternativen VK-Preise für Artikel verändert werden. Die Grundlage für die Berechnung bilden die vorhandenen alternativen VK-Preise (*Lager / Artikel* Verkauf▼ / *Preise*).

Schritt	Aktion	Bemerkung
1	*Lager / Periodische Aktivitäten / Artikel VK-Preisvorschlag (von VK-Preisen)...*	
2	Reiter Allgemein	
	Hier können über bestimmte Filter die Berechnung der VK-Preise auf bestimmte Artikel beschränkt werden, z.B. im Feld „Nr.“ mit 70000..70010. Sind keine Filter gesetzt, werden die Preise für alle Artikel verändert.	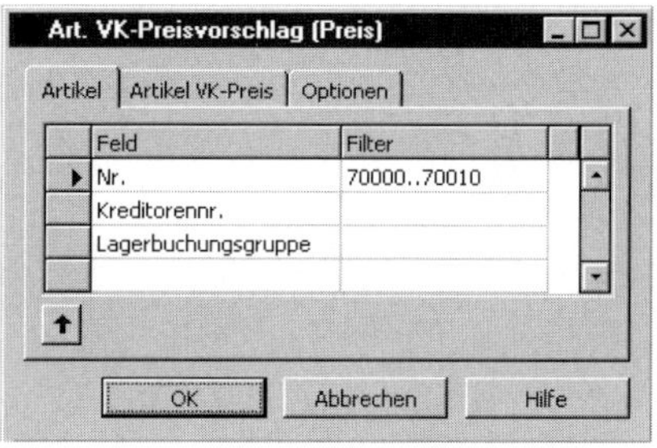
3	Reiter Artikel VK-Preis	
	alle Felder	Auch hier können Filterkriterien eingestellt werden. Da unter dem Reiter Optionen die Einstellungen für Preisgruppen-, Einheiten- und Währungscode vorgenommen werden, erfolgen im ausgewählten Beispiel keine Einstellungen.
4	Reiter Optionen	
4-1	Feld „Preisgruppencode“	Hier ist mit F6 die entsprechende Preisgruppe auszuwählen und mit OK zu bestätigen.
4-2	Feld „Einheitencode“	Mit F6 ist die entsprechende Einheit auszuwählen und mit OK einzufügen.
4-3	Feld „Währungscode“	Auch hier ist mit F6 und OK die entsprechende Auswahl zu treffen. Sollen die Preise in Mandantenwährung verändert werden, bleibt das Feld leer.

4-4	Feld „Startdatum“	Das Datum, an dem die Preisveränderung wirksam wird, ist einzutragen.
4-5	Feld „Nur Preise über“	Ein Mindest-VK-Preis kann angegeben werden. Nur Preise oberhalb dieses Betrages werden verändert.
4-6	Feld „Korrekturfaktor“	Hier ist anzugeben, um welchen Prozentsatz die alternativen VK-Preise verändert werden sollen. 1,1 = Erhöhung um 10%, 0,95 = Senkung um 5%.
4-7	Feld „Rundungsfaktor“	Mit **F6** und OK ist die entsprechende Rundungsmethode auszuwählen. 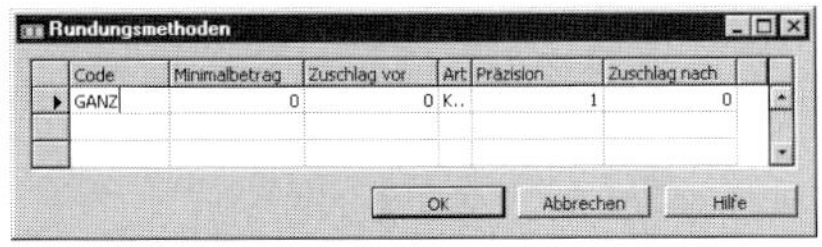
4-8	Feld „Neue Preise generieren“	Wird ein Haken gesetzt, werden neue VK-Preise generiert.
4-9	Die Stapelverarbeitung ist mit OK anzustoßen.	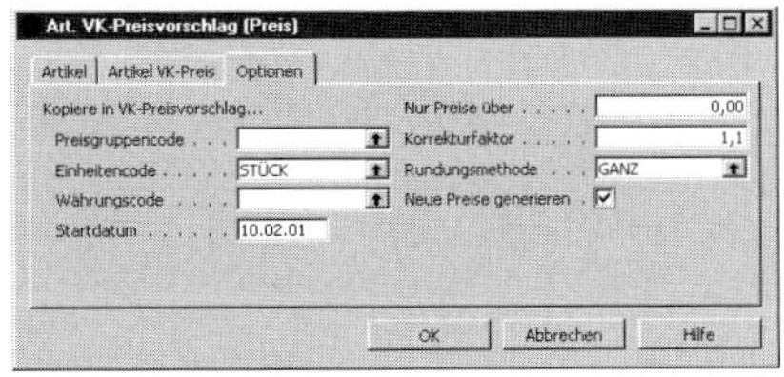
H	**HINWEIS:** Sollen alle eingerichteten alternativen VK-Preise mit dieser Stapelverarbeitung verändert werden, dann ist in die Felder „Preisgruppencode“, „Einheitencode“ und „Währungscode“ ALLE einzutragen.	
5	*Lager / Periodische Aktivitäten / Artikel VK-Preisvorschläge*	Hier werden die neuen VK-Preise, den vorhandenen VK-Preisen gegenübergestellt. Die neuen Preise können noch verändert werden.

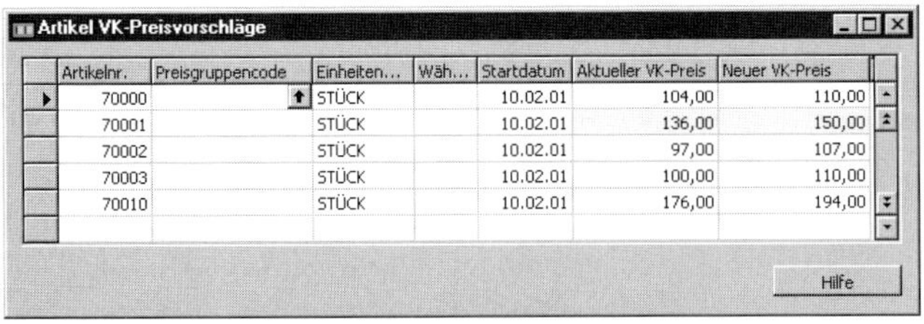

Die Grundlage der Berechnung ist der alternative VK-Preis:

136,00	VK-Preis
+ 13,60	Erhöhung um 10%
149,60	Rundung auf 1
150,00	VK-Preis neu

<table>
<tr><td></td><td>ESC</td><td>Zurück zum Hauptmenü.</td></tr>
<tr><td>6</td><td>Lager / Periodische Aktivitäten / Artikel VK-Preisvorschläge übernehmen...</td><td rowspan="2">
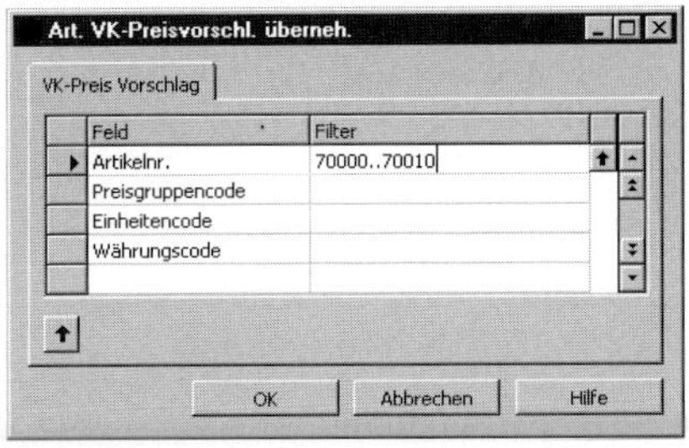

</td></tr>
<tr><td>6-1</td><td>Hier können erneut Filterkriterien eingestellt werden. Über diese kann festgelegt werden, für welche Artikel die VK-Preise angepaßt werden sollen.</td></tr>
<tr><td>6-2</td><td>OK</td><td>Die Artikelpreise werden verändert.</td></tr>
<tr><td>6-3</td><td colspan="2">Sollen noch weitere Änderungen vorgenommen werden, so ist die nebenstehende Frage mit Nein zu beantworten.
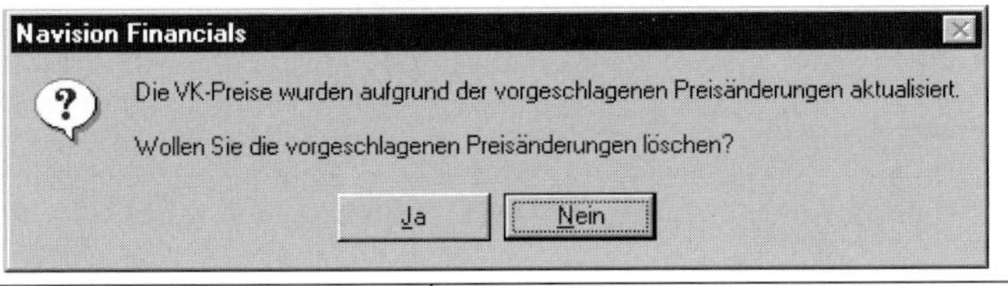

</td></tr>
<tr><td>7</td><td>Lager / Artikel</td><td></td></tr>
<tr><td>7-1</td><td>Verkauf▼ / Preise</td><td>Für die ausgewählten Artikel wurden neue VK-Preise mit einem Startdatum erzeugt. Diese VK-Preise übersteuern den VK-Preis auf der Artikelkarte.</td></tr>
<tr><td>7-2</td><td colspan="2">
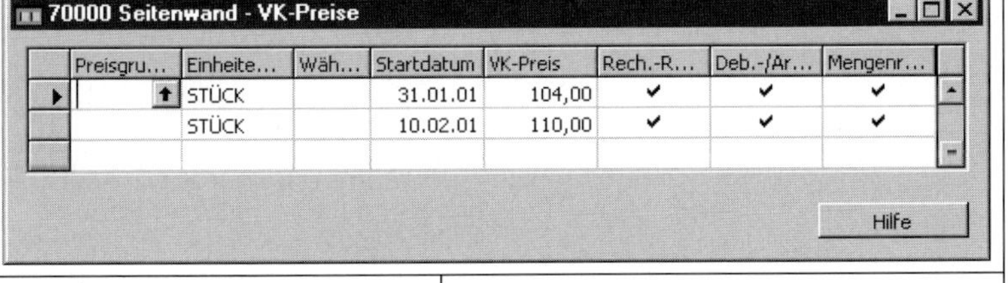

</td></tr>
<tr><td>7-3</td><td>2 x ESC</td><td>Zurück zum Hauptmenü.</td></tr>
</table>

4.3.4 Arbeit mit Mengenrabatten

Artikeln können Mengenrabattcodes zugeordnet werden. In diesem Ablaufschema werden die Arbeitsschritte zur Berechnung der Mengenrabatte für einzelne Artikel erläutert.

Schritt	Aktion	Bemerkung
1	*Lager / Artikel*	
1-1	Reiter Fakturierung	
	Im Feld „Mengenrabattcode" mit F6 die Artikelübersicht aufrufen, eine Artikelnr. auswählen und mit OK bestätigen.	Hier kann als Code die Artikelnr. verwendet werden (Artikelnr. 70000 wird Mengenrabattcode 70000 zugewiesen). Wenn dem Artikel ein Mengenrabattcode eines anderen Artikels zugeordnet werden soll, ist dieser Artikel hier auszuwählen, oder es kann ein Code unabhängig der Artikelnr. (z.B. B) eingetragen werden.
1-2	Verkauf▼ / *Mengenrabatte*	Über *Ansicht / Spalte anzeigen...* ist die Spalte „Code" durch Anklicken und OK zur Ansicht zu bringen.
1-2-1	Spalte „Code"	In dieser Spalte wurde die Einstellung aus dem Feld „Mengenrabattcode" übernommen.
1-2-2	Spalte „Mindestmenge"	Hier ist die kleinste Menge einzugeben, ab der der Mengenrabatt gewährt wird. Die Mindestmenge steht im Zusammenhang mit dem Einheitencode. Das bedeutet: Wird ein Mengenrabatt ab 20 Stück eingeräumt und werden 2 Kisten á 12 Stück verkauft (2 * 12 = 24), wird der Rabatt gegeben.
1-2-3	Spalte „Rabatt %"	Der Rabattsatz, der gewährt wird, ist in diese Spalte einzutragen.
1-3	ESC	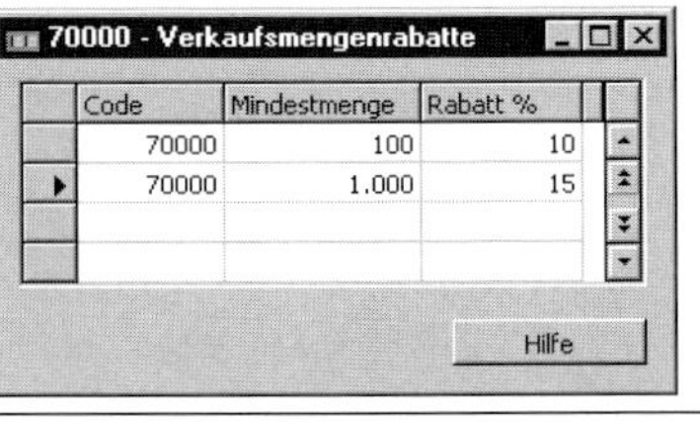

Berechnung der Mengenrabatte		
2	*Debitoren & Verkauf / Einrichtung / Debitoren & Verkauf Einrichtung*	In NAVISION Financials gehört der Mengenrabatt wie der Debitoren-/ Artikelrabatt zu den Zeilenrabatten.
2-1	Reiter Allgemein	
2-2	Feld „Zeilenrabattberechnung“	Hier gibt es zwei unterschiedliche Berechnungsmethoden: • Mengenrabatt + Deb.-/Artikelrabatt • Mengenrabatt * Deb.-/Artikelrabatt

Beispiel für die Berechnung	Mengenrabatt + Deb.-/Artikelrabatt	Mengenrabatt * Deb.-/Artikelrabatt
Nettowert	9.430,00	9.430,00
Deb.-/ Artikelrabatt 2%	- 188,60	- 188,60
Summe	9.241,40	9.241,40
Mengenrabatt 10%	- 943,00	- 924,14
	10% vom Nettowert	10% vom Nettowert ⁒ Deb.-/Artikelrabatt
Endsumme	8.298,40	8.317,26

2-3	ESC	Zurück zum Hauptmenü.
3	*Debitoren & Verkauf / Aufträge*	
3-1	Mit F3 ist ein neuer Auftrag anzulegen.	
3-2	Im Feld „Verk. an Deb. Nr.“	Ist mit F6 ein Debitor herauszusuchen, bei dem eine Debitorenrabattgruppe hinterlegt wurde. Die Auswahl ist mit OK zu übernehmen.
3-3	Spalte „Art“	Hier ist mit F6 <Artikel> auszuwählen.
3-4	In der Spalte „Nr.“	In dieser Spalte ist mit F6 in die Artikelübersicht zu verzweigen, ein Artikel, dem ein Artikelrabattgruppencode und ein Verk.-Mengenrabattcode zugeordnet wurde, zu markieren und mit OK zu bestätigen.

<table>
<tr><td>3-5</td><td>Buchen ▼ / Testbericht</td><td></td></tr>
<tr><td>3-6</td><td>Seitenansicht</td><td>Der Mengenrabatt und der Deb.-/Artikelrabatt werden unter der Spalte „Zeilen Rabatt“ ausgewiesen.</td></tr>
<tr><td>3-7a</td><td colspan="2">Mengenrabatt + Debitoren- / Artikelrabatt

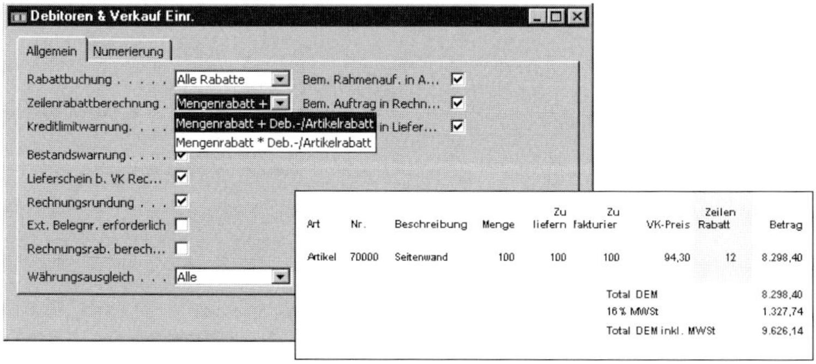

</td></tr>
<tr><td>3-7b</td><td colspan="2">Mengenrabatt * Debitoren- / Artikelrabatt

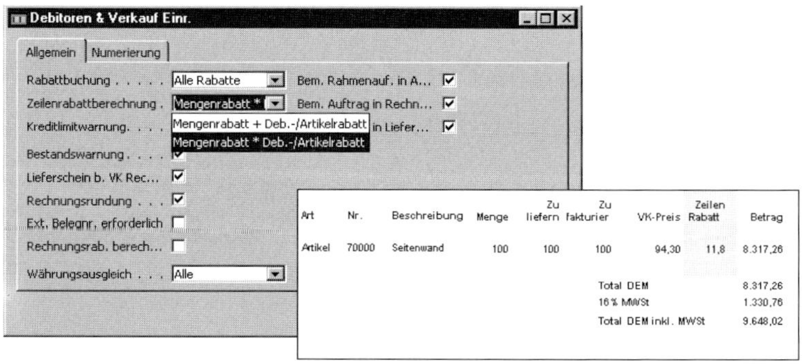

</td></tr>
<tr><td>3-8</td><td>2 x ESC</td><td>Zurück zum Hauptmenü.</td></tr>
</table>

Kapitel 5 - Marketing

Im Kapitel Marketing wird dargestellt, welche Arbeitsschritte notwendig sind, um Kampagnen zu erstellen, Aktionen zu erzeugen, zu bearbeiten bzw. auszuwerten.

In dem Abschnitt zur Erstellung eines Serienbriefes werden die Schritte beschrieben, die die Verbindung zwischen NAVISION Financials , Microsoft EXCEL und Microsoft WORD zeigen.

5.1 Anlegen von Kampagnen

In NAVISION Financials bilden Kampagnen den Rahmen für die Marketing- und Verkaufsaktionen eines Unternehmens. Als Beispiel soll eine Kampagne für eine Befragung eingerichtet werden.

Schritt	Aktion	Bemerkung
1	*Marketing / Kampagnen*	Öffnen der Kampagnen.
2	Cursor auf das Feld „Nr.“ setzen und mit **F3** eine neue Kampagne anlegen.	
2-1	Feld „Nr.“	Durch Verlassen des Feldes wird eine Nr. der hinterlegten Nummernserie automatisch eingefügt. Es kann aber auch ein Code manuell eingegeben und mit **Enter** bestätigt werden. (z.B. BEFRAGUNG)
2-2	Feld „Beschreibung“	In diesem Feld kann eine nähere Erläuterung zur Kampagne eingegeben werden (z.B. Befragung zum Thema ...).
2-3	Felder „Startdatum“ und „Enddatum“	Hier können ein Start- und ein Enddatum festgelegt werden. In dem Beispiel wird als Startdatum der 24.07.2000 eingetragen und das Enddatum bleibt leer.
2-4	Feld „Verkäufercode“	Mit **F6** und **OK** kann ein Verkäufer aus der Verkäuferübersicht ausgewählt werden (z.B. AH), der für diese Kampagne verantwortlich ist.
2-5	Feld „Anzahl Zeilen“	Dieses Feld wird automatisch vom System gefüllt. Es beinhaltet die Anzahl der angelegten Zeilen in der Kampagne.

3	Kampagne▼ / *Aktionsarten*	Für jede Kampagne, die mehr als eine Aktion beinhaltet, ist es notwendig, Aktionsarten einzurichten. Sie strukturieren und kategorisieren die für die Zielgruppe durchgeführten Aktionen.
3-1	Feld „Code“	Der eingegebene Code (z.B. ANRUF1) identifiziert die Aktion eindeutig.
3-2	Feld „Beschreibung“	Hier kann eine 50 Zeichen lange Beschreibung der Aktion eingegeben werden (z.B. erster Anruf bei den Firmen). Anschließend das Feld verlassen.
3-3	Feld „Anzahl Aktionen“	Dieses Feld wird vom System aktualisiert und zeigt, wie viele Aktionen damit gestartet wurden.
H	**HINWEIS:** Das Anlegen von Aktionsarten bedeutet nicht, daß Aktionen erstellt werden. Aktionen können erst angelegt werden, nachdem Aktionsarten erfaßt wurden.	

3-4	ESC	Zurück zur Kampagne.
4	Funktion▼ / *Zielgruppe erweitern...*	Jetzt sind die Unternehmen herauszusuchen, die befragt werden sollen.
4-1	Reiter Interessent	
4-1-1	Alle Felder	Hier können die Interessenten ausgewählt werden, die bei der Kampagne berücksichtigt werden sollen.

4-1-2	Sortierung...	Mit dieser Schaltfläche können die ausgewählten Interessenten sortiert werden.
4-2	Reiter Kontaktperson, Bemerkungszeile, Aktion, Interessengruppe, Interessent Branche und Artikelposten	
	Alle Felder der angegebenen Reiter	Hier können weitere Filter gesetzt werden, um die betroffenen Interessenten herauszufiltern.
4-3	Reiter Optionen	
	Feld „Kontaktpersonen einbeziehen“	Wird in diesem Feld ein Haken gesetzt, werden alle Kontaktpersonen der Interessenten als eigene Zeile angelegt. Wird er nicht gesetzt, werden die angegebenen Filter angewendet aber die Kontaktperson nicht in die Kampagne mit eingefügt.
4-4	↑ (außer Reiter Optionen) ESC	Durch Klicken auf diese Schaltfläche wird das Ergebnis der gesetzten Filter für das jeweilige Register angezeigt.
4-5	Als Beispiel sollen alle Debitoren aus Deutschland mit ihren primären Kontaktpersonen ausgewählt werden. Das bedeutet: Reiter Interessent: „Ländercode“ " (2 x ') „Statuscode“ DEBITOR Reiter Kontaktperson: „Primäre Kontaktperson“ Ja Reiter Optionen: „Kontaktperson einbeziehen“ ✓	
H	**HINWEIS:** Es ist vor dem Start der Stapelverarbeitung unbedingt zu prüfen, ob noch „alte“ Filter in den Reitern gesetzt sind. Diese sind zu löschen.	
5	OK	Um die Stapelverarbeitung zu starten und die Kampagnenzeilen einzufügen.

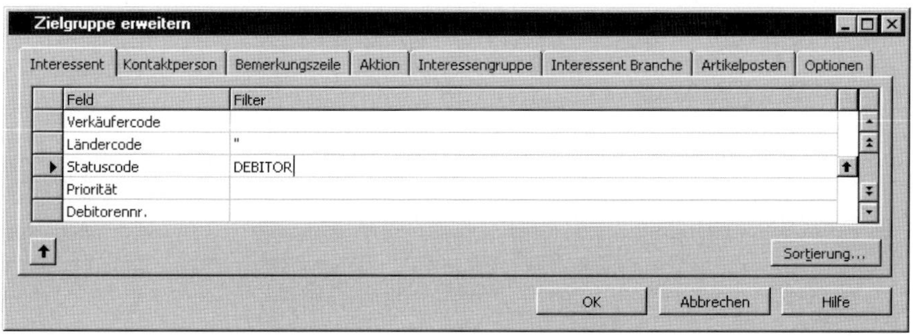

6	Die Frage: "Möchten Sie Interessent/en und Kontaktperson/en als Kampagnenzeilen einfügen?" ist mit Ja zu beantworten. Nein bedeutet Abbruch.	
7	Feld „Anzahl Zeilen"	In diesem Feld ist jetzt abzulesen, daß 9 Kampagnenzeilen eingefügt wurden.
8	Spalte „Kontaktpersonnr."	Sind mehrere Kontaktpersonen pro Interessent eingefügt worden, erscheint in dieser Spalte die Nr. der Kontaktperson. Existierte keine Kontaktperson, bleibt die Spalte leer.
9	Funktion ▼ / *Zielgruppe reduzieren…*	Mit dieser Stapelverarbeitung können die Kampagnenzeilen nochmals bearbeitet werden.
9-1	Die Eingabe von Filterkriterien ist mit OK zu bestätigen.	z.B. Reiter Interessent, Feld „Nr." 50000038..50000040
9-2	Jetzt wird angegeben, wieviele Interessenten bzw. Kontaktpersonen gelöscht werden sollen.	Die Frage: „Wollen Sie fortfahren?" ist mit Ja zu beantworten. Im gewählten Beispiel werden die Kampagnenzeilen auf 7 reduziert.
9-3	**ESC**	
10	*Marketing / Berichte*	Mit dem Bericht Kampagne – Zeilen können die ausgewählten Interessenten ausgedruckt werden, um dann weiter bearbeitet zu werden.
10-1	Drucken	Für das Feld „Kampagnennr." ist in der Spalte „Filter" mit **F6** aus der Kampagnenübersicht die Kampagne auszuwählen und mit OK zu bestätigen. Bleiben alle Felder leer, werden alle Kampagnenzeilen gedruckt.
10-2	Drucken… oder Seitenansicht	Der Bericht wird auf einem Drucker oder dem Bildschirm ausgegeben.
10-3	2 x **ESC**	Zurück zum Hauptmenü.
	⇒ Aus Kampagnen können nun Aktionen (Abschnitt 5.2) oder Serienbriefe (Abschnitt 5.3) erstellt werden.	

5.2 Arbeiten mit Aktionen

Alle Aktivitäten, die Interessenten, Debitoren, Kreditoren oder Kontaktpersonen betreffen, werden in NAVISION Financials als Aktionen bezeichnet. Sie können zeitlich gegliedert werden und sind Grundlage für entsprechende Auswertungen.

5.2.1 Erstellen von Aktionen aus Kampagnen

Die folgenden Arbeitsschritte zeigen, wie Aktionen aus Kampagnen erstellt bzw. angelegt werden können.

Schritt	Aktion	Bemerkung
1	*Marketing / Kampagnen*	
1-1	Feld „Nr."	Mit den Such- und Filterkriterien wird die entsprechende Kampagne ausgewählt, z.B. BEFRAGUNG (aus Abschnitt 5.1).
1-2	Es sind 7 Kampagnenzeilen vorhanden. Außerdem wurden bereits 2 Aktionsarten erstellt.	
2	Funktion ▼ / *Aktionen erstellen...*	
2-1	Reiter Kampagnezeile	
2-1-1	Spalte „Feld" Zeile „Interessentennr."	In die Spalte „Filter" kann mit F6 nochmals in den Kampagnenzeilen eingegrenzt werden. Werden Interessenten in dem Filter eingeschlossen, die nicht in den Kampagnenzeilen enthalten sind, werden diese nicht berücksichtigt.
2-1-2	Spalte „Feld" Zeile „Verkäufercode"	Hier können die Kampagnenzeilen nach Verkäufercode gefiltert werden. Das ist sinnvoll, wenn pro Verkäufer eine Aktion erstellt wird.
2-1-3	Spalte „Feld"	In einer leeren Zeile können mit F6 in dieser Spalte weitere Felder der Kampagnenzeilen ausgewählt werden, auf die Filter gesetzt werden sollen.
2-2	Reiter Optionen	
2-2-1	Feld „Aktionsart"	Mit F6 kann eine Aktionsart aus der aktuellen Kampagne ausgewählt werden, zu der die Aktionen gezählt werden sollen.

2-2-2	Feld „Aktion Beschreibung“	In diesem Feld wird die Beschreibung der Aktionsart vorgeschlagen und kann geändert werden.
2-2-3	Felder „Datum“ und „Zeit“	Das Datum und die Uhrzeit sind einzugeben, an denen die Aktion geplant ist.
2-2-4	Feld „Erledigt“	Hier ist ein Haken zu setzen, wenn die Aktion zum Zeitpunkt der Erstellung bereits durchgeführt wurde. Dann erscheint sie nicht mehr in den Terminen.
2-3	Für das Beispiel sind folgende Einstellungen vorzunehmen: 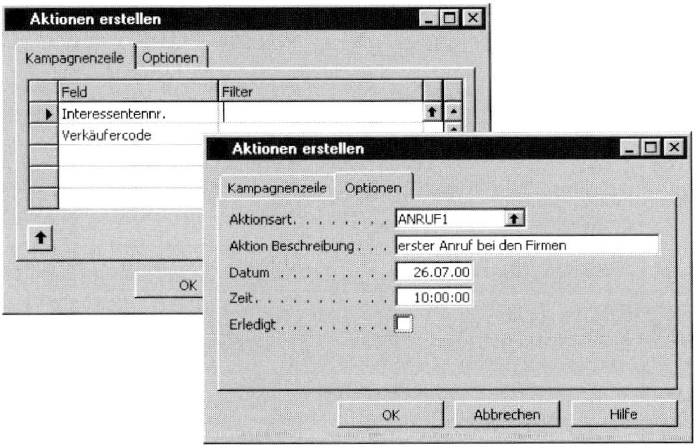	
2-3-1	Die Aktionen sind mit OK zu erstellen.	
2-3-2	Die nebenstehende Meldung ist mit OK zu bestätigen.	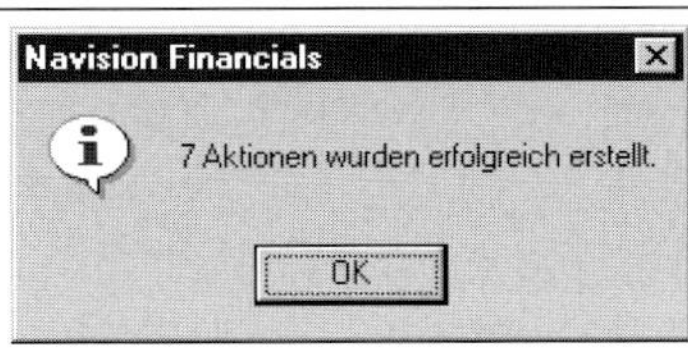
AUSWIRKUNGEN		
3	Kampagne▼ / *Aktionsarten*	
3-1	Spalte „ Anzahl Aktionen“	Für die Aktionsart ANRUFE1 ist 7 eingetragen worden. Das bedeutet, hier wurden 7 Aktionen angelegt. Diese können mit **F6** in der Aktionsübersicht angezeigt werden.

3-2	3 x **ESC**	Zurück zum Hauptmenü.
4	*Marketing / Aktionen Termine*	In dieser Ansicht werden alle noch nicht erledigten Termine angezeigt.
4-1	Feld „Fälligkeitsdatum"	Das Arbeitsdatum wird automatisch vorgegeben. Es kann jedoch verändert werden. In den Zeilen werden alle Aktionen bis einschließlich dem eingegebenen Datum angezeigt.
4-2	Feld „Verkäuferfilter"	Mit **F6** kann in die Verkäuferübersicht verzweigt, ein Verkäufer ausgewählt und mit OK bestätigt werden. So können die Aktionen pro Verkäufer herausgefiltert werden.
4-3	**ESC**	Zurück zum Hauptmenü.
5	*Marketing / Interessenten*	Die erzeugten Aktionen wurden am jeweiligen Interessenten und an der Kontaktperson hinterlegt.
5-1	Feld „Nr."	Einen Interessenten mit den Such- bzw. Filterfunktionen anzeigen, der bei der Kampagne berücksichtigt wurde. (z.B. 50000001)
5-2	Interessent▼ / *Aktionen*	Hier werden alle Aktionen angezeigt, die diesen Interessenten betreffen.
5-3	Mit den Such- bzw. Filterfunktionen (**Strg**+ **F7**) können die Aktionen der Kampagne (BEFRAGUNG) angezeigt werden.	Es sind bei diesem Debitor zwei Aktionen entstanden. Bei beiden ist eine Kontaktperson eingetragen.
5-4	**ESC**	

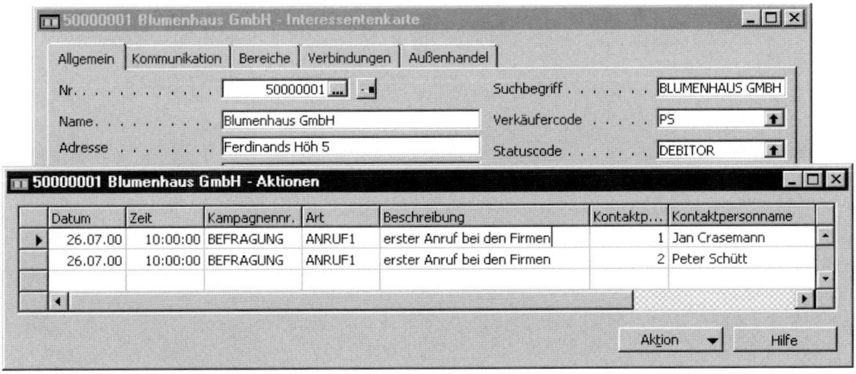

5-5	Interessent▼ / *Kontaktpersonen*	Die Kontaktpersonenübersicht dieses Interessenten wird geöffnet.
5-6	Eine Primäre Kontaktperson markieren, oder den Cursor in die Zeile setzen.	Beim Anlegen der Kampagne BEFRAGUNG werden nur die Primären Kontaktpersonen einbezogen.
5-7	Kontaktperson▼ / *Aktionen*	Hier werden alle Aktionen angezeigt, die diese Kontaktperson betreffen.
5-8	Auch hier kann wieder mit den Such- und Filterfunktionen (**Strg** + **F7**) die Aktion der Kampagne (BEFRAGUNG) herausgefiltert werden.	

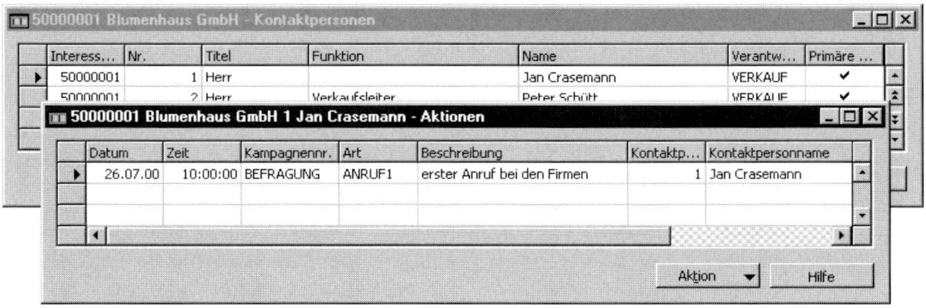

5-9	3 x **ESC**	Zurück zum Hauptmenü.
6	*Marketing / Berichte*	Mit dem Cursor den Bericht Aktion - Liste anklicken.
6-1	Drucken	Der Bericht kann über die Filter-kriterien auf die gewünschte Kampagne und Aktion eingeschränkt werden. (Filter: Kampagnennr.: BEFRAGUNG; Art: ANRUF1)
6-2	Drucken... oder Seitenansicht	Der Bericht wird auf einem Drucker oder dem Bildschirm ausgegeben.
6-3	2 x **ESC**	Zurück zum Hauptmenü.

5.2.2 Aktionen nachfassen

Nachdem die Aktionen angelegt wurden, müssen die Aktionen (Aufgaben) ausgeführt und ggf. nachbearbeitet werden. Über verschiedene Bewertungskriterien sind Nachfaßaktionen zu definieren. Die einzelne Herangehensweise und ihre Auswirkung wird an drei Beispielen näher erläutert.

Schritt	Aktion	Bemerkung
1	*Marketing / Aktionen Termine*	Es werden die Termine der Aktionen angezeigt.
1-1	**Strg** + **F7**	Über das Setzen entsprechender Filter werden nur die relevanten Aktionen angezeigt.
1-2	Spalte „Feld" Zeile „Kampagnennr."	Ist diese Zeile nicht vorhanden, ist mit **F6** die Aktion - Feld Liste zu öffnen, „Kampagnennr." zu markieren und mit OK zu bestätigen.
1-3	Spalte „Filter" Zeile „Kampagnennr."	Hier ist mit **F6** und OK BEFRAGUNG auszuwählen.
1-4	OK	Es werden nun die 7 Aktionen der Aktionsart ANRUF1 angezeigt.
	⇒ Ist ein erneuter Anruftermin zu vereinbaren, weiter mit Schritt 2. ⇒ Möchte eine Kontaktperson nicht mehr angerufen werden, weiter mit Schritt 3. ⇒ Soll einem Interessenten zusätzlich Informationsmaterial zugesendet werden, weiter mit Schritt 4.	
2	Bsp.1: Kontaktpersonnr. 1 vom Interessentennr. 50000000 wird angerufen. Er ist heute nicht im Hause und kann am 28.07.00 gegen 9:00 Uhr erreicht werden.	
2-1	Spalte „Bewertung"	In dieser Spalte wird mit **F6** <Neutral> ausgewählt. Dieses Feld dient Informationszwecken. Es muß eine Option gewählt werden, damit die Aktion abgeschlossen und ggf. Nachfaßaktionen eingetragen werden können.
2-2	Spalte „Erledigt"	Wird hier anschließend ein Haken gesetzt, öffnet sich das Fenster Nachfaßaktion.

2-2-1	Feld „Datum“ Das Datum der nächsten Aktion ist einzutragen. (z.B. 28.07.00)	Das System schlägt ein Datum vor, das aus dem Datum der erledigten Aktion und der Datumsformel berechnet wurde. (*Marketing / Einrichtung / Marketing Einrichtung* Reiter Vorgaben Feld „Nachfaßaktion Datumsformel“)
2-2-2	Feld „Zeit“ (z.B. 09:00)	Vom System wird die aktuelle Zeit eingetragen, die geändert werden kann.
2-2-3	Feld „Aktionsart“ (z.B. ANRUF2)	In diesem Feld kann mit **F6** und OK eine Aktionsart der aktuellen Kampagne ausgewählt werden.
2-2-4	Feld „Verkäufercode“	Hier wird der Verkäufer aus der Aktionszeile vorgeschlagen.
2-2-5	Feld „Aktion Beschreibung“	Dieses Feld wird automatisch aktualisiert und kann verändert werden.
2-3	OK	Die Aktion wurde auf erledigt gesetzt und wird nun nicht mehr in der aktuellen Terminübersicht angezeigt. Wird das Datum im Feld „Fälligkeitsdatum“ erhöht, wird die neue Aktion an das Ende der Termine angefügt.
2-4	**ESC**	Zurück zum Hauptmenü.
2-5	AUSWIRKUNG	
2-5-1	*Marketing / Kampagnen*	Über die Such- und Filterfunktionen ist die entsprechende Kampagne auszuwählen.
2-5-2	Kampagne▼ / *Aktionsarten*	Da bei der Nachfaßaktion als „Aktionsart“ ANRUF2 angegeben wurde, ist die neue Aktion dort zugeordnet worden.
2-5-3	Feld „Anzahl Aktionen“	In der Zeile Aktionsart ANRUF2 steht eine 1. Mit **F6** kann diese Aktion aufgerufen werden.
2-5-4	3 x **ESC**	
3	Bsp. 2: Der Anruf bei Kontaktpersonnr. 1 von Interessentnr. 50000000 hat ergeben, daß er nicht mehr angerufen werden möchte. (Ihm wird keine neue Aktion zugeordnet.)	

3-1	*Marketing / Aktionen Termine*	Die entsprechende Aktion heraussuchen.
3-2	Spalte „Bewertung“	Mit **F6** wird die Option <Negativ> ausgewählt.
3-3	Spalte „Erledigt“	Wird der Cursor in dieser Spalte positioniert und die **Leertaste** betätigt, öffnet sich wieder das Fenster Nachfaßaktion.
3-4	Da diese Aktion nicht weiter verfolgt werden soll, wird jetzt Abbrechen gewählt.	Die Aktion wird als erledigt markiert und somit nicht mehr im Fenster Aktionen Termine angezeigt.
3-5	**ESC**	Zurück zum Hauptmenü.
3-6	AUSWIRKUNG	
3-6-1	*Marketing / Kampagnen*	Über die Such- und Filterfunktionen ist die entsprechende Kampagne auszuwählen.
3-6-2	Kampagne▼ / *Aktionsarten* Spalte „Anzahl Aktionen“	Die Werte in der Spalte „Anzahl Aktionen“ haben sich nicht geändert.
3-6-3	2 x **ESC**	Zurück zum Hauptmenü.
4	Bsp.3: Kontaktpersonnr. 1 von Interessentennr. 50000004 war von dem Anruf begeistert und möchte Informationsmaterial zugeschickt bekommen.	
4-1	*Marketing / Aktionen Termine*	Die entsprechende Aktion heraussuchen.
4-2	Spalte „Bewertung“	Die Option <Positiv> ist auszuwählen.
4-3	Spalte „Erledigt“	Wird der Cursor in dieser Spalte positioniert und die **Leertaste** betätigt, öffnet sich das Fenster Nachfaßaktion.
4-3-1	Feld „Datum“	Hier ist das Datum einzutragen, an dem das Informationsmaterial zugesendet werden soll.
4-3-2	Feld „Zeit“	Die entsprechende Uhrzeit ist einzutragen.
4-3-3	Feld „Aktionsart“	Mit **F6** ist in die Aktionsarten zu verzweigen. In dem Feld „Code“ ist eine neue Aktionsart anzulegen, z.B.

		INFO. Diese Aktionsart ist mit **OK** zu übernehmen.
4-4	**OK**	Die Aktion wurde auf erledigt gesetzt und wird nun nicht mehr angezeigt.
4-5	**ESC**	Zurück zum Hauptmenü.
AUSWIRKUNGEN		
5	*Marketing / Kampagnen*	Über die Such- und Filterfunktionen ist die entsprechende Kampagne auszuwählen.
5-1	**Kampagne▼** / *Aktionsarten*	Da bei der Nachfaßaktion eine neue „Aktionsart“ INFO angelegt wurde, wird diese hier mit aufgeführt.
5-2	Spalte „Anzahl Aktionen“	Der Wert in der Spalte „Anzahl Aktionen“ ist 1.
5-3	2 x **ESC**	Zurück zum Hauptmenü.

Nach diesen Beispielen können alle Aktionen abgearbeitet werden. Das Ergebnis könnte so aussehen:

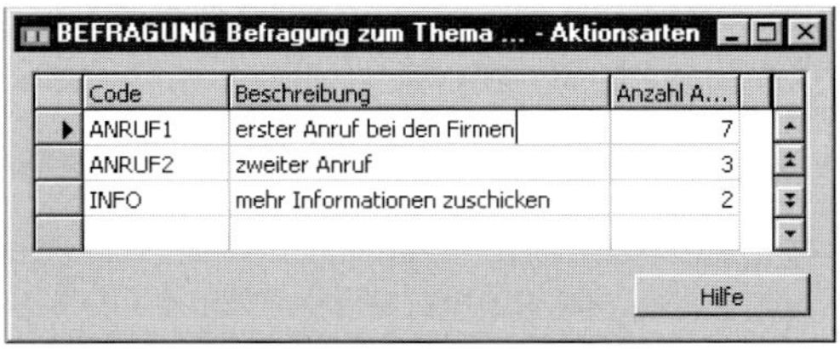

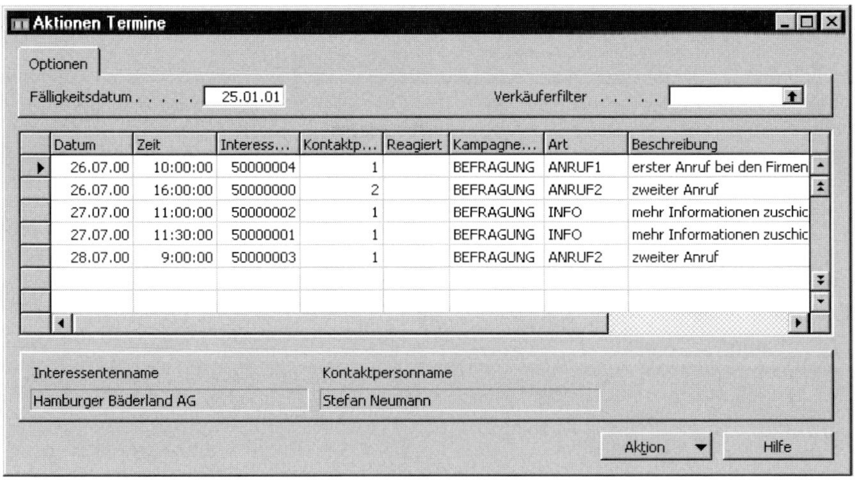

5.2.3 Aktionen auswerten

In der Interessentenkarte werden die erzeugten Aktionen und die entsprechende Historie mitgeführt. (*Marketing / Interessenten* Interessent▼ / *Aktionen* Aktion▼ / *Historie*)

Die Auswertung von Aktionen kann unterschiedlich erfolgen. Aktionen können in einem Bericht beispielsweise zeitlich gegenüber gestellt werden, oder es können über Filterfunktionen genau diejenigen Interessenten ausgewählt werden, die in keine Nachfaßaktion einbezogen wurden.

Schritt	Aktion	Bemerkung
AUSWERTUNG1: Es soll ein Wochenzeitplan mit den Aktionen ausgedruckt werden.		
1	*Marketing / Berichte*	Hier soll der wöchentliche Zeitplan gedruckt werden. Somit ist der gleichlautende Bericht anzuklicken.
2	Drucken	
2-1	Reiter Aktion	
2-1-1	Feld „Kampagnennr."	Um in dem wöchentlichen Zeitplan die Aktionen aus dem Beispielen angezeigt zu bekommen, muß hier mit F6 und OK BEFRAGUNG ausgewählt werden.
2-1-2	Felder „Art" und „Verkäufercode"	Da alle Aktionen der Kampagne angezeigt werden sollen, bleiben diese beiden Felder leer.
2-1-3	Spalte „Feld"	In einer leeren Zeile können mit F6 in dieser Spalte weitere Felder der Aktionen ausgewählt werden, auf die Filter gesetzt werden sollen.
2-1-4	Spalte „Filter"	Hier ist in der jeweiligen Zeile der Filter einzugeben.
2-2	Reiter Optionen	
2-2-1	Feld „Startdatum"	Ab dem hier eingegebenen Startdatum werden 5 Tage in dem Bericht angezeigt. Für das Beispiel ist 25.07.00 einzugeben.
2-2-2	Feld „Startzeit"	Beginnend mit der hier eingegebenen Uhrzeit wird der Wochenbericht gedruckt.

		Der Tag wird in 15 Halbstunden-intervalle eingeteilt, beginnend mit der eingegebenen Startzeit.
2-3	Drucken... oder Seitenansicht	Der Bericht wird auf einem Drucker oder dem Bildschirm ausgegeben.
2-4	2 x **ESC**	Zurück zum Hauptmenü.
H	**HINWEIS**: Es werden in diesem Zeitplan nur die Aktionen angezeigt, bei denen das Feld „Zeit" nicht leer ist. Das bedeutet, es ist darauf zu achten, daß beim Anlegen von Aktionen bzw. Nachfaßaktionen die Startzeit mit angegeben wird.	
AUSWERTUNG2: Es sollen alle Interessenten herausgefiltert werden, denen keine Nachfaßaktion zugeordnet wurde.		
3	*Marketing / Kampagnen*	Mit den Filter- und Suchfunktionen die Kampagne BEFRAGUNG anzeigen.
3-1	Alle Kampagnenzeilen löschen.	Sie werden nur für die erste Auswahl beim Anlegen der Kampagne benötigt.
3-2	Funktion▼ / *Zielgruppe erweitern...*	Es sollen zu Beginn alle eingefügt werden, die in ANRUF1 enthalten sind.
3-2-1	Dazu sind folgende Einstellungen in den Reitern notwendig: Reiter Aktion „Kampagnennr." BEFRAGUNG „Art" ANRUF1 Reiter Optionen „Kontaktperson einbeziehen" ✓ Alle anderen Filter in den anderen Reitern sind zu löschen.	
3-2-2	OK	Alle 7 Aktionen von ANRUF1 werden als Kampagnenzeilen eingefügt. Das ist möglich, da alle Interessenten dieser Kampagne die Aktion ANRUF1 zugeordnet bekommen haben.
3-2-3	Ja	Die Frage nach den Interessenten und Kontaktpersonen ist mit Ja zu beantworten.
3-3	Funktion▼ / *Zielgruppe reduzieren...*	Es sollen nur die Interessenten ausgewählt werden, denen keine neue Aktion zugeordnet wurde, deshalb ist die Zielgruppe zu reduzieren.

<table>
<tr><td>3-3-1</td><td colspan="2">Dazu sind folgende Einstellungen in den Reitern durchzuführen:
Reiter Aktion „Kampagnennr." BEFRAGUNG
„Art" ANRUF2|INFO
Alle anderen Filter in den anderen Reitern sind zu löschen.</td></tr>
<tr><td>3-3-2</td><td>OK</td><td>Die Stapelverarbeitung wird gestartet.</td></tr>
<tr><td>3-3-3</td><td>Die Frage: „Wollen Sie fortfahren?" ist mit Ja zu beantworten.</td><td>Es werden alle Aktionen, die in der Aktionsart ANRUF2 und INFO enthalten sind, gelöscht.</td></tr>
<tr><td>3-4</td><td>Funktion ▼ / Zielgruppe reduzieren...</td><td>Da weiterhin nur die Interessenten angezeigt werden sollen, deren Aktion schon erledigt ist, ist die Zielgruppe weiter zu reduzieren.</td></tr>
<tr><td>3-4-1</td><td colspan="2">Dazu sind folgende Einstellungen in den Reitern zu tätigen:
Reiter Aktion „Kampagnennr." BEFRAGUNG
„Art" ANRUF1
„Erledigt" Nein
Alle anderen Filter in den anderen Reitern sind zu löschen.</td></tr>
<tr><td>3-4-2</td><td>OK</td><td>Frage: „Wollen Sie fortfahren?" ist mit Ja zu beantworten.</td></tr>
<tr><td>3-5</td><td colspan="2">Für die ausgewählten Interessenten kann jetzt z.B. ein Serienbrief erstellt werden. (Siehe dazu ab Punkt 5.3.)</td></tr>
</table>

3-6	ESC	Zurück zum Hauptmenü.

5.2.4 Aktionen löschen

Von Zeit zu Zeit wird es vorkommen, daß Aktionen gelöscht werden sollen. Das nachfolgende Ablaufschema zeigt die dafür notwendigen Arbeitsschritte.

Schritt	Aktion	Bemerkung
1	*Marketing / Periodische Aktivitäten / Aktionen löschen...*	Das Formular Aktionen löschen wird angezeigt.
2	Reiter Aktion	
2-1	Spalte „Feld"	Hier können in den Zeilen mit **F6** die Felder der Tabelle Aktion ausgewählt werden, auf die Filter gesetzt werden sollen.
2-2	Spalte „Filter"	In der Zeile können Filterkriterien mit **F6** und OK oder durch Eintragen gesetzt werden, die genau die Aktionen herausfiltern, die gelöscht werden sollen.
2-3		Durch Klicken auf diese Schaltfläche wird das Ergebnis der gesetzten Filter für die Aktionen angezeigt.
3	Reiter Optionen	
3-1	Feld „Startdatum"	Hier kann das Datum der ersten Aktion eingegeben werden, die gelöscht werden soll.
3-2	Feld „Enddatum"	Dieses Feld ist mit dem aktuellen Datum vorbelegt. Es kann verändert und das Datum der letzten Aktion eingetragen werden, die gelöscht werden soll.
4	OK	Die Stapelverarbeitung wird gestartet.
H	**HINWEIS:** Bevor die Stapelverarbeitung startet, erscheint folgende Meldung: 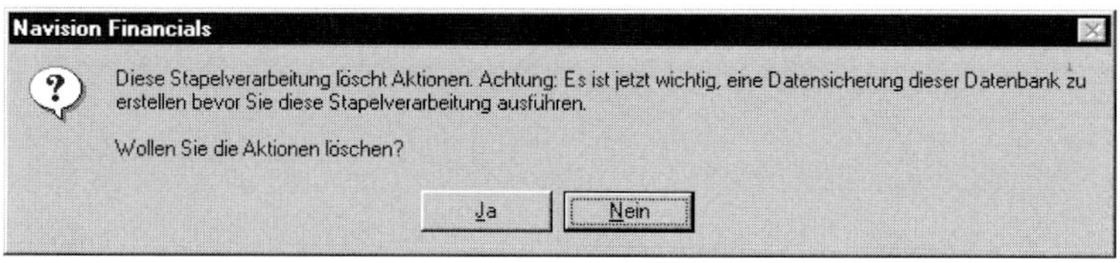	

	Das Sichern der Daten ist sehr wichtig, denn der einzige Weg, versehentlich gelöschte Aktionen wiederherzustellen, ist ein Import der vorher durchgeführten Datensicherung.	
5a	Ja	Die Aktionen werden endgültig auch am Interessenten und an der Kontaktperson gelöscht. 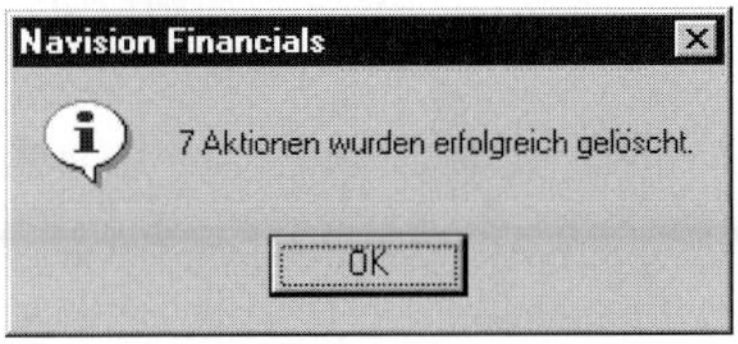
5b	Nein	Die Stapelverarbeitung wird abgebrochen und es werden keine Aktionen gelöscht. 
6	OK	Die jeweilige Information ist mit OK zu quittieren.

5.3 Erzeugen eines Serienbriefes aus dem Modul Marketing

Über das Modul Marketing wird eine Serienbriefdatei erzeugt. Diese schafft die Voraussetzungen für die Datenquelle in Microsoft EXCEL und ist Grundlage für den Serienbrief in Microsoft WORD.

5.3.1 Auswählen der Interessenten in NAVISION Financials

Hier wird gezeigt, wie aus Kampagnen eine Serienbriefdatei erstellt werden kann.

Schritt	Aktion	Bemerkung
1	Es ist eine neue Kampagne zu erzeugen. Hierzu sind die Schritte, die unter Ablaufschema 5.1 beschrieben wurden, abzuarbeiten:	
1-1	Schritt 1 von 5.1 *Marketing / Kampagne*	Öffnen der Kampagnen.
1-2	Schritt 2 von 5.1 Im Feld „Nr." mit **F3** eine neue Kampagne anlegen und die erforderlichen Felder ausfüllen.	Eine neue Kampagne anlegen.
1-3	Schritt 3 von 5.1 Kampagne▼ / *Aktionsarten* und Felder ausfüllen.	Aktionsarten definieren.
1-4	Schritt 4 bis 7 von 5.1 Funktion▼ / *Zielgruppe erweitern...*	Zielgruppe erweitern.
1-5	Schritt 8 von 5.1 Funktion▼ / *Zielgruppe reduzieren...*	Zielgruppe reduzieren.
2	Funktion▼ / *Serienbrief...*	
2-1	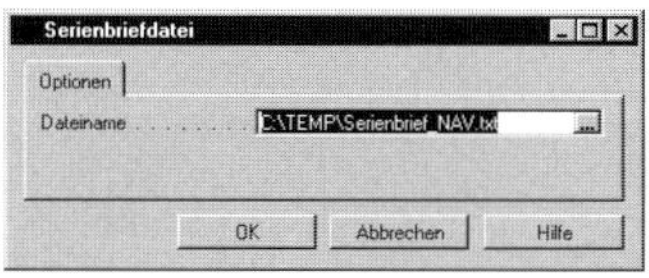	Im Feld Dateiname kann nun entweder der Name der Datei mit Pfadangabe eingetragen werden oder über den Button ausgewählt werden, z.B. C:\Temp\Serienbrief_NAV.txt .
2-2	Es wird eine Textdatei mit der Dateierweiterung *.txt erzeugt.	
3	**ESC**	Zurück zum Hauptmenü.

5.3.2 Erzeugen der Datenquelle in Microsoft EXCEL

Die aus NAVISION Financials erzeugte *.txt-Datei muß nun in Microsoft EXCEL in eine Tabellenstruktur eingelesen werden. Diese Datei ist dann die Datenquelle für den Serienbrief. Sie enthält die erforderlichen Adreßdaten der in NAVISION Financials ausgewählten Interessenten.

Schritt	Aktion	Bemerkung
1	*Start / Programme / Microsoft Office 2000 / Microsoft Excel* oder auf das Symbol  doppelklicken.	Microsoft EXCEL wie gewohnt starten.
2	*Datei / Öffnen*	
2-1	Feld „Dateityp“	Die Option <Alle Dateien (*.*)> ist auszuwählen.
2-2	*.txt-Datei auswählen	Die zuvor erstelle Datei mit der Dateierweiterung .txt auswählen.
3	Öffnen	Dabei öffnet sich der Textkonvertierungs-Assistent. Mit dessen Hilfe werden die Daten aus der *.txt-Datei in Tabellenform gebracht.
3-1	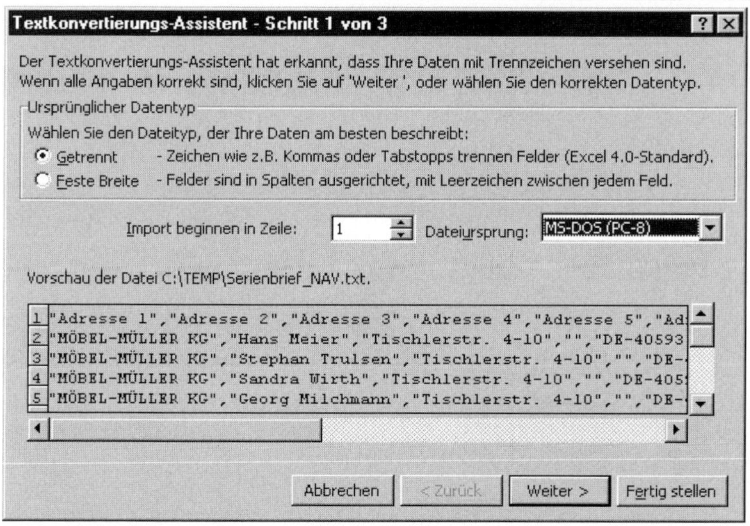 Der „Ursprüngliche Datentyp“ steht standardgemäß auf <Getrennt>. Ansonsten muß er auf <Getrennt> gesetzt werden. Der Wert des Feldes „Dateiursprung“ muß auf <MS-DOS ...> gestellt werden, damit die Umlaute richtig wiedergegeben werden.	

3-2 Weiter >

3-3

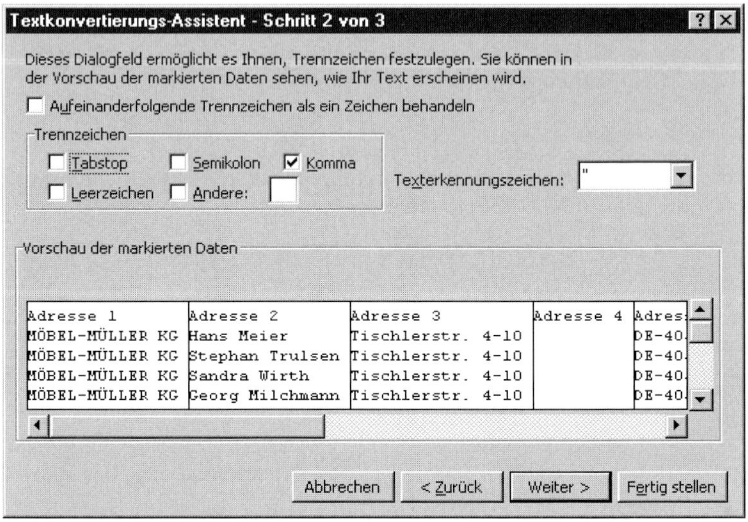

Bei diesem Schritt ist die Einstellung des richtigen Trennzeichens wichtig. Bei NAVISION Financials *.txt-Dateien ist es das Komma. Das Texterkennungszeichen sind die Anführungsstriche.

3-4 Weiter >

3-5

Im letzten Schritt können noch die Datenformate der Spalten festgelegt werden.

3-6	Fertig stellen	Nun wird die *.txt-Datei in Microsoft EXCEL eingefügt. Pro Spalte ein Wert.
4	Die Einträge können nun bearbeitet werden. Es ist z.B. möglich, Zeilen oder Spalten zu löschen oder Spaltenüberschriften umzubenennen, z.B. Adresse 1 in Name 1, Adresse 2 in Kontaktperson, ... Damit ist später die Auswahl der Seriendruckfelder besser möglich.	

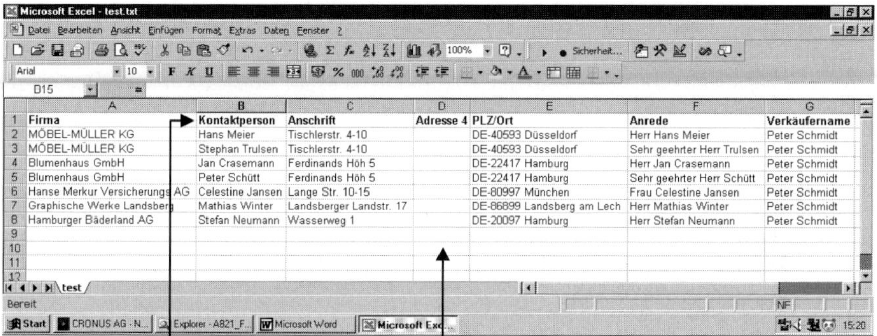

Spaltenüberschriften umbenennen

leere Spalten löschen

5	*Datei / Speichern unter...*	Abspeichern als EXCEL-Datei mit der Dateierweiterung *.xls .
6	EXCEL schließen.	

5.3.3 Serienbrief in Microsoft WORD erstellen

In Microsoft WORD wird die Serienbriefvorlage mit den Seriendruckfeldern erstellt, so daß für jeden in NAVISION Financials ausgewählten Interessenten ein Brief ausgedruckt werden kann.

1	*Start / Programme / Microsoft Office 2000 / Microsoft Word*	Microsoft WORD wie gewohnt öffnen.
2a	Dokument bearbeiten	Es ist die Vorlage für den Serienbrief zu erstellen.
2b	Oder *Datei / Öffnen...*	Öffnen einer bereits vorhandenen Datei, die als Vorlage für den Serienbrief dienen soll.
3	*Extras / Seriendruck...*	Dem Dokument werden so die Eigenschaften eines Serienbriefdokumentes zugeordnet.
4	[Erstellen▼] / *Serienbriefe...*	
	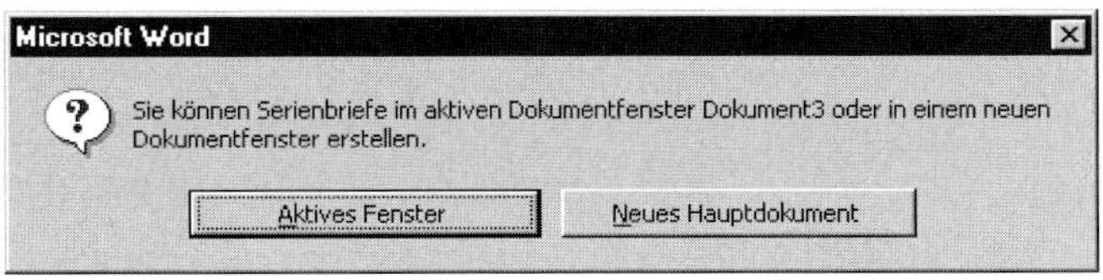 Da Sie das Dokument, welches bereits geöffnet ist, als Grundlage nehmen möchten, beantworten Sie diese Frage mit [Aktives Fenster].	
5	[Daten importieren▼] / *Datenquelle öffnen ...*	
5-1	Feld „Datentyp“	Hier muß <MS Excel Arbeitsblätter> gewählt werden, damit die EXCEL-Dateien (*.xls) angezeigt werden.
5-2	Die zuvor erstellte *.xls-Datei auswählen.	
6	[Öffnen]	
6-1		Wenn die EXCEL-Datei mehrere Tabellenblätter hat, folgt die Anzeige dieses Formulars. Hier kann auch der Name des Tabellenblattes eingegeben werden, auf das der Serienbrief zurückgreifen soll. Im allgemeinen wird nichts geändert. Eingabe mit [OK] bestätigen.

6-2	Da im zugrundeliegenden WORD-Dokument noch keine Seriendruckfelder eingefügt wurden, kommt folgende Meldung: 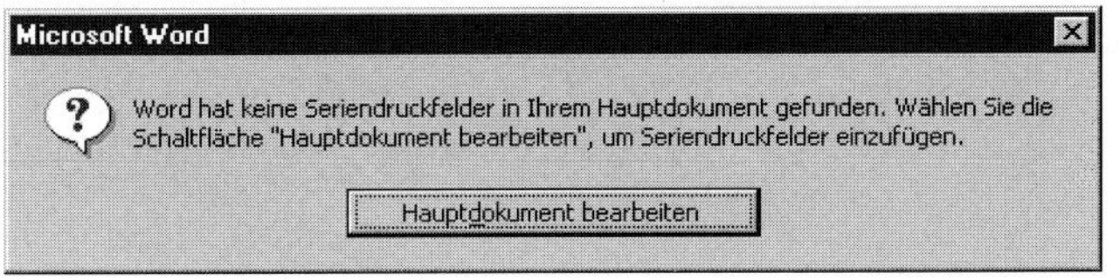	
6-3	Hauptdokument bearbeiten	Der Seriendruckmanager wird geschlossen und das WORD-Dokument kann bearbeitet werden.
6-4	Zusätzlich zu den allgemeinen Symbolleisten, wird jetzt die Symbolleiste 'Seriendruck' mit angezeigt. Mit der Schaltfläche Seriendruckfeld einfügen▼ können die Adreßfelder aus dem EXCEL-Dokument in das WORD-Dokument eingefügt werden.	
7	Die Seriendruckfelder sind die Spaltenüberschriften (Zeile 1) der EXCEL-Tabelle. 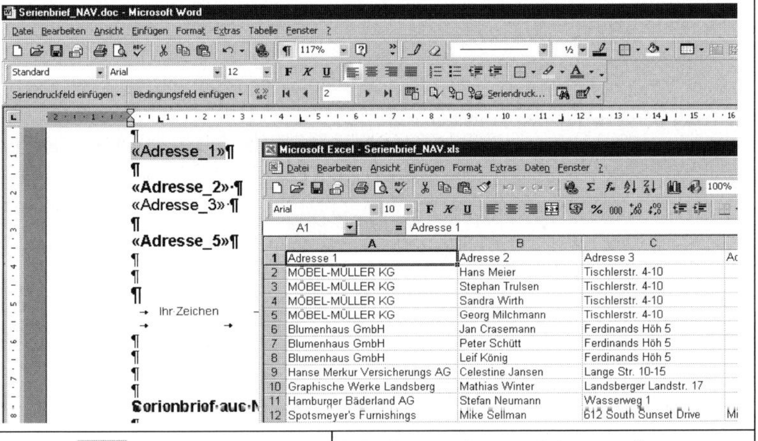	
7-1	Button  - Seriendruck-Vorschau	Mit diesem Button können die Seriendruckfelder durch Daten ersetzt und die Briefe vor dem Druck auf dem Bildschirm angezeigt werden.
8	*Extras / Seriendruck...* Ausführen	Um die einzelnen Dokumente jetzt drucken zu können, müssen sie in einem neuen Dokument zusammengeführt werden.
8-1	Abfrageoptionen	Hier können die Datensätze nach bestimmten Kriterien gefiltert werden.

8-2	OK	Die Abfrageoptionen werden auf das Dokument angewendet.
8-3	Feld „Zu verbindende Datensätze"	Hier können die Datensätze in mehrere Dokumente aufgeteilt werden. Es ist sinnvoll, größere Aktionen zu teilen, da beim Druck nur das gesamte Dokument und nicht einzelne Seiten daraus gedruckt werden können.
8-4	Feld „Beim Verbinden der Datensätze"	Hier ist die jeweilige Option auszuwählen. Bei Briefen empfiehlt es sich, Leerzeilen zu drucken, da sich sonst die Adreßfelder verschieben und nicht mehr in der gewohnten Zeile der Anschrift stehen.

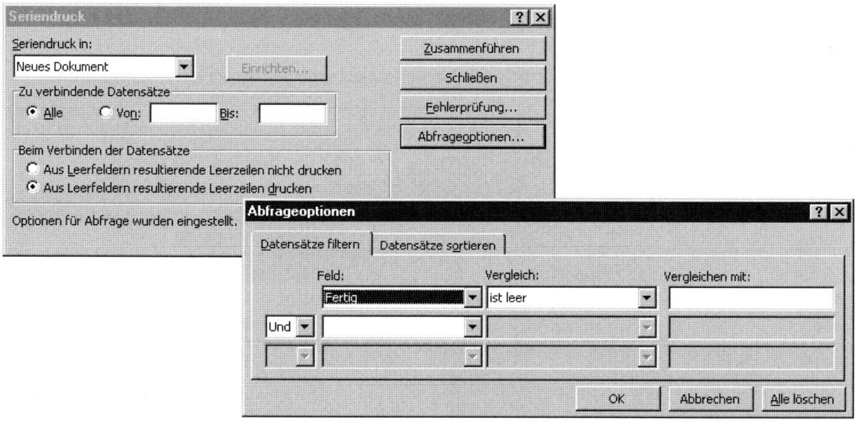

9a	Zusammenführen	Die Datenquelle und das Seriendruckdokument werden zu normalen Dokumenten zusammengeführt. Es entstehen so viele Dokumente, wie Datensätze ausgewählt wurden.
9b	Schließen	Wird das Fenster geschlossen, werden die Einstellungen auf das Seriendruckdokument angewendet. Das Ergebnis kann mit Hilfe der Seriendruckvorschau angesehen werden.

Kapitel 6 - Einrichten der Stammdaten

In diesem Kapitel werden die Arbeitsschritte zum Anlegen von Debitoren- und Kreditorenkonten beschrieben. Es wird der Zusammenhang zum Modul Marketing gezeigt. Darüber hinaus werden Sachkonten und Artikelkonten angelegt. Weiterhin wird mit Textbausteinen gearbeitet. Außerdem wird das Anlegen von Nummernserien beschrieben.

6.1 Einrichten von Kunden und Lieferanten

Im folgenden wird der Zusammenhang zwischen Interessent, Debitor und Kreditor dargestellt. Es werden Debitoren sowohl im Modul Debitoren & Verkauf als auch über das Modul Marketing erzeugt. Für das Anlegen eines Kreditors werden diese Arbeitsschritte ebenfalls beschrieben.

6.1.1 Anlegen eines neuen Kunden

Hier werden alle die Felder beschrieben, die unbedingt ausgefüllt werden müssen, bevor den Kunden Angebote, Aufträge oder Rechnungen zugeordnet werden können.

Schritt	Aktion	Bemerkung
1	*Debitoren & Verkauf / Debitoren*	Öffnen der Debitorenkarte im Modul Debitoren & Verkauf.
2	Den Cursor im Feld „Nr." positionieren.	Mit **F3** einen neuen Debitor anlegen.
3	Beim Verlassen des Feldes wird eine neue Nummer vergeben.	Vergeben einer Debitorennummer aus der in der Einrichtung hinterlegten Nummernserie.
4	Reiter Allgemein	
4-1	Felder „Name", „Adresse", „PLZ Code", „Ort" und „Telefonnummer"	Diese Felder sind entsprechend mit den Daten des Debitoren zu füllen.
4-2	Feld „Ländercode"	Hier kann mit **F6** und OK aus der Länderübersicht das entsprechende Land ausgewählt werden. Für Debitoren aus Deutschland bleibt das Feld **leer**.
4-3	Feld „Kreditlimit"	In dieses Feld kann die Obergrenze des Kreditrahmens für diesen Debitor eingegeben werden.
4-4	Feld „Verkäufercode"	Mit **F6** und OK kann der verantwortliche Verkäufer aus der Verkäuferübersicht eingetragen werden.

4-5	Felder „Suchbegriff“, „Saldo (MW)“ und „Korrigiert am“	Diese Felder werden vom System gefüllt.
4-6	Feld „Gesperrt“	Ist hier ein Haken gesetzt, ist der Debitor gesperrt.
4-7	**Debitor▼** / *Bemerkungen* oder neben dem Feld „Nr.“	Hier können beliebig viele Bemerkungszeilen zum Kunden hinterlegt werden. Sind welche angelegt, ändert sich das Bild auf dem Button:
4-8	**ESC**	Zurück zur Debitorenkarte.

5	Reiter Kommunikation	
5-1	Feld „Telefonnr.“	Eintragungen in diesem Feld werden automatisch auf den Reiter Allgemein, Feld „Telefonnr. Durchwahl“ übertragen.
5-2	Feld „Faxnr.“	Hier kann die Faxnummer hinterlegt werden.
5-3	Feld „E-Mail“	In dieses Feld wird die E-Mail-Adresse eingetragen.
6	Reiter Fakturierung	
6-1	Den Cursor auf dem Feld „Geschäftsbuchungsgruppe“ positionieren, mit **F6** den Code auswählen und mit **OK** bestätigen.	Beim Verlassen des Feldes „Geschäftsbuchungsgruppe“ wird das Feld „MwSt Geschäftsbuchungs-gruppe“ automatisch gefüllt, wenn eine direkte Verbindung zwischen beiden Buchungsgruppen besteht.

6-2	Cursor auf das Feld „Debitorenbuchungsgruppe" positionieren, mit **F6** Code auswählen und mit OK bestätigen.	Durch die Debitorenbuchungsgruppe wird dem Debitor das Forderungskonto in der Finanzbuchhaltung zugewiesen.
6-3	In den anderen Feldern auf dem Reiter Fakturierung sind keine weiteren Pflichteingaben zu tätigen. Diese Felder sind nach den jeweiligen Anwendungsmöglichkeiten auszufüllen, z.B. 3.1.1. oder 3.1.2. .	

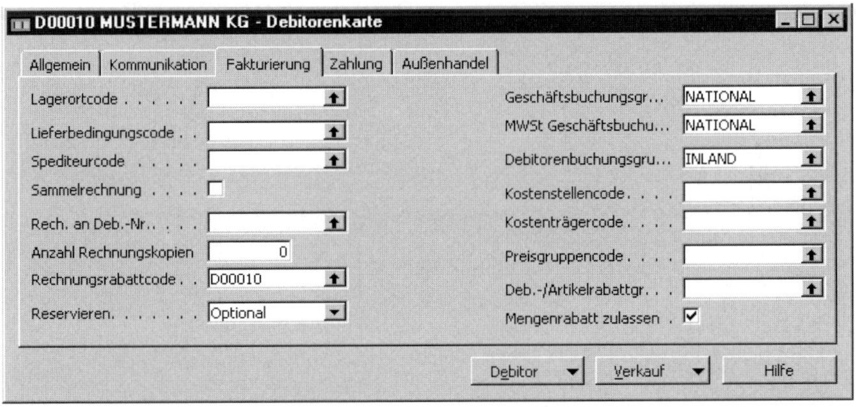

7	Reiter Zahlung	
7-1	Feld „Ausgleichsmethode"	Dieses Feld wird automatisch mit <Offener Posten> vorbelegt.
7-2	Feld „Zlg.-Bedingungscode"	Der entsprechende Zahlungsbedingungscode ist mit **F6** und OK in dieses Feld einzutragen.
7-3	Feld „Zahlungsformcode"	Der Zahlungsformcode ist aus der Übersicht mit **F6** und OK auszuwählen.
7-4	Feld „Mahnmethodencode"	Hier muß der zutreffende Code mit **F6** und OK in das Feld eingetragen werden.
7-5	Feld „Zinskonditionencode"	Ebenso muß der Zinskonditionencode durch **F6** und OK hier eingefügt werden.

8	Reiter Außenhandel	
8-1	Feld „Währungscode“	In diesem Feld ist die jeweilige Landeswährung des Debitoren zu hinterlegen (**F6**, Code auswählen und mit OK bestätigen). Der Währungscode für Debitoren in Deutschland bleibt leer, wenn in der Mandantenwährung gebucht werden soll.
8-2	Den Cursor im Feld „USt-IdNr.“ positionieren.	Für Debitoren aus der EU und dem Gemeinschaftsgebiet ist hier die Umsatzsteuer ID-Nummer einzutragen.
8-3	Feld „Sprachcode“	Mit **F6** und **OK** ist der Sprachcode auszuwählen. Für deutsche Debitoren bleibt der Sprachcode leer.

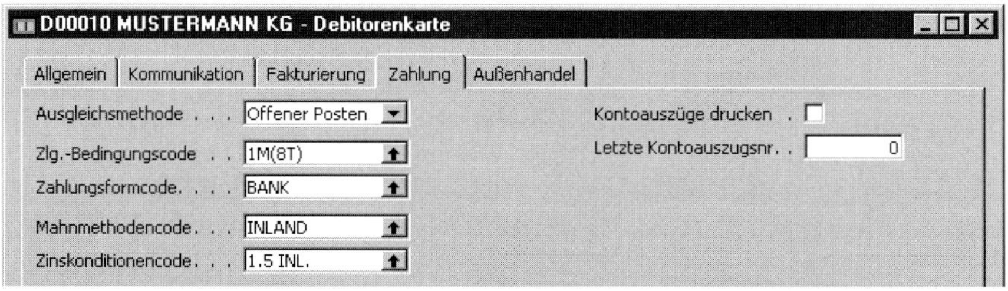

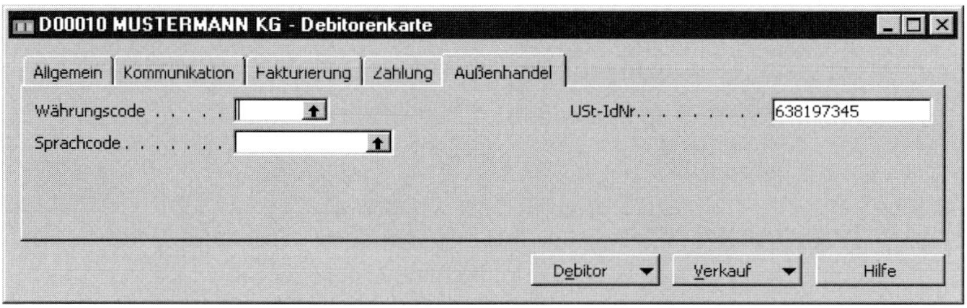

H	**HINWEIS:** Wurde die Debitorenintegration im Modul Marketing eingestellt, wird gleichzeitig von System ein Interessent erzeugt (*Marketing / Interessenten*), in dem die Daten der Debitorenkarte übernommen wurden. Zusätzlich wurde im Feld „Statuscode“ der Interessentenkarte DEBITOR eingetragen und die Debitorennummer vermerkt.	
8-4	Feld verlassen und **ESC**	Schließen der Debitorenkarte.

6.1.2 Anlegen eines neuen Lieferanten

Stammdaten für Lieferanten können im Modul Kreditoren & Einkauf eingegeben werden. Besteht eine Integration zum Modul Marketing, wird gleichzeitig ein Interessent angelegt.

Schritt	Aktion	Bemerkung
1	*Kreditoren & Einkauf / Kreditoren*	Öffnen der Kreditorenkarte im Modul Kreditoren & Einkauf.
2	Eine Kreditorenkarte ist analog den Schritten zum Anlegen eines Debitoren anzulegen. (Punkt 6.1.1 Schritte 1 bis 8). Im folgenden werden die Unterschiede beschrieben:	
2-1	Reiter Allgemein	
2-1-1	Feld „Einkäufercode“	In diesem Feld kann mit **F6** und OK der verantwortliche Einkäufer aus der Übersicht eingetragen werden.
2-1-2	Feld „Kreditlimit“	Dieses Feld ist bei Kreditoren nicht auszufüllen.
2-2	Reiter Fakturierung	
2-2-1	Feld „Kreditorenbuchungsgruppe“	Mit **F6** und OK ist die entsprechende Buchungsgruppe auszuwählen. Durch die Kreditorenbuchungsgruppe wird dem Kreditor das Verbindlichkeitskonto in der Finanzbuchhaltung zugewiesen.
2-3	Reiter Zahlung	
2-3-1	Im Feld „Priorität“ kann hinterlegt werden, wie wichtig der Lieferant ist. Bei der Erstellung von Zahlungsvorschlagslisten wird die Priorität berücksichtigt.	0 – keine Priorität 1 – die wichtigsten Kreditoren 2 – die zweitwichtigsten Kreditoren
2-3-2	Felder „Mahnmethodencode“ und „Zinskonditionencode“	Mahnmethoden- und Zinskonditionencode müssen einem Kreditoren nicht zugeordnet werden.
4-2	Feld „Unsere Kontonr.“	Hier ist die Kundennummer beim Lieferanten einzugeben.

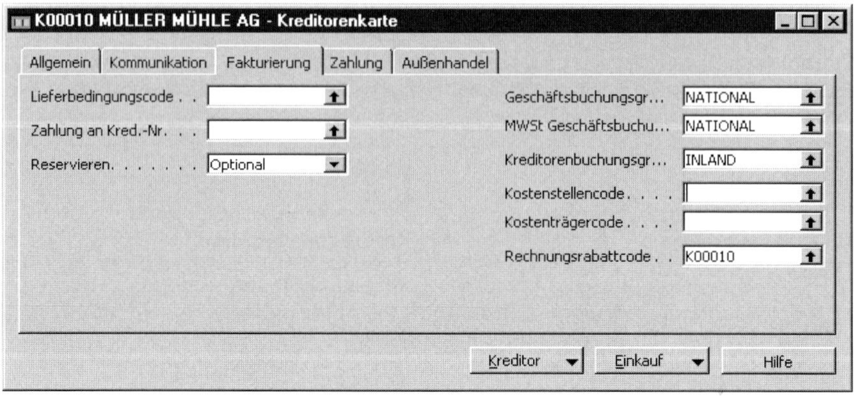

4-3	Das Feld verlassen und **ESC**.	Schließen der Kreditorenkarte und zurück zum Hauptmenü.

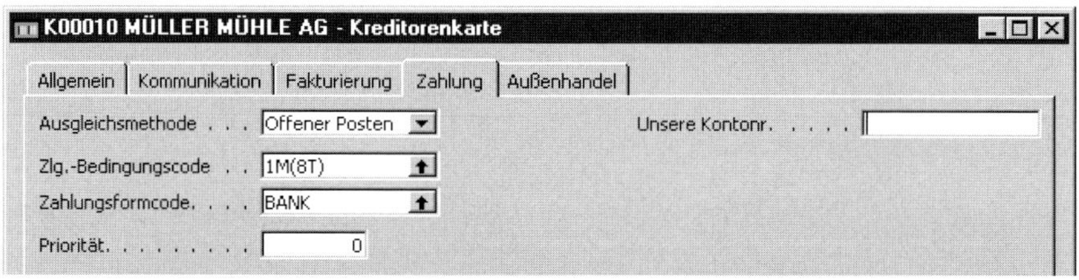

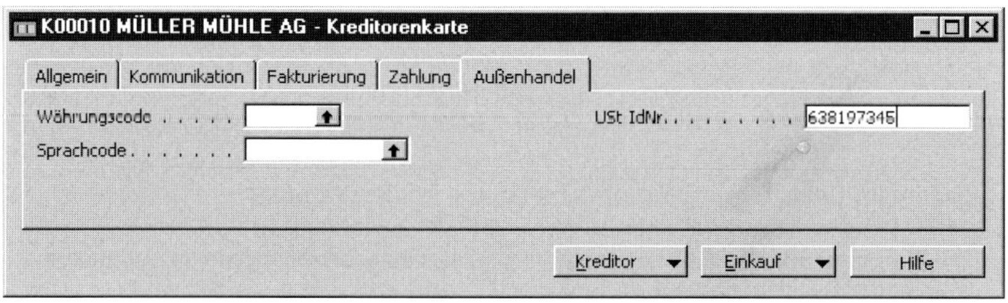

H	**HINWEIS:** Wurde die Kreditorenintegration im Modul Marketing eingestellt, wurde gleichzeitig vom System ein Interessent erzeugt (*Marketing / Interessenten*), in dem die Daten von der Kreditorenkarte übernommen wurden. Zusätzlich wurde im Feld „Statuscode" der Interessentenkarte KREDITOR eingetragen und die Kreditorennummer hinterlegt.

6.1.3 Anlegen eines Interessenten

Über das Modul Marketing können Interessenten verwaltet werden. Aus Interessenten können Debitoren und Kreditoren entstehen.

Schritt	Aktion	Bemerkung
1	*Marketing / Interessenten*	Öffnen der Interessentenkarte im Modul Marketing.
1-1	Den Cursor im Feld „Nr." positionieren.	Mit F3 ist ein neuer Interessent anzulegen.
1-2	Feld „Nr."	Beim Verlassen des Feldes wird eine neue Nummer vergeben, wenn eine Nummernserie hinterlegt wurde. Sonst ist einen Nummer manuell zu einzutragen.
2	Reiter Allgemein	
2-1	Felder „Name", „Adresse", „PLZ Code", „Ort" und „Telefonnummer"	Diese Felder sind entsprechend mit den Daten des Interessenten auszufüllen.
2-2	Feld „Ländercode"	Hier kann mit F6 und OK aus der Länderübersicht das entsprechende Land ausgewählt werden. Für Interessenten aus Deutschland bleibt das Feld **leer**.
2-3	Feld „Statuscode"	Dieses Feld ist standardmäßig mit NICHTKONT vorbelegt. Der Status kann mit F6 und OK geändert werden.
2-4	Feld „Enthalten in Kampagnon"	Ist ein Haken gesetzt, wird der Interessent in Kampagnen einbezogen.
2-5	Interessent▼ / *Bemerkungen* oder neben dem Feld „Nr."	Hier können beliebig viele Bemerkungszeilen zum Interessenten hinterlegt werden. Sind welche angelegt, ändert sich das Bild auf dem Button.
2-6	**ESC**	Zurück zur Interessentenkarte.
3	Reiter Kommunikation	
3-1	Feld „Telefonnr."	Eintragungen in diesem Feld werden automatisch auf den Reiter Allgemein auf das Feld „Telefonnr. Durchwahl" übertragen.

3-2	Felder „Telefon 2“ und „Faxnr.“	Hier können dementsprechende Eintragungen gemacht werden.
3-3	Feld „E-Mail“	Hier kann eine E-Mail-Adresse eingetragen werden.
4	Reiter Bereiche und Verbindungen	
4-1	Alle Felder	Diese Felder können nach Bedarf ausgefüllt werden. Die Angaben sind nicht zwingend erforderlich.
4-2	Felder „Debitorennr.“ und „Kreditorennr.“	Diese Felder werden vom System gefüllt, wenn eine entsprechende Integration eingestellt wurde, oder wenn aus der Interessentenkarte ein Debitor oder Kreditor erzeugt wird.
5	Reiter Außenhandel	
5-1	Feld „Währungscode“	In diesem Feld ist die jeweilige Landeswährung des Interessenten zu hinterlegen (**F6**, Code auswählen und mit OK bestätigen). Der Währungscode für Interessenten in Deutschland bleibt leer, wenn mit der Mandantenwährung gearbeitet werden soll.
5-2	Den Cursor im Feld „USt-IdNr.“ positionieren	Hier kann die Umsatzsteuer ID-Nummer einzutragen.
5-3	Feld verlassen und **ESC**	Schließen der Interessentenkarte.

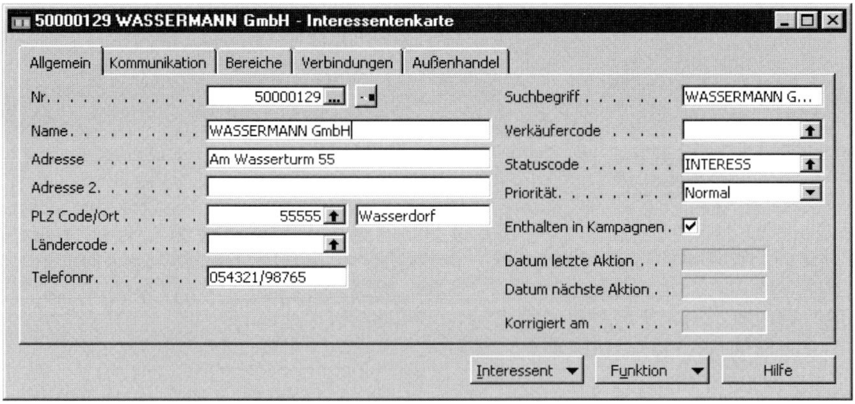

6.1.4 Einrichten einer Kontaktperson zu einem Interessenten

Es sollte für jedes Unternehmen mindestens eine Kontaktperson eingerichtet werden. Sie sind immer in Verbindung mit einem Interessenten zu sehen. Personen, die keinem Interessenten zugeordnet werden können, sind als Interessent anzulegen.

Schritt	Aktion	Bemerkung
1	*Marketing / Interessenten*	Öffnen der Interessentenkarte im Modul Marketing.
2	Den Cursor im Reiter Allgemein auf das Feld „Nr." stellen.	Hier kann mit den Such- bzw. Filterfunktionen der Interessent aufgerufen werden (z.B. 50000051), zu dem eine Kontaktperson angelegt werden soll.
3	[Interessent▼] / *Kontaktperson*	Es öffnet sich das Fenster Kontaktpersonen zu dem ausgewählten Interessenten. Hier können so viele Kontaktpersonen angelegt werden, wie notwendig sind.
3-1	Das System weist jeder Kontaktperson automatisch die „Interessentennr." und eine „Nr." zu.	Um sich diese beiden Spalten anzeigen zu lassen, sind sie über *Ansicht / Spalte anzeigen...* einzublenden. (Haken vor der Spalte setzen und mit [OK] bestätigen.)
3-2	Um eine neue Kontaktperson anzulegen, ist [F3] zu drücken.	Oder der Cursor ist in die erste leere Zeile zu stellen.
3-3	Spalte „Titel"	Hier kann die Anrede für die Kontaktperson eingegeben werden, z.B. Frau.
3-4	Spalte „Funktion"	In diese Spalte kann die Berufsbezeichnung (z.B. Abteilungsleiterin) eingegeben werden.
3-5	Spalte „Name"	Hier ist der vollständige Name anzugeben. Dabei stehen die Vornamen zuerst, z.B. Erna Ehrlich.
3-6	Spalte „Verantwortlichkeitscode"	In dieser Spalte kann mit [F6] in die Verantwortlichkeiten verzweigt werden, ein Code ausgewählt und mit [OK] übernommen werden.

3-7	Spalte „Primäre Kontaktperson“	Durch das Setzen des Hakens wird festgelegt, ob diese Person ein vorrangiger Ansprechpartner ist. Das Feld ist mit einem Haken vorbelegt. Es können mehrere Primäre Kontaktpersonen pro Interessent existieren.
4	Kontaktperson ▼ / *Karte*	Hier können weitere Informationen zur Kontaktperson erfaßt werden.
4-1	Reiter Allgemein	
4-1-1	Die gerade eingetragen Informationen wurden bereits auf die Karte übertragen.	
4-1-2	Felder „Adresse“, „Adresse 2“ und „PLZ Code / Ort“	Hier ist die Anschrift der Kontaktperson einzutragen.
4-1-3	Feld „Ländercode“	Der „Ländercode“ für Kontaktpersonen aus Deutschland bleibt leer. Ansonsten kann mit **F6** und OK ein Ländercode aus der Länderübersicht ausgewählt werden.
4-1-4	Kontaktperson ▼ / *Bemerkungen* oder neben dem Feld „Interessentennr.“	Hier können beliebig viele Bemerkungszeilen zu der Kontaktperson hinterlegt werden. Sind welche angelegt, ändert sich das Bild auf dem Button .
4-1-5	**ESC**	Zurück zur Kontaktpersonenkarte.
4-2	Reiter Kommunikation	
4-2-1	Feld „Telefonnr. Durchwahl“	Eintragungen in diesem Feld werden automatisch auf den Reiter Allgemein auf das Feld „Telefonnr. Durchwahl“ übertragen.
4-2-2	Felder „Faxnr. Durchwahl“, „Mobile Telefonnr.“ und „Privat Telefonnr.“	Hier können dementsprechende Eintragungen gemacht werden.
4-2-3	Feld „E-Mail“	Hier kann eine E-Mail-Adresse hinterlegt werden.
4-3	Reiter Bereich	
4-3-1	Feld „Verantwortlichkeitscode“	Mit **F6** und OK kann hier eine Verantwortlichkeit eingetragen werden, z.B. EINKAUF.

4-3-2	Feld „Verantwortungsebene“	Mit **F6** und **Enter** kann hier die Option ausgewählt werden, welche die Position der Kontaktperson beschreibt.

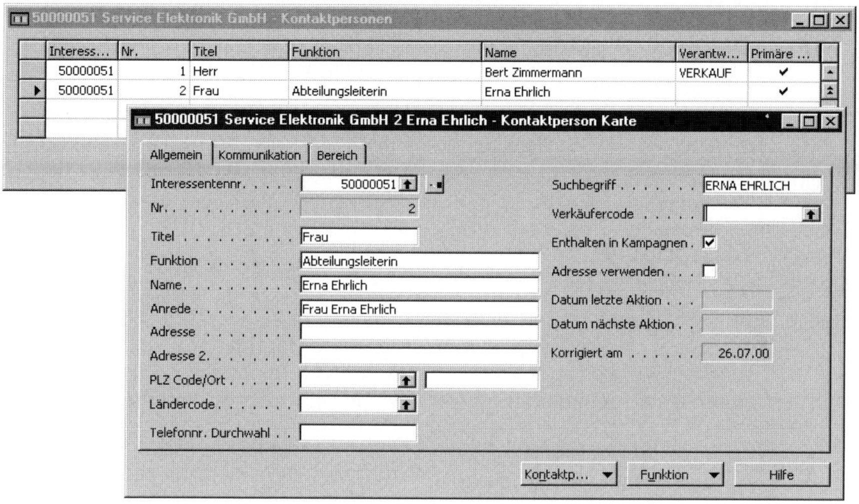

5	Feld verlassen und 3 x **ESC**	Zurück zum Hauptmenü.

6.1.5 Erstellen eines Kunden aus der Interessentenkarte

Wird ein Interessent als Kunde gewonnen, kann ein Debitor über die Funktion Debitor erstellen... erzeugt werden.

Schritt	Aktion	Bemerkung
1	*Marketing / Interessenten*	Öffnen der Interessentenkarte im Modul Marketing
2	Cursor im Reiter Allgemein Feld „Nr." positionieren.	Hier kann mit den Such- bzw. Filterfunktionen der Interessent aufgerufen werden, aus dem ein Debitor erstellt werden soll. (z.B. 50000124)
3	Funktion ▼ / *Debitor erstellen...*	Das Anforderungsformular Debitor einrichten wird geöffnet.
3-1	Im Feld „Debitorennr." wird automatisch die Interessentennummer als Debitorennummer vorgeschlagen.	Dies richtet sich nach der Einstellung, die unter *Marketing / Einrichtung / Marketing Einrichtung* im Reiter „Allgemein" vorgenommen wurde.
3-2	Nach Betätigen des OK Buttons öffnet sich automatisch die Debitorenkarte.	Die Daten aus der Interessentenkarte wurden in die Debitorenkarte übertragen. Diese Daten sind zu überprüfen und zu ergänzen (siehe Punkt 6.1.1.).

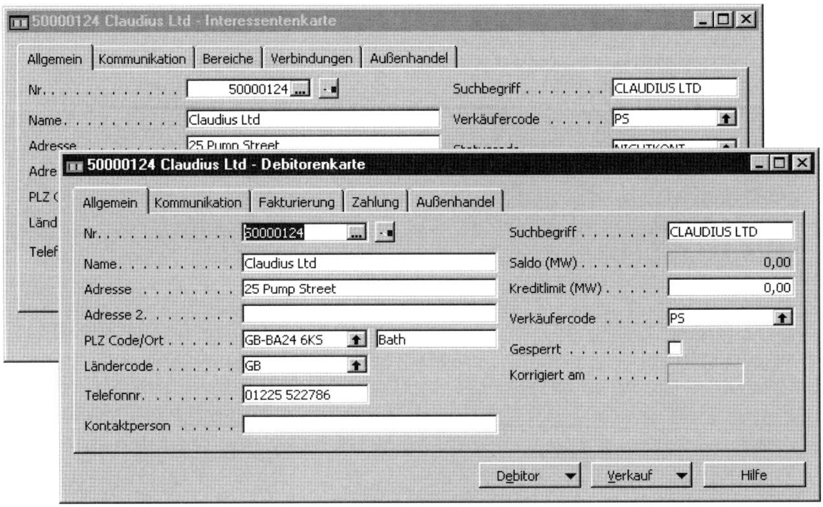

3-3	2 x ESC	Zurück zum Hauptmenü.

6.1.6 Erstellen eines Lieferanten aus der Interessentenkarte

Wird ein Interessent als Lieferant ausgewählt, so wurden dessen Stammdaten oft bereits als Interessent erfaßt. Über die Funktion Kreditor erstellen... können die Interessentendaten in den Kreditorenstamm übernommen werden.

Schritt	Aktion	Bemerkung
1	*Hauptmenü / Marketing / Interessenten*	Öffnen der Interessentenkarte im Modul Marketing
2	Cursor im Reiter Allgemein Feld „Nr." positionieren.	Hier kann mit den Such- bzw. Filterfunktionen der Interessent aufgerufen werden, aus dem ein Kreditor erstellt werden soll. (z.B. 50000123)
3	Funktion ▼ / *Kreditor erstellen...*	Das Anforderungsformular Kreditor einrichten wird geöffnet.
3-1	Im Feld „Kreditorennr." wird automatisch die Interessentennummer als Kreditorennummer vorgeschlagen.	Dies richtet sich nach der Einstellung, die unter *Marketing / Einrichtung / Marketing Einrichtung* im Reiter „Allgemein" vorgenommen wurde.
3-2	Nach Betätigen des OK Buttons öffnet sich automatisch die Kreditorenkarte.	Die Daten aus der Interessentenkarte wurden in die Kreditorenkarte übertragen. Diese Daten sind zu überprüfen und zu ergänzen (siehe Punkt 1.1.2.).

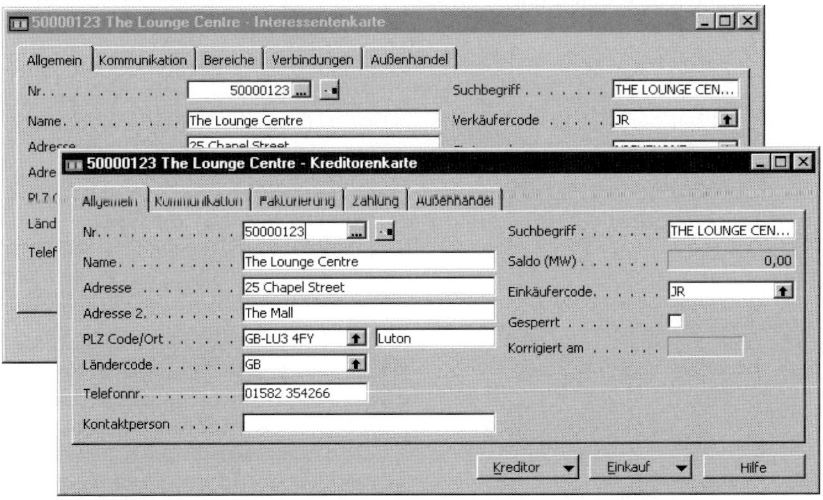

3-3	2 x ESC	Zurück zum Hauptmenü.

6.2 Einrichten von Konten und Artikeln

Hier werden die Arbeitsschritte beschrieben, die notwendig sind, um Sachkonten und Artikelkonten anzulegen.

6.2.1 Anlegen eines Sachkontos

Sachkonten werden im Kontenplan angelegt. Mit ihrer Einrichtung wird festgelegt, ob es sich um ein Bilanz- oder ein GuV Konto handelt. Es werden die Voraussetzungen für die Steuerbuchungen eingestellt.

Schritt	Aktion	Bemerkung
1	*Finanzbuchhaltung / Kontenplan*	Das Anlegen eines Sachkontos erfolgt bei NAVISION Financials im Kontenplan.
1-1	Den Cursor in die Kontenzeile stellen, vor der das neue Konto mit **F3** eingefügt werden soll.	Z.B. in die Zeile 8190, Total Geb. Instandh. Aufwend. .
1-2	Spalte „Nr."	In diese Spalte ist die Nummer des neuen Sachkontos einzutragen, z.B. 8140.
2	Konto▼ / *Karte*	
2-1	Reiter Allgemein	
2-1-1	Feld „Beschreibung"	Hier wird der Name des Kontos eingetragen.
2-1-2	Feld „GuV/Bilanz"	In diesem Feld ist mit **F6** und **Enter** zu entscheiden, ob es sich um ein GuV- oder ein Bilanzkonto handelt. Das Feld ist mit dem Inhalt des vorhergehenden Kontos vorbelegt.
2-1-3	Feld „Soll/Haben"	Hier kann mit **F6** und **Enter** festgelegt werden, welche Art von Posten in der Regel auf dieses Konto gebucht werden. Standardmäßig ist <Beides> eingestellt.
2-1-4	Feld „Kontoart"	In diesem Feld wird die Art des zu erstellenden Kontos ausgewählt. Neu erstellten Konten wird automatisch die Kontoart <Konto> zugewiesen. Handelt es sich nicht um ein Konto, kann mit **F6** und **Enter** eine der anderen Optionen ausgewählt werden.

2-1-5	Feld „Zusammenzählung“	Wurde als Kontoart <Konto> ausgewählt, bleibt dieses Feld leer.
2-1-6	Feld „Abstimmbar“	Bei Sachkonten, die den Geldverkehr abbilden, ist in dieses Feld ein Haken zu setzen, damit in Fibu Buch.-Blättern vor dem Buchen der Saldo abgestimmt werden kann.
2-1-7	Feld „Automatischer Textbaustein“	Wir hier ein Haken gesetzt, wird für dieses Sachkonto automatisch ein Textbaustein in Verkaufs- bzw. Einkaufsbelegen eingefügt (siehe 6.3.2.).
2-1-8	Feld „Direkt“	Hier kann ausgewählt werden, ob Buchungen direkt (Haken gesetzt) oder indirekt (kein Haken gesetzt) auf dieses Sachkonto vorgenommen werden können.
2-1-9	Feld „Gesperrt“	Ist in diesem Feld der Haken gesetzt, ist das Konto für Buchungsvorgänge gesperrt.

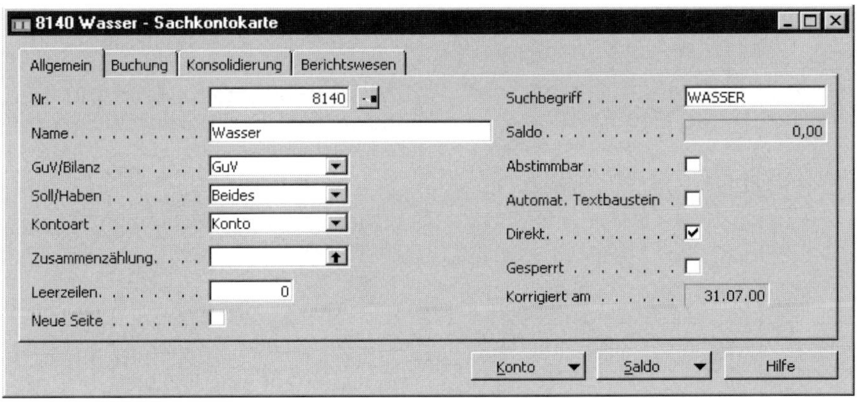

2-2	Reiter Buchung	
2-2-1	Feld „Buchungsart“ Standardmäßig ist <leer> eingestellt.	Die hier mit **F6** und **Enter** ausgewählte Buchungsart gibt an, ob es sich um Vorsteuer- oder Mehrwertsteuerbuchungen bzw. um Buchungen ohne Steuer handelt.
2-2-2	Feld „Geschäftsbuchungsgruppe“	Mit **F6** ist in diesem Feld in die Geschäftsbuchungsgruppen zu verzwei-

		gen, die entsprechende Geschäftsbuchungsgruppe auszuwählen und mit OK zu bestätigen.
2-2-3	Feld „Produktbuchungsgruppe“	Mit F6 ist in diesem Feld in die Produktbuchungsgruppen zu verzweigen, die entsprechende Produktbuchungsgruppe auszuwählen und mit OK zu übernehmen.
2-2-4	Feld „MwSt Geschäftsbuchungsgruppe“	Beim Verlassen des Feldes „Geschäftsbuchungsgruppe “ wird in dieses Feld die für die Geschäftsbuchungsgruppe hinterlegte MwSt Geschäftsbuchungsgruppe eingetragen.
2-2-5	Feld „MwSt Produktbuchungsgruppe“	Beim Verlassen des Feldes „Produktbuchungsgruppe“ wird in dieses Feld die für die Produktbuchungsgruppe hinterlegte MwSt Produktbuchungsgruppe eingetragen.
2-2-6	Feld „Kostenstellencode“	Wenn in dieses Feld mit F6 und OK ein Kostenstellencode eingeben wird, wird bei jeder Buchung des Kontos automatisch die entsprechende Kostenstelle vorgeschlagen. Die Kostenstelle kann bei der Buchung geändert werden.
2-2-7	Feld „Kostenstellen Buchung“	Mit den Optionen dieses Feldes wird festgelegt, ob die Buchungen auf dieses Konto mit einem Kostenstellencode verknüpft sein müssen.
2-2-8	Feld „Kostenträgercode“	Wenn in diesem Feld mit F6 und OK ein Kostenträgercode hinterlegt wird, wird bei jeder Buchung des Kontos automatisch der entsprechende Kostenträger vorgeschlagen. Der Kostenträger kann bei der Buchung geändert werden.
2-2-9	Feld „Kostenträger Buchung“	Mit den Optionen dieses Feldes wird festgelegt, ob die Buchungen auf dieses Konto mit einem Kostenträgercode verknüpft sein müssen.

2-3	Reiter Konsolidierung	
H	**HINWEIS:** Die Felder in diesem Reiter sind auszufüllen, wenn später mit *Finanzbuchhaltung / Periodische Aktivitäten / Konsolidierung* gearbeitet wird, wenn also eine Konsolidierung zwischen Konzern-mandanten stattfinden soll.	
	Felder „Konsol. Sollkonto“ und „Konsol. Habenkonto“	In diese Felder ist jeweils die Kontonr. des Kontos der Mutterfirma einzugeben. Sie dürfen maximal 20 Zeichen lang sein.
2-4	Reiter Berichtswesen	
	Feld „Kursregulierung“	Mit den Optionen in diesem Feld wird festgelegt, welche Buchungen bei Wechselkursregulierungen durch-geführt werden.
	<Keine Regulierung> Es werden keine Sachkonten bebucht. <Betrag regulieren> Die Mandantenwährung wird an alle Kursgewinne- und Verluste angepaßt. Das Feld „Betrag“ wird gefüllt. <Betrag (BW) regulieren> Die Berichtswährung wird an alle Kursgewinne und -verluste angepaßt. Das Feld „Betrag (BW)“ wird gefüllt.	
2-5	ESC	Zurück zum Kontenplan
3	Funktion ▼ / *Einrückung des Kontenplans*	Damit die Übersichtlichkeit des Kontenplans wieder hergestellt und die Bis-Summen Konten neu berechnet werden, ist diese Funktion durchzuführen.
3-1	Die Frage: „Wollen Sie den Kontenplan einrücken?“ ist mit Ja zu beantworten. 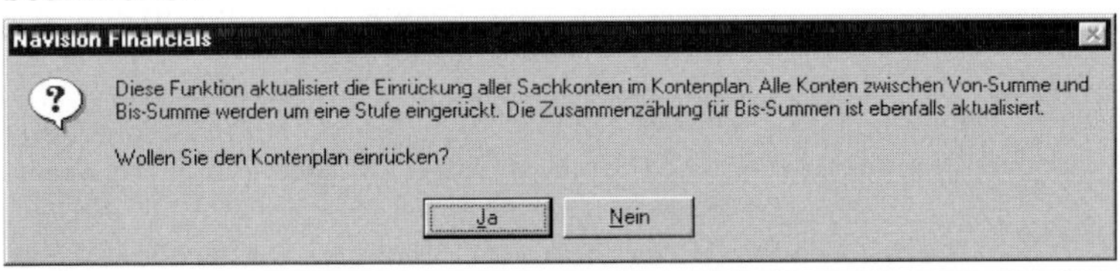	
3-2	ESC	Zurück zum Hauptmenü.

6.2.2 Anlegen eines Artikels

Ein Artikel wird im Modul Lager angelegt. Dabei werden u.a. Einstellungen für Mengenrabatte, Debitoren-/ Artikelrabatte und Rechnungsrabatte vorgenommen.

Schritt	Aktion	Bemerkung
1	*Lager / Artikel*	Öffnen der Artikelkarte
	Mit **F3** einen neuen Artikel anlegen.	
2	Reiter Allgemein	
2-1	Feld „Nr."	Mit **F6** kann in die Nummernserien verzweigt werden. Hier werden alle für den Artikel hinterlegten Nummernserien angezeigt. Soll die Nummer aus einer der Serien verwendet werden, so ist diese auszuwählen und mit OK zu bestätigen, z.B. ARTIKEL2.
2-2	Feld „Beschreibung"	Hier kann der Name des neuen Artikels eingegeben werden. Er erscheint auf jedem Beleg, z.B. Wandfarbe beige.
2-3	Feld „Basiseinheitencode"	Mit **F6** können hier die Artikeleinheiten angezeigt, ausgewählt und mit OK übernommen werden.
2-3-1	Spalte „Code"	Sind noch keine Einheiten hinterlegt, ist mit **F6** in die Einheiten zu verzweigen, die entsprechende Einheit zu wählen und mit OK einzufügen, z.B. KISTE.
2-3-2	In die Spalte „Menge pro Einheit" ist die Anzahl der auf der Artikelkarte festgelegten Basiseinheiten anzugeben, die in der Einheit enthalten ist.	Wenn Sie zum Beispiel einen Artikel am Lager in Stück führen und Sie kaufen den Artikel in Kisten zu je 10 Stück ein, dann müssen Sie in dem Feld 10 eingeben.
2-3-3	Der benötigte Basiseinheitencode wird ausgewählt und mit OK in die Artikelkarte übernommen.	

2-4	Feld „Automatischer Textbaustein“	Wird hier ein Haken gesetzt, wird für diesen Artikel automatisch ein Textbaustein in Verkaufs- bzw. Einkaufsbelegen eingefügt (siehe 6.3.2).
2-5	Feld „Gesperrt“	Ist in diesem Feld der Haken gesetzt, ist der Artikel für Buchungsvorgänge gesperrt.
3	Reiter Fakturierung	
3-1	Im Feld „Lagerabgangsmethode“ kann mit **F6** und **Enter** eine der 5 Optionen <FIFO>, <LIFO>, <Ausgewählt>, <Durchschnitt> oder <Standard> ausgewählt werden. Das System gibt automatisch <FIFO> vor.	Mit der Wahl der Lagerabgangsmethode wird festgelegt, welche Einkaufs- und Verkaufsposten beim Buchen miteinander ausgeglichen werden. Außerdem wird hiervon die Einstandspreisberechnung beeinflußt, die zur Buchung in der Finanzbuchhaltung verwendet wird, da diese von der gewählten Ausgleichsmethode für Einkaufs- und Verkaufsposten abhängt.
3-2	Feld „Einstandspreis (durchschn.)“	Hier wird der durchschnittliche Einstandspreis des Artikels eingegeben.
3-3	Feld „Einstandspreis (fest)“	Hier ist der Einstandspreis einzugeben, nur wenn die Lagerabgangsmethode <Standard> ist.
3-4	Feld „EK-Preis (neuester)“	Hier wird der aktuellste Einkaufspreis des Artikels eingetragen und vom System aktualisiert.
3-5	Felder „VK-Preis/DB - Berechnung“, „VK-Preis“ und „DB %“ Es gibt drei verschiedene Arten, Preise und Gewinne festzulegen: (1) Das Feld „VK-Preis“ wird ausgefüllt und der prozentuale Gewinn wird automatisch berechnet. Dazu wird im Feld „VK-Preis" ein Wert eingegeben und im Feld „VK-Preis/DB - Berechnung“ die Methode <DB = VK - EP> ausgewählt. Daraufhin wird automatisch der prozentuale Gewinn berechnet und im Feld „DB %“ eingetragen. (2) Der prozentuale Gewinn wird eingeben und daraus der VK-Preis berechnet. Hierzu ist im Feld „DB %" ein Wert einzugeben und im Feld „VK-Preis/DB - Berechnung" die Methode <VK = EP + DB> auszuwählen. Daraufhin wird der VK-Preis des Artikel berechnet und im Feld „VK-Preis" eingetragen.	

	(3) Es soll keine automatische Berechnung stattfinden. Dafür wird im Feld „VK-Preis" ein Wert eingegeben und im Feld „VK-Preis/DB - Berechnung" die Methode <kein Bezug> ausgewählt. Dann wird ein Wert im Feld „DB %" eingegeben.	
3-6	Feld „Produktbuchungsgruppe“	Hier muß mit F6 und OK die zum Artikel gehörende Produktbuchungsgruppe ausgewählt werden. Sie wird zusammen mit der Geschäftsbuchungsgruppe für Buchungen benötigt.
3-7	Feld „MwSt Produktbuchungsgruppe“	Beim Verlassen des Feldes „Produktbuchungsgruppe“ wird in dieses Feld die für die Produktbuchungsgruppe hinterlegte MwSt Produktbuchungsgruppe eingetragen.
3-8	Feld „Lagerbuchungsgruppe“	Mit dem Eintrag in diesem Feld wird festgelegt, auf welches Lagerbestandskonto der Artikel gebucht werden soll. Die Lagerbuchungsgruppe ist mit F6 und OK einzufügen.
3-9	Feld „Rech.-Rabatt zulassen“	Ist in diesem Feld ein Haken gesetzt, können bei Ausgangsrechnungen Rechnungsrabatte gewährt werden.
3-10	Im Feld „Mengenrabattcode“ mit F6 die Artikelübersicht aufrufen, eine Artikelnr. auswählen und mit OK bestätigen.	Hier kann als Code die Artikelnr. verwendet werden. (Artikelnr. 70000 wird Mengenrabattcode 70000 zugewiesen.) Wenn dem Artikel ein Mengenrabattcode eines anderen Artikels zugeordnet werden soll, kann dieser Artikel hier ausgewählt, oder es kann ein Code unabhängig der Artikelnr. (z.B. B) eingetragen werden (siehe dazu 4.3.4).
3-11	Im Feld „Deb.-/Artikelrabattgruppe“ ist mit F6 und OK eine der Rabattgruppen auszuwählen.	Der Debitoren-/Artikelrabatt hängt von zwei Faktoren ab: dem Debitor und dem Artikel (siehe dazu 2.1.2).
3-12	Feld „Verkauf Einheitencode“	Wenn dieser Einheitencode vom Basiseinheitencode abweicht, kann hier mit F6 und OK der Einheitencode für den Verkauf hinterlegt werden.

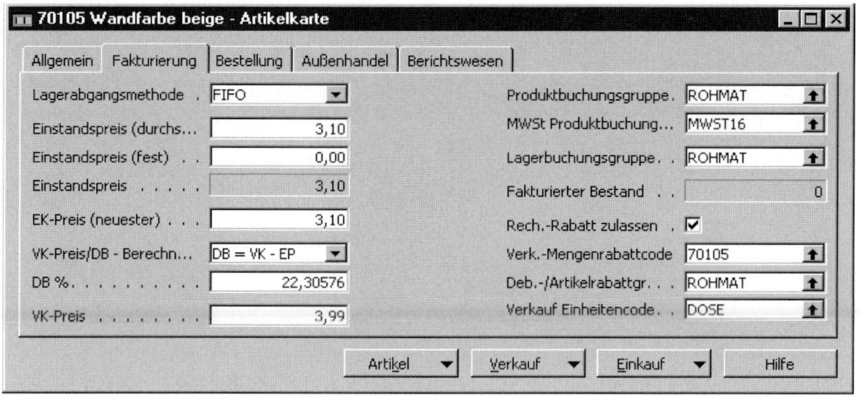

4	Reiter Bestellung	
4-1	Feld „Kreditorennr.“	Mit **F6** kann hier in der Kreditorenübersicht der Kreditor ausgewählt werden, von dem der Artikel bezogen wird. Die Auswahl ist mit **OK** zu bestätigen.
4-2	Feld „Kred. Artikelnr.“	Hier kann die Artikelnummer des Artikels beim Kreditor hinterlegt werden.
4-3	Feld „Lieferzeit“	Als Lieferzeit kann eine Datumsformel angegeben werden, z.B. 2T für 2 Tage. Daraus wird dann der voraussichtliche Liefertermin berechnet.
4-4	Felder „Maximalbestand“, „Minimalbestand“ und „Bestellmenge“	Die Anwendung verwendet die Angaben in diesen Feldern, wenn ein Bestellvorschlag mit Artikel Wiederbestellung ausgewählt oder wenn der Bericht Lager - Wiederbestellung aufgerufen wird.
4-5	Feld „Reservieren“	Hier kann mit **F6** und **Enter** festgelegt werden, ob und wie Reservierungen für diesen Artikel vorgenommen werden. Standardmäßig ist hier <Optional> eingestellt.
4-6	Feld „Einkauf Einheitencode“	Wenn dieser Einheitencode vom Basiseinheitencode abweicht, kann mit **F6** und **OK** der Einheitencode für den Einkauf hinterlegt werden.

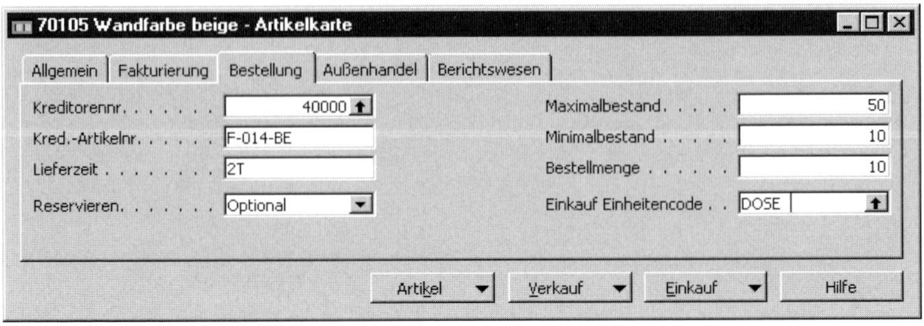

5	Reiter Außenhandel	
5-1	Feld „Zollpos."	Mit **F6** kann in diesem Feld ein Code für die Zollposition des Artikels ausgewählt werden. Dieses Feld muß ausgefüllt werden, wenn Sie zur INSTRASTAT-Berichterstattung verpflichtet sind.
5-2	Feld „Ursprungsland"	Hier kann mit **F6** aus der Länderübersicht das Land ausgewählt werden, in dem der Artikel hergestellt oder weiterverarbeitet wurde. Die Auswahl ist mit OK zu übernehmen.
6	Reiter Berichtswesen	
	Feld „Einstandspreis (durchschn)(BW)"	Hier wird vom System der durchschnittliche Einkaufspreis des Artikels in der Berichtswährung eingetragen.

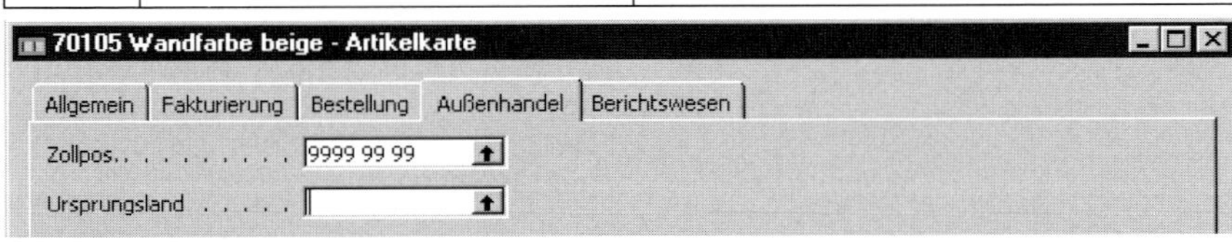

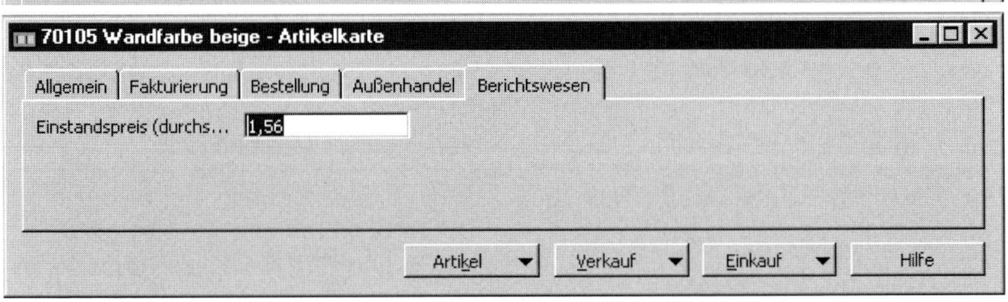

7	**ESC**	Zurück zum Hauptmenü

6.2.3 Anlegen und Arbeiten mit Bankkonten

Mit den Bankkontofunktionen von NAVISION Financials können die Hausbanken eines Unternehmens verwaltet werden. Bankkonten sind für die Scheckverwaltung und die Anwendung des elektronischen Zahlungsverkehrs unbedingt erforderlich.

Schritt	Aktion	Bemerkung
1	*Finanzbuchhaltung / Bankkonten*	Analog zur Debitoren- oder Kreditorenkarte wird eine Bankkontokarte angelegt.
2	Reiter Allgemein	
2-1	Cursor im Feld „Nr." positionieren. Mit F3 wird eine neue Bankkontokarte erzeugt.	Jeder Bankkontokarte muß eine eindeutige Nummer zugeordnet werden.
2-2	In die Felder „Name", „Adresse", „Adresse 2", „PLZ Code" und „Ort" ist die korrekte Anschrift der Hausbank einzugeben.	
2-3	Im Feld „Ländercode" öffnet sich mit F6 die Länderübersicht. Dort ist der entsprechende Ländercode auszuwählen und mit OK zu bestätigen.	Befindet sich die Hausbank in Deutschland, bleibt der Ländercode <leer>.
2-4	Im Feld „Kontaktperson" kann der Ansprechpartner der Bank eingetragen werden.	
2-5	In den Feldern „BLZ" und „Kontonr." diese eintragen.	
2-6	In den Feldern „Saldo" und „Saldo(MW)" kann der aktuelle Saldo der Hausbank abgelesen werden.	Mit F6 kann in die Bankposten verzweigt werden.
2-7	Im Feld „Mindestsaldo" kann das Kreditlimit eingegeben werden.	
2-8	Ist im Feld „Gesperrt" ein Haken gesetzt, kann das Bankkonto nicht mehr bebucht werden.	
3	Reiter Kommunikation	
	Hier können „Telefonnr.", „Faxnr.", „E-Mail" und die „Homepage" eingetragen werden.	

4	Reiter Buchen	
4-1	Im Feld „Währungscode“ ist mit **F6** in die Währungen zu verzweigen, die entsprechende Währung auszuwählen und mit OK zu bestätigen.	Soll das Bankkonto in Mandantenwährung geführt werden, bleibt das Feld leer.
4-2	Soll mit der Scheckverwaltung gearbeitet werden, ist im Feld „Letzte Schecknr.“ eine Nummer einzutragen.	Wird der nächste Scheck für diese Hausbank erstellt, wird diese Nummer um eins erhöht.
4-3	Feld „Letzte Kontoauszugsnr.“	Wird die Funktion der Bankkontoabstimmung verwendet, wird in das Feld „Letzte Kontoauszugsnr.“ die letzte Nr. des Bankauszuges geschrieben, mit dem das Konto abgeglichen wurde.
4-4	Feld „Saldo letzter Auszug“	Das Feld „Saldo letzter Auszug“ enthält nach der Abstimmung den Saldo des Bankauszuges, mit dem das Bankkonto abgestimmt wurde.
4-5	Feld „Bankkontenbuchungsgruppe“	Für die Arbeit mit der Bankkontokarte ist es unbedingt notwendig, daß jedem Bankkonto eine Bankkontobuchungsgruppe zugeordnet wurde.
4-5-1	Hierzu ist mit **F6** in die Bankkontenbuchungsgruppen zu wechseln und mit **F3** eine neue Bankkontobuchungsgruppe anzulegen.	
4-5-2	Spalte „Code“	Hier wird der entsprechende Erkennungscode für diese Bankkontobuchungsgruppe eingetragen, z.B. MW.
4-5-3	Spalte „Bankkonto Sachkontonr.“	In dieser Spalte ist der Bankkontenbuchungsgruppe mit **F6** aus der Sachkontenübersicht ein Sachkonto zuzuordnen und mit OK zu quittieren.

H	**HINWEIS:** Um eindeutige Auswertungen durchführen zu können, sollte einem Sachkonto immer nur eine Bankkontobuchungsgruppe zugeordnet werden. Bei der Einrichtung der Sachkonten ist darauf zu achten, daß diese Sachkonten **nicht** direkt bebucht werden können, sondern nur über das Bankkonto.	
4-6	Felder „Kostenstellencode“ und „Kostenträgercode“	Soll einem Bankkonto eine Kostenstelle oder ein Kostenträger zugeordnet werden, ist mit F6 und OK der entsprechende Code auszuwählen.
4-7	ESC	Zurück zum Hauptmenü.
5	*Finanzbuchhaltung / Bankkonten*	Hier wird der Saldo dem angegebenen Mindestsaldo gegenübergestellt. Gleichzeitig werden die Bewegungen in Mandanten- und Fremdwährung für das Vorjahr und das aktuelle Jahr gegenübergestellt.
5-1	Bankkonto▼ / *Statistik*	
	ESC	Zurück zur Bankkontokarte.
5-2	Bankkonto▼ / *Auszüge*	
5-2-1	Wird ein Bankkonto mit den Bankauszügen abgestimmt, wird automatisch an die Bankkontokarte ein Bankkontoauszug angebunden.	
5-2-2	ESC	Zurück zur Bankkontokarte.
5-3	Bankkonto▼ / *Posten*	
5-3-1	Werden mit den Bankkonten Buchungen durchgeführt, entstehen analog zu Kreditoren oder Debitoren Buchungsposten. So kann jede Transaktion mit einem Bankkonto eindeutig nachvollzogen werden. Bankposten können geschlossen werden, indem sie mit den Bankauszügen abgestimmt werden.	
5-3-2	ESC	Zurück zur Bankkontokarte.
5-4	Bankkonto▼ / *Scheckposten*	
5-4-1	Wurden Schecks aus dem System gedruckt und Buchungen der Schecks durchgeführt, entstehen neben den Bankposten noch Scheckposten. Sie geben Auskunft über die Schecknummer, den Scheckempfänger und den Betrag.	
5-4-2	2 x ESC	Zurück zum Hauptmenü.

6.3 Allgemeine Einrichtungen und Funktionen

In diesen Abschnitten wird beschrieben, wie Textbausteine erfaßt werden können. Es werden Nummernserien erzeugt und Verbindungen innerhalb der Nummernserien hergestellt. Die Funktion Beleg kopieren... wird am Beispiel einer Einkaufsanfrage erläutert.

6.3.1 Arbeiten mit Textbausteinen

Um Texte nicht bei jedem Auftrag, Angebot, Anfrage, ... erneut zu erfassen, bietet NAVISION Financials die Möglichkeit der Textbausteine. Diese können Artikeln, Ressourcen, Sachkonten und Standardtexten zugeordnet werden.

Schritt	Aktion	Bemerkung
1	Die Textbausteine sind über folgende Menüpunkte zu erreichen: *Lager / Artikel* [Artikel ▼] / *Textbausteine* *Ressourcen / Ressourcen* [Ressource ▼] / *Textbausteine* *Finanzbuchhaltung / Kontenplan* [Konto ▼] / *Textbausteine* *Finanzbuchhaltung / Einrichtung / Allgemein / Standardtextcodes* [Text ▼] / *Textbausteine*	
2	Die Textbausteine werden entweder dem Artikel, der Ressource, dem Sachkonto oder dem Standardtext zugeordnet.	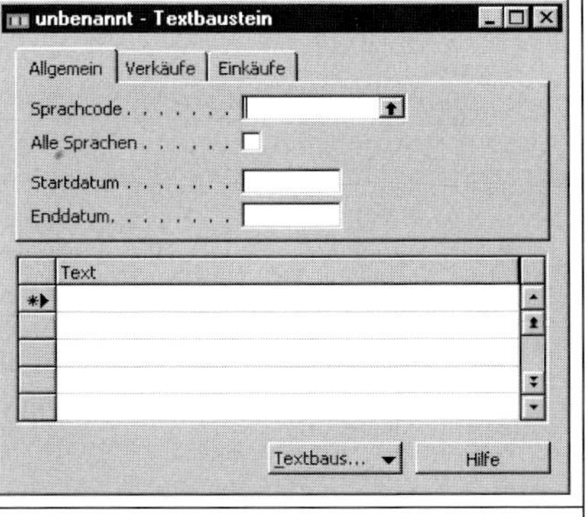
3	Reiter Allgemein	
3-1	Feld „Sprachcode“	Mit [F6] können die Sprachen aufgerufen werden. Dort ist ein Sprachcode auszuwählen und mit [OK] zu übernehmen. Für Deutschland bleibt das Feld leer.
	Soll ein zweiter Textbaustein in einer anderen Sprache angelegt werden, ist ein neuer Datensatz mit [F3] anzulegen. Im Feld „Sprachcode“ ist dieser mit [F6] und [OK] einer neuen Sprache zuzuordnen.	

H	**HINWEIS:** Es kann für jede Sprache ein eigener Textbaustein erstellt werden. In Abhängigkeit vom Ländercode beim Interessenten, Debitoren oder Kreditoren, wird der entsprechende Textbaustein automatisch gewählt.	
3-2	Feld „Alle Sprachen“	Ist hier ein Haken gesetzt, wird der Text für alle Sprachcodes verwendet. Die Eingaben im Feld „Sprachcode“ werden damit nicht berücksichtigt.
3-3	Feld „Startdatum“	Hier kann ein Datum eingeben werden, ab dem der Text für den Artikel, das Konto, die Ressource oder den Standardtext verwendet werden soll.
3-4	Feld „Enddatum“	Hier kann das Datum eingegeben werden, bis zu dem der Text gültig ist.
4	Reiter Verkäufe und Einkäufe	
	alle Felder	Wird in diese Felder ein Haken gesetzt, so ist der Text in den jeweiligen Verkaufs- und Einkaufsbelegen verfügbar. Soll der Text nicht ausgegeben werden, ist der Haken zu entfernen.
5	Textbausteinzeilen	In den Zeilen kann der Text eingegeben werden. Pro Zeile stehen maximal 50 Zeichen zur Verfügung. Die Anzahl der Zeilen pro Textbaustein ist unbegrenzt.
6	**ESC**	Zurück zu den Karten.
7	Feld „Automat. Textbaustein“ *Lager / Artikel* Reiter Allgemein *Ressourcen / Ressourcen* Reiter Fakturierung *Finanzbuchhaltung / Kontenplan* Konto▼ / *Karte* Reiter Allgemein	Hier kann durch Setzen eines Hakens bestimmt werden, daß für diesen Artikel, diese Ressource oder dieses Sachkonto automatisch ein Textbaustein in Verkaufs- bzw. Einkaufsbelegen eingefügt wird.
7-1	Ist kein Haken gesetzt, kann der Textbaustein in dem jeweiligen Beleg über Funktion▼ / *Textbausteine einfügen* geholt werden.	
7-2	**HINWEIS:** Bei Standardtextcodes werden die Textbausteine immer automatisch eingefügt.	
7-3	**ESC**	Zurück zum Hauptmenü.

6.3.2 Anlegen einer neuen Nummernserie

Nummernserien können in allen Modulen von NAVISION Financials hinterlegt werden. Durch sie wird einen lückenlose Belegfolge unterstützt.

Schritt	Aktion	Bemerkung
1	*Finanzbuchhaltung / Einrichtung / Nummernserie*	Öffnen des Fensters Nummernserie.
2	**F3**	Erzeugen eines neuen Datensatzes.
2-1	Spalte „Code“	In der Spalte wird der Name der neuen Nummernserie eingetragen, z.B. V-AUFTR-1.
2-2	Spalte „Beschreibung“	In dieser Spalte folgt die Erläuterung.
3	Serien▼ / *Zeilen*	Hier kann die Nummernserie näher spezifiziert werden.
3-1	Spalte „Startdatum“	Es ist das Datum einzugeben, ab dem die Serie verwendet werden soll. Ist kein Datum hinterlegt, gibt es keine zeitliche Begrenzung.
H	**HINWEIS:** Dieses Feld kann verwendet werden, wenn für jede Periode neue Nummern zu vergeben sind. Hierzu muß für jede Periode eine Zeile eingerichtet werden, die die einzelnen Nummern definiert.	
3-2	Spalten „Startnr.“ und „Endnr.“	Im Feld „Startnr.“ kann die erste Nummer und im Feld „Endnr.“ die letzte Nummer der Serie eingegeben werden. Sie können bis zu 20 Zeichen, Ziffern bzw. Buchstaben enthalten. Eine Endnummer ist nicht unbedingt erforderlich.
3-3	Spalten „Letztes Datum verwendet“ und „Letzte Nr. verwendet“	Das Feld „Letztes Datum verwendet“ zeigt das Datum, an welchen die Nummer der Serie zuletzt vergeben wurde. Das Feld „Letzte Nr. verwendet“ enthält die zuletzt vergebene Nummer der Serie. Die Anwendung aktualisiert den Inhalt dieser Felder automatisch bei jeder neuen Nummernvergabe.
3-4	Spalte „Warnungsnr.“	In dieser Spalte kann festlegt werden, bei welcher Nummer das System eine Warnung ausgeben soll, die auf das Auslaufen der Serie hinweist.

3-5	Spalte „Erhöhung um Nr.“	Hier können die Abstände festlegt werden, in dem die Nummer der Serie vergeben werden soll. Der kleinste Wert ist eins. Mit diesem Wert wird die Spalte vorbelegt, kann aber geändert werden.
3-6	Spalte „Offen“	Ist in dieser Spalte ein Haken gesetzt, können aus der Nummernserie noch Nummern vergeben werden. Der Inhalt dieser Spalte kann nicht geändert werden. Die Anwendung entfernt den Haken automatisch, sobald die Werte der Spalten "Letzte Nr. verwendet" und "Endnr." gleich sind.

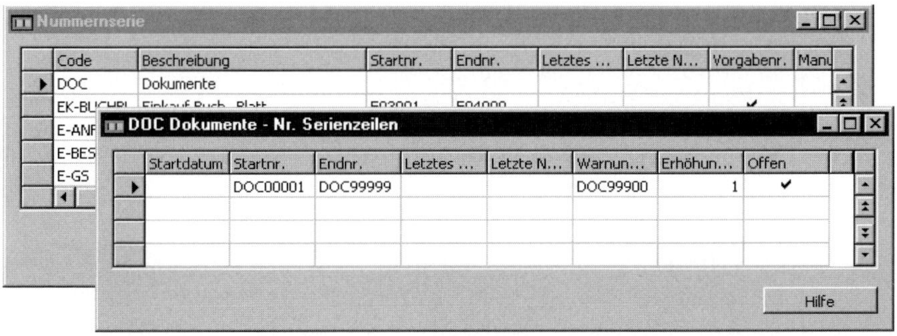

3-7	**ESC**	Beim Schließen des Fensters Serienzeilen werden die Werte in das Formular Nummernserie in die entsprechenden Felder übertragen.
4	Spalte „Vorgabenr.“	Wird in diese Spalte ein Haken gesetzt, verwendet die Anwendung die Nummernserie zur automatisierten Nummernvergabe.
5	Spalte „Manuelle Nr.“	Wenn in diese Spalte ein Haken gesetzt ist, kann die Nummernvergabe auch manuell erfolgen.
6	Spalte „Chronologisch“	Hier kann festlegt werden, ob die Anwendung die chronologische Nummernvergabe überprüft.
7	Serien▼ / *Verbindungen*	

	Nummernserien können miteinander verbunden werden. Hierzu ist einem gemeinsamen Nummernseriencode, z.B. ARTIKEL1, eine Gruppe von Nummernserien zuzuordnen, z.B. ARTIKEL2, ARTIKEL3, ARTIKEL4... . Der gemeinsame Nummernseriencode ist in der Einrichtung zu hinterlegen. (*Lager / Einrichtung / Lager Einrichtung* Reiter Nummerierung, Feld „Artikelnummern“)	
7-1	Spalte „Serien Code“	Die Zuordnung wird für den gemeinsamen Nummernseriencode durchgeführt. Mit **F6** und **OK** ist eine Nummernserie auszuwählen, z.B. ARTIKEL2.
7-2	Spalte „Serienbeschreibung“	Diese Spalte wird aktualisiert, sobald die Spalte „Serien Code“ verlassen wird.
7-3	Sind dem gemeinsamen Nummernseriencode weitere Nummernserien zuzuordnen, sind die Schritte 7-1 und 7-2 zu wiederholen.	
	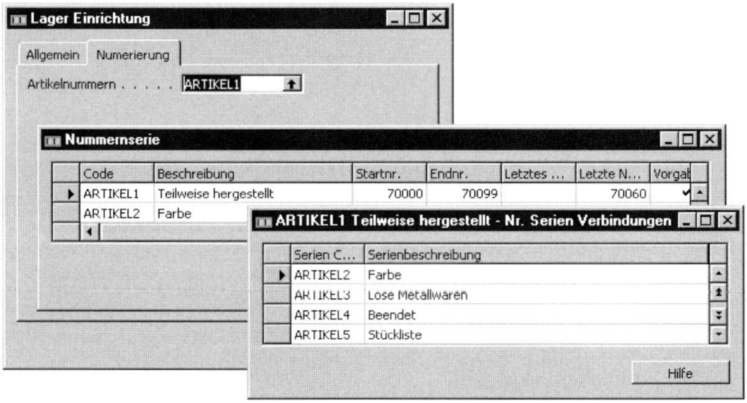	
7-4	2 x **ESC**	Zurück zum Hauptmenü.
AUSWIRKUNGEN		
8	*Lager / Artikel*	
8-1	Wird mit **F3** ein neuer Artikel angelegt, kann im Feld „Nr.“ über den Assist-Button (...) eine Nummernserie ausgewählt und mit **OK** bestätigt werden.	
8-2	**ESC**	Zurück zum Hauptmenü.

6.3.3 Kopieren von Belegen

Belege können im Verkaufs- und Einkaufsmodul kopiert werden. Am Beispiel einer Einkaufsanfrage werden die Schritte, die dafür notwendig sind, erläutert.

Schritt	Aktion	Bemerkung
1	*Kreditoren & Einkauf / Anfrage*	Den Cursor im Anfragekopf im Feld „Nr." positionieren.
2	Es ist mit F3 eine neue Anfrage zu erstellen.	Wurde eine Nummernserie hinterlegt, erscheint beim Verlassen des Feldes „Nr." automatisch eine Nummer. Ansonsten ist manuell eine Nummer zu vergeben.
3	Funktion▼ / *Beleg kopieren…*	
	Reiter Optionen	
3-1	Feld „Belegart"	Hier kann mit F6 und Enter zwischen erfaßten und gebuchten Belegen gewählt werden, z.B. Bestellung.
3-2	Feld „Belegnr."	Je nach Wahl kann mit F6 im Feld „Belegnr." die dazugehörige Übersicht aufgerufen werden. Es ist der zu kopierende Beleg auszuwählen und mit OK zu übernehmen.
3-3	Die Felder „Eink. von Kred.-Nr." und „Eink. von Name" werden aktualisiert.	Die Angaben können nicht verändert werden.
3-4	Feld „Inklusive Kopf"	Hier ist ein Haken zu setzen, wenn der Anfragekopf und die Anfragezeilen aus dem ausgewählten Beleg erzeugt werden sollen. Sollen nur die Anfragezeilen übernommen werden, ist kein Haken zu setzen.
3-5	Feld „Zeilen neuberechnen" Sollen die Zahlenwerte etc. aus der Vorlage übernommen werden, ist in diesem Feld kein Haken zu setzen. Sollen die Zeilen neu berechnet werden, ist der Haken zu setzen. Dabei muß der Anfragekopf ausgefüllt sein, d.h. im Feld „Eink. von Kred.-Nr." ist mit F6 und OK der entsprechende Kreditor auszuwählen, um z.B. hinterlegte Rabatte richtig auszuweisen.	

3-6	Die Eingaben sind mit OK zu bestätigen.	
4	Der Beleg wurde in die neue Anfrage kopiert und kann jetzt bearbeitet werden.	
4-1	Felder „Bestelldatum“ und „Belegdatum“	Diese Einstellungen sind zu aktualisieren, da die alten Datumseinstellungen kopiert worden sind.
4-2	Die Anfrage kann jetzt entsprechend den beschriebenen Arbeitsschritten im Ablaufschema 4.2.1 weiter bearbeitet werden.	
5	Diese Kopierfunktion steht in den nachfolgenden Belegen zur Verfügung: *Kreditoren & Einkauf / Rahmenbest.* Funktion▼ / *Beleg kopieren...* *Kreditoren & Einkauf / Bestellungen* Funktion▼ / *Beleg kopieren...* *Kreditoren & Einkauf / Rechnungen* Funktion▼ / *Beleg kopieren...* *Kreditoren & Einkauf / Gutschriften* Funktion▼ / *Beleg kopieren...*  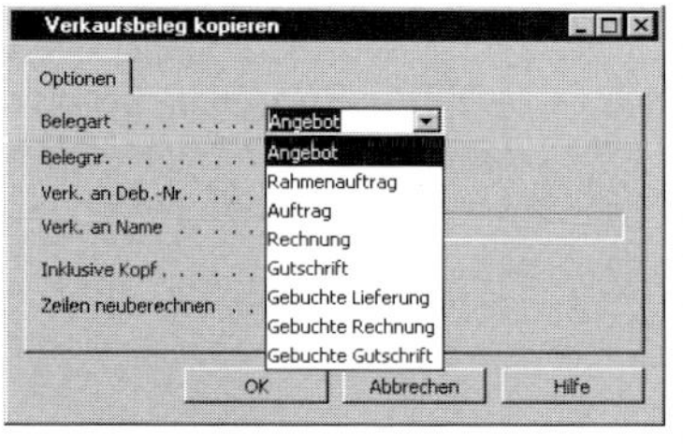 *Debitoren & Verkauf / Angebote* Funktion▼ / *Beleg kopieren...* *Debitoren & Verkauf / Rahmenauftr.* Funktion▼ / *Beleg kopieren...* *Debitoren & Verkauf / Aufträge* Funktion▼ / *Beleg kopieren...* *Debitoren & Verkauf / Rechnungen* Funktion▼ / *Beleg kopieren...* *Debitoren & Verkauf / Gutschriften* Funktion▼ / *Beleg kopieren...*	
H	**HINWEIS:** Es sollten keine teilgelieferten Belege kopiert werden. Bei Gutschriften im Verkauf ist vor dem Kopieren der Einstandspreis zu überprüfen, da für Artikel eine Gutschrift wie ein Zugang bewertet wird.	
6	**ESC**	Zurück zum Hauptmenü.

Kapitel 7 - Administration

Im nachfolgenden Kapitel werden Ablaufschemata zur Handhabung der NAVISION Financials-Datenbank beschrieben. Insbesondere geht es um die Erstellung von Datensicherungen, den Export und Import von Objekten sowie die Einrichtung von Benutzern am System und deren Zugriffsrechte.

7.1 Datensicherung

Wie eine Datensicherung erstellt und wie eine Datensicherungsdatei in eine Datenbank eingelesen werden kann, wird in diesem Abschnitt beschrieben.

7.1.1 Datensicherung erstellen

Die Sicherung einer Datenbank erfolgt in eine *.fbk-Datei (**F**inancials **B**ac**k**up).

Schritt	Aktion	Bemerkung
1	Öffnen der Datenbank, die gesichert werden soll.	
2	*Extras / Datensicherung erstellen...*	Dieser Menüpunkt ist nur aktiv, wenn der Benutzer die Rechte dafür hat.
2-1	Die Datensicherung kann mit den folgenden Optionen gestartet werden: <Ganze Datenbank> bedeutet, daß für alle Mandanten die Daten und Applikationsobjekte gesichert werden. <Alle Mandanten> bedeutet, daß die Daten der Mandanten gesichert werden. <Benutzerdefiniert> Im Feld „Benutzerdefinierte Mandanten“ können, wenn mehrere Mandanten in der Datenbank vorhanden sind, genau die Mandanten auswählt werden, die gesichert werden sollen. Ist das Feld „Daten gemeinsam für alle Mandanten“ aktiviert, so werden auch diese Daten gesichert. Ist das Feld „Applikationsobjekte“ aktiviert, so werden auch diese Objekte gesichert. Soll eine Datensicherung sowohl die Daten als auch die Objekte der ausgewählten Mandanten beinhalten, so sind die Felder „Daten gemeinsam für alle Mandanten“ und „Applikationsobjekte“ zu aktivieren.	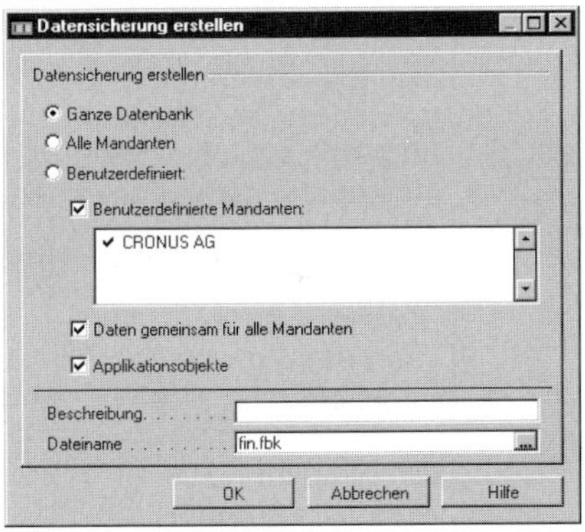

H	**HINWEIS:** Es ist grundsätzlich zu empfehlen, die Option <Ganze Datenbank> auszuwählen. Nur so ist gewährleistet, daß eine Rücksicherung der Datenbank völlig unabhängig vom vorhandenen System möglich ist.	
2-2	Im Feld „Dateiname“ kann mit **F6** ausgewählt werden, wo und unter welchem Dateinamen die Datensicherung gespeichert werden soll (z.B. F:\Fin260\testfin.fbk).	
H	**HINWEIS**: Die Datensicherung einer NAVISION Financials-Datenbank verfügt nach dem Rücklesen und vor dem ersten Schließen der Datenbank nicht über den Zugriffsschutz des Benutzer- und Kennwortsystems. Aus diesem Grund muß die Datensicherung in ein Verzeichnis geschrieben werden, auf das nur berechtigte Personen Zugriffsrechte besitzen.	
3	Mit OK wird die Datensicherung gestartet.	
4	Der Fortschritt der Datensicherung wird im nebenstehenden Formular angezeigt. Darin ist im oberen Teil ersichtlich, welcher Mandant und welches Objekt der Datenbank gerade gesichert wird. Im unteren Teil werden Informationen zur Datensicherungsdatei angezeigt.	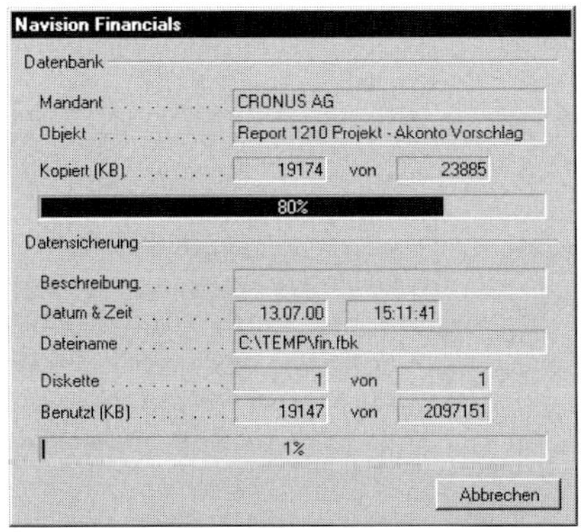
5	Die Meldung: „Die Datensicherung wurde erfolgreich beendet.“ ist mit OK zu bestätigen.	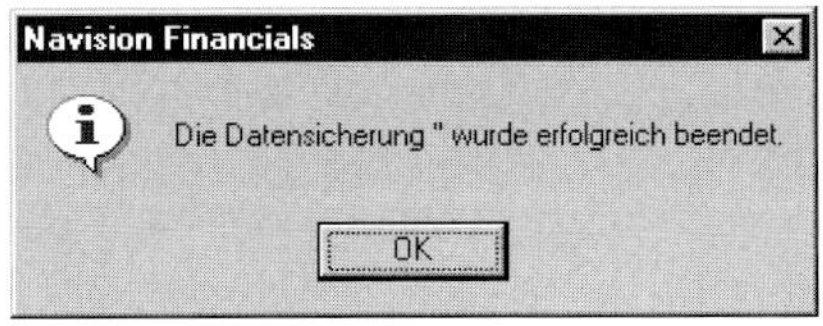

7.1.2 Erstellen einer neuen Datenbank

Eine Datensicherungsdatei kann sowohl in eine vorhandene Datenbank als auch in eine neue Datenbank eingelesen werden. Hier wird beschrieben, welche Schritte durchzuführen sind, um eine neue Datenbank zu erstellen.

Schritt	Aktion	Bemerkung
1	NAVISION Client öffnen	
2	*Datei / Datenbank / Neu…*	Der Menüpunkt ist nur aktiviert, wenn der Nutzer die Rechte dazu hat.
3-1	In Feld „Dateiname" kann mit **F6** der Pfad und der Dateiname der neuen Datenbank ausgewählt werden. Der Dateiname muß mit *.fdb enden (z.B. F:\temp\test.fdb). Die Auswahl ist mit Speichern zu bestätigen.	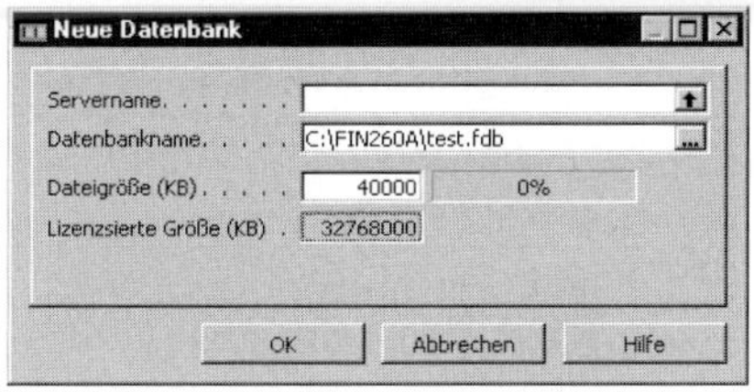
3-2	Im Feld „Dateigröße" wird die Größe der Datenbank festgelegt. Die Standardgröße für die CRONUS AG ist 35.000 KB.	Soll später eine Datensicherung eingelesen werden, so muß die Datenbankgröße mindestens 20% größer sein als die Größe der Datenbank der Datensicherung.
H	**HINWEIS:** Es ist immer möglich, eine Datenbank später zu vergrößern, eine nachträgliche Verkleinerung ist jedoch ausgeschlossen. Die Gesamtgröße aller Datenbanken darf die „Lizenzierte Größe (KB)" nicht überschreiten.	
3-3	OK	Die Datenbank wird im angegeben Verzeichnis erstellt und geöffnet. 
	ESC	
4	*Datei / Mandant / Öffnen…*	Oder **F12** betätigen.
4-1	In der Datenbank sind noch keine Mandanten vorhanden. Hier kann jetzt eine Datensicherung eingelesen werden (siehe 7.1.3).	
4-2	**ESC**	

7.1.3 Datenrücksicherung in eine bestehende Datenbank

Der Import von Applikationsobjekten und Daten ist nur möglich, wenn diese noch nicht in der Datenbank vorhanden sind. Ebenfalls kann ein Mandant nicht in die Datenbank importiert werden, der bereits existiert. Die Rücksicherung z.B. der „CRONUS AG“ ist nur möglich, wenn sich kein Mandant mit diesem Namen in der Datenbank befindet. Sind Applikationsobjekte in einer Datenbank zu ändern, müssen diese über den Object Designer eingelesen werden.

<table>
<tr><th>Schritt</th><th>Aktion</th><th>Bemerkung</th></tr>
<tr><td>1</td><td>Öffnen der Datenbank, in die rückgesichert werden soll.</td><td>Z.B. in die test.fdb aus Punkt 7.1.2.</td></tr>
<tr><td>2</td><td>Extras / Datensicherung importieren...</td><td>Dieser Menüpunkt ist nur aktiv, wenn der Nutzer die Rechte dafür hat.</td></tr>
<tr><td>3</td><td>Auswählen der Datensicherungsdatei, die in die Datenbank eingelesen werden soll.</td><td>Hier ist darauf zu achten, daß die Datensicherungsdatei mit *.fbk endet, z.B. testfin.fbk.</td></tr>
<tr><td>4</td><td>Mit [Öffnen] die Auswahl bestätigen.</td><td></td></tr>
<tr><td>5</td><td>Die Datensicherung kann mit den folgenden Optionen importiert werden:
<Ganze Datenbank> bedeutet, daß für alle Mandanten alle Daten und Applikationsobjekte rückgesichert werden.
<Alle Mandanten> bedeutet, daß nur die Daten der Mandanten importiert werden.
<Benutzerdefiniert> hier ist nur die Auswahl nach den in der Datensicherung befindlichen Mandanten möglich.</td><td>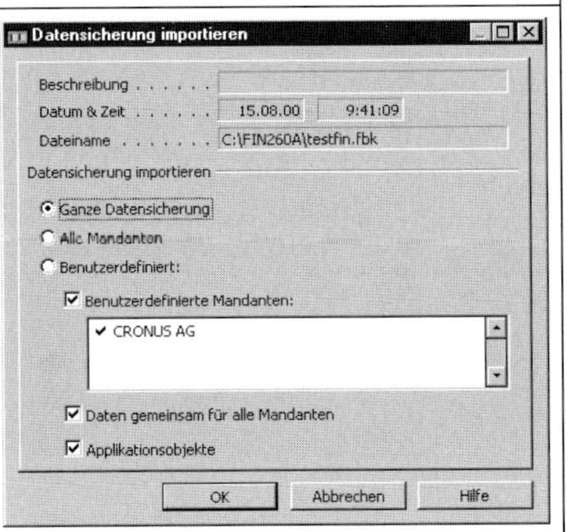
</td></tr>
<tr><td>6</td><td>Mit [OK] wird die Datenrücksicherung gestartet.</td><td></td></tr>
</table>

7	Der Fortschritt der Einlesung der Datensicherung wird mit dem nebenstehenden Formular angezeigt. Darin werden im oberen Teil Informationen zur Datensicherungsdatei angezeigt. Im unteren Teil ist ersichtlich, welcher Mandant und welches Objekt der Datenbank gerade importiert wird.	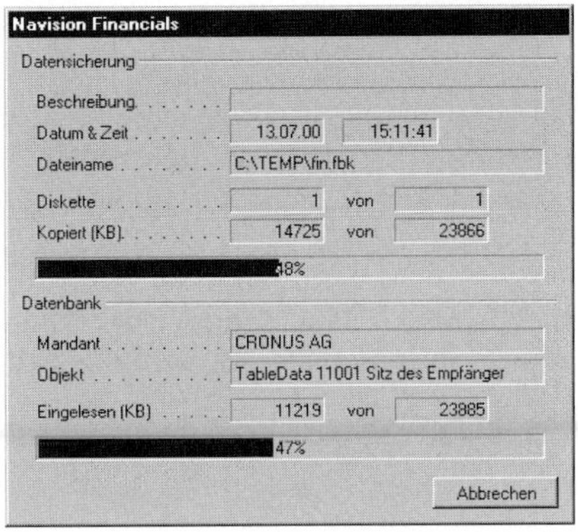
H	**HINWEIS:** Nach dem Einlesen der Objekte aus der Datensicherung werden die Schlüssel neu erstellt. Je nach Größe der Datenbank und Komplexität der Schlüssel kann dies mit einem größeren Zeitaufwand verbunden sein.	
8	Die Meldung ist mit **OK** zu bestätigen.	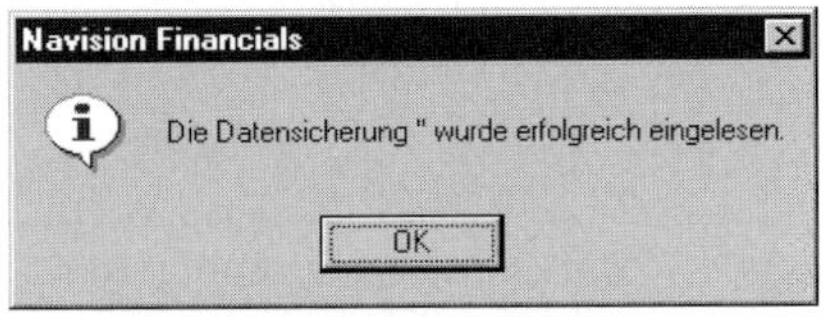
9	*Datei / Mandant / Öffnen...* oder **F12**	Jetzt kann der entsprechende Mandant geöffnet werden. Die Auswahl ist mit **OK** zu bestätigen.
H	**HINWEIS:** Die Datensicherung einer NAVISION Financials-Datenbank verfügt nach dem Rücklesen und vor dem ersten Schließen der Datenbank nicht über den Zugriffsschutz des Benutzer- und Kennwortsystems. Wenn bereits Benutzer eingerichtet sind, ist die Datenbank nach der Rücksicherung unbedingt zu schließen und wieder neu zu öffnen, um den Schutz zu gewährleisten. Sind noch keine Nutzer angelegt, sollte vor dem ersten Schließen ein Benutzer SUPER mit allen Rechten (Ablaufschemata 7.3.1 und 7.3.2) angelegt werden. Die Datenbank ist danach zu schließen und kann wieder geöffnet werden.	

7.2 Objekte

Sollen nur einzelne Objekte (Tabellen, Formulare, ...) von einer Datenbank gesichert werden, ist es nicht notwendig, dies über eine komplette Datensicherung zu realisieren. Für solche Fälle können einzelne Objekte exportiert und anschließend wieder importiert werden.

7.2.1 Export von Objekten aus einer Datenbank

Um einzelne Objekte aus einer Datenbank exportieren zu können, müssen nachfolgende Schritte abgearbeitet werden.

<table>
<tr><th>Schritt</th><th>Aktion</th><th>Bemerkung</th></tr>
<tr><td>1</td><td>Extras / Object Designer</td><td></td></tr>
<tr><td>2</td><td>All</td><td rowspan="2">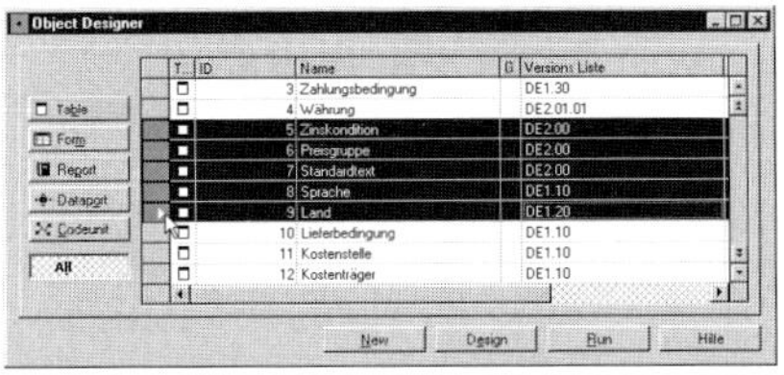
</td></tr>
<tr><td>3</td><td>Zum Auslesen von Objekten müssen zunächst die gewünschten Objekte markiert werden.</td></tr>
<tr><td>4</td><td>Datei / Export...</td><td></td></tr>
<tr><td>4-1</td><td>Der Dateiname kann in das Feld „File Name“ manuell eingetragen oder über F6 ausgewählt werden. Wurde das Format <Navision Financials> gewählt, muß die Dateierweiterung *.fob sein, z.B. Objekte.fob.</td><td>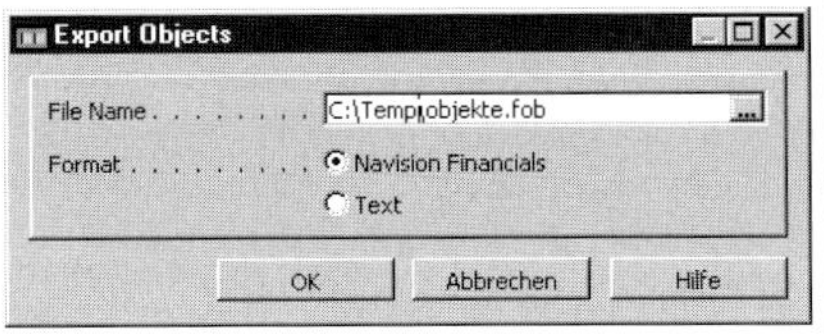
</td></tr>
<tr><td>4-2</td><td colspan="2">Im Feld „Format“ kann zwischen zwei verschiedenen Formaten gewählt werden:
<Navision Financials> wird in der Regel verwendet. Es ist das eigene Objektformat (*.fob-Financials Objects) von NAVISION Financials.
<Text> Es wird eine ASCII-Datei erzeugt, die eine Beschreibung der Objekte enthält. (Dateierweiterung *.txt, z.B. Test.txt)</td></tr>
<tr><td>5</td><td>Mit OK wird der Export der Objekte gestartet.</td><td rowspan="3">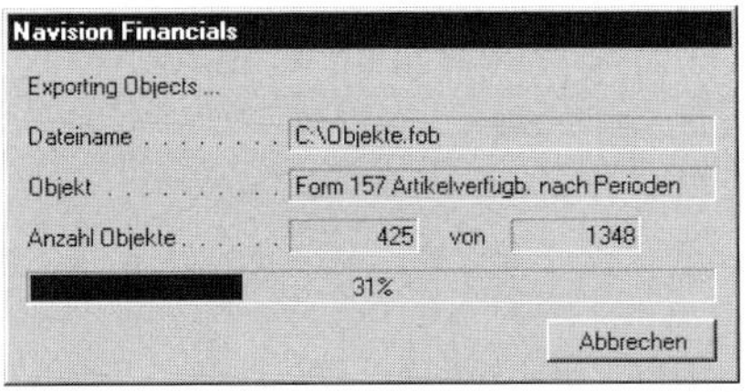
</td></tr>
<tr><td>6</td><td>Das Fortschreiten des Exports wird im nebenstehenden Formular angezeigt.</td></tr>
<tr><td>7</td><td>2 x ESC</td></tr>
</table>

7.2.2 Import von Objekten in eine Datenbank

Hier wird beschrieben, welche Schritte notwendig sind, um einzelne Objekte in eine Datenbank zu importieren.

Schritt	Aktion	Bemerkung
1	*Extras / Object Designer*	
2	*Datei / Import...*	
3	Auswählen der *.fob-Datei, die in die Datenbank eingelesen werden soll.	
4	Mit [Öffnen] wird der Import der Objekte gestartet.	
	⇒ Treten keine Konflikte auf, weiter mit Schritt 5 ⇒ Treten Konflikte auf, weiter mit Schritt 8	
5	Werden keine Konflikte zwischen den bereits existierenden Objekten und den einzulesenden Objekten festgestellt, erscheint die nebenstehende Meldung, die mit [Ja] zu bestätigen ist.	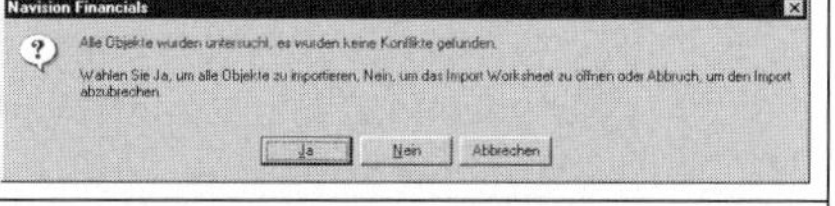
6	Das Fortschreiten des Imports wird im nebenstehenden Formular angezeigt.	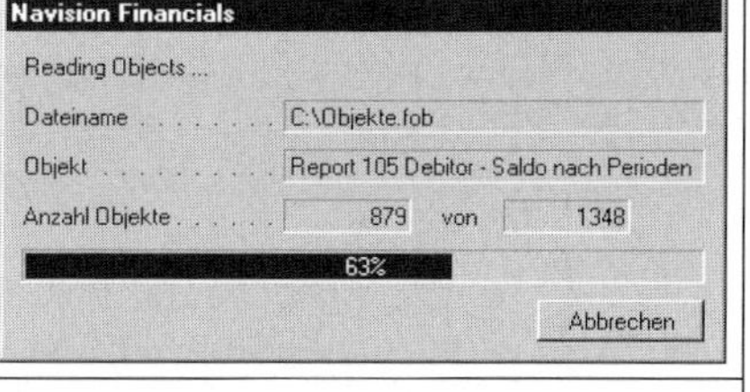
H	**HINWEIS:** Wenn man sicherstellen möchte, mit welchen Optionen die Objekte eingelesen werden, sollte der Dialog: „Wählen Sie Ja, um die Objekte zu importieren, Nein, um das Import Worksheet zu öffnen oder Abbruch, um den Import abzubrechen." mit Nein fortgesetzt werden, um in das Import Worksheet zu gelangen.	
7	Die Ansicht Import Objects ist mit [OK] zu bestätigen.	
8	In Abhängigkeit der neuen Objekte in der Objektdatei und der vorhandenen Objekte in der Datenbank kann die Prüfung ergeben, daß von einem oder mehreren Objekten unterschiedliche Versionen vorliegen.	Wenn Konflikte auftreten und die Objekte dennoch importiert werden sollen, dann ist die Frage: „Wählen Sie OK um das Import Worksheet zu öffnen oder Abbrechen um den Import zu stoppen." mit [OK] zu bestätigen.

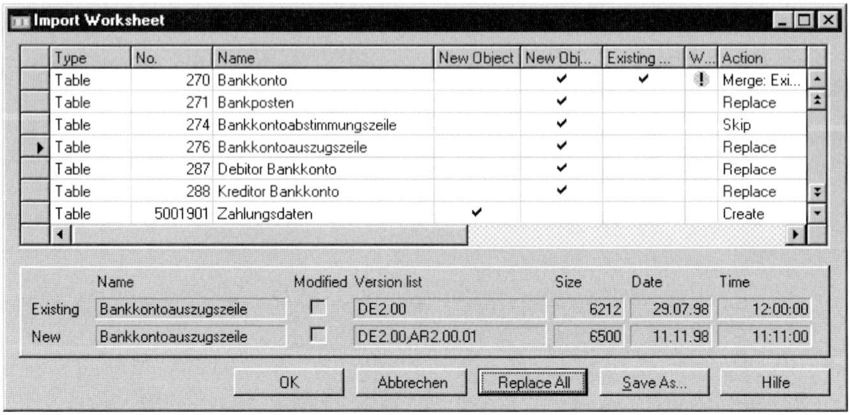

9-1	Konflikte zwischen Objekten sind in der Spalte „Warnung" durch ! gekennzeichnet	
9-2	In der Spalte „Action" kann eingestellt werden, wie mit dem Objekt zu verfahren ist. Die wesentlichen Optionen sind hierbei: <Skip> bedeutet Überspringen, die bestehende Version wird beibehalten. <Replace> bedeutet Ersetzen, die bestehende Version wird durch die neue ersetzt. <Create> bedeutet Erzeugen, das neue Objekt wird in die Datenbank eingefügt. <Merge: ...> bedeutet Verschmelzen, bei Tabellen gibt es darüber hinaus noch zwei Merge-Funktionen. Von der Verwendung dieser Funktionen sollte dringend Abstand genommen werden, da nicht alle Tabellendaten zusammengeführt werden können. Sind tatsächlich in beiden Objekten sich widersprechende Änderungen enthalten, sollten diese manuell über den Tabellen-Designer zusammengeführt werden.	
9-3	Im unteren Teil des Formulars werden die Eigenschaften der Dateien dargestellt, die im oberen Teil ausgewählt sind.	
10	Replace All	Die existierenden Objekte in der Datenbank werden durch die zu importierenden ersetzt.

7.3 Benutzer

Durch das Einrichten von Benutzerrechten und Zugriffsrechten werden die einzelnen Anwender in der Benutzung von NAVISION Financials eingeschränkt.

Zur Steuerung der Benutzerrechte stehen in NAVISION Financials Benutzer, Rollen sowie Zugriffsrechte zur Verfügung. Dabei werden in den Rollen Zugriffsrechte zusammengefaßt, die z.B. für die Durchführung eines bestimmten Prozesses erforderlich sind. Einzelnen Benutzern werden diese Rollen zugeordnet.

7.3.1 Einrichtung von Benutzern und Ändern des Benutzerkennworts von bestehenden Benutzern

Für jede Person, die in NAVISION Financials arbeiten soll, ist ein Benutzer einzurichten. Der Zugang des Benutzers ist über ein Kennwort zu schützen.

Schritt	Aktion	Bemerkung
1	*Extras / Zugriffsrechte / Datenbank Anmeldungen*	In dieser Übersicht werden alle Benutzer angezeigt, die Zugriff auf die NAVISION Financials-Datenbank haben.
1-2	Feld „Benutzer ID“	Zum Anlegen eines neuen Benutzers ist hier **F3** zu drücken und anschließend eine ID anzugeben, z.B. WWICHTIG.
1-3	Feld „Beschreibung“	In dieses Feld kann der vollständige Name des neuen Benutzers eingetragen werden, z.B. Willi Wichtig.
1-4	Feld „Kennwort“	Hier wird ein Kennwort für den Benutzer eingegeben. Der Benutzer sollte sein Kennwort bei der ersten Anmeldung in NAVISION Financials ändern. Das Kennwort wird immer mit 10 Sternchen (**********) angezeigt, unabhängig von der Länge des Kennworts.
1-5	Feld „Ablaufdatum“	Das eingegebene Datum bewirkt, daß der entsprechende Benutzer ab diesem Datum keinen Zugriff auf die Datenbank mehr hat. Die Angabe ist nicht zwingend erforderlich.

1-6	ESC	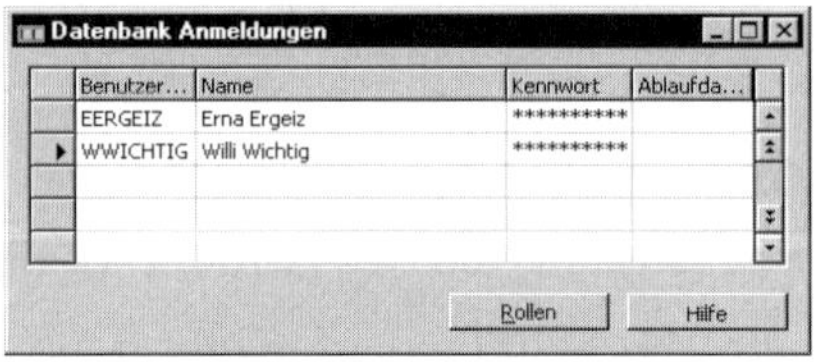
1-7	Nachdem ein Benutzer in der Datenbank eingerichtet worden ist, erfolgt ab dem nächsten Öffnen der Datenbank immer erst eine Abfrage nach der Benutzer ID und dem Kennwort.	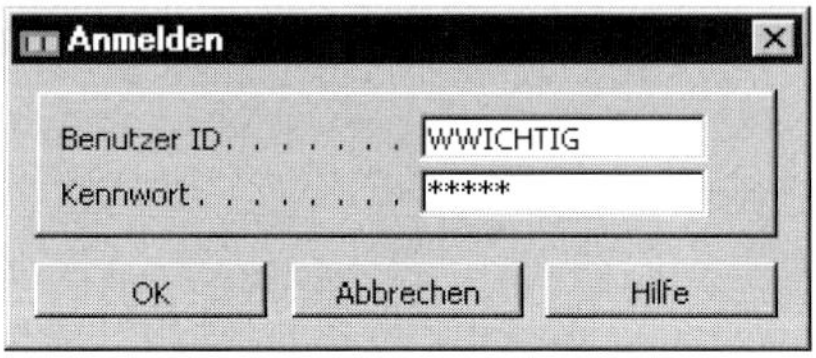
2	*Extras / Zugriffsrechte / Kennwort...*	Jeder Benutzer kann über diesen Menüpunkt sein Kennwort ändern.
2-1	Felder „Benutzer ID“ und „Benutzername“	Der Inhalt dieser Felder kann vom Benutzer nicht geändert werden.
2-2	Feld „Aktuelles Kennwort“	Hier ist das aktuelle (alte) Kennwort einzugeben.
2-3	In das Feld „Neues Kennwort“ ist dieses einzugeben, und im Feld „Kennwort bestätigen“ ist die Eingabe zu wiederholen.	
2-4	Die Kennwortänderung ist mit OK zu bestätigen.	Bei der nächsten Anmeldung am System wird das neue Kennwort abgefragt.

7.3.2 Zugriffsrechte für Superuser

Jede Datenbank muß mindestens einen Benutzer vom Typ Superuser haben. Dieser Benutzer erhält eine universale Berechtigung für die gesamte Anwendung. Diese Benutzer ID braucht keiner realen Person zu entsprechen, es kann sich hier um einen fiktiven Benutzer handeln, dessen Name und Kennwort nur einem ausgewählten Personenkreis bekannt ist (z.B. nur dem Systemverwalter oder der Geschäftsleitung).

Schritt	Aktion	Bemerkung
1	*Extras / Zugriffsrechte / Datenbank Anmeldungen*	Zuerst ist ein Benutzer SUPER nach dem Ablaufschema 7.3.1 anzulegen. Dieser sollte kein Ablaufdatum erhalten.
2	**ESC**	Damit der Benutzer angelegt wird.
3	*Extras / Zugriffsrechte / Datenbank Anmeldungen*	Cursor auf dem Benutzer SUPER positionieren.
4	Rollen	Mit diesem Button gelangt man in die Rollenübersicht, in der alle Rollen angezeigt werden, die dem Benutzer zugeordnet wurden.
5	Im Feld „Rollen ID" **F6** drücken.	Somit gelangt man in die Übersicht aller existierenden Rollen im System.
6	Um sich die Zugriffsrechte für die Rolle (Gruppe) SUPER anzuzeigen, ist der Cursor auf der „Rollen ID" SUPER zu positionieren.	Wurde die Datenbank neu erstellt und ist sie nicht aus der Standard-datenbank (CRONUS AG) hervorgegangen, existiert nur die Rolle SUPER.
7	Rolle ▼ / *Zugriffsrechte*	Hier werden alle Zugriffsrechte für den Superuser angezeigt.
8	Zugriffsrechte für SUPER	
8-1	Spalte „Objekttyp"	In NAVISION Financials gibt es 7 Objekttypen, auf die Rechte vergeben werden können: <Tabellendaten>, <Tabelle>, <Formular>, <Bericht>, <Schnittstelle >, <Modul> und <System>.
8-2	Spalte „Objekt ID"	Hier wird entweder die Objekt ID angegeben oder, wenn die Berechtigung für alle Objekte des Objekttyps gelten, 0 (Null) eingegeben.

8-3	Spalte „Objektname“	Wurde in „Objekt ID“ keine 0 (Null) eingegeben, wird in diese Spalte automatisch die Beschreibung des Objekts mit der Objekt ID übernommen.
8-4	Spalten „Lesen Zugriffsrecht“, „Einfügen Zugriffsrecht“, „Bearbeiten Zugriffsrecht“, „Löschen Zugriffsrecht“ und „Ausführen Zugriffsrecht“	In diesen Spalten werden die Zugriffsrechte gesetzt. Dafür stehen 3 Optionen pro Recht zur Verfügung: <leer>, die Berechtigung ist nicht gegeben, <Ja>, die Berechtigung ist direkt gegeben, <Indirekt>, die Berechtigung wird indirekt gegeben, das bedeutet, daß das Recht nur gilt, wenn es zusammen mit einem anderen Objekt verwendet wird.

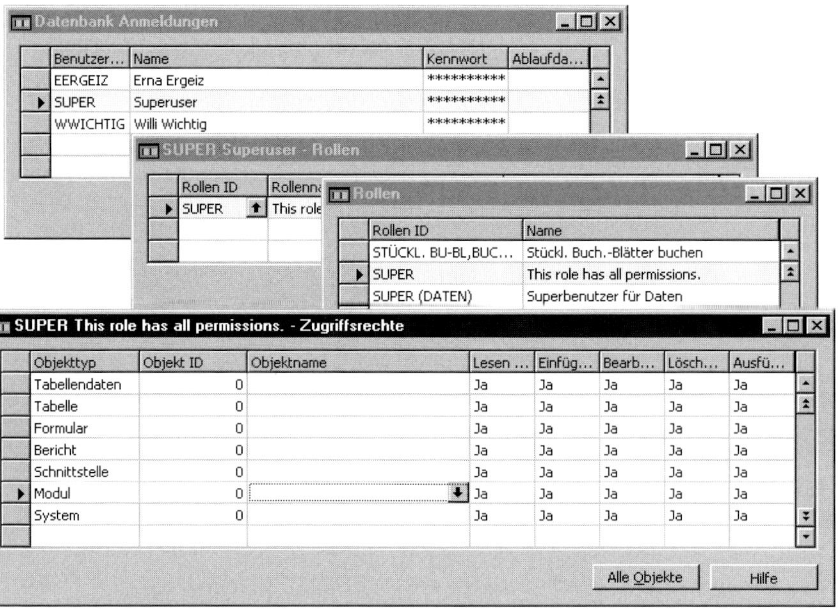

8-5	Alle Objekte	Über diesen Button kann man sich alle Objekte und die Zugriffsrechte für jedes Objekt anzeigen lassen.

8-6	**ESC**	Die Frage: „Wollen Sie die Änderungen speichern?“ ist mit Nein zu beantworten.
8-7	**ESC**	
8-8	**OK**	Der Benutzer ID SUPER ist die Rolle SUPER mit OK zuzuordnen.
8-9	2 x **ESC**	Zurück zum Hauptmenü.
H	**HINWEIS:** Der Benutzer dem die Rolle SUPER zugewiesen wird, hat uneingeschränkte Benutzerrechte. Eingeschränkt wird er nur durch die Lizenzdatei.	

7.3.3 Einrichten und Bearbeiten der Rollen (Gruppen)

Um Benutzern Zugriffsrechte zuzuweisen, kann u.U. auf mitgelieferte Standardberechtigungsgruppen zurückgegriffen werden. Diese Gruppen können verändert werden. Gegebenenfalls ist das Anlegen neuer Rollen erforderlich.

Schritt	Aktion	Bemerkung
1	*Extras / Zugriffsrechte / Rollen*	Hier erhält man eine Übersicht aller Sicherheitsrollen, die für den aktuellen Mandanten vorhanden sind.
⇒	Um eine neue Rolle anzulegen, weiter mit Schritt 2	
⇒	Um eine bestehende Rolle zu bearbeiten, weiter mit Schritt 3	
2	Neue Rolle erstellen	
2-1	Mit **F3** kann eine neue Rolle angelegt werden.	
2-2	Spalte „Rollen ID“	Hier wird der Code der neuen Rolle eingegeben. Er darf maximal 20 Zeichen lang sein.
2-3	Spalte „Name“	In dieser Spalte kann dann die nähere Erläuterung des Codes erfolgen.
2-4	Durch das Bestätigen mit **Enter** oder das Klicken in die nächste Zeile wird die neue Rolle angenommen.	
3	Cursor in der Zeile positionieren, in der die zu bearbeitende Rolle steht.	
4	Rolle▼ / *Zugriffsrechte*	Öffnen der Zugriffsrechte der ausgewählten Sicherheitsrolle.
⇒	Um eine bestehende Rolle zu bearbeiten, weiter mit Schritt 5	
⇒	Um neue Zugriffsrechte einzufügen, weiter mit Schritt 6	
5	Sind bereits Zugriffsrechte in der Rolle vorhanden, können neue angelegt bzw. bestehende bearbeitet werden.	Mit **F3** wird ein neues Zugriffsrecht für ein Objekt angelegt.
6	Cursor in die Zeile stellen, von der die Zugriffsrechte bearbeitet werden sollen.	Bei neu angelegten Rollen, die noch keine Zugriffsrechte besitzen, steht der Cursor in Zeile 1.

6-1	Spalte „Objekttyp“	In NAVISION Financials gibt es 7 Objekttypen, auf die Rechte vergeben werden können: <Tabellendaten>, <Tabelle>, <Formular>, <Bericht>, <Schnittstelle >, <Modul> und <System>. Einer dieser Typen ist mit **F6** und OK auszuwählen.
6-2	Spalte „Objekt ID“	Hier kann mit **F6** in die Objektübersicht verzweigt, ein Element ausgewählt und mit OK übernommen werden.
6-3	Spalte „Objektname“	In diese Spalte wird automatisch die Beschreibung des Objekts, das ausgewählt wurde, übernommen.
6-4	Spalten „Lesen Zugriffsrecht“, „Einfügen Zugriffsrecht“, „Bearbeiten Zugriffsrecht“, „Löschen Zugriffsrecht“ und „Ausführen Zugriffsrecht“	In dieser Spalte können mit **F6** und OK die Zugriffsrechte gesetzt werden. Dafür stehen 3 Optionen pro Recht zur Verfügung: <leer> die Berechtigung ist nicht gegeben, <Ja> die Berechtigung ist direkt gegeben, <Indirekt> die Berechtigung wird indirekt gegeben, das bedeutet, daß das Recht nur gilt, wenn es zusammen mit einem anderen Objekt verwendet wird.
6-5	Schritt 6 ist so lange zu wiederholen, bis die gewünschten Zugriffsrechte für diese Rolle definiert sind.	
7	2 x **ESC**	Zurück zum Hauptmenü
H	**HINWEIS:** Jedem Benutzer (außer SUPER) muß die Rolle ALLE zugewiesen werden. Sie müssen über diese Zugriffsrechte verfügen, um Zugriff auf grundlegende (jedoch nicht auf vertrauliche) Tabellen und Funktionen zu haben. Die Zugriffsrechte, die der Nutzer hierüber erhält, können nur in Verbindung mit ihren sonstigen Zugriffsrechten genutzt werden. Welche Einstellungen für die Einrichtung dieser Rolle zu machen sind, falls sie noch nicht besteht, ist in der folgenden Tabelle abgebildet.	

Zugriffsrechte der Rolle ALLE

Objekttyp	Objekt ID	Objektname	Lesen Zugriffsrecht	Einfügen Zugriffsrecht	Bearbeiten Zugriffsrecht	Löschen Zugriffsrecht	Ausführen Zugriffsrecht
Tabellendaten	7	Standardtext	Ja				
Tabellendaten	50	Buchhaltungsperiode	Ja				
Tabellendaten	51	Zeitprotokoll	Indirekt	Indirekt	Indirekt		
Tabellendaten	78	Druckerauswahl	Ja				
Tabellendaten	79	Firmendaten	Ja				
Tabellendaten	91	Benutzer Einrichtung	Ja				
Tabellendaten	98	Finanzbuchhaltung	Ja				
Tabellendaten	225	PLZ Code	Ja				
Tabellendaten	243	Berichtsliste	Ja	Ja	Ja	Ja	
Tabellendaten	265	Belegeintrag	Ja	Ja	Ja	Ja	
Tabellendaten	269	Sachkonto	Ja	Ja	Ja	Ja	
Tabellendaten	279	Textbausteinkopf	Ja				
Tabellendaten	308	Nummernserie	Ja		Indirekt		
Tabellendaten	309	Nr. Serien Zeile	Ja		Indirekt		
Tabellendaten	310	Nr.-Serien Verbindung	Ja		Indirekt		
Tabellendaten	311	Debitoren & Verkauf Einr.	Ja				
Tabellendaten	312	Kreditoren & Einkauf Einr.	Ja				
Tabellendaten	313	Lager Einrichtung	Ja				
Tabellendaten	314	Ressourcen Einr.	Ja				
Tabellendaten	315	Projekt Einrichtung	Ja				
Tabellendaten	336	Reservierung Einrichtung	Ja				
Tabellendaten	340	Debitorenrabattgruppe	Ja				
Tabellendaten	341	Artikelrabattgruppe	Ja				
Tabellendaten	5007	Marketing Einrichtung	Ja				
Tabellendaten	5218	Personalwesen	Ja				
Tabellendaten	5603	Anlagen Einrichtung	Ja				
Tabellendaten	5611	AfA-Buch	Ja				
Tabellendaten	5644	Anlage Buchungsart	Ja	Ja	Ja	Ja	
Tabellendaten	5645	Anlagen Datumsart	Ja	Ja	Ja	Ja	
Tabellendaten	5647	Anlagen Matrix	Ja	Ja	Ja	Ja	
Tabellendaten	2000000006	Mandant	Ja				
Tabellendaten	2000000007	Datum	Ja				
Tabelle	0						Ja
Formular	0						Ja
Bericht	0						Ja
Schnittstelle	0						Ja
Modul	0						Ja
System	2510	Bearbeiten, Suchen	Ja	Ja	Ja	Ja	Ja
System	2520	Bearbeiten, Ersetzen	Ja	Ja	Ja	Ja	Ja
System	3220	Ansicht, Tabellenfilter	Ja	Ja	Ja	Ja	Ja
System	3230	Ansicht, FlowFilter	Ja	Ja	Ja	Ja	Ja
System	3410	Ansicht, Sortieren	Ja	Ja	Ja	Ja	Ja
System	3510	Ansicht, Design	Ja	Ja	Ja	Ja	Ja
System	5830	Extras, Zugriffsr.,	Ja	Ja	Ja	Ja	Ja

7.3.4 Zuweisen von Rollen zu Benutzern und Übersicht der mit den Rollen verknüpften Benutzer

Nachdem durch die Einstellung des Benutzers SUPER die Zugriffskontrolle aktiviert wurde, haben alle anderen Benutzer zunächst keinerlei Zugriffsrechte mehr. Diese müssen durch die Zuordnung von Rollen den einzelnen Benutzern zugewiesen werden.

Um den Zugriff auf die Applikation und das Hauptmenü zu ermöglichen, ist den Benutzern die Rolle ALLE zuzuordnen. Die Zugriffsrechte, die hierüber vergeben werden, können nur in Verbindung mit den anderen Zugriffsrechten genutzt werden.

Schritt	Aktion	Bemerkung
1	*Extras / Zugriffsrechte / Datenbank Anmeldungen*	Es wird eine Übersicht über alle eingerichteten Benutzer dieses Systems angezeigt.
2	Cursor auf den User stellen, für den die Zugriffsrechte gesetzt werden sollen.	
3	[Rollen]	Es öffnet sich das Formular Rollen, in dem nun die bereits angelegten Rollen zugeteilt werden können.
3-1	Spalte „Rollen ID“	Hier kann mit [F6] in die Rollen verzweigt werden, eine Rolle markiert (z.B. ALLE) und mit [OK] zu den Benutzer-Rollen hinzugefügt werden.

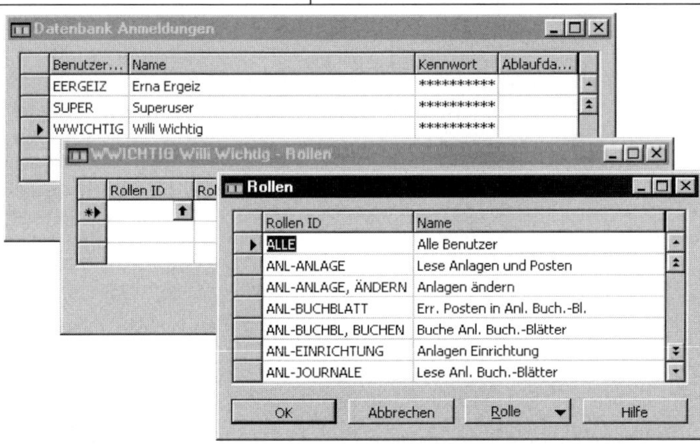

Schritt	Aktion	Bemerkung
3-2	Spalte „Rollenname“	Nach dem Verlassen der Spalte „Rollen ID“ wird hier automatisch der Name der Rolle eingefügt.

3-3	Spalte „Mandant“	Hier kann das Recht auf Mandanten beschränkt werden. Gilt die Zuordnung für alle Mandanten, bleibt das Feld leer. Soll auf einen Mandanten eingeschränkt werden, wird mit **F6** und OK der Mandant ausgewählt. Soll die Zuordnung für mehrere Mandanten aber nicht für alle gelten, so müssen mehrere Zeilen mit der gleichen Gruppe für unterschiedliche Mandanten angelegt werden.
H	**HINWEIS:** Der Rolle ALLE darf generell kein Mandant zugeordnet werden.	
4	2 x **ESC**	Zurück zum Hauptmenü.
5	*Extras / Zugriffsrechte / Rollen*	Um sich einen Überblich über die mit einer Rolle verknüpften Benutzer zu verschaffen, öffnet man dieses Menü.
6	Den Cursor in die Rolle stellen, für die die Benutzer angezeigt werden soll.	z.B. ALLE
7	Rolle ▼ / *Datenbank Anmeldungen*	Hier werden alle Benutzer angezeigt, die für diese Gruppe eingetragen sind.
7-1	Spalte „Benutzer ID“	Um weitere Benutzer hinzuzufügen, kann in dieser Spalte mit **F6** die Benutzerübersicht aufgerufen, der Benutzer ausgewählt und mit OK zur Rolle hinzugefügt werden.
7-2	Spalte „Benutzername“	Hier wird nach Verlassen der Spalte „Benutzer ID“ automatisch der Benutzername eingetragen.
7-3	Spalte „Mandant“	Soll die Zuordnung auf einen Mandanten beschränkt werden, so ist dieser mit **F6** und OK einzufügen.
7-4	Die Frage nach dem Umbenennen des Datensatzes ist mit Ja zu beantworten.	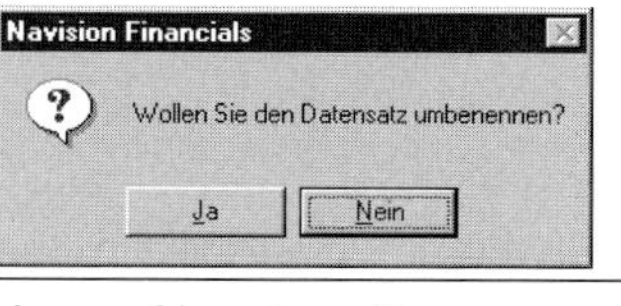
8	2 x **ESC**	Zurück zum Hauptmenü.

Kapitel 8 - Expertenwissen zu NAVISION Financials

Praktische Erfahrungen ergänzt mit theoretischen Kenntnissen sind ideale Voraussetzungen, um eine Software erfolgreich einsetzen zu können.

Deshalb soll an dieser Stelle auf das ebenfalls von der KINDERMANN TCV GmbH herausgegebene Buch „Expertenwissen zu NAVISION Financials", **ISBN.: 3-931815-68-4**, verwiesen werden.

Dieses Buch erläutert Hintergrundwissen aus den Bereichen Finanzbuchhaltung, Einkauf, Verkauf, Artikelverwaltung, Lagerhaltung und Systemadministration, das für die erfolgreiche Einführung der Software und für die tägliche Arbeit mit NAVISION Financials benötigt wird. Das Buch vermittelt Grundlagen und Zusammenhänge, die helfen die Systemphilosophie besser zu verstehen.

Zum Inhalt:

- Basiswissen zur Nutzung von NAVISION Financials,
- Finanzbuchhaltung, Postenprinzip, Buchungsmatrix,
- Buchungsvorgänge, MwSt Abrechnung,
- Konsolidierung,
- Jahresabschluß, GuV Konten Nullstellung,
- Bilanzierung nach US-GAAP und IAS,
- Abbildung von Einkauf- und Verkaufsprozessen,
- Nummernserien, Preisbildung, Reservierung,
- Inventurdurchführung, Buch- und Zählbestand,
- Lagerregulierung,
- Datensicherung, Verwalten von Objekten,
- Periodische Sicherheitsprüfung,
- Zugriffsrechte, Checkliste.

Beide Bücher sind wichtige Hilfsmittel für den Einsatz der Software NAVISION Financials. Sie erleichtern das Arbeiten, vermitteln Kenntnisse und geben Auskunft über Zusammenhänge. Als Bestandteil der täglichen Arbeit geben sie damit mehr Sicherheit im praktischen Umgang mit dem System.

Stichwortverzeichnis

- W -

- Z -